HANSKARL HOERNING

AUFGEWACHSEN IN RUINEN

Kindheit und Jugend eines Leipziger Pfeffermüllers

PRO LEIPZIG 2008

INHALT

Aufgewachsen in Ruinen

EIN NACHTRAG ALS VORSPANN

Ich war zwölf, und man schrieb den 25. November 1944. Es war der Tag, an dem ich anfing Tagebuch zu führen. Deutschland führte etwas anderes, nämlich Krieg, und das schon im sechsten Jahr. Als ich das Tagebuch (das erste von sieben) im September 1945 fast vollgeschrieben hatte, war der Krieg zwar zu Ende, aber noch lange kein Frieden. Eher eine Übergangsphase bis zum nächsten Krieg, den man den „Kalten" nannte.

Die ersten beiden Tagebücher fangen jeweils mit einer Einleitung an. Danach folgen kurze Eintragungen zum Tagesgeschehen, aber mitunter auch kleine Geschichtchen. Sie enden mit einem Inhaltsverzeichnis, in dem die Titel der Geschichtchen und dazugehörige Seitenzahlen stehen. Im ersten Tagebuch schließt sich noch ein „Nachtrag" an. Darin zähle ich stichwortartig all das auf, was mir vom Tag meiner Geburt an bis zum Tagebuchbeginn nennenswert erschien. Der Nachtrag gehört also eigentlich an den Anfang. Und da stelle ich ihn jetzt auch hin. Da die Aufzählung aber nicht mehr als eine Skizze sein kann, ergänze ich sie mit Hilfe meines Gedächtnisses, erfülle sie sozusagen mit Leben und versuche, aus der Skizze ein fertiges Bild zu machen. Auf solche Ergänzungen werde ich auch in allem, was dem Nachtrag folgt, zurückgreifen. Damit man nun aber unterscheiden kann, was Originaltext und was Ergänzung ist, setze ich die Originaltexte durchweg kursiv. Wann immer sich eine Verbindung zur Jetztzeit herstellt, gestatte ich mir, diese einzubeziehen.

Der erste Satz des Nachtrages lautet: *1931 bin ich auf die Welt gekommen.* Das geschah an einem der letzten Tage jenes Jahres. Die Geburt vollzog sich in einer Entbindungsanstalt der Connewitzer Scheffelstraße in Leipzig S 3. S 3 hieß damals der Hauptpostbezirk Süd. O5 hieß der des Ostens, und dort waren wir zu Hause.

Schon als Baby wurde ich bildlich festgehalten. Ein Photo zeigt mich als Kleinkind spielenderweise in Oma Ernestines Schrebergarten. Auf einem anderen bin ich am Steuer eines mit Flaschenkästen beladenen dreirädrigen Lieferwagens namens „Rollfix" sitzend abgebildet, als würde ich Dreikäsehoch das Auto lenken. Das Auto gehörte Großvater Max und diente seiner Mineralwasserfabrik in der Sellerhäuser Bautzmannstraße zum Ausfahren der Ware. Vorher besaß er einen LKW, von dem auch noch Photos existieren. Ein weiteres Photo zeigt eine Gruppe von 13 Angehörigen und Freunden stehend vor jener „Fabrik", die eher die Bezeichnung „Selterwasserbude" verdient hätte. Mich fast Zweijährigen sieht man auf dem Arm meines Vaters im Mittelpunkt, und sitzend vor uns – umrahmt von Cousine Anita (4) und Cousin Horst (7) – Großvater Max mit einem vollen Seidel Bier in der Linken und einer Schiefertafel zu seinen Füßen, die das Datum festhält: 25. 12. 1933 – sein 64. Geburtstag. Ganz im Hintergrund mit ihrer Schwägerin Ella Krause meine Mutter. Unter ihre Fittiche genommen hat mich aber weniger sie, als vielmehr ihre ältere, kinderlose Schwester, meine Tante. Die wohnte mit der verwitweten Großmutter mütterlicherseits (Oma Ernestine) zusammen in der Reudnitzer Charlottenstraße 14. Da ich als Kleinstkind noch nicht „Tante" zu sagen vermochte, sagte ich „Deida". Und ich war für die Deida „das Biebchn", das Lebertran-Emulsion schlucken und ein Leibchen mit Haltern tragen mußte. An denen wurden kackbraune Strickstrümpfe befestigt, die dauernd kratzten und Wasser zogen.

Wenn ich keine Lust zum Essen hatte, wurde das belegte Brot in kleine Würfel geschnitten und mir mit den Worten: „Ein Püffchen für Omi, ein Püffchen für Onkel Hans ..." in den Mund geschoben – bis die ganze Verwandtschaft durch war. Litt ich unter Husten, Schnupfen, Heiserkeit gab mir Mutter Panflamin. Das waren karamelig-wohlschmeckende Tabletten. Sie machten die Mundhöhle zwar für eine Weile taub, halfen aber tatsächlich bei Erkältungen aller Art.

Schon bevor ich zur Schule ging, fuhr die Deida mit mir in die Sommerfrische, einmal nach Tautenburg, einmal nach Auma. Auf einem Waldspaziergang fing ich eine glitschrige gelbe Kröte. Die hielt ich ihr unter die Nase. Sie erschrak und stieß mit spitzem Schrei aus, das Vieh sei giftig. Danach bekam ich die Masern.

Offenbar hatte ich auch vor anderen Tieren weder Angst noch Ekel. Im Hof von Großvaters Mineralwasserfabrik entdeckte ich in einem der gestapelten leeren Bierkästen ein kleines Tier. Ich dachte, es sei eine Maus, und wollte sie fangen. Aber kaum hatte ich sie am Schwanz gepackt, wand sie sich blitzschnell und verbiß sich in meinen rechten Mittelfinger. Brüllend vor Schmerz und Schreck lief ich zu meinem gerade aus einem Schuppen tretenden Vater und versuchte sie abzuschütteln, wobei sie mir ein Stück Fleisch herausriß. Mein Vater wollte sie totschlagen, aber sie entwischte. „Das war keine Maus", sagte er und nahm meinen blutenden Finger in Augenschein, „das war eine junge Ratte." Die Narbe ist heute noch zu sehen.

Doch wieder zur „Deida". Dieses Überbleibsel aus der Babysprache hielt sich eine ganze Weile. Es verwandelte sich zu „Teiti". Erst als Dreizehnjähriger wurde ich aufmüpfig und fand das Wort peinlich: *... auf dem Bahnhof in Leipzig Streit mit Trude,* steht da im Tagebuch. Mit Trude also, nicht mit Deida oder Teiti. Laut einem Vermerk vom Januar 1945 *macht mich Trude, die Nervöse, restlos fertig.* Nennen wir selbige fortan also Trude. Amtlicherseits hieß sie Agnes Gertrud.

Immerhin hatte ich Trude etliche Spaziergänge durch die vorm Krieg heile Innenstadt Leipzigs zu verdanken. Ein Automatenrestaurant zog uns immer wieder an, obwohl die „Hoch"-Zeit solcher Etablissements viele Jahrzehnte zurücklag. Ich kannte Straßenautomaten, in die man einen Groschen reinsteckte, woraufhin sich wahlweise eins von mehreren Metallfächern herausziehen ließ. In denen verbargen sich Liebesperlen, Dauerlutscher,

Puffreis, Lakritze oder Bonbons. Ein Restaurant jedoch, in dem man solchen Fächern Kaffee, Limonade, belegte Brötchen oder Fleischbrühe entnehmen konnte, das war (jedenfalls für mich Knirps) eine echte Sensation. Mir hatte es eine köstlich schmeckende Ochsenschwanzsuppe angetan. Manchmal führte mich Trude auch ins „Thalysia", ein Reformhaus am Neumarkt, wo wir eine Schale Joghurt löffelten, den man mit Zimtzucker aus der Dose bestreuen konnte. Gegenüber im Schaufenster des Delikateßwarengeschäftes von Schade & Füllgrabe baumelten zur Winterszeit tote Hasen an einer Stange, mit dem Kopf nach unten. Um die Schnauze hatte man ein buntes Eimerchen gebunden, um noch tropfendes Blut aufzufangen. In diesem Laden kaufte Trude zuweilen Brunnenkresse und Pfahlmuscheln. Die Muscheln kochte sie zu Hause, puhlte sie aus der Schale, schnitt sie klein und mengte sie mit der Kresse unter einen ebenfalls von ihr angerichteten Kartoffelsalat. Schmeckte vorzüglich.

Ins Kino sind wir natürlich auch gegangen, entweder ins „U. T." in der Hainstraße, ins „Filmeck" zwischen Kleiner Fleischergasse und Barfußgäßchen, ins „Casino" Ecke Kupfergasse/Neumarkt oder ins „Capitol" in der Petersstraße. Da sahen wir dann Mickymausfilme, Filme mit dem Komikerpaar Pat und Patachon, mit „Dick und Doof" (Stan Laurel und Oliver Hardy), einmal auch einen mit dem Kinderfilmstar Shirley Temple. Manchmal kam auch Trudes Busenfreund mit, Heiner Verlohren.

Mein Onkel Hans und seine Frau Tina waren ebenfalls mit Heiner befreundet. „Wir waren als Verlobte mal eingeladen zu seinen Eltern", wird mir die 94jährige Tina 2007 auf Anfrage mitteilen. „Sie wohnten in der Grassistraße. Vater Verlohren war Oberinspektor der Universitätsbibliothek. Später haben wir den Heiner mal besucht, als er mit Frau und Kind in Leutzsch wohnte. Ich weiß noch, daß das Baby in einem Wäschekorb vergnügt zappelte. Beide waren glücklich ... Dann erinnere ich mich an einen Saal, Heiner in einer Reihe junger Männer zu zweit marschierend, so ernst – mußte er ‚zur Fahne' und in den Krieg? Nach all den Wirren haben wir nie mehr was von Verlohrens gehört. Die Nebel dieser Jahre sind ewig." 2008 mache ich den Sohn von Heiners Cousin ausfindig, einen Arzt, aber auch er konnte die Nebel nicht lichten.

1936 sind meine Eltern mit mir in die Paulinenstraße 17 gezogen. Die Paulinenstraße ist eine Nebenstraße der Eisenbahnstraße in Sellerhausen.

Der einzige Luxus, den die Erbauer unseres dreistöckigen Wohnhauses wie auch der Nachbarhäuser den Mietern – zumindest denen im Hochparterre – eingeräumt hatten, bestand aus winzigen Vorgärtchen. Die wurden durch eine etwa einen Meter hohe Mauer und einen Zaun darüber vom Fußweg abgegrenzt. In einer Dreizimmerwohnung von Haus Nr. 17 mit Küche, Balkon und „Vorsaal", wie man zum Korridor sagte, bin ich dann groß geworden. Eines der drei Zimmer hatten mir die Eltern als Kinderzimmer zugeteilt. In dem wurde mir am Heiligabend solange zu bleiben befohlen, bis Vater in der „guten Stube" nebenan den Christbaum geschmückt und die elektrische Lichterkette angestellt hatte. Das Schmücken dauerte oft Stunden, weil Vater jeden Lamettastreifen einzeln aufhängte. Das Lametta war bleihaltig und hing aufgrund seines Gewichtes schön straff an den Ästen der Tanne.

Dann war „Bescherung". Aus einem großen Sack angelte ich die herrlichsten Naschereien und Nüsse. Darunter waren auch Früchte, die aussahen wie immens lange Zigarren und „Manna" hießen. Man mußte das Fruchtmark aus den harten Schalen klauben. Es schmeckte eigenartig süß. Ich mußte jedesmal, wenn ich Manna gegessen hatte, dringend aufs Klo. Das Zeug wirkte besser als die pharmazeutischen Früchtewürfel, die mir „bei Verstopfung" verabreicht wurden.

Einmal beglückten mich die Eltern mit einer Märklin-Eisenbahn. Die Schienen wurden im Zimmer zusammengesteckt und ausgelegt. Man mußte aufpassen, daß man nicht drüber stolperte. Die Lokomotive ließ sich mit einem Schlüssel aufziehen und fuhr durch Drücken eines Knopfes los. Lieber aber spielte ich im Fensterbrett „Straßenbahn" mit Dominosteinen: Immer wenn ich in der Eisenbahnstraße eine 2 fahren sah, rückte ich den entsprechenden Dominostein ein Stück weiter, genau wie die nachfolgenden hin bis zur „Endstelle". Das Manöver setzte ich in der Gegenrichtung fort. Dazu machte ich in einer Art Singsang die entsprechenden Rangiergeräusche.

Am meisten beeindruckten mich in der wärmeren Jahreszeit die sogenannten „Sommerwagen" der Linie 2. Während damals die Farbe gelb bei Leipzigs Straßenbahnen dominierte, waren jene tiefrot. Die Fahrgäste stiegen in den offenen Vorder- oder Hinterperron ein. Wenn alle oben waren, betätigte der Schaffner eine an der Decke befestigte Schnur. Dieses bewirkte das Klingelzeichen, das dem Fahrer die Weiterfahrt signalisierte.

Gern verkaufte ich den Erwachsenen aus meinem „Kaufmannsladen" Wyberts rhombenförmige Salmiakpastillen, Brausepulver und Marzipankartoffeln in winzigen Tütchen gegen Spielgeld. Es bestand aus Pappe, die mit messing-, silber- und kupferfarbenem Glanzpapier überzogen war und dem richtigen Geld ähnelte.

Am liebsten aber spielte ich „Kasperletheater". Natürlich nur vor Zuschauern. Als ein solcher mußte meist Mutter herhalten, auch wenn es ihr gar nicht paßte. Dauernd ließ ich mir was anderes einfallen, wo die Guten (der Kasper, das Gretel, die Oma, der Pastor und der Polizist) mit den Bösen (dem Teufel, der Hexe, dem Räuber und dem Krokodil) im Clinch lagen.

Wenn ich raus durfte, spielte ich auf der Straße mit den Nachbarskindern „Wir wollen die Merseburger Brücke baun", „Meister gib uns Arbeit auf" – aber am liebsten Fußball. Auf Autos brauchten wir nicht achtzugeben – es gab ja fast keine. Nur auf die Ladenfensterscheibe vom Schneidermeister Nowicki mußten wir aufpassen, daß wir die nicht versehentlich trafen.

Wenn bei solcherlei Spielen eine „Kampelei“ ausbrach, kam ich oft blutend und mit verschmutzten Sachen nach Hause. Von den Stärkeren setzte es „Backpfeifen“, „Nasenstüber“ oder „Schlahe“, oder es „rungste“ mich so einer an und nahm mich in den „Schwitzkasten“, das heißt, er klemmte meinen Kopf wie einen Kürbis in seine Armbeuge. Grund dafür gab es nicht.

Zu den einfallslosen Spielen gehörte es, einen metallenen Kreisel zum Drehen zu bringen, damit er zu tönen anfing. Kleinere Holzkreisel hingegen mit den Schlägen einer kleinen Peitsche auf dem Trottoir tanzen zu lassen, erforderte Geschicklichkeit, genauso wie Jo-Jo.

Manchmal malten wir mit Kreide Quadrate aufs Pflaster und hüpften von einem zum anderen bis zur „Hölle“ oder bis zum „Himmel“. Darum nannten wir das Spiel „Himmelhuppe“. Gern ließen wir auch bunte Tonkugeln, sogenannte „Murmeln“, auf ein Ziel zu rollen. Weniger gern spielte ich mit Malermeistertochter Sonja und ihrer Freundin Traudel „Vater-Mutter-Kind“, weil ich nämlich nicht der Vater sein durfte. Ich mußte das Kind sein. Der „Vater“ drohte mir mit einem Schreckgespenst („Paß bloß off, daß dich nich dor Muhmans holt!“), zog mich an den Haaren oder mir „die Ohren lang“. Die „Mutter“ machte am liebsten den Hosenschlitz auf- und zu. Sie redete mir ein, daß ich mal muß und wollte mich unbedingt „abhalten“.

Vergnügen bereitete mir, durch ein Loch in einen dreieckigen Guckkasten zu schauen. Der war oben mit einem Glasfensterchen und innen mit Spiegeln versehen. Zwischen den Spiegeln befanden sich bunte, glitzernde Metallkonfettis. Wenn man dieses „Kaleidoskop“ schüttelte, ergaben sich immer wieder neue faszinierende farbige Bilder. Lustig war auch „Flohhüpfen“. Dabei mußte man pfenniggroße bunte Kunststoffscheibchen mittels markstückgroßer in einen Becher schnipsen und aufpassen, daß möglichst wenige daneben landeten. Wer zuerst mit seinem Häufchen fertig war, hatte gewonnen.

Am Bahndamm hinter den Häusern der Bülowstraße baute ich mit Klassenkamerad Horst Backofen eine Höhle. Als wir das Herannahen einer Bahnstreife bemerkten, hauten wir ab. Als wir wiederkamen, sahen wir, daß von der Höhle so gut wie nichts mehr übrig war. Die Ordnungshüter hatten sie kaputtgemacht. Den Backofen mit seinem rotblonden Igelschnitt zogen die anderen Kinder immer auf mit dem Schlachtruf „Rotkopp, de Esse brennt!“

Manchmal spielten wir auch im „Volksgarten“ an der Torgauer Straße, einer gediegenen Parkanlage, „Räuber und Gendarm“. Um die Leute zu ärgern, machten wir „Klingelputzen“. Oder wir zündeten in Zeitungspapier gewickeltes Zelluloid an, sogenannte „Stinkbomben“. Die warfen wir dann in fremde Hausflure. Wenn wir am Friseurgeschäft vorbeigingen, stießen wir uns immer an und kicherten, weil auf einem Blechschild „Fromms

Act“ empfohlen wurden. Damit waren, wie jeder Halbwüchsige wußte, „Frommser“ gemeint, also Kondome. Die Konkurrenz hieß „Sanex“.

In einer der Querstraßen, der Geißlerstraße, wollte ich der schönen Regina Colditz einen Kuß geben, kam aber nicht dazu, weil sie mich anspuckte. Sie „liebte“einen gewissen Manfred und stürzte sich eines Tages zum Fenster raus. Dieser ominöse Manfred sei er gewesen, wird mir zwanzig Jahre später mein Kabarettkollege Uhlig gestehen.

Oft besuchte ich die mit uns verwandte Familie Krause in der Thonberger Reiskestraße. Feierte Cousine Anita daselbst ihren Geburtstag, spielten wir „Kommando Bimberle“, „Viereckenraten“ und „Stille Post“. Einmal mußte ich mich zwischen zwei Stühle auf ein Bügelbrett setzen und die Augen verbinden lassen. Dann taten zwei andere so, als würden sie das Brett unter kolossalem Kraftaufwand hoch und höher heben, bis ich mit dem Kopf an die Zimmerdecke stieß. In Wirklichkeit hatten sie es höchstens ein paar Zentimeter nach oben bewegt, und das, woran ich „stieß“, war ein Küchenbrett zum Teigkneten, das mir einer auf den „Däz“ drückte.

Einmal erlebte ich bei einem Besuch im Zirkus, wie die Arena mit wasserdichten Planen ausgelegt, zum Schwimmbassin umfunktioniert und von dressierten Seehunden bevölkert wurde. Dadurch angeregt, überzog ich zu Hause im Kreise aufgestellte Stühle mit Wolldecken und fing an, diese mit ein paar Kannen Wasser zu füllen. Ehe ich merkte, daß die Wolle ziemlich durchlässig war, schwamm schon die ganze Stube. Die Schweinerei ist durch die Decke der darunter wohnenden Familie gedrungen. Zum Glück hatte ich Eltern, die mich einer solchen Dummheit wegen nicht gleich verhauten. Sie verpaßten mir Stubenarrest.

Im Herbst sammelte ich mit Gleichaltrigen Zigarettenkippen. Wir pulten den Rest Tabak raus, stopften ihn in ausgehöhlte, mit einem Loch versehene Eicheln oder Kastanien und zündeten ihn an, um ihn durch ein hineingestecktes Strohhalmstück zu „rauchen“. Das war doch viel aufregender, als die läppischen Kinderzigaretten aus Schokolade zu lutschen! Um nicht erwischt zu werden, kauerten wir uns im Stünzer Park ans Ufer des Baches Rietzschke unter eine Holzbrücke. Einmal rutschte ich ab und versaute mir Schuhe und Strümpfe. Das ging ja noch. Schlimmer war, als ich an einem eiskalten Märztag abseits eines Schleichweges zwischen Sellerhausen und Stünz durch einen Zaun brach und in das zum Fluß angeschwollene Gewässer plumpste. Meine Spielkameraden reichten mir ihre Hände, schleiften mich klitschnaß in voller Montur nach Hause und riefen meiner Mutter zu: „Frau Härrning, ´s Biebchn is in de Rietzschge geglaschd, mr hamm´n abbor widder nausgezerrd!“

Gern war ich in Thekla bei Verwandten zu Besuch. Dort, neben der ehemaligen Schmiede von Paul Steuernagel, dem Bruder der Großmutter Louise, und der im gleichen Haus untergebrachten Poststelle, betrieben die Steuernagels einen Landgasthof.

Gespielt habe ich an der Parthe, die nahe vorbeifloß. Sie begrenzte den herrlichen Freisitz des Gasthofs, welchen man heute als Biergarten bezeichnen würde. Riesige Kastanienbäume spendeten Schatten, was die Leute an heißen Sommertagen sehr begrüßten. Eine halboffene Kegelbahn schloß sich hinter dem Freisitz an.

1938 bin ich in die Schule gekommen. Aber noch bevor ich „Erschtenkrutscher" wurde, frönte ich zwei Leidenschaften: Grammophon spielen und illustrierte Bücher lesen. Meine Lieblings-„Odeon"-Schallplatte war „Das weiße Rößl". Ich summte immer mit, wenn ich hörte „Im Salzkammergut, da ka' ma' gut lustig sein ...", oder wenn der Foxtrott erklang „Was kann der Sigismund dafür, daß er so schön ist ...", oder bei „Mein Liebeslied muß ein Walzer sein ...", bei „Die ganze Welt ist himmelblau, wenn ich in deine Augen schau ...", und erst recht beim Tango „Es muß was Wunderbares sein, von dir geliebt zu werden ...". Die Krönung aber war das Titellied: „Im Weißen Rößl am Wolfgangsee, da steht das Glück vor der Tür ..." Stolz zeigte mir Trude ein Programmheft zum „Weißen Rößl". Das wurde schon 1931 in Leipzig aufgeführt, und sie hatte selbst mitgemacht, denn sie war wie meine Mutter Tänzerin an der Oper gewesen. Die Mitwirkenden waren abgebildet, und unter ihnen befanden sich die seinerzeit berühmte Lotte Dörwald und der nicht minder namhafte Alfred Schlageter. „Der ist ein guter Freund von mir", gab sie an. Die Altistin Edla Moskalenko und den Tenor August Seider werde ich nach dem Krieg selber erleben, und bei Hans Lißmann soll ich eines fernen Tages sogar Gesangsunterricht nehmen.

Da Trude mir das ABC beigebracht hatte, las ich fließend „Biene Maja" und den „Struwwelpeter". Die „Häschenschule" wurde Jahr für Jahr zu Ostern hervorgekramt, und die „Wichtel"-Geschichten mit den menschgewordenen Pflanzen und Tieren liebte ich über alles. Kaum hatte ich in der 19. Volksschule richtig lesen und schreiben gelernt, anfangs noch mit Schieferstift und -tafel, fing ich an zu reimen. Das las sich dann so:

„Herr Winter wird vertrieben,
der Frühling hat's geschrieben.
Der Frühling schlägt mit seinem Schwert
den Winter, der sich verzweifelt wehrt.
Die Sonne wird ja doch gewinnen,
der Schnee, der wird zerrinnen ..."

Der Klassenlehrer hieß Preißler. Herr Preißler, ein kleiner Dicker mit Fliege und Kneifer, lobte mich für das Gedicht. Die Klasse lachte mich aus dafür.

Der nächste Klassenlehrer, Herr Ryssel, ein großer Dicker mit Stiefeln, Knickerbockern und Koppelschloß, grüßte, wenn er reinkam, mit „Heil'tler!" und erhobenem Arm. Wer den Gruß nicht erwiderte, bekam eins mit dem Zeigestock auf die Rübe.

Nach der sogenannten „Reichskristallnacht“ vom 9. zum 10. November 1938 hörten wir, die Judenkirche in der Gottschedstraße und das Kaufhaus Bamberger & Hertz am Augustusplatz seien in Brand gesteckt und zerstört worden. Die älteren Schüler grölten: „Advent, Advent, die Synagoge brennt!“ Sie feixten und riefen: „Jetzt geht's den Itzigs an ′n Kragen!“ Ich fragte sie, ob′s dem Jungen, der zwei Häuser weiter wohnte, auch an den Kragen ginge. „Dem Mayer? Nee“, maulten sie, „der is doch bloß Halbjude, un sein Oller hat im Ersten Weltkrieg ′s Eiserne Kreuz gekriegt.“

Bei einem Hofrat Schick wurde ich gezwungen, eine Zahnspange zu tragen. Es verhinderte zwar, daß mir vorstehende Hasenzähne wuchsen, dafür mußte ich aber fürderhin mit zwei Kerben leben, die sich die Spange in den Zahnschmelz der beiden oberen Vorderzähne hineingefressen hatte.

Während ich mich zu Hause mit den Schularbeiten rumquälte, gab es mitunter eine angenehme Unterbrechung – und das über etliche Jahre hinweg. Da trafen sich nämlich außer Mutter und Trude noch zwei ehemalige Balletteusen der Leipziger Oper bei uns zum Kaffeekränzchen. Die eine hieß Hoffmann, zu der durfte ich „Tante Erna“ sagen. Die andere hieß Naumann, und zu der durfte ich „Tante Änne“ sagen. In Anwesenheit der Kaffeetanten wurde ich verwöhnt mit „Lukullus“, also schichtweise mit Schokoladenguß bestrichenen Leibnitz-Keksen, was man auch „Kalter Hund“ nannte, mit „Granatsplittern“, einem Haferflocken-Kakao-Gemisch, oder mit Mutters selbstgebackenem „Marmorkuchen“. Der bestand aus einem mit Kakaomasse vermengten hellen Rührteig. Dabei war das Auslecken der Teigschüssel ein größerer Gaumenschmaus als der Verzehr des fertiggebackenen Kuchens. Die Kränzchen fanden manchmal auch bei besagter Tante Änne statt. Sie wohnte in der Hedwigstraße, nicht weit vom Neustädter Markt und der Heilig-Kreuz-Kirche. Und zwar in der dritten Etage des Hauses, das 1992 zum Galerie-Hotel „Leipziger Hof“ umgestaltet wurde.

Schräg gegenüber hat übrigens mein Großvater als junger Mann gewohnt, bevor er die „Erfolgsleiter“ als Mineralwasserfabrikant erklomm. Hier kam auch die ältere von zwei Schwestern meines Vaters zur Welt, meine Tante Gertrud Louise. Ich habe die Geburtsurkunde in einem Wust von Aktenabschriften, Ahnendokumenten, Briefen, Pressemitteilungen und ähnlichen Zeitzeugnissen entdeckt. Ich fand die Amtssprache von anno dunnemals so putzig, daß ich einen Nachdruck für sinnvoll hielt. Auch wo es sich im weiteren Verlauf ergab, habe ich mir erlaubt, solcherlei Dokumente (oft auszugsweise) einzuflechten.

„Geburtsurkunde Nr. 574 … Vor dem unterzeichneten Standesbeamten erschien heute, der Persönlichkeit nach auf Grund vorgelegten Trauscheins anerkannt, der Kaufmann Max Karl Otto H., wohnhaft zu Leipzig-Neustadt, Hedwigstrasse No. 12 b, evangelisch-lutherischer Religion, und zeigte an, daß von der Marie Louise H., geborene Steuernagel,

seiner Ehefrau ... wohnhaft bei ihm in seiner Wohnung am zehnten Februar des Jahres tausend achthundert neunzig und sieben, Vormittags um vier ein halb Uhr ein Kind weiblichen Geschlechts geboren worden sei, welches die Vornamen Gertrud Louise erhalten habe. Vorgelesen, genehmigt und unterschrieben: Max Karl Otto H.
Der Standesbeamte. In Vertretung: Hermann Thiele"

1939 war ich mit Mutti in Fischerkaten a. d. Ostsee verreist. Da wir nicht in den „Vorzug" kamen, einen Ferienplatz über die Organisation „Kraft durch Freude" (KdF) zu erhalten, haben meine Eltern sich selbst um einen gekümmert. Fischerkaten hieß ein Flecken nahe dem Ostseestrand zwischen Pommerscher Bucht und Kolberg, was damals noch „großdeutsch" war. Eine mir unvergeßlich gebliebene Spezialität in Fischerkaten nannte sich „Käsekuchen"; es war die saftigste Quarktorte, die man sich nur denken kann. Als es an die Heimfahrt ging, kamen wir zunächst nach Stettin. Der Name der Stadt war mir bekannt aus der Rätselfrage „Sag an, mein Kind, / so rau der Wind, / Berlin, Stettin – / wieviel Städte das sind?" Auch die Antwort kannte ich: Vier, denn mit „Sag an" und „so rau" waren Sagan und Sorau in der Niederlausitz gemeint.

Auf dem Stettiner Bahnhof mußten wir stundenlang im stehenden Zug verharren, weil pausenlos Militärzüge voller Soldaten, Geschütze und Panzer aus- und einfuhren und die zivilen Strecken blockierten. Wir kamen erst in der Nacht in Leipzig an. Als ich am nächsten Morgen (es war der 1. September) zu Hause aufwachte, sagte Mutter, ich brauche heute nicht zur Schule zu gehen: *Der Krieg ist ausgebrochen.*

Wir Jungs vertrieben uns natürlich auch außerhalb der Schule die Zeit. Einmal in der Woche traf ich mich mit anderen Kindern unter strengster Geheimhaltung in einer Kleingartenanlage an der Wurzner Straße. Wir nannten uns „Bündische Jugend" und hatten einen „Anführer", der mit uns eine Art Geländespiel durchführte. „Aber nicht über Zäune in fremde Gärten klettern!" befahl er. Das war auch wirklich gefährlich, denn in nicht wenigen Gärten waren Schilder aufgepflanzt, auf denen stand: „Vorsicht! Selbstschüsse!" Der bündische Anführer wurde verpetzt und von uniformierten Mitgliedern der „Hitlerjugend" mörderlich verdroschen. Wir anderen flüchteten und trafen uns nie wieder.

1940 wurde mein Vater eingezogen. Er brachte es vom „Flieger" bis zum „Gefreiten". Bald bekam ich von ihm die erste „Feldpost"-Karte, auf deren Vorderseite „PK-Kriegsberichter Schmitz" zeigte, wie „Deutsche Schnellboote im Kanal feindliche Hilfskreuzer" torpedieren.

1941. In diesem Jahre verreise ich nach Berlin. Vater brachte mich, bevor er im Juli vom Fronturlaub zur 18. Kompanie Luftgau, Wachregiment 2, zurückkehrte, bei einer befreundeten Familie Lenz im Kaiser-Wilhelm-Institut in Dahlem unter. Das Institut stand unter Obhut des Herrn Lenz, dem Hausverwalter. Statt Blätter oder Blüten preßte ich handgefangene und hernach aufgespießte Schmetterlinge zwischen Buchseiten und versaute damit die halbe Bibliothek. Ich saß aber auch vorm Radio und hörte andächtig zu, wie in der Kindersendung von Ilse Obrig der Kinderchor sang: „Sonntags sind wir alle, / alle miteinander / die Sonntagskinder, / die Sonntagskinder, / die Sonntagskinder aus Berlin ..."

Anschließend wurden Ratschläge erteilt, was man zur Freude unserer tapferen Wehrmacht-Soldaten basteln, schnitzen oder malen kann. Ich entschied mich fürs Malen und schickte es „dem Vati". Er antwortete: „Mein lieber Hans! Heute erhielt ich Deinen Brief mit dem schönen Bild (Zwerg Humpelbein), hast Du ganz hübsch gemacht ..."

In einem anderen Brief teilte ich ihm meine kleinen Kümmernisse mit. Er schrieb zurück, er habe mit großer Freude zwei Briefe von mir bekommen, einer sei nicht angekommen. „Daß kommt so manchmal vor." Und dann wörtlich: „Das du dich aber noch an die Birne gehauen hast, wahr wohl weniger schön."

1942. Am 24. März kam meine kleine Schwester Gertrud Karla zur Welt. Man hatte mir die Mär vom Klapperstorch erspart und wahrheitsgemäß gesagt, was es mit Mutters dickem Bauch auf sich gehabt hatte.

Mich mußte wohl die Muse wieder mal geküßt haben, denn Vater lobte: „Russland, d. 15. 8. 42. Habe mich sehr gefreut über Deine Dichtung des Liedes, hast Du sehr hübsch gemacht." Er fuhr fort: „Du müßtest einmal die Kinder hier sehen, wie die Zigeuner sehen sie aus, und handeln thun sie wie die Juden. Wenn sie von uns ein paar Stücken Brot kriegen, schlagen sich bald allemal 4 Mann darum, so verhungert thun sie, oder sind sie ..."

In diesem Jahr (1942) komme ich auch ins Jungvolk und zur Nikolaischule. Ich besuchte die altehrwürdige Bildungsstätte in der König-(heute Goldschmidt-)straße/Ecke Stephanstraße auf Drängen meiner Eltern. Dort ging es sehr streng zu: „Auf den Treppen und Fluren ist stets rechts zu gehen", hieß es in der Haus- und Schulordnung. „Das Herumstehen auf den Treppen und Korridoren" sowie „alles Lärmen, Schreien, Pfeifen, Rennen und Spielen im Schulgebäude" und „das zwecklose Radfahren vor der Schule" seien verboten.

Um den Absprung nach der vierten Volksschulklasse zu schaffen, hatte ich bei einem Herrn Breitfeld für 15 RM pro Monat „Vorbereitungsunterricht" nehmen müssen. Das klang vornehmer als „Nachhilfestunden".

Vater hatte per Feldpost geschrieben: „Russland, 7. 4. 42 ... Freue mich sehr daß Du die Prüfung i. d. Nicolaischule bestanden hast und hoffe das auch Du so wie (Cousin) Horst Krause dort Deine Sache machst ..."

Aber schon drei Monate später bekam ich eins auf die Mütze: „Nun muß ich aber mal ein ernstes Wort zu Dir sprechen, wie ich erfuhr bist Du in der Schule etwas nachlässig und faul geworden, was mich allerdings sehr kränkt. Möchte Dir nur sagen das das anders werden muß, unbedingt, sonst muß ich Mutti Anweisung geben, Dir solange jeden Spaß und jedes Vergnügen zu verbieten bis eine Besserung eingetreten ist …" Man hatte also seine liebe Not mit mir. Immerhin stand im Zeugnis: „H. ist um zuchtvolles Sprechen bemüht."

Im Juli 1942 kam ein Brief von Vater, abgestempelt in Breslau unter Nr. L 10 233 L.G.P. mit dem Aufkleber: „Durchhalten heißt siegen!"

Weniger kriegerisch klang die in Karl Mays Reiseerzählung „In den Schluchten des Balkan" eingeklebte Widmung Trudes: „… zum 11. Geburtstage die besten Wünsche".

1943. Am 4. Februar fiel mein Vater. Nur ein paar Tage zuvor hatte die 6. Armee unter Generalfeldmarschall Paulus bei der Schlacht um Stalingrad kapituliert.

Mutters Bruder Herbert war als einer von unzähligen Soldaten der 6. Armee als „vermißt" gemeldet worden. Seine Frau Grete schwebte also in der Ungewißheit: lebte ihr Mann noch oder war er tot. Mutter hingegen wußte genau Bescheid, daß ihr Mann tot war. Einmal hatte er sein Töchterchen im „Heimaturlaub" begutachten dürfen, ehe er an besagtem Tage bei Kursk in der Ukraine „als Held für Deutschlands Freiheit und Größe" zu Tode kam. So jedenfalls schrieb Oberfeldwebel Linke, als er der Witwe „die von unserem Führer und Obersten Befehlshaber der Wehrmacht" verliehene Medaille „Winterschlacht im Osten 1941/42" posthum und mit „Heil Hitler!" übersandte. Bei den Leuten hieß das Ding „Gefrierfleischorden". Laut durfte man es aber nicht sagen, denn überall wurde auf Plakaten an Litfaßsäulen gewarnt: „Psst! Feind hört mit!"

Nach ein paar Monaten stattete Oberfeldwebel Linke Mutter einen Beileidsbesuch ab. Da erfuhren wir dann, daß Vater bei einem sowjetischen Tieffliegerangriff in einer Scheune von einschlagenden Granaten getroffen worden war. Noch im September 1942 hatte sich Vater bei mir für ein ihm zugeschicktes Päckchen mit Zigaretten bedankt: „War gerade tüchtig in Druck mit Zig. sodaß ich mir mit Genugtuung gleich eine anstecken konnte …"

Nach der Todesnachricht war es meine Mutter, die unablässig rauchte, mehr als gewöhnlich. Sie holte ihre bevorzugte Sorte „Mokri" bei Herrn Gutwasser, Inhaber des nahegelegenen Tabakwarengeschäftes. Ich sammelte die Gutscheine, die man den Schachteln beigegeben hatte und für die man nach Einsendung einer bestimmten Anzahl hübsche farbige Bilder mit dem dazugehörigen Album erhielt, in das die Bilder dann nur noch eingeklebt werden mußten. Ein Album hieß „Aus Wald und Flur", ein anderes „Deutsche Märchen".

Trude rauchte „Golddollar", Kränzchentante Erna „Orient", die mit dem Goldmundstück. Eine andere Marke hieß „Juno" („Aus gutem Grund / ist Juno rund"), eine weitere „RAMSES". Das buchstabierten wir so: „R-an A-n M-oskau, S-onst E-ngland S-iegt", und rückwärts: „S-iegt E-ngland, S-o M-uß A-dolf R-ücken." Wir machten uns keinen

Kopf, was passiert wäre, wenn das ein Nazispitzel gehört hätte. Wir machten uns aber andererseits auch keinen Kopf, was dahintersteckte, wenn wir herunterleierten:

„In Connewitz, da hats geblitzt,
da sin de Juden ausgeflitzt,
da hab´n se sich ´n Haus gebaut
aus Leberwurscht un Sauerkraut,
da isses wieder eingekracht,
da hab´n wir uns halb dotgelacht!"

Nach dem Krieg, so erzählte mir meine Schwester Karla, wurden „de Juden" von den mit ihr Gleichaltrigen durch „de Russen" ersetzt.

1943. Im Sommer verreisen wir nach Naila im Frankenwald. Mutter und ich kamen in einer Pension unter, wo es auf der mit Teppich ausgelegten Treppe muffig roch. Im gleichen Städtchen wohnte zu dieser Zeit auch Mutters Jugendfreundin Trudchen Donn mit ihrem Sohn Ronny. Auf einem Photo von 1927 (gewidmet ihrer „treuen Freundin Ilse Held") sieht man, wie sie Etiketts auf Flaschen klebt. Drunter hatte sie geschrieben: „Beim Wassermann Max H. als Kleberat". Mit dem „Wassermann" war der Großvater gemeint. Trudchen, noch ledig, hieß damals Kienitz.

Die Donns lebten gezwungenermaßen getrennt von ihrem Familienoberhaupt, dem Herrn Donn, weil der Jude war. Er arbeitete und hauste in einem Internierungslager bei Hamburg. Herr Donn muß einen sehr menschenfreundlichen Chef gehabt haben, denn er überlebte das Dritte Reich einigermaßen glimpflich.

Auch die Wirtsleute von Trudchen müssen sehr menschenfreundlich gewesen sein, obwohl der Hausherr ein hohes Tier im Gemeindeamt und natürlich Parteigenosse war, der genau wußte, was mit dem Herrn Donn los war. Mit seiner Tochter, die genau so alt war wie ich, tauschte ich in einer Treppennische Geheimnisse aus, manchmal versuchsweise auf Englisch.

Einmal ging Mutter mit mir zur Sparkasse in Naila und richtete ein Konto ein. Ich verstand von derlei Bankgeschäften nichts und fand den Vorgang furchtbar langweilig. Viel spannender waren die Ausflüge durchs wild-romantische „Höllental" oder über die „Teufelskanzel" zum Kurort Hölle.

Im Oktober darf ich zum ersten Mal in meinem Leben mit Mutti ins Theater gehen, was sehr schön war. Zum ersten Mal ins Alte Theater, zum zweiten Mal ins Neue. So, wie es in Leipzig außer dem Alten auch das Neue Rathaus gibt, so gab es damals auch das Alte und das Neue Theater. Im Alten wurden in der Regel Schauspiele aufgeführt, im Neuen Opern. Das Alte wurde 1766 als „Comödienhaus auf der Rannischen Bastei" eröffnet. Das war etwa da, wo heute der Richard-Wagner-Platz ist. Das Neue wurde

1868 eingeweiht und stand zwischen Augustusplatz und Schwanenteich, an der Stelle, an der es seit Oktober 1960 in anderer Gestalt auch heute wieder steht. Nur heißt es seitdem nicht mehr Neues Theater, sondern einfach „die Oper".

Trude hatte im Vorverkauf des „Reisebüro Messamt" am Markt 4 bereits Karten besorgt. Ich sah also im Alten Theater ein Lustspiel, das hieß „Kolibri", und im Neuen eine „Oper für kleine und große Leute", die hieß „Schwarzer Peter". Komponiert hatte sie ein gewisser Norbert Schultze. Von ihm stammte auch die Melodie zu „Lili Marleen". Anfang der 30er Jahre war er Pianist des Münchner Studentenkabaretts „Die (vier) Nachrichter". Von den Mitwirkenden im „Schwarzen Peter" erlebte ich nach dem Krieg noch einige in anderen Opern: die schon genannte Edla Moskalenko, Lotte Schürhoff, Paul Reinecke, Otto Saltzmann und Gottlieb Zeithammer im „Wildschütz" sowie Heinz Daum als Cavaradossi und Willi Wolff als Bösewicht Scarpia in „Tosca". Zeithammer wird zu Beginn der Spielzeit 1947/48 von Georg Hruschka abgelöst. Jener erste Opernbesuch fand, wie aus dem Programmzettel ersichtlich, am 23. Oktober 1943 statt. Am unteren Zettelrand stand: „Verdunkle sorgfältig! Licht ist das sicherste Bombenziel!" Aber trotz Verdunkelung gab es sechs Wochen danach weder Altes noch Neues Theater mehr.

Am 4. Dezember wurde Leipzig von nordamerikanischen Terrorfliegern angegriffen. So steht es im Tagebuch. Amtliche Quellen belegen aber, daß es ein britischer Luftangriff gewesen ist. Die „Deutschen Reichsrundfunksender" unterschieden da gar nicht erst: Für sie waren es allesamt „anglo-amerikanische Terrorangriffe". Ein Vierteljahr zuvor wurde das Hauptpostamt getroffen, in den späten Abendstunden des 20. Oktober gab es Angriffe in Stötteritz, Paunsdorf und Mölkau. Auch die Verlags- und Druckereigebäude von Koehler & Volckmar gegenüber der Nikolaischule brannten völlig aus. Am 4. Dezember nun hatte es die Schule selber ebenfalls erwischt.

Ein bißchen stolz war ich schon, Schüler dieser Schule zu sein: „Nikolaitaner" – wie stolz das klang! Ich hatte mich in einer Broschüre zum 400jährigen Bestehen der Schule im Jahre 1912 kundig gemacht: Bis 1871 war sie im historischen Gebäude am Nikolaikirchhof untergebracht, das man heute als „Alte Nikolaischule" bezeichnet. Namhafte Persönlichkeiten hatten sie besucht: Gottfried Wilhelm Leibniz (das laut Bertelsmann-Lexikon „größte deutsche Universalgenie"), Christian Thomasius, Johann Gottfried Seume und Richard Wagner. Der Stadtgeschichtler Gustav Moritz Wustmann wirkte hier als Lehrer, der Philologe Johann Jakob Reiske sogar als Rektor. Nun also lag das nach 1871 bezogene Gebäude in der Königstraße in Schutt und Asche.

Von den rund 300 000 abgeworfenen Bomben der 432 Flugzeuge hatte unser Sellerhausen relativ wenig abbekommen. Zwar gab es hie und da einen Bombentrichter, es qualmte und stank allerorten, und der beißende Brandgeruch lag über der ganzen

Stadt, aber wir waren froh, daß es in unserer Gegend nicht schlimmer ausgegangen war. Dennoch möchte ich sagen, daß von diesem Zeitpunkt an für mich der Lebensabschnitt anfing, den ich nicht ohne Grund als „Ruinenzeit" bezeichne.

Nach dem Inferno vom 4. Dezember bekam meine Mutter trotz Durchhalteparolen des Gauleiters in der „Neuen Leipziger Tageszeitung" Angst vor weiteren Bombenangriffen. Sie nahm mich mit der nur anderthalbjährigen Schwester Karla bei der Hand und ließ die Wohnung zunächst mit Mobiliar und gesamtem Hausrat stehen und liegen wie sie war. Sie stieg mit uns in einen Zug Richtung Osten. Dazu vermerkte ich im Tagebuch, als wäre es keine Flucht, sondern eine Fahrt in den Urlaub: *Im Dezember verreisten wir nach Hirschberg in Schlesien.* In Dresden mußten wir umsteigen. Weiter ging es dann bis zu jener Stadt am Nordrand des Riesengebirges, die heute Jelenia Góra heißt.

Mutters dort heimischer Cousin Bruno hatte einmal versichert, wenn Not am Mann sei, würde er helfend zur Seite stehen. Er stand aber mehr abseits als zur Seite und verweigerte die Aufnahme der Flüchtlinge. Was wäre wohl aus uns geworden, wenn er uns wirklich aufgenommen hätte? Wir übernachteten in einem schmuddeligen Hotel, in dem nachts die Wanzen Ausgang hatten. Eine Überlandbahnfahrt ins nahe Bad Warmbrunn und nach Krummhübel (heute Karpacz) gönnten wir uns noch. Von dort hatten wir einen herrlichen Blick auf die schon ganz in Weiß gehüllte Schneekoppe.

Dann traten wir notgedrungen die Rückreise an und kamen bis Oschatz. Dort wurden wir als „Evakuierte" in einer Verteilerstelle zur Familie Gatzsche ins Dorf Collm geschickt und in deren Mehrfamilienhaus einquartiert. Nach und nach lieferte eine Umzugsfirma die wichtigsten Sachen aus der Sellerhäuser Wohnung an, denn man mußte sich für einen längeren Aufenthalt einrichten. Für mich aber ging ja die Schule weiter.

Ab Januar 1944 unterrichtete man einen Teil der Nikolaitaner ersatzweise in der heil gebliebenen Humboldtschule. Ihr Weg führte sie nun in die Thonberger Möbiusstraße. Die anderen kamen in zwei KLV-Lager im Erzgebirge. KLV hieß Kinderlandverschickung. Das eine Lager, in das es meinen Klassenkameraden Rudolf Wolf verschlug, befand sich im Landschulheim Jöhstadt. Es wurde aber schon im Mai 1944 geschlossen, und Rudolf kehrte nach Leipzig zurück. Er hatte sich dort sowieso nicht wohlgefühlt. Das andere Lager war in Schwarzenberg eingerichtet worden. Mutter hatte entschieden, daß ich daselbst Kinderlandverschickter wurde. So blieben uns weitere schwere Luftangriffe in Leipzig erspart: der vom 20. Februar zur „Ausschaltung der Flugzeugwerke", den Erla-Werken in Heiterblick und der Junkers-Werft in Mockau, wobei aber auch das Gewandhaus getroffen wurde, der vom 29. Mai und der vom 7. Juli, als ein Großteil des Hauptbahnhofes dran glauben mußte.

Am 18. Januar 1944 Abschied von Collm, am 19. nachmittags Ankunft in Schwarzenberg. Erster KLV-Tag. Ich fand die Anreise mächtig aufregend und harrte gespannt der Dinge, die mich erwarteten. Vom Bahnhof ging es eine steile Straße aufwärts zum Stadtkern, rechts flankiert von einem Felsen namens „Totenstein", auf dem wir in der Folgezeit so manches Begängnis hatten. Als erstes sprach mich ein Mann mit einer Sammelbüchse vom „Winterhilfswerk" (WHW) an. Dieses Werk sollte der an der Front kämpfenden Wehrmacht helfen, siegreich über den Winter zu kommen. Für seine „Spende" bekam man einmal hübsche Anstecknadeln, ein andermal irgendwelchen mehr oder weniger originellen „Kokolores", wie wir sagten. Ich erhielt bei meiner Ankunft ein 5 cm großes mausgraues Geschütz aus Bakelit. Kaum im ehemaligen Hotel „Ratskeller" angekommen, wurde ich es wieder los. Ich mußte es gegen einen Handgranaten werfenden Soldaten gleicher Größe tauschen. Wir nannten das „kaupeln".

Im „Ratskeller" war das KLV-Lager untergebracht. Wer Pech hatte, mußte in dem zum Nachtquartier umgewandelten Gesellschafts- und Tanzsaal mit einem guten Dutzend weiterer Pechvögel pennen. Wer Glück hatte – und das hatte ich – kam in eines der ehemaligen Hotelzimmer, ich mit drei andern in zwei Doppelstockbetten „auf Stube 16".

Ich lebe mich langam in das Lager ein. Stube 16 machte von sich reden, als ihre Insassen einen Budenzauber veranstalteten. Wobei der Budenzauber hier wörtlich zu nehmen ist und nichts mit „die-Bude-auf-den-Kopf-stellen" oder „die-Sau-rauslassen" zu tun hat. Da wurden in einem durch Wolldecken abgetrennten Teil des Zimmers Kartenkunststückchen und Tricks, wie das Verschwindenlassen von Pfennigen oder das Zusammenkauen zweier Bindfäden zu einem, vorgeführt. In einem zweiten Abteil stellten wir Flußspat und anderes Gestein aus, das wir an einem nahegelegenen Bergsee gefunden hatten. In einem dritten führten wir anhand eines Büchleins über das Punktieren jene Kunst vor, die darin besteht, aus gewissen, ohne Absicht gemachten Punkten zukünftige oder verborgene Dinge wahrzusagen. Da es sehr eng war in der Stube, nahm das Gedränge der Neugierigen kein Ende.

An sogenannten „Kameradschaftsabenden" übten alle gemeinsam im Speisesaal Lieder ein. Eins fing so an: „Eh, Dunja, Dunja, Dunja, dissapast marem tremcordia ..." Ein anderes: „Wir lagen vor Madagaskar und hatten die Pest an Bord ..." In einem dritten hieß es: „Schö-ön blühn die Heckenrosen, schö-ön ist das Küssen und das Kosen ..." Wir zogen aber auch geschirrklappernd zur „Küchenfee" und intonierten: „Blut, Blut, Blu-u-ut, Blut muß fließen knüppelarmedick ..." oder „Hunger, Hunger, hängt den Koch!"

Dabei war der Koch eine Köchin. Sie verabreichte uns täglich einen Eßlöffel Möhrensaftkonzentrat zur Abdeckung des Vitaminbedarfs. Wenn jemand es wagte, ihr Reich zu betreten, kreischte sie: „Raas aas de Kich, alde Reer!" Wir sind nie dahintergekommen, wer oder was mit der alden Reer gemeint war. Wenn wir unter uns waren, also ohne Aufsichtspersonal, grölten wir lauthals: „Wir sind tapfre Italiener, / unser Land wird immer kleener. / Schwarze Haare – weiße Zähne, / lange Leitung – kurze Beene. / Wär Badoglio unser König, / wäre Sachsen italienisch ..."

Wir erzählten uns auch heimlich Witze, wie den von Hitlers doppeldeutigem Ausspruch: „Mir ist keiner gewachsen." Dabei hatten wir immer ein bißchen Angst, ins „Konzertlager" zu kommen. So nannten wir das, was offiziell „Konzentrationslager" hieß. Was hinter dem Begriff „KZ" wirklich steckte, konnten wir uns weder vorstellen, noch klärte uns darüber jemand auf.

Aus einem mit einer Kurbel aufziehbaren Grammophon (wie wir es auch daheim hatten) tönte nach vorsichtigem Aufsetzen des beweglichen Tonarmes ein dutzendmal jeden Tag der Schlager „Kennst du das kleine Haus am Michigansee ..." oder: „Jetzt geht´s der Dolly gut / die lebt in Hollywood / in USA / und ich steh da". Das kannte ich schon von einer Schallplatte aus Trudes Plattensammlung. Unverkennbar war an diesen Platten das Markenzeichen in der Mitte, wo ein Hund zu sehen war, der vor einem Grammophontrichter hockte und der daraus ertönenden Musik zu lauschen schien.

Einmal blieb ich auf dem Weg zur Dusch- und Badeanstalt am halb offenstehenden Eisenverschlag eines Kellerfensters mit dem linken Fuß hängen. Die scharfe Kante drang durch das Schuhleder und riß mir eine tiefe Wunde ins Fleisch, die noch nach Wochen und Monaten eiterte und näßte. Wieder mal bildete sich eine Narbe als bleibende Erinnerung.

Am 6. April fahre ich nach Collm über Leipzig in Urlaub. Am 12. komme ich zurück. Kaum wieder in Schwarzenberg, schummelte ich mich im „Olympia-Theater" in den Film „... reitet für Deutschland" mit Willy Birgel. Der war nämlich erst ab 14 jugendfrei. Auf der Freilichtbühne sahen wir ein Volksstück, „Das Schwein Jolanthe".

Im Freibad lernte ich zwar Skat spielen, aber leider nicht schwimmen. Großen Eindruck auf uns Kinder machte ein gerodetes, kreisrundes und weit sichtbares Waldstück an einem Berghang, dessen verbliebene Bäume ein riesiges Hakenkreuz bildeten. Toll fanden wir auch eine imitierte germanische Thingstätte.

Ein beliebtes „Spiel" war Fröscheaufblasen. Den Tierchen wurde mittels Strohhalm Luft eingepumpt. Dann ließ man sie per Stromschlag zu Tode zappeln. Die Älteren behaupteten, das habe der Forscher Galvani auch so ähnlich gemacht. Manchmal fingen wir Mäuse, die durch die Stuben huschten, in selbstgebastelten Fallen und legten sie der „Küchenfee" auf die Durchreiche. Manchmal sperrten wir Fliegen ins „Gefängnis". Das bestand aus zwei rundum mit Stecknadeln verbundenen Korkscheiben. Dagegen fand ich die mit Leim überzogenen Zelluloidschlangen, an denen die Fliegen klebenblieben, wenn sie sich draufsetzten, ganz ekelhaft. Ich sah noch vor mir, wie Oma Ernestine diese gelblich-glitschigen Schlangen immer in der Küche aufgehängt hatte.

Mitunter stimmten wir den Marsch von „Kamerad Tschambambel" an, der mit seiner Frau Elisabeth Bauch an Bauch im Bett liegend „mit dem Gummischlauch" spielte. Gern trällerten wir auch das Lied von Honolulu im Land der Amazonen, wo „die jungen Mä-hädchen / zum Tanze in das Stä-hädchen" gingen, „ohne Hemdchen, ohne Höschen, / mit einem Feigenblatt". Und das müsse, hieß es weiter, „runter", denn es stecke „noch was drun-ter, / was einem Landser / viel Freude macht".

Zu Pfingsten kommt Mutti auf Besuch. Ich stehle Erdbeeren und erleide große Blamage im Lager. Inzwischen hatte man uns auch sogenannten Pateneltern zugeteilt. Meine wohnten in einem Reihenhaus außerhalb, in Neuwelt. Sonntags mußte ich mit ihnen Kaffee trinken und Kuchen essen und mit den Kindern der Familie „Dame", „Mühle" oder „Mensch, ärgere dich nicht" spielen. Gesprochen wurde kaum. Es war stinklangweilig.

Vom Krieg merkten wir auch nicht viel. Nur daß ab und zu in ziemlicher Höhe feindliche Bombergeschwader über uns wegflogen und immens lange Kondensstreifen hinter sich ließen. Da regnete es dann immer Unmengen von Stanniol vom Himmel, das aussah wie Lametta für den Christbaum. Jemand sagte, das sei wegen der Radargeräte. Darunter konnten wir uns aber auch nichts Richtiges vorstellen.

Ganz begeistert waren wir von der Besichtigung des Erzbergwerkes „Herkules Frischglück" am Fürstenberge, zu dem wir durch herrliche Wälder und vorbei am schon erwähnten, die Sonne in glasklarem Wasser spiegelnden Bergsee wanderten. Ziel anderer Wanderungen waren Pöhl- und Scheibenberg.

Als „Lagerleiter" fungierten HJ-Stammführer Weißig und Studienrat Richard Franz Schmidt. HJ war die Abkürzung von „Hitlerjugend". Das weibliche Pendent zu HJ hieß BDM („Bund deutscher Mädchen", im Halbwüchsigenjargon „Bund deutscher Milchkühe"). Weißig trug die freizeitliche Verantwortung (Geländespiele, Singeabende, Einhaltung der Nachtruhe und so), Schmidt trug die den Unterricht betreffende.

Schmidt war eigentlich Musiklehrer, mußte jedoch in Ermangelung von Fachkräften auch Mathematik unterrichten. Es war aber eher so, daß die Schüler ihn unterrichteten. Der zweite im Pädagogenbunde, Studienrat Rudolph Wildenhain, war ein kleiner, zierlicher Herr mit weißgrauen Löckchen. Er gab eigentlich Zeichnen. „Kunsterziehung", wie das Fach amtlicherseits hieß. Wildenhain war ebenfalls dazu verdammt, uns in allen möglichen anderen Fächern ein gewisses Quantum an Wissen zu vermitteln.

Unterrichtet wurde im gleichen Saal, in dem wir auch das Essen einnahmen und in dem die Kameradschaftsabende stattfanden. Nur in wenigen Fächern erteilten uns in Schwarzenberg und Umgebung ansässige Lehrer in den Klassenräumen der örtlichen Schule den Unterricht.

Ende Juni bekam ich einen Feldpostbrief von Mutters Bruder Hans, der (wie schon gesagt) mit Tina verheiratet war. Ihr Bruder Herbert blieb weiterhin „vermißt". Hans war zuvor Bankangestellter bei der Allgemeinen Deutschen Creditanstalt (ADCA). In seinem Brief hieß es: „Mit Urlaub ist es leider nichts, denn durch die Invasion ist allgemeine Urlaubssperre ..." Mit der „Invasion" war die Besetzung Nordfrankreichs durch „feindliche" Luftlandetruppen gemeint. „Dafür ist aber Tina eine Woche hier gewesen und wir haben zusammen ein paar wunderschöne Tage verlebt. Mein nächstes Kommando ist in Hela in der Nähe von Gotenhafen u. Danzig. Auf alle Fälle bin ich froh, dass ich nicht wieder nach Norwegen komme, dort bin ich wirklich lange genug gewesen ..."

Am 14. Juli früh fahre ich mit Mutti nach Collm auf Urlaub. Mit Oma gehe ich immer ‚ins Holz'. Also in den Wermsdorfer Forst. *Das Beerensammeln macht Freude.*

Am 8. August nachmittags wieder in Schwarzenberg angekommen. Wir brauchten also nicht „im Rahmen des allgemeinen Kriegseinsatzes der deutschen Jugend" an der am gleichen Tage unter der Überschrift „KLV-Lager im Ernteeinsatz" veröffentlichten „Einbringung der Ernte" zu helfen. Uns interessierte auch nicht, daß der am Attentat des 20. Juli auf den Führer beteiligte „flüchtige Leipziger Oberbürgermeister a. D. Dr. Karl Goerdeler" immer noch nicht ergriffen worden war, obwohl man eine Belohnung von einer Million Reichsmark dafür ausgesetzt hatte.

Herrliches Badewetter. Lerne Inge Hefger kennen. Das war ja in diesem Alter ein ganz heißes Thema und ungeheuer wichtig: Mädchen! „Der geht mit der, und die geht mit dem", wurde dann immer voll Bosheit oder Neid unter denen getuschelt, die nicht mit einer gingen. Ich also ging mit Inge Hefger. Und nach dem Krieg mit Gisela Linke. Und mein Schulfreund Manfred Patzschke mit Inge Eichelbaum. Seitenweise war davon im Tagebuch die Rede. Wir können es getrost überblättern.

Am 25. September früh 6 Uhr nehmen wir Abschied von Schwarzenberg. Das heißt, das Lager wurde aufgelöst. Die Lehrer durften nicht mit uns weiterziehen. Sie wurden in Leipzig gebraucht, da dort die meisten noch Unterrichtenden zum „Volkssturm", Hitlers letztem Aufgebot, eingezogen worden waren. *Nachmittags kommen wir in Mühltroff an.* Und beziehen im dortigen KLV-Lager Quartier.

Oktober. Wir leben uns ein. Ich bin eine Woche krank. So lauteten die letzten Worte im Nachtrag meines ersten Tagebuches. Schlagen wir dieses und die folgenden nun von vorn auf, solange sie noch lesbar sind. Die Seiten vergilben, und das mit Bleistift Geschriebene verblaßt allmählich. Anfangs war ich regelrecht gezwungen, Blei- oder Kopierstift zu nehmen, stand doch auf den Umschlägen der ersten beiden Tagebü-

Hufschmiede des Großonkels in Thekla, um 1909

Meine Eltern in „Carmen“, 1920er Jahre

„Kleberat“ des
(Selter-)Wassermanns, 1927

Vater als Lieferant, 1920er Jahre

Das „Weiße Rößl" im Neuen Theater, 1931

Kleinmesse anno 1932

Happy birthday Grandpa, 1933

Früh übt sich ..., um 1935

cher: „Für Tinte nicht geeignet“. Auf den nächsten stand das nicht mehr, da bin ich aus alter Gewohnheit beim Schreiben mit Bleistift geblieben.

Ja, liebes Tagebuch, Du bist mein einziger Trost, Dir kann ich alles einverleiben und anvertrauen, was mein Herz bedrückt oder erquickt ... Aus dieser Eintragung vom September 1948 geht hervor, daß der Inhalt keinesfalls für Fremde bestimmt war. Diese Tatsache erhärtet sich ein Jahr darauf sogar noch durch die Einführung einer Geheimschrift. Das war aber nicht immer so. Hin und wieder muß ich so von mir eingenommen gewesen sein, zu denken, mein Geschreibsel könne öffentliches Interesse wecken. Beispiel dafür ist die schon erwähnte *Einleitung* des ersten Tagebuches. Sie besteht nur aus zwei Sätzen, und die lauten: *In diesem Heft will ich kurz meine Erlebnisse vom 25. November 1944 an schildern. Ich hoffe, daß der Leser ein einigermaßen zufriedengestelltes Gesicht macht, nachdem er dieses Heft ausstudiert hat.*

Daß mich der Gedanke an eine Veröffentlichung lange nicht losgelassen hat, zeigt der Eintrag vom Januar 1951: *Liebes Tagebuch, ich bild mir immer noch ein, diese Zeilen könnten andere einmal lesen.* Ein Geständnis unter Alkoholeinfluß, denn einen Satz weiter heißt es: *Ich bin noch etwas weinblau.* Unglaublich, daß ein Teil der ersten beiden „Hefte“ tatsächlich veröffentlicht wurde, wenn auch erst nach 60 Jahren, und wenn auch nur inmitten von Briefen, Tagebüchern und Photographien anderer Zeitzeugen. Es betrifft die Eintragungen des Jahres 1945. Ob der Leser allerdings nach dem „Ausstudieren“ ein einigermaßen zufriedengestelltes Gesicht gemacht hat, entzieht sich meiner Kenntnis.

Wie ich schon schrieb, nehmen die nachträglichen Ergänzungen oft einen viel breiteren Raum ein als die Originalzitate. Tagebuchpassagen, die mir aus heutiger Sicht zu belanglos, überflüssig oder für Außenstehende unverständlich vorkamen, werde ich hier nicht aufnehmen. Tagebuchpassagen, die mir stilistisch aus heutiger Sicht nicht mehr gefielen, habe ich verändert, und die stehen dann natürlich nicht wie die Originale kursiv gedruckt.

Daß ich mir manchmal eine bissige Bemerkung nicht verkneifen kann, liegt an dem über Jahrzehnte ausgeübten Beruf. Wenn es mir nicht gar mit in die Wiege gelegt worden ist. Aber wer sollte es da hineingetan haben? Ein Abwiegler?

DEM „ENDSIEG" ENTGEGEN

Das Städtchen Mühltroff liegt im Vogtland. Es kam uns Neuankömmlingen vor wie das Ende der Welt. Während wir in Schwarzenberg schätzungsweise nur dreißig Nikolaitaner waren, wurden wir hier mit ebensoviel Humboldtschülern zusammengelegt. Dazu kamen nach kurzer Zeit noch mal so viele Zöglinge von einer dritten Penne. *Vormittags großer Umzug im Lager,* habe ich am 28. November 1944 ins neuangelegte Tagebuch geschrieben, *weil am Abend die Ostwaldschule kommt.*

Man hatte uns ins ehemalige Schloß gepfercht. Oft wurden wir mit dem Schlachtruf „Makkako – hoiotoho!" in die nahen Wälder geschickt und zum Holzfällen vergattert. Oder wir mußten muffige Kellergewölbe ausfegen, wo es gar nichts zu fegen gab. Oder im Chor singen: „Wir werden weiter marschieren / bis alles in Scherben fällt, / denn heute gehört uns Deutschland / und morgen die ganze Welt!" Im Kino gab es einmal den Film „Carl Peters". Da sahen wir, wie gut es die deutschen Kolonialherren in Afrika mit den Schwarzen meinten. In einer Schleizer Badeanstalt durften wir uns einmal alle 14 Tage gründlich säubern. Ich zog mir dabei eine Mittelohrvereiterung zu. Fliegeralarm gab es, aber nicht täglich. Außerdem flogen die Bomberverbände (wie in Schwarzenberg und Umgebung) nur über uns hinweg. Ihre Last warfen sie woanders ab.

Es ging allenthalben sehr rüde zu. Jemand hatte auf die unterrichtende Englischlehrerin namens Gey einen Schüttelreim in Umlauf gebracht: „Ein kaltes Ei an die Decke schnipsen, der alten Gey an die Schnecke tipsen." Wegen irgendeiner Flegelei, die ich aber gar nicht begangen hatte, wurde ich vom Klassenlehrer, Studienrat Kieschnick, zur Rede gestellt. Als ich zu meiner Verteidigung eine patzige Antwort gab, *bekomme ich unschuldig eine geschmiert.* So steht´s im Tagebuch. Daß ich zurückschlug, steht nicht drin. Auch nicht, daß ich mich im Handumdrehen demütigst entschuldigte ob der Ungeheuerlichkeit. Kieschnick war so verblüfft, daß er vergaß, mir eine gehörige Strafe zu verpassen. Mit Schlägen und Dreschereien wurde in Mühltroff auch anderweitig nicht gespart. Anfang Dezember bekam unsere Klasse zum Beispiel *von Jungzug 1 und 2 Hiebe:* Wir hatten angeblich ihre selbstge-bastelten Flugzeugmodelle beschädigt.

Als „Jungzügler" war man mächtig stolz: Wie schon mitgeteilt, gehörte ich dem Jungvolk seit 1942 an. Damals mußten wir sonnabends in der Portitzer Straße in Reih und Glied antreten. Wenn es „auf Fahrt" ging, war jeder verpflichtet, ein „Bemmenpaket" mitzubringen. Die geschmierten Brote wurden eingesammelt und – während die Meute Dauerlauf übte – auf einer Plane ausgebreitet. Wer Glück hatte, bekam die am dicksten bestrichenen Schnitten der „Bessergestellten" ab. Pech hingegen war, wenn sich manch Bessergestellter mit der mageren Kost Ärmerer begnügen mußte. Dazu wurde gesungen, was uns der Führer eingebimst hatte, wie etwa „Die blauen Dragoner, sie reiten", das Landsknechtslied „Spieß voran, drauf und dran, setzt aufs Kirchendach den roten Hahn ..." oder das Lied von den Wildgänsen, die durch die Nacht rauschten, oder das von den „Glocken, die vom Bernwardsturm stürmten".

Jeder durfte ein richtig scharfes „Fahrtenmesser" am Lederkoppel tragen, einen Schulterriemen anschnallen, ein flottes „Käppi" aufsetzen und das schwarze Halstuch durch den braunen, geflochtenen Lederknoten ziehen! Und ein Braunhemd anhaben und kurze schwarze Samthosen! „Jungzug" war nach der „Jungschaft" die zweitkleinste Diensteinheit im „Jungvolk", dem man als „Pimpf" angehört haben mußte, bevor man als „Hitlerjunge" in die HJ übernommen wurde. Der „Jungzug" war dem „Fähnlein" unterstellt, das „Fähnlein" dem „Stamm" und der „Stamm" dem „Bann". Der Bann wurde vom Bannführer geführt, mehrere Bänne vom Oberbannführer. Dann gab es sogar noch einen Hauptbannführer!

Der dergestalt eingegliederte deutsche Junge hatte zu handeln nach dem Spruch: „Einer für alle, alle für einen". Er hatte zu sein „hart wie Kruppstahl, zäh wie Leder, flink wie Windhunde". Wagemutige Scherzbolde stellten die typischen Merkmale der Reichsführungsriege auf den Kopf und machten daraus: „Blond wie Hitler, groß wie Goebbels, schlank wie Göring".

Ein Oberbannführer, also ein ganz ganz hohes Tier, hielt am Abend des 15. Dezember auf einer Adventsfeier im Mühltroffer Schloß bei Verdunkelung und Kerzenlicht während des Alarms eine Rede, *etwas öde, aber doch ganz hübsch.* „Ganz hübsch" paßte zur Verdunkelung die vierte Strophe des Liedes „Flamme empor":

Leuch-ten-der Schein!
Siehe wir si-hing-enden Pa-are
Schwö-ren am Fla-ha-mmenalta-are
Deu-tsche zu sein, Deu-tsche zu sein!

Mächtig dröhnte unser Gesang durchs alte Gemäuer. Mächtiger noch bei „Hohe Nacht der klaren Sterne ..." und am allermächtigsten bei „Hei-lig Va-terland / i-hin Ge-fahren, / dei-ne Söh-ne sich / u-hum dich scha-ren ..."

Der HJ-Lagerführer, ein gewisser Szemkus, war ein von der Wehrmacht suspendierter Jagdflieger. Der Abschuß seiner Maschine hatte ihn den linken Arm gekostet. „Wißt ihr, wie man Bügelfalten in die Überfallhose kriegt?" fragte er uns einmal. „Einfach unters Bettuch legen und drauf pennen." Am 17. Dezember gegen Mittag sagte uns Szemkus, daß wir schon am nächsten Tag auf Urlaub fahren dürften. Großes Packen.

Ich habe beschlossen, schrieb ich, *für immer aus dem KLV-Lager gen Leipzig zu fahren.* Ich hatte ein regelrechtes Grauen vor Drill und schikanöser Behandlung. Außerdem war mein Heimweh von Tag zu Tag größer geworden.

Andere waren nicht so zimperlich. Krüger zum Beispiel, aus der um ein Jahr jüngeren Klasse, war aus anderem Holz geschnitzt. Krüger rühmte sich, Sohn eines Zoohändlers aus der Nürnberger Straße in Leipzig zu sein. Das Haus, in dem sich die Zoohandlung befand, war eines der wenigen, das nicht zur Ruine gebombt wurde und nur ein paar leichte Kratzer vom Bombenhagel abgekriegt hatte. Krüger also kehrte nach den Ferien Anfang Januar 1945 wieder nach Mühltroff zurück. Er hat es bis zum Einmarsch der Amerikaner dort ausgehalten – als einer der letzten, erzählte mir „Casimir", sein Klassenkamerad Karl-Heinz Krämer. Wie aber sollte er heimkommen? Es fuhren ja keine Züge und zivile Autos erst recht nicht! Unter Aufwendung seiner geringen Englischkenntnisse hat er mit amerikanischen GIs verhandelt, und die haben ihn dann auf abenteuerlichem Wege in einem ihrer Militärfahrzeuge bis nach Leipzig mitgenommen.

Ich selbst kam am Abend des 18. Dezember in Leipzig bei der Großmutter in der Charlottenstraße an. Trude war nicht da. Sie arbeitete zu der Zeit noch als Laborantin bei Photo-Knoll in der Burgstraße am Thomaskirchhof. Sie kam erst am nächsten Morgen von der Nachtwache zurück.

21. Dezember. Oma fährt mit mir nach Oschatz. Ein Ereigniß mit einem Dummen. Auf der Fahrt großes Gedränge. Welcher Art das „Ereigniß" und was für ein Typ „der Dumme" war, weiß ich nicht mehr. Ich weiß nur noch, daß sich der Fußmarsch vom Oschatzer Bahnhof bis Collm auf sieben Kilometer erstreckte, die wir nicht zum ersten Male per pedes bewältigten. *Mutti und Püppe* (Schwester Karla) *freuen sich in Collm über unsere Ankunft.* Einen Tag vor Heiligabend stieß Trude zu uns, die bis dahin in Leipzig noch ihren Dienst leisten mußte.

Nachmittags durfte ich baden. Gebadet wurde höchstens einmal in der Woche. Die Gatzsches hatten sogar ein richtiges Badezimmer! Bei uns zu Hause in der Paulinenstraße gab es – wie in den meisten Mietshäusern – weder Dusche noch Bad. Das Klo war „halbe Treppe", wie man sagte, und bei Oma in der Charlottenstraße zwar auf der gleichen Etage, aber dafür noch ohne Wasserspülung. Zum Baden wurde eine schlichte Zinkwanne in der Küche aufgestellt und Wasser auf dem kohlebeheizten Kochherd heiß gemacht. Der Herd nannte sich auch „Küchenmaschine", hatte links neben der Feuerstelle einen eingelassenen Behälter zur Bereitung heißen Wassers, rechts die Brat- und Backröhre und oben drei bis vier unterschiedlich große Herdplatten. Die bestanden aus Eisenringen und waren abnehmbar.

Der „Eisschrank" hingegen diente zur Kühlung der Lebensmittel. Diese wurden im linken Fach deponiert, ins rechte kamen die Eisstücke. Unterm Eisfach war ein Hahn, den man öffnen konnte, um das zu Wasser geschmolzene Eis in eine bereitgestellte Schüssel ablaufen zu lassen. Der „Eismann" brachte das Eis in einem mit Zinkblech ausgeschlagenen Kastenwagen. Er hielt vor jedem dritten, vierten Haus. Er stieg ab,

Ledermütze auf und Gummischürze um, und kündigte sich mittels einer Trillerpfeife oder Glocke an. Die Eisstangen zerhackte er wunschgemäß in größere oder kleinere Portionen. Wir Kinder waren immer gierig, abgeplatzte Eisstückchen aufzufangen und dann an ihnen herumzuschlecken. Oder sie einem anderen hinterrücks in den Hemdkragen zu stecken und „den Buckel runterrutschen" zu lassen.

So etwas gab es auf dem Dorfe natürlich nicht. Dort kam man aber auch ohne Stadtluxus ganz gut zurecht. Obwohl ich mich in Collm *irgendwie krank* fühlte, *verkleidete ich mich für Püppe als Weihnachtsmann mit fast leerem Sack, aber großer Rute;* Reisig gab es ja genug in den Wäldern ringsum. Am ersten Feiertag führte uns Mutter mittags ins Gasthaus Collm. *Es gab Schnitzel und Erbsenbeilage.* Ich durfte sogar am Schoppen Wein nippen.

Am 28. Dezember notierte ich: *Mein 13. Geburtstag ist der erste, wo ich nichts geschenkt bekomme – eben sechstes Kriegsjahr.*

Und zu Silvester: *Aufstehen tuhe ich erst mittags. Dann gehen wir zum Gasthaus essen. Abends um 8 Uhr rum ist Alarm. Ich trinke heute sogar Grog!* Und was tuhe ich Neujahr? *Ich streite mich mit Mutti.*

Ursprünglich sollte der Schulunterricht Mitte Januar 1945 wieder anfangen. Ich war demzufolge gezwungen, nach Leipzig zu fahren. Dort angekommen erfuhr ich, daß die Schule infolge Kohlemangels nicht beheizt werden konnte. Der Unterrichtsbeginn war auf den 31. Januar verschoben worden. Nicht umsonst wurde die Bevölkerung an Litfaßsäulen und in der Tageszeitung ermahnt, jegliche Materialverschwendung zu vermeiden, besonders sparsam aber mit Heizmaterial umzugehen. Zur Unterstreichung war der Schattenriß einer Gestalt abgebildet, die einen Sack schleppte und ein Feindsymbol namens „Kohlenklau" darstellen sollte.

Weil mich nun zunächst nichts in Leipzig hielt, setzte ich mich wieder Richtung Collm in Bewegung. Hier *ging ich durch, besser über, zwei Meter hohe Schneewehen ohne einzubrechen.* Es windete auch unheimlich. Die Wetterunbilden nahm man gern in Kauf. Hauptsache, man blieb von den Bombenangriffen verschont. Wie ich dem Tagebuch entnehme, war ich eifrig am Schreiben: *Mein Buch „Die Rache des Karl von Brucker" titele ich auf „Der tote Mann" um,* hieß es am 23. Januar, und zwei Tage später: *Zum zweiten Male titele ich mein Buch um: „Der Höhlengeist".* Vom 29. Januar an quartierte ich mich dann wieder – getrennt von Mutter und Schwester – bei Oma und Trude in der Charlottenstraße ein.

Wir sollten ab jetzt in der Ostwaldschule unterrichtet werden, einer nach dem Chemie-Nobelpreisträger Wilhelm Ostwald benannten Oberrealschule an der Kreuzung Dresdner und Kohlgartenstraße. Am letzten Januartag besuchte ich noch vor der allgemeinen Begrüßung durch den Direktor meinen Freund Manfred Patzschke. Der wohnte quasi gleich „um die Ecke“ von der Charlotten-, nämlich in der Unteren Münsterstraße, (zwischendurch Gelbke-, heute Kippenbergstraße).

Manfred war es, der auf Stube 16 in Schwarzenberg jenen „Budenzauber“ angeregt und dann mit mir auf die Beine gestellt hatte. Seine Eltern waren einfache, liebenswerte Leute, die volles Verständnis für den „Kulturspleen“ ihres Sohnes und seines Schulfreundes hatten. Ich besuchte Patzschkes fast täglich. Regelmäßig erfolgten Manfreds Gegenbesuche. Mutter Lisbeth steckte mir in den noch bevorstehenden Hungerjahren so manchen, dem leeren Magen wohltuenden Happen zu. Das kulturelle Interesse bestand wie gesagt beidseitig und multiplizierte sich im Laufe der Folgejahre geradezu gigantisch.

Unterricht fand zur Zeit sowieso fast kaum noch statt, da wir meist schon nach der zweiten Stunde wegen „Luftgefahr“ oder Voralarm wieder nach Hause geschickt wurden, einmal sogar, nachdem wir erst 20 Minuten dagewesen waren. Letzter Unterrichtstag wird der 10. April sein. Wann es dann weitergehen sollte, stand zu diesem Zeitpunkt in den Sternen.

Bei jedem Alarm mußte man sich in den Luftschutzraum begeben. Gekennzeichnet wurde dieser draußen an der Hauswand durch ein weiß gepinseltes „LSR“. So konnte Eingeschlossenen, deren Haus von Bomben getroffen und der Weg nach oben versperrt war, notfalls durch das zum LSR gehörige Kellerfenster herausgeholfen werden, vorausgesetzt, ihr Körperumfang ließ es zu. Dieser Sorge aber war wohl die Mehrheit enthoben.

Größere Angst als vor Stabbrandbomben hatten wir vor Phosphorbomben, weil man die nicht einfach mit Wasser löschen konnte. Noch größere Angst bereiteten uns Sprengbomben. Manche von denen explodierten erst viel später, wenn ein Zeitzünder eingebaut war. Die Splitter konnten jeden treffen, der in die Nähe kam. Fanden wir nach der Entwarnung solche Splitter, sammelten wir sie und hoben sie auf wie eine wertvolle Reliquie. Die größte Angst aber hatten wir vor Luftminen. Die fegten, so wurde erzählt, unter einem gräßlichen Gejaule raketengleich durch die Straßen und brachten durch den Luftdruck alles zum Einstürzen.

11. Februar. Am Nachmittag bin ich zuerst ums Viereck gewandert, dann mit der Linie 22 bis Eisenbahnstraße gefahren, mit der 2 bis Torgauer Straße, bis zur Sellerhäuser Kirche gelaufen, und mit der 3 bis Johannisplatz gefahren. Der Turm der Johanniskirche war stark angeschlagen, vom Kirchenschiff stand nur noch ein jämmerliches Gerippe. Erst im Februar 1949 wurde es gesprengt. Noch befanden sich nach ihrer Umbettung vom Alten Johannisfriedhof um 1900 die Ruhestätten von Bach und Gellert in einer Gruft unter dem (ebenfalls zerstörten) Altarraum. Vom Johannisplatz aus bin ich zur Königstraße gelaufen und *habe mir die Nikolaischulruine angesehen.* Von dort ging ich wie früher, als die Schule noch stand, über den Alten Johannisfriedhof, wo wir manchmal zwischen den Gräbern von so ehrwürdigen Toten wie Käthchen Schönkopf „Verstecken“ gespielt hatten, *und bin wieder mit der 20 durch den Täubchenweg nach Hause gefahren.*

Straßenbahnfahren funktionierte also noch. Aber wie! Abgesehen davon, daß die Bahnen mehr durch Trümmerberge als durch Häuserzeilen fuhren, fühlte man sich schon am Tage so, als wäre es Nacht. Zu Hause wurde ja erst abends mit dem Zuhängen der Fenster „verdunkelt“ (vorausgesetzt, die Fenster hatten noch intakte Scheiben und waren nicht durch Pappe oder Sperrholz ersetzt, die sowieso weder Kerzen-, noch Petroleum-, noch elektrisches Licht nach draußen ließen). Die Fenster der Straßenbahnen hingegen waren durchweg blau eingefärbt. Nur ein 20 cm breiter Spalt im oberen Drittel der Scheiben ließ noch ungehindert Tageslicht herein. Daß das elektrische Licht abends nach draußen drang, war – von einem gespenstisch schwachen Schein abgesehen – unmöglich, weil man auch die gläsernen Lampenschirme abgedunkelt hatte.

Auch draußen auf den Straßen gab es keine Beleuchtung mehr. Und damit man sich gegenseitig nicht die Köpfe einstieß, steckte man sich spätestens bei Anbruch der Dunkelheit Leuchtplaketten an Jackett oder Mantel, die mit einer phosphoreszierenden Substanz versehen waren. Oder man hantierte mit einer mausförmigen Taschenlampe, die statt von Batterien von einem Dynamo betrieben wurde. Das heißt, man mußte pausenlos auf eine Art Bügel drücken, um das Monstrum zum Leuchten zu bringen.

Am 13. Februar *kommt 22 Uhr 30 Alarm. Es wummert sehr, und um 1 Uhr 30 ist wieder Alarm.* Wie es sich dann schnell herumsprach, fanden zur gleichen Zeit in Dresden die beiden verheerenden britischen Angriffe statt. Als am nächsten Tag schon mittags wieder Alarm war, erfolgte der dritte Angriff auf Dresden, diesmal durch US-Verbände mit ihren „Fliegenden Festungen“.

19. Februar. Mittags ist Voralarm. Währenddessen höre ich Drahtfunk ab. Nach der Entwarnung fahre ich mit dem Rad zum Andreas Nowicki in die Paulinenstraße. So wie am 19. verzögerte ich auch an anderen Tagen das Aufsuchen des Kellers und hockte noch oben in der Wohnung vorm Radio. In der Hand hielt ich den gedruckten Abzug einer in Planquadrate eingeteilten Landkarte. Die hatte uns der Luftschutzwart besorgt. Der „Drahtfunk“, den ich „abhörte“, war für die Luftabwehr der Wehrmacht bestimmt und informierte diese über die Luftlage im Großraum Leipzig. Ich zog nun die ominöse Karte zum Vergleich heran. Die Meldungen waren natürlich verschlüsselt und hörten sich etwa so an: „Hier spricht Leopard, hier spricht Leopard. Starke Formationen von Krähen über Richard-Gustav-Sieben nähern sich Siegfried-Heinrich-Acht. Einzelne Schwalbe über Heinrich-Otto-13 …“ Und so weiter. Davor und danach erklang metronomartig ein „… tak-tak-tak-tak-tak …“

27. Februar. Mittags haben wir einen schweren Bombenangriff. Es war der schwerste seit dem 4. Dezember 1943. Die Alliierten gaben ihm sogar einen Namen: „Thunderclap". Wir haben im Keller gehockt, haben gezittert und gebetet, daß unser Haus nicht wie das Nebenhaus einen Volltreffer abbekommt und wir verschüttet werden. *In unserer Wohnung,* notierte ich, *ist viel kaputt. Wasser und Licht sind weg.* Erst nach dreieinhalb Wochen *geht das Wasser wieder.* Bis dahin mußten wir es, Oma und ich, eimer- und kannenweise von einer Pumpe in der gut drei Minuten entfernten Feldstraße holen. Das wird sich auch nach der „Befreiung" durch die Amis noch fortsetzen: *23. April. Heute früh stehe ich mit Oma zwei Stunden nach Wasser an. Wunderbare Angelegenheit!*

Aber noch tobte der Krieg. Mitunter kamen wir aus dem Keller gar nicht mehr raus: Kaum war man die Treppen hochgestiegen, gab´s schon wieder Alarm. Die Abstände zwischen Entwarnung mit dem monotonen, anhaltend-gleichbleibenden Heulton der Sirenen und ihrem Auf-und-ab-Heulton, also dem Alarm, wurden immer kürzer. Nach einer von mir im Tagebuch geführten Statistik gab es zwischen 1. Januar und 17. April 1945 84mal Fliegeralarm (der auch „Vollalarm" genannt wurde), ebenso vielmal Voralarm (der zuletzt „Kleinalarm" hieß), und einmal Feindalarm. „Feindalarm" hieß: „Achtung! Direkte Feindberührung durch anrückende Panzer, Geschütze oder Infanterieeinheiten".

Den ersten und letzten Feindalarm werden wir an besagtem 17. April in den frühen Morgenstunden erleben: *Erst am Vormittag kommt Entwarnung. Kurz nach 17 Uhr kommt Kleinalarm, welcher bis zum 18. anhält. Am 18. mittags 14 Uhr ist der Alarm noch nicht zu Ende. Wie wir später merken, kommt überhaupt keine Entwarnung.*

Trotz des nervtötenden Sirenengeheules sind wir jungen Bengel pflichtbewußte Pimpfe gewesen: *24. Februar. Am Nachmittag müssen wir zum Jungvolk-Dienst in die Eisenbahnstraße bis 19 Uhr.* Und noch ein Eintrag ist interessant: *15. März. Ich gehe nachmittags umsonst zum Friseur, weil Alarm kommt.* Am nächsten Tag ging ich nicht umsonst hin. Das wiederholte sich alle drei, vier Wochen und wurde säuberlich notiert. Einmal *habe ich kein Geld mit, renne nach Hause, renne wieder hin* – und begebe mich unters steifleinene Frisiertuch. Mein Friseur hieß Jakob und wurde vom Nachbar-Ehepaar Hager „Jakki" genannt. Er hatte gewelltes, lackschwarzes Haar, eine rothaarige Friseuse als Frau, und ihm fehlte ein Finger. Er verpaßte mir den damals üblichen „Fassonschnitt". Die billigere Version hieß „Rundschnitt" oder auch „Topp", weil es hinten am Hals aussah, als habe man dem Bedauernswerten einen Topf auf den Kopf gestülpt und alles, was drunter vorguckte, schnurgerade abrasiert. Das weibliche Geschlecht ließ sich von Frau Jakob zeitgemäß Dauer- oder Wasserwellen legen oder die Haare mit Wasserstoffperoxyd blondieren.

24. März. Heut ist meiner Schwester dritter Geburtstag. Ich will ihr 125 gr Zucker, 50 gr Wurst, 20 RM und einen Liegestuhl (kleines Format) schenken. Heute schwenze ich das erste Mal Schule! (Verschiedene Male legte ich dieses Geständnis ab, nur schrieb ich da „schwenzen" mit ä. Am 5. November heißt die neue Variante: *Früh habe ich Drücketismus und gehe deswegen nicht in die Schule.)*

28. März. Nach dem Jungvolkdienst ... gehe ich mit Manfred ins Kino, in den Film „Quax, der Bruchpilot" mit Heinz Rühmann. Das war einer von den „lustigen" Filmen. Die nichtlustigen überwogen: „Trenck, der Pandur", „Alcázar", „Kadetten", „Der große König" und „Kopf hoch, Johannes". Die hatten wir alle gesehen. Solche Helden, wie sie uns da vorgeführt wurden, bestaunten wir zwar, aber den Ehrgeiz, so zu werden wie die, hatten wir nicht.

Viel lieber wünschte ich mir, so pfeifen zu können, wie es die Schauspielerin Ilse Werner in „Wir machen Musik" vorführte. In einem Film mußte ich vor Rührung heulen. Er hieß „Romanze in Moll". Ganz begeistert schwärmte ich von der mitspielenden Marianne Hoppe, die mit dem berühmten Schauspieler Gustav Gründgens liiert sein sollte. Als ich das meiner Cousine Anita erzählte, sagte sie einen verballhornten Kinderreim auf: „Hoppe, Hoppe, Gründgens, die kriegen keene Kindgens ...". Ich kapierte nicht ganz, was damit gemeint war. Sie mußte mich erst „aufklären", daß die beiden angeblich „andersrum" waren und was andersrum zu bedeuten hatte.

30. März. Früh um 4 Uhr fahren wir, Trude und ich, nach Collm. Sehr windig, aber schön. Einmal Kleinalarm.

2. April, Ostermontag. Wir gehen nochmals mittags ins Gasthaus. Als „Betthüpferl" bekomme ich ein kleines Stückchen Schokolade! Vormittags fahre ich nach Calbitz Rad. Dienstag Mittag fahren wir, Trude und ich, nach Leipzig zurück.

Bereits am 7. März hatte ich angefangen, im Tagebuch Dinge festzuhalten, die ich im Radio gehört hatte, und mir Gedanken darüber zu machen. Da stand: *Spät abends Alarm. Danach höre ich Radio und erschrecke, als ein englischer Sender in deutscher Sprache rankommt.*

Das Erschrecken war verständlich, war es doch bei Androhung von Verhaftung und schwerer Strafe verboten, ausländische Sender abzuhören. Am 3. April schrieb ich auf: *Die Lage ist sehr ernst. Im Westen dringen die Amerikaner und Engländer bereits bis Eisenach und Meiningen vor. Im Osten ging Glogau verloren. Die Terrorangriffe werden täglich schlimmer. Wer jetzt noch Hoffnung auf unseren Sieg hat, dieser muß Nerven haben. Man kann nur noch auf ein gutes oder schlechtes Ende Deutschlands hoffen.* Ich fügte hinzu: *Mein Denken und Arbeiten ist nicht politisch, sondern zivilistisch bedacht. Mein Interesse liegt viel an naturgesetzlichen Dingen und spannenden Büchern.* Zu den „naturgesetzlichen Dingen" gehörten Beobachtungen wie zum Beispiel die am 19. März, also noch mitten im Alarmalltag: *Der Frühlingstag ist wieder schön. Die Krokus vermehren sich. Auch Schneeglöckchen kommen zum Vorschein. Das junge Gras leuchtet saftig grün.* Zu den „spannenden Büchern“ gehörten Krimis von Edgar Wallace („Der grüne Bogenschütze“, „Der grüne Brand“, „Die gelbe Schlange“) und Abenteuerromane von Karl May. Kara Ben Nemsi, Hadschi Halef Omar, Winnetou und Old Shatterhand: Das waren noch Helden, von denen sich mancher eine Scheibe abschneiden konnte!

Am 4. April schrieb ich: *Zuerst machen wir in den Trümmern „Hasche“, dann Fußball auf dem Stefaniplatz.* Gemeint war der Platz zwischen Dresdner Straße, Crusius-, Frommann- und Augustenstraße. Vorm Zweiten Weltkrieg gab es da ein Kinderplanschbecken. An dessen Stelle rückte während dieses Krieges ein künstlich angelegter Löschwasserteich, wie es sie wegen der Brandbombenabwürfe allerorten gab.

Ein anderes Merkmal dieser Zeit waren die Hoch- und Tiefbunker. Diese sollten Passanten, die gerade unterwegs waren, wenn Alarm gegeben wurde und kein Luftschutzkeller in der Nähe war, vor feindlichen Luftangriffen schützen. So ein Bunker war auch wesentlich sicherer als ein zum „Luftschutz“ ausersehener normaler Keller unter einem Wohnhaus. Tiefbunker (also unterirdische) gab es am Lindenauer Markt und am Fleischerplatz. Ein Hochbunker, an dem ich hunderte Male vorbeigegangen und -gefahren bin, stand im Dreieck zwischen Brandenburger, Tauchaer (ab August 1945 Rosa-Luxemburg-) und Eisenbahnstraße. Er ließ sich nicht so einfach sprengen, und es dauerte noch lange, ehe man auch die letzten Brocken beseitigt hatte.

Nach dem Hasche- und dem Fußballspiel auf dem Stephaniplatz *muß ich mit zum Führerdienst nach Neustadt. Dort wurden uns Reden vom Stammführer über die schlechte Lage gehalten.* Der Stammführer mit der weißen Kordel zwischen Schulterklappe und linker Hemdtasche rief uns auch dazu auf, im Falle des Eindringens des Feindes in unsere Stadt im Verborgenen als „Werwolf“ zu kämpfen und die von unseren Wehrmachtsoldaten zurückgelassenen Waffen in sicheren Verstecken aufzubewahren. *Dann machen wir einige Heimspiele.* Den „Stammführer“ habe ich nach Kriegsende versucht, dick durchzustreichen. Natürlich auch das Wort „Führerdienst“. Ebenso den „Führer“ und den „Dienst“ im Kurzbericht vom 8. April, in dem stand: *Da der Fähnleinführer heute morgen eingezogen worden ist, und wir deshalb keinen Dienst haben, gehen wir ins Kino ...*

Auf dem Umschlag meiner ersten beiden Tagebücher war ein Spruch abgedruckt. Er ging so: „Geh sorgsam mit dem Schreibheft um! / Bedenk, der ... geht um!“ Das Mittelwort der zweiten Zeile wurde durch die Abbildung des „Volksfeindes Nr. 1“, den schon genannten „Kohlenklau“, ersetzt. Ich habe sie, nachdem Mitte April die Besatzer eingerückt waren, mit blauer Tinte zu überdecken versucht.

Meine Ängstlichkeit ging noch weiter. Vater, Mitglied des Nationalsozialistischen Kraftfahrerkorps NSKK, hatte von dieser Organisation einen „V. B. Straßenatlas“ geschenkt bekommen. V. B. war die Abkürzung der Nazizeitung „Völkischer Beobachter". Auf diesem ererbten Atlas von 1935 habe ich das Hakenkreuz im Ring des Adlers (oder Geiers?), das den Leder-Einband zierte, ebenso geschwärzt wie die Wörter „Zentralverlag der NSDAP". Interessant war übrigens die Reklame auf der Einband-Rückseite. Sie lautete: „Die Reise kann losgehen – weil ich dabei bin! ‚Die Brennessel', die größte politisch-satirische Zeitschrift Deutschlands, sorgt für angenehme Unterhaltung, Humor und gute Laune! Jeden Dienstag neu! Überall für 30 Pfg. erhältlich!"

6. April. Heute zwischen 9 und 12 Uhr haben wir wieder einen Terrorangriff. Glücklicherweise geht das Wasser, der Strom setzt nur zwei Stunden aus. Die Kongreßhalle wird zwar getroffen, aber der Schaden hält sich in Grenzen.

Beim Angriff vom 27. Februar soll es 848 Tote und bei diesem jetzt 733 Tote gegeben haben. All dieser Opfer wird auf Gedenksteinen in einer eigens dafür eingerichteten Abteilung des Leipziger Südfriedhofs gedacht.

Am 10. April fielen dem letzten Luftangriff vorm Einzug der Besatzer Bahnanlagen in Mockau und Engelsdorf zum Opfer. Am gleichen Tag haben die Amerikaner – laut Tagebuch – Göttingen, Meiningen und Hildesheim überrollt, am 11. auch Hannover. *Ferner stehen sie bei Bremen, Bochum, Thüringer Wald, Schweinfurt, Würzburg und Heilbronn. Die Russen stehen in Wien.* Und als wir am 11. April vom Dienst kamen, *sahen wir zwei feindliche Doppelrümpfe vom Muster „Lightning" im Tiefflug kreisen, stürzen und wieder hochschießen. Sie hatten etliche Bomben geworfen und schossen mit Bordwaffen auf das Straßenpersonal.* Mit dem „Straßenpersonal" habe ich ganz einfach die Leute auf der Straße gemeint. *Wir stiebten auseinander und rannten in die Häuser.* Den gleichen Zwecken wie die Lightnings dienten die im Tiefflug angreifenden Jagdbomber, im Volksmund „Jabo" genannt. *In diesem Luftschutzkeller, wo ich mit noch zwei Kameraden war, ist es sehr gemütlich gewesen. Er war sehr groß und ein Radio war auch da.* Die Gemütlichkeit im Keller war auf die Gewißheit der Bewohner zurückzuführen, daß der Krieg sowieso gleich zu Ende sein mußte.

Am 12. *geht das Gerücht um, daß die Amerikaner in Markranstädt sind. Es ist nicht wahr. Aber alle Leute kaufen auf Vorrat ein. Die wirkliche Lage im Westen ist so: Die Amerikaner stehen bei Braunschweig, Magdeburg, Schönebeck, Oschersleben, Eisleben, Erfurt, Weimar, Ilmenau und Coburg. Wir sind sehr aufgeregt.*

Am 13. April notierte ich: *Wir kaufen feste Lebensmittel ein und essen uns satt. Politik: Roosevelt ist gestern gestorben. Die Amerikaner haben Weimar überholt. Aus der Natur: Einige Narzissen sind im Park aufgeblüht.*

14. April. Den ganzen Tag über, aber auch in der Nacht, hört man das Schießen der Artillerien, welche die feindlichen Panzerspitzen, welche etwa 20 bis 50 Kilometer von Leipzig entfernt sind, zurücktreiben, abschießen – manchmal auch vorbeilassen.

Am 16. April klauten wir auf dem Gelände hinter dem ehemaligen Eilenburger Bahnhof (der seit 1942 geschlossen war) Koks *aus unbenutzten Lokomotiven und Tentern.* (Es steht wirklich „Tentern" da!) An den „Tentern" stand: „Räder müssen rollen für den Sieg!" *Am Nachmittag gehen wir in den Garten, wobei ich einige feindliche Flugzeuge (Lightnings) sehe. Dann vergrabe ich mein Andenken an meinen Vater.*

Nach ein paar Tagen habe ich dann auch das Jungvolk-Fahrtenmesser mit der eingestanzten Rune und dem Hakenkreuz am Griff im Garten verbuddelt. Als Fußnote zu „mein Andenken" steht: *Siehe letzte Seite!* Und auf der letzten Seite ist unter *Erklärungen* zu lesen, was es mit dem Andenken auf sich hatte: *es ist ein Bild vom Vati.*

Nicht ergänzt hatte ich, daß das Bild ein Photo war, auf dem „Vati" seine Wehrmachtsuniform anhatte und ich neben ihm stand und aus Schabernack einen kleinen runden Spiegel aus der Hosentasche gucken ließ. Auch mein Vater hatte gern rumgealbert. Er sagte immer statt Bußtag „Pustetag", und manchmal drückte er, wenn er jemanden begrüßte, diesem etwas Ekliges, Kaltes in die Hand: einen imitierten Kuhfladen aus dem Scherzartikelladen. Einmal saß er am Mittagstisch und setzte seinen Hut auf, worauf ich natürlich das gleiche mit meiner Mütze tat. Veranlaßt dazu hatte uns unser Wellensittich Mucki, der seinem Käfig entfleucht war und sich dauernd auf unseren Köpfen niederließ und anfing, zu picken. Auch die Guppys im Aquarium schienen nach Freiheit zu dürsten. Ein paarmal sprang einer aus seinem „Gefängnis" und blieb zappelnd auf dem Fußboden liegen, bis er das Zappeln und seinen Geist aufgab.

18. April. Am Nachmittag *teilen deutsche Soldaten Schokolade und Tabak aus.* Ich ging zwar leer dabei aus, aber ich *bekomme ein Stückchen Schokolade von Frau Hager aus dem Haus.* Die Linie 20 fuhr seit dem Morgen nicht mehr. Die letzten Wagen waren ins Depot zwischen Täubchenweg und Dresdner Straße eingerückt. Spät nachmittags hingen schon die ersten weißen Bettücher aus Wohnungsfenstern. Die roten Fahnen mit dem herausgeschnittenen Hakenkreuz im weißen Kreis konnte man schwerlich als Zeichen des Sich-Ergebens raushängen. *Bereits um sieben (19) Uhr können wir die Amerikaner im Täubchenweg sehen.* „Wir" – das sind Tochter Anne der benachbarten Familie Mühlegg und ich.

Wir beobachteten also, wie viele Frauen den zuerst mit Panzern und Jeeps, dann zu Fuß anrückenden, meist schwarzgesichtigen Soldaten mit weißen Tüchern zuwinkten, obwohl die bewaffnet waren und ihre Gewehre und MPs im Anschlag hielten. Ich hätte auch gern gewinkt, aber ich hatte nur ein Taschentuch einstecken, und das war schon benutzt.

Daß noch am Tage zuvor transportunfähige KZ-Insassen des Außenlagers Abtnaundorf von SS-Leuten bestialisch ermordet wurden, hatten weder wir Kinder noch die Erwachsenen zu erfahren bekommen. Auch nicht, daß am 12. April 50 Männer und zwei Frauen Opfer eines SS-Massakers auf dem Exerzierplatz in Lindenthal wurden. Das teilte das Polizeipräsidium erst am 2. Juni im „Amtlichen Nachrichten Blatt" mit. *In der Nacht schlafe ich ruhig und träume allerhand Seltsames, lasse mich aber nicht von dem andauernden Artilleriefeuer stören.*

19. April. Am heutigen Abend hören wir und Frau Hager an unserem Radio und unterhalten uns. Außerdem räumten wir unsere Sachen wieder aus den Kellern hoch. Gott sei Dank mußten wir nun nicht mehr dauernd rauf und runter sausen, keine Sirenen heulten mehr, und mit der ewigen Verdunkelung war Schluß. Allerdings: Bei Kerzenlicht oder dem der Petroleumlampe würden wir noch öfter unsere Abende verbringen müssen. Auch tagsüber gab´s oft keinen Strom. So zum Beispiel werde ich am 16. Oktober eintragen: *... ich vergaß zu schreiben, daß seit dem 10. Oktober das electrische Licht von früh halb 8 bis abends um 7 Uhr weg war.* Noch einige Jahre lang werden die „Stromsperren" und „Spitzenbelastungszeiten" sogar offiziell in der Zeitung angekündigt. Auf ein Ende der Abschaltungen mußten wir bis zum März 1953 warten.

Die Proklamation Nr. 1 der alliierten Militärverwaltung vom 19. April verwies zwar auf eine Bekanntmachung über die Ablieferung von Schußwaffen, Munition, Brieftauben und Radiogeräten, aber solche Dinge hatten wir im Hause alle nicht – außer den Radios, und die gab keiner ab. Am 20. April („Führers" Geburtstag – das war jedem Pimpf geläufig!) erfuhren wir, daß wir nur von 8–10 und von 16–18 Uhr auf der Straße sein dürfen. *Ich stelle mich im Laden zum ersten Male mit Erfolg nach Drops (Bonbons) an.*

Um in punkto Ausgehsperre vorzugreifen: Am 23. April – *die Russen haben Berlin erreicht* – verlängerten unsere Besatzer die Ausgangszeit von früh 7 Uhr bis abends 18 Uhr, am 17. Mai von früh 6 Uhr bis abends 21 Uhr und am 31. Mai von früh 4.30 bis abends 23 Uhr. Die endgültige Aufhebung der Sperrzeiten wird erst am 18. Dezember 1945 erfolgen.

Am 4. Mai teilte ich mit, was ich im Rundfunk mitgekriegt hatte: *Adolf Hitler ist tot. Das genaue Datum und die Ursache des Todes ist verschieden. Nach vorliegender Meldung von Himmler müsste er am 26. April an Gehirnblutung gestorben, nach Aussagen Großadmiral Dönitz´, welcher sein Nachfolger ist, am 1. Mai gefallen sein, und nach Aussagen des Probagandaleiters Hans Fritzsche hat Hitler und der Probagandaminister Goebbels Selbstmord verübt. Nachdem Berlin, Hamburg und München gefallen sind, haben sich die russischen mit den alliierten Truppen von Torgau bis Wismar vereinigt. Wir haben Italien aufgegeben. Nach Meldungen Radio Luxemburg haben heute abend die deutschen Truppen in Nordwestdeutschland, Holland, Helgoland und Dänemark einschließlich den Friesländischen Inseln an den englischen Oberbefehlshaber Eisenhower kapituliert.*

Und am 8. Mai *feiern die vereinten Nationen den ersten Siegestag über Deutschland! Deutschland hat bedingungslos kapituliert! Heute erster Friedenstag!*

ZWEIERLEI BESATZER

Unmittelbar nach Kriegsende, am 10. Mai, habe ich mich mit meiner Großmutter auf den Weg zu ihrem Schrebergarten gemacht. Die Wegstrecke verlief von der Charlotten- und Nostiz-(heute Reichpietsch-)straße entlang den zum Eilenburger Bahnhof führenden Bahnanlagen (heute Lene-Voigt-Park), durch einen Tunnel unter diesen hinweg durch die Johannisallee bis zum Ostplatz. Ein paar Schritt weiter begann die von Moritz Seeburg 1833 gegründete Gartenanlage „Johannistal". Omas Garten befand sich in der Nähe der alten Sternwarte zwischen Liebig- und Stephanstraße. Die Seeburgstraße (im Volksmund „de Seebiebe") ging von letzterer ab.

Den ganzen Tag im Garten sein, ist doch schön. Erst heißt es arbeiten! Kartoffeln pflanzen, umgraben, Beete gießen und so weiter. Dann gibt es als Mittagbrot kalten Milchgrieß (sonst gibt es immer Trockenbrot!). Dann geht's ans spielen. Ich baue mir auf des Nachbars Gartenlaube ein tolles Zelt. Beim Klettern falle ich vom Baum. Es tat nicht gerade gut, der Schmerz. Dann kommt wiedermal ein amerikanischer Viermotorbomber, kreist 6–10mal über uns, und wirft Flugblätter ab (zwei fallen in unseren Garten), worauf steht, daß Frieden ist. Dann kommen die Gartennachbarn. Schnell reiße ich mein Zelt von der Laube herunter. Als dies getan, esse ich Trockenbrot, trinke Schwarzkaffee und bastle mir Armbrust und Pfeile. Dann schieße ich damit. Nach und nach wird es kälter und die Sonne entfernt sich mehr und mehr gen West. Daher brechen wir auf, pflücken vorher noch ein paar Blumen und gehen nach Hause. Anzumerken wäre, daß es sich bei dem „Schwarzkaffee" entweder um Malzkaffee handelte, der aus geröstetem Gerstenmehl hergestellt wurde, oder um „Zichorie", ein aus den Wurzeln der Gemeinen Wegwarte gewonnenes Kaffeesurrogat.

Anfang September wurden sämtliche Äpfel (und das war eine ganze Menge!) geklaut. Schlimmer noch sollte das brutale Abholzen etlicher Obstbäume und die Demontage der Zäune durch Einbrecher im Katastrophenwinter 1946/47 werden. Ich habe diese Eindrücke in einer Erzählung festzuhalten versucht. Parallel dazu kommt darin meine Traumvorstellung von der Schweiz zum Ausdruck. Dieses „Schlaraffenland" hatte immer nur Patentante Ilse Hundertmark in Briefen beschrieben; sie wanderte aus, als ich noch ganz klein war, weshalb ich sie nie persönlich kennenlernen konnte. Die Erzählung steht in einem Bändchen, das ich „Ernst und heiter" betitelt und „meiner lieben Mutter zum Geburtstag" gewidmet habe. Es war selbstverständlich mit Bleistift handgeschrieben.

Schon vor dem Einbruch hatte die Großmutter in Angst und Bange geschwebt, ob der Garten überhaupt bestehen blieb, nachdem man das Johannistal als Schuttkippe für die Beseitigung der Trümmerberge am Karl-Marx-Platz vorm zerstörten Bildermuseum und dann für weitere Ablagerungen benutzt hatte. Erst im November 1946 wurde das Johannistal als Kippe auf Befehl des sowjetischen Oberst Schablinskij aufgegeben. Der Teil von der Johannisallee hin zum Klinikviertel Liebigstraße blieb erhalten – und damit auch Großmutters Parzelle.

Apropos Karl-Marx-Platz: Die Umbenennung das Augustusplatzes war 1945 eine der ersten kommunalpolitischen Maßnahmen der Stadtverwaltung – das Vorhaben jedoch nicht ganz neu: Bereits 1928 war die gleiche Umbenennung auf Antrag der SPD schon einmal erwogen worden. Der Vorschlag hatte aber keine Mehrheit gefunden. Jetzt war eine Mehrheit gar nicht erforderlich, da genügte die amtliche Verfügung.

13. Mai. Am Nachmittag bei Oma im Garten. Lese „Effi Briest". Heute etwa 38° bis 45° Wärme. Auch am 15. Mai herrschten extrem hohe Temperaturen: *mittags 37°, abends 28°.*

Nachdem ich anderntags nach Fleischbrühe angestanden hatte *natürlich wie immer umsonst,* ging ich wieder mit Oma in den Garten. *Als wir ankamen, sahen wir, daß unsere und unseres Nachbars Gartentür aufgebrochen war. Bei uns war nichts gestohlen worden, aber im übernächsten Garten hatte man alles rausgeholt und vorher die Laubentür in den Nachbargarten gestellt. Als am Abend Oma wieder nach Hause kam (ich war schon mittags fortgegangen), erzählte sie, daß die Amerikaner nur nach Waffenverstecken gesucht hätten, also kein Einbruch!*

Im Zoo bin ich in diesen Tagen auch gewesen, natürlich in Begleitung von Trude. *Leider waren, durch Terrorangriffe zerstört, das Aquariumhaus und einiges andere unbetretbar. Auch fehlten einige Tiere. Aber schön war es doch. Wir sahen Raubtiere, Affen, Haustiere, Vögel, Raubvögel, Giraffen, Bären, Hirschtiere, Seelöwen, Wildschweine, ein Nashorn, Krokodile und andere Kriech- oder Springtiere (Schlangen, Echsen, Kröten). Zuletzt ruhten wir uns noch aus. Dann gingen wir wieder nach Hause.*

Ein engerer Kontakt zum Zoo wird mir drei Jahre nach diesem Besuch in den Schoß fallen, als ich mich mit Johannes aus der Parallelklasse befreundete. Er war der Sohn des damaligen Zoodirektors Gebbing. Freier Eintritt und Besuche bei Gebbings, die gleich um die Ecke in der Zöllnerstraße (der heutigen Emil-Fuchs-Straße) wohnten, waren die Folge.

Heute Vormittag hatte ich richtige Arbeitswut, gestand ich am 15. Mai. *Erst mußte ich zweimal Kohlen schleppen und dabei anstehen, und dann half ich bei Nachbarfamilie Mühlegg Kohlen mit in den Keller tragen. Dabei habe ich „Gespenst" gespielt. Ich überfiel ab und zu mal Annerle Mühlegg und krabbelte sie. Das war, einschließlich Kohletragen, ganz schön.* „Annerle" wird zu DDR-Zeiten ein namhaftes Mannequin („Mia"). Sie steht auch Modell bei Aktphotograph Günter Rössler. Ihrem Bruder hatten beider Eltern den Vornamen „Hans-Karl" gegeben, was Trude ihnen ewig und drei Tage übelnahm. „Von uns abgeguckt", pflegte sie zu klagen.

Der Hans-Karl wandert nach Kanada aus, und die Anne hält sich Jahr für Jahr bei ihm und seiner Familie auf. 1995 spricht mich eine ältere, immer noch attraktiv aussehende Frau anläßlich einer Buchpräsentation an und fragt, ob ich wüßte, wer sie sei. Wir würden uns aus der Charlottenstraße kennen. Da fiel bei mir der Groschen: „Annerle"! 2004 bringt mir Anne die Oktoberausgabe der „Largest Nationwide German Language Newspaper In Canada" mit („Das Echo"), in der die ausführliche Kritik eines „Pfeffermühlen"-Gastspiels im Kinosaal des Goethe-Instituts von Montreal steht.

Damals aber, 1945, waren wir ja Kinder im Ruinenreich. Zum Thema „Kohlen holen" gab es noch einen Eintrag: *Trude hat sich von den Schwestern Jahn, zwei ältlichen Schneiderinnen, einen Handwagen geborgt.* Damit seien wir, so teilte ich mit, zu Kohlen-Einführer gegangen und hätten eine erste Ladung von drei Zentnern bekommen. Der Wagen habe zwar geächzt und gestöhnt, aber durchgehalten. Das zweite Mal habe es beim Kohlenhändler im Hofe „knacks" gemacht, und das linke Hinterrad sei gebrochen. *Daraufhin bin ich nach Hause gejagt und mit Goldammers größerem Wagen zurückgekommen.* Mit ihm holten wir die zweite Fuhre Kohlen, das kaputte Vehikel im Schlepptau. Goldammers – das waren eine schmächtige Oma und ihre korpulente Tochter Else, Inhaber des „Kolonialwarenladens", einem Eckgeschäft unseres Wohnhauses. Für die Großmutter war das sehr bequem. Einen aufwendigeren Weg mußte sie zum Konsum nehmen, wo sie beim Einkauf „Rabattmarken" erhielt, die in ein Heft eingeklebt wurden und – wenn dieses Heft voll war – einen Bonus einbrachten. Ich begleitete Oma oft in den Konsum, der sich in einem gelbgefliesten, länglichen Souterrain-Laden in der Kohlgartenstraße befand.

17. Mai. Manfreds Vater war heute aus Aue gekommen ... Er wurde einige Zeit vor Kriegsende von Posen aus nach Aue für den Zivildienst „reklamiert" und in einem Rüstungsbetrieb zwangsverpflichtet.

Da Aue nach dem Krieg zu der eine Zeitlang versehentlich unbesetzten „Republik Schwarzenberg" gehörte, ließ sich Vater Patzschke nach Leipzig, das heißt in die amerikanische Zone entlassen, was offensichtlich nicht einfach war. Vorgreifend sei bemerkt, daß ich an einem Tag im Juli 1946 *mit Manfred zu dessen Vater und dessen Pferden* gegangen bin. Dazu Manfred selbst: „Er war bei einem Fuhrunternehmen Kutscher. Da er aber damit auch Transportarbeiter war, was ihm sehr schwer fiel, hat er sich dann ‚selbständig' gemacht, d. h. er hat Pferde und Fuhrwerk gepachtet ... und sich beim Pachtvertrag mächtig übers Ohr hauen lassen."

Lieber Leser, fängt analog zur „Einleitung" ein Eintrag vom 18. Mai 1945 an. *Ich kann nicht wissen, welchen Charakters Du bist. Aber ich hoffe, daß Du mich richtig verstehen wirst, wenn ich sage (ich veröffentliche das hier zum erstenmal!), daß ich in manchen Dingen abergläubisch bin. Zum Beispiel glaube ich an bestimmte Glückstage. Und heute war wieder ein Glückstag, welcher sich bestätigte: meine Mutti und meine Schwester kommen am Nachmittag! Sie kamen aus Collm per Fuß.*

Bis dahin wußten wir ja überhaupt nicht, wie es den beiden im fernen Collm ergangen war. Man mußte das Schlimmste befürchten. Eine Grenze lag zwischen ihnen unter russischer und uns unter amerikanischer Besatzung: die Mulde. Wie sich nun herausstellte, hatte sie ein LKW-Fahrer heil bis in die Grimmaer Gegend mitgenommen. Eine mitgeschleppte Vorratskiste mußten sie bei einem Bauern in Höfgen stehen- und – da die Muldenfähre außer Betrieb war – sich samt Kinderwagen übersetzen und vor allem nicht erwischen lassen. Ein nunmehr freier, vorher kriegsgefangener Franzose hatte sich ein Ruderboot organisiert und betätigte sich als illegaler Fährmann. Dankbar nahm er meiner Mutter ihre goldene Armbanduhr ab. Beinahe wäre das Übersetzen schiefgegangen, weil mein Schwesterchen wie am Spieß geschrien und die Aufmerksamkeit der ganz in der Nähe patroullierenden sowjetischen Grenzwächter erregt hat. Noch nie hatte Karla rundum so viel Wasser gesehen, und nun schaukelte sie auch noch unter Todesängsten in des Franzosen Boot auf diesem vielen Wasser hin und her!

Mutter und Schwester logierten anfangs mit bei Großmutter und Trude. Diese Notunterkunft sollten sie noch eine ganze Weile in Anspruch nehmen. Erst mußten ja mal die Amis ab- und die Russen eingezogen sein. Erst dann, exakt am 1. September, wird ein Möbelwagen ihre Sachen aus Collm bringen. Erst dann werden sie wieder in der Paulinenstraße wohnen. Was mich betrifft, so zog ich Weihnachten aus der Charlottenstraße zu ihnen zurück. Aber das war noch lange hin.

Pfingstsonntag 1945 habe ich laut Tagebuch als Kirchgang-Ersatz ein Stück in der Bibel gelesen. *Dann habe ich in Trudes Schrank das Buch „Über die Weiber" von Schopenhauer gefunden, in welchem ich nun lese.* Eine altersgemäßere Lektüre „in Trudes Schrank" bestand aus lustigen Bildergeschichten. Held der vier Bände war ein gewisser Adamson: Ein kleines Männel mit Hosenträgern, Zigarrenstummel im Mund und drei aufrecht stehenden Haaren auf dem Quadratschädel. Schöpfer dieser lustigen Bildergeschichten war der Schwede Oscar Jacobsson. Die Bücher erschienen in Erstauflage Ende der zwanziger Jahre.

1. Juni. Am Nachmittag gehe ich in alle Fahrradgeschäfte, um ein Ventil für mein Rad zu holen, bekomme aber nirgends eins. Nicht mal bei Fahrrad-Preisser in der Dresdner Straße, wo es sonst immer alles gegeben hatte. Ich schrieb zwar von „meinem Fahrrad", es gehörte aber Trude und war eine ziemlich klapprige Mühle.

Am 23. Juli hatte ich dann mehr Glück: *Nach dem Essen … hole ich mir einen Ventilgummi … Und am 1. August mache ich mit Onkel Kurt mein Rad in Ordnung.* Der Schwager meiner Eltern und Ehemann von Tante Gertrud Louise war von Beruf Kesselflikker, privat aber Kaninchenzüchter und begnadeter Heimhandwerker.

Am 24. Juni unternahm meine Mutter mit mir den ersten Versuch, in das von sowjetischen Truppen besetzte Gebiet zu gelangen, also dorthin, woher sie mit Karla vor einem reichlichen Monat erst gekommen war. Das beschrieb ich wie folgt:

Ausflug nach der Mulde

Zuerst fuhren wir bis nach Engelsdorf mit der Eisenbahn. Weil der Zug nicht weiterfuhr, mußten wir bis Borsdorf zu Fuß laufen. In Borsdorf stiegen wir wieder ein. In Grimma angelangt, gehen wir an die Muldenbrücke, wo viele hundert Menschen stehen. Wie sollen wir da rüberkommen? Wir wollen ja die Holzkiste holen, die Mutti auf der anderen Seite untergestellt hatte, und da müssen wir doch über die Mulde.

Also gehen wir weiter bis an die Wochenendhäuschen, wo Mutti, als sie mit Karla und dem Kinderwagen von Collm kam, übernachtet hatte. Diese Häuschen lagen direkt an der Mulde. Uns gegenüber standen russische Posten. Heute abend konnte also nicht mehr (mit dem Kahn) übergesetzt werden. Wir mußten in einer der leerstehenden kleinen Hütten übernachten. Ich schlief von um 11 bis früh 3 Uhr. Vor 11 Uhr hörten wir noch ein Liebesgespräch mit an.

Am nächsten Morgen schien alles zu klappen: Der Fährmann hatte den Russen bestochen und einmal war schon übergesetzt worden. Aber als die zweite Fuhre losgehen sollte, krachten plötzlich drei Schüsse. Der russische Kommissar hatte es bemerkt und geschossen. Nun sollte vorläufig nicht mehr übergesetzt werden. Wir warteten zwar noch bis Nachmittag, aber es war unmöglich, ans andere Muldenufer zu gelangen. Da wurde es uns aber doch zuviel, wir hatten auch keine Lebensmittel mehr, und wir gingen wieder.

Auf dem Wege nach Grimma klaute ich ein paar Johannisbeeren. Dann fand ich ein Vierklee. Also war es gut, daß wir umgekehrt waren. Ich hatte auf dem Rückweg auch wirklich Glück. Ich kriegte etwas Getreide, von einer Dame aus dem Konzentrationslager eine Scheibe, und von einem deutschen Soldaten drei Scheiben Brot. Dann fuhren wir in Grimma ab und kamen kurz vor halb zehn in der Charlottenstraße bei Oma an. Auf der Rückfahrt sind wir nicht in Borsdorf ausgestiegen und bis Engelsdorf gelaufen, sondern bis Leipzig Hauptbahnhof durchgefahren.

Man schrieb den 2. Juli 1945. ... *die Amerikaner ziehen ab,* habe ich notiert. Noch einmal wurde den weiß- und schwarzhäutigen, chewing-gum-kauenden Siegern zugewinkt, ehe sie die Stadt Richtung Westen verließen. Wieder einmal tat ich mich mit Manfred Patzschke zusammen. Wir nahmen von der Unteren Münsterstraße die Abkürzung durch eine Schlippe und postieren uns an der großen Straßenkreuzung, wo Kapellen-, Wurzner, Dresdner und Breite Straße aufeinanderstoßen, auf der Seite des ehemaligen „Kleinen Kuchengartens".

Wie Manfreds Vater uns aufklärte, gab es vorher schon einen „Großen Kuchengarten". Der wurde zwischen Kuchengartenstraße und Ranftscher Gasse als Wohn- und Gasthaus errichtet. Am „Kleinen“ habe sich ab 1872 drei Jahrzehnte lang die Endstelle der Linie 3 der Pferdeeisenbahn befunden, die vom Augustusplatz kommend durch die Dresdner (und damalige Chaussee-)Straße fuhr. Gegenüber standen „Mehnerts Conzert- und Ball-säle“, die der Volksmund „Grüne Schänke“ nannte; so hieß nämlich der zu Beginn des 19. Jahrhunderts an gleicher Stelle entstandene, 1891 abgerissene Vorläufer, ein durch Studentenprügeleien berühmt-berüchtigter Gasthof. Sein Nachfolger, ein von Säulen und Stuckornamenten strotzender, glasüberdachter Ballsaal hatte in den zwanziger Jahren seine Glanzzeit und wurde jetzt nach dem Kriege von Trümmermädchen und Kriegerwitwen bevorzugt. Ab den sechziger Jahren wird die „Grüne Schänke“ mehr und mehr verkommen, was 2007 zum Abriß führt.

Schon Mitte Juni hatten wir an gleicher Stelle gestanden und uns über´s Geländer gebeugt, bewaffnet mit Zetteln. Wir hatten jedes Auto, das vorbeifuhr, registriert, und welche „Marke“ es war: Am häufigsten kreuzte der DKW auf; wir sagten immer „Dekawuppdich“. Er gehörte wie Audi, Horch und Wanderer zur „Auto Union“, an deren riesige Werkstatt in der Bülowstraße ich mich noch gut erinnere. Ferner registrierten wir Adler, Hanomag, Steyr, den kleineren Opel-Kadett und den großen Opel-Kapitän. Die paar Fahrzeuge allerdings, die vorbeikamen, konnte man an den Fingern abzählen. Ihre Kennzeichen waren noch die alten, meist III (für die „Kreishauptmannschaft“ Leipzig), seltener IV (Chemnitz) oder II (Dresden), und ganz selten IA (Berlin). IB galt in der Nazizeit für die „Grenzmark Posen-Westpreußen“ und IC für Ostpreußen. Ob schon PKWs mit seitlich angebrachtem, röhrenartigem Anbau dabei waren, der als Treibstoff sogenanntes Holzgas enthielt, oder ob das erst später aufkam, weiß ich nicht mehr so genau. Erinnern kann ich mich aber, daß wir immer gesungen haben: „Auf einer langen, langen Chaussee / stand im tiefen, tiefen Schnee / ein kleiner DKW. / Er hatte Panne: Motor defekt, / der Benzintank war leer / und der Auspuff verdreckt ...“

Dort also, am Kleinen Kuchengarten, standen wir auch an jenem denkwürdigen 2. Juli. Und da sahen wir sie dann einmarschieren, bleiche Gesellen in abgetragenen Uniformen, mit abgelatschten Stiefeln, zu Fuß und auf Panjewagen, gezogen von klapprigen Gäulen, ein Bild des Jammers. Rotarmisten. Wir hatten es schon in Rundfunkmeldungen gehört, daß Leipzig unter russische Besatzung kommt. Ab jetzt lebten wir also in der „sowjetisch besetzten Zone Deutschlands“ (abgekürzt SBZ). Manche sagten „Ostzone“ oder einfach „die Zone“, während sich auf der anderen Seite bald die amerikanische mit der britischen zur „Bizone“ zusammenschloß. Als dann noch die französische hinzukam, nannte sie der Volksmund „Trizonesien“. Daraus erwuchs 1949 die Bundesrepublik Deutschland.

Den neuen Besatzern wurde nicht mit weißen Tüchern zugewinkt. Da fand etwas anderes statt: *Viele Leute, meist Antifaschisten, hängen rote Fahnen heraus,* habe ich vermerkt.

Das werden die gewesen sein, denen Stephan Hermlin aus der Seele sprach, als er dichtete:

„Es löste aus Blindheit,
Aus Krieg uns und Fron
Die junge, die mächtige
Sowjetunion."

Meine Schlußfolgerung angesichts der flaggezeigenden Begrüßung war ebenso offen- wie treuherzig: *Ich bin kein Politiker und bleibe unparteiisch. Ich mußte zwar mit den Nazis gut Freund sein, aber es war Zwang. Hätte ich mich widersetzt, so hätte ich mich und meine Angehörigen in Gefahr gebracht. Das wollte ich aber nicht. Und so werde ich mich auch jetzt, so weit wie möglich, von politischen Dingen fernhalten. Werde ich gezwungen oder mit Drohungen (wie es bei den Nazis Mode war) aufgefordert, so werde ich mich nicht widersetzen und mich fügen.* Und mich hüten, die Besatzer wie allgemein üblich als „Iwans" zu bezeichnen.

Auf den „Schwarzen Markt" bin ich auch gegangen. Er fand auf dem Gelände gegenüber dem Hauptbahnhof statt und zog sich bis zum Hallischen Tor. „Geschäfte" wurden vor allem mit Nahrungsmitteln, Schuh- und Schmuckwaren gemacht. Aber zum Beispiel auch Grammophonnadeln und Feuersteine standen im Angebot. Verschiedentlich bildeten sich regelrechte Menschentrauben. Trotz wiederholter Razzien und angedrohter Strafen (14 Tage Zwangsarbeit) florierte der illegale Handel ungebremst.

Ähnlich rege ging es auch in der (legalen!) „Tauschstelle für Gebrauchtwaren" in der Hainstraße 17–19 zu. Sie stand laut Annonce „Unter Schirmherrschaft der Stadt Leipzig" und wurde „Tauze" (Tauschzentrale) genannt.

Ich drückte mich auf dem Schwarzmarkt nicht herum, um Zucker, Butter oder Brot zum Wucherpreis zu kaufen, sondern aus Neugierde. Aber etwas habe ich mir doch geleistet: Eine Zigarre für 7 RM und eine Rolle Drops für 5 RM. Die Zigarre habe ich mir heimlich auf dem Trockenboden angesteckt. Schon nach den ersten Zügen fing mir´s an zu drehen und furchtbar schlecht zu werden. Ein Glück, daß es nicht in die Hose ging! Und ein Dusel, daß ich keinen Dachstuhlbrand ausgelöst habe. Nie wieder Zigarre, schwor ich mir, und schwarz schon gar nicht. Apropos „RM": Neben der Reichsmark hatten auch alliierte Geldscheine Gültigkeit: Sie waren etwa 7 mal 7 cm groß. Der 1-Mark-Schein sah vorn blau und rückseitig braun aus. Am oberen Rand stand „Alliierte Militärbehörde" und darunter: „In Umlauf gesetzt in Deutschland". Die in der SBZ verteilten Scheine waren mit einem Minuszeichen vor der Seriennummer versehen, die in den drei Westzonen mit einem Plus. Bemerkenswert ist, daß auf dem Schein, den ich aufbewahrt habe, am linken Rand „Serie 1944" steht. Wurden die Scheine bereits gedruckt, als der Krieg noch in vollem Gange war?

Jetzt, unter sowjetischer Administration, versuchte Mutter erneut an das ranzukommen, was sie vor der ersten Flußüberschreitung via Leipzig „drüben" hatte stehen lassen. Der Fluß war zwar keine Grenze mehr, aber Verreisen ein Problem: *4. Juli. Nachmittags gehe ich mit Mutti auf die Polizei.* Wir mußten eine Genehmigung einholen, um nach Grimma reisen zu dürfen. Als wir die dann am 5. Juli haben, *fahre ich zum Bahnhof und hole zwei Bahnkarten. Morgen früh geht's los nach Grimma!*

6. Juli. 1/2 6 aufstehen. Um 6 stiefle ich mit Mutti zur Straßenbahn. Dann geht's ab. In Grimma angelangt, sehen wir, daß die Muldenbrücke immer noch gesperrt ist. Dann laufen wir nach Nimbschen, weil gegenüber dieses Ortes Höfgen liegt, wo wir hinwollen ... Jedoch kommen wir dort genau so wenig drüber wie in Grimma. Infolge dessen kehren wir nach Grimma zurück und fahren zurück nach Leipzig. Um 3 sind wir wieder zu Hause. Das war also der zweite mißglückte Flußüberschreitungsversuch.

Um es vorwegzunehmen: Am 21. September endlich wird es Mutter und mir gelingen, richtig legal mit der Fähre in Höfgen überzusetzen, die untergestellte Kiste bei dem Bauern abzuholen und bis zum Bahnhof in Grimma zu schleppen. *Sie wog etwa 20 Pfund und enthielt ungefähr Fleisch- und Fettkonserven, Haferflocken, Gries, Bohnenkaffee und anderes. Der Zug heimwärts war ziemlich voll.* Mit Trude war die Ankunftszeit schon vorab ausgemacht worden. Wie das gang und gäbe war, hatte sie auf dem Hauptbahnhof für 10 Pfennige ihre Bahnsteigkarte gelöst. Sie wurde vom Bahnbeamten im Aufsichtshäuschen am Querbahnsteig „geknipst" (also gelocht). Dann erst durfte man durch die Sperre gehen, um auf den eigentlichen Bahnsteig zu gelangen. Daselbst empfing sie uns mit dem Sportkinderwagen von Karla, auf dem wir dann die Sachen verstauten. *Am Abend lese ich noch „Nathan der Weise" von Lessing.*

Im Juni, also kurz nach dem ersten Mulde-Ausflug, wurde uns außer dem Registrieren von Autos noch eine neue Beschäftigung zuteil: *Um drei Uhr melden wir uns an der Ostwaldschule zum Kräutersammeln. Wir können dann wieder gehen mit dem Bescheid, Montag samt den gesammelten Kamillen wiederzukommen.* Schon während des Krieges hatte man uns (damals Dritt- und Viertklässler) zum Sammeln geschickt. Keine Kräuter sollten wir abgeben, sondern „Buntmetall". Aber auch Maulbeerbaumblätter. Sie wurden für die Seidenraupenzucht gebraucht.

Die Aufgabenstellung hatte sich geändert: *16. Juli. Nach dem Essen sammle ich mit Manfred Birkenblätter, welche wir dann in der Schule abgeben. – 20. August. Ich sammle mit Manfred Heilkräuter und liefere sie in der Schule ab.*

Nach einer verordneten Lindenblütenpflückaktion tranken wir beide in der Gaststätte „Geidelei" zwei Glas Schorle und eine trübe Brühe, die Bier sein sollte. Die „Geidelei" befand sich Ecke Charlotten- und Untere Münsterstraße, keine zwanzig Meter von Patzschkes Zuhause entfernt. Geidel hieß der ursprüngliche Besitzer, der derzeitige

Betreiber Brandt. Ihm hatte man beide Beine amputiert. Es hieß, er hätte Wasser gehabt, Wasser und Zucker.

Fünf Jahre später wird noch einmal eine Sammelaktion ganz anderer Art gestartet. Da ging es um Kartoffelkäfer. Die sollen, wie der gerade aus den USA geflohene und als Leiter des Amtes für Information bei der Regierung eingesetzte Gerhart Eisler verbreiten ließ, von den bösen Amerikanern über der DDR abgeworfen worden sein.

Unter dem 5. August war im Tagebuch vermerkt, daß ich *um 9 (nach Moskauer Zeit, also nach Sommerzeit um 5, nach alter deutscher um 7) Uhr* aufstand. Das klingt verwirrend und ist teilweise falsch. „Moskauer Zeit", also das Vorstellen der Uhr um zwei Stunden, gab es nur ein einziges Mal, nämlich 1946, und auch da nur für wenige Monate. Mit „alter deutscher Zeit" meinte ich die im Winterhalbjahr geltende Normalzeit, die schon 1945 Mitte Juli mit dem Vorrücken der Uhr um eine Stunde zur „Sommerzeit" mutierte – exakt bis zum 18. November; denn da wurde laut Tagebuch *die Uhr eine Stunde zurückgeschoben.* Wenn es also am 5. August „nach alter deutscher Zeit" 7 geschlagen hätte, schlug es in Wirklichkeit um 8 – wie kam ich nur auf um 5?

Korrekt hingegen ist die Zeitangabe vom 15. August, mit der zugleich ein weltweit bedeutendes Ereignis vermerkt ist: *Heute Nacht ein Uhr (mitteleuropäischer Sommerzeit!) hat Japan kapituliert.* Den Abwurf der ersten Atombomben auf Hiroshima am 6. und auf Nagasaki am 9. August hatte ich versäumt aufzuschreiben.

Die Zeitumstellung blieb auch in den kommenden Jahren so in der SBZ, und Ostersonntag 1947 dichtet Alba Troß in der „Leipziger Zeitung":

> „In der vergangenen Nacht, vermutlich um drei,
> stahlen auf bisher noch unaufgeklärte Weise
> Diebe aus unserm verschlossenen Uhrgehäuse
> eine fabrikneue, völlig intakte Stunde ...
> Zum Transport der Beute aus unserm Büro
> diente den Tätern ein Dreiradlieferwagen
> mit der Aufschrift ‚Sommerzeit & Co' ..."

Am 5. Oktober werden die Diebe die Beute als „Winterzeit" wieder zurückbringen.

Da sich die meisten Leipziger schon im April 1945 geweigert hatten, ihre Rundfunkgeräte abzugeben, wurden sie nun lediglich aufgefordert, sie registrieren zu lassen: *20. August. Ich stehe heute drei Stunden auf der Post, wegen Radioregistrierung, an.*

Heute ist „Tauch'schern", schrieb ich am 3. September 1945 ins Buch. *Nachmittags ziehe ich mich als „Marika Rökk" an. Nach dem Abendessen ziehe ich mich als „Gangster" an und begleite Mutti bis an die Wurzener Straße.* „Tauchscher" war ein auf Taucha bezogenes Volksfest. Kinder schlossen sich zu „Banden" zusammen, und manchmal hat sich die eine Bande mit der anderen „gekampelt“, zu deutsch: sie haben sich verbleut. Man lud sich eine Zündhütchenrolle in die „Hundertschußpistole“ und ballerte damit in die Luft. Man schmierte sich „Kriegsbemalung“ ins Gesicht und putzte sich als Indianer oder Trapper an. Gangster waren eher ungewöhnlich. Und was Marika Rökk da zu suchen hatte, wußte wohl nur ich.

Übernachtete ich in der Paulinenstraße, bin ich meist zum Unterricht gelaufen. Manchmal fuhr ich aber auch trotz Fahrgastgedränge mit der 3 oder 4.

9. Oktober. Früh fahre ich (auf dem Trittbrett der Straßenbahn) in die Schule. Eingestiegen bin ich in der Wurzner, ausgestiegen in der Dresdner, Ecke Kohlgartenstraße. Diese konnte sich, wie uns Pfarrer Tzschucke lehrte, eines berühmten Mannes rühmen: Der junge Goethe hatte 1767 im Hahnemannschen Gut, Kohlgartenstraße 29, gewohnt. Und in einem Erbstück von Vaters jüngerer Schwester Ella, den „Heimatkundlichen Lesestücken zur Ergänzung der Leipziger Schullesebücher“ von 1909, heißt es: „Er wohnte zur Messe regelmäßig draußen in Reudnitz in der Nähe des (Großen) Kuchengartens, denn innerhalb der Stadtmauern waren zu Meßzeiten alle vermietbaren Räume von Meßbesuchern besetzt.“ Kuchengarten und Kaffeehaus müssen weithin sehr bekannt gewesen sein. Goethes Zeitgenosse Jakob Michael Reinhold Lenz läßt seinen „Hofmeister“ in gleichnamiger Komödie sagen: „... wenn wir von Leipzig sprechen, fragt der Herr Geheime Rat nach Händels Kuchengarten und Richters Kaffeehaus ...“ Und Goethe selbst schrieb eine parodistische Ode auf den Kuchenbäcker Händel an eine Wand der Gaststube, die begann:

„O, Hendel, dessen Ruhm von Süd zum Norden reicht,
Vernimm den Päan, der zu deinen Ohren steigt!
Du bäckst, was Gallier und Briten emsig suchen,
Mit schöpfrischem Genie, originelle Kuchen ...“

– wobei zwar „steigt“ geschrieben steht, aber „steicht“ gesprochen werden muß. So wie sich im Chorus mysticus am Ende vom Faust „Ereignis“ auf „Gleichnis“ reimen soll, was aber auf gut sächsisch „Ereichnis“ heißen müßte.

Bemerkenswert ist die Eintragung vom 16. Oktober 1945: ... *muß für Trude, die Hausbeauftragte ist, einen Zettel herumgeben, wo sich jeder Mitbewohner eintragen soll. Es dauert 1 ½ Stunde.* In der DDR wird die Personenregistrierung vom akribischen „Hausbuch“ abgelöst.

26. Oktober. Nachmittags spiele ich Tante Tina und ihren Kindern, Karla, Trude, Mutti und Omi Kino vor. Es handelte sich dabei um eine primitive Laterna magica mit Kurbel zum Drehen und der zur Projektion gehörigen Roll-Leinwand, ein paar Märchen-Endlosschleifen in Farbe und ein paar Schwarz-Weiß-Filmausschnitten ohne Ton mit

Hans Moser, Theo Lingen u. a. Vater hatte mir das „Kino“ mit allem Zubehör in seinem letzten Heimaturlaub zu Weihnachten 1942 geschenkt, bevor er kurz darauf sein Leben in der fernen Ukraine lassen mußte.

Am 27. Oktober 1945 schrieb ich: *Nachmittag helfe ich Trümmer wegschippen.* Das war ja eine Hauptbeschäftigung dieser Tage und Jahre. Obwohl der legendäre Begriff von den „Trümmerfrauen“ ursprünglich Berliner Verhältnissen zuzuordnen ist, sah man auch in Leipzig vorwiegend Frauen jeden Alters bei der Tätigkeit des „Wegschippens“ von Schutt. Oder des „Ausbuddelns“ noch ganz gebliebener Ziegelsteine. Außer Halbwüchsigen und Rentnern paßten Männer nicht ins Bild. Die meisten waren gefallen oder blieben vermißt, oder sie fristeten ihr Dasein noch in Gefangenenlagern, westalliiertenseits als POW (Prisoner of war). Erst zwei Jahre später, im Sommer 1947, wurde das Gros der Kriegsgefangenen freigelassen. Zumindest die aus westlichen Lagern durften heimkehren. Höhere Chargen verblieben trotz familiärer Bindung im Osten meist in den Westzonen, weil sie (wie ich im Falle des Vaters eines Mitschülers wußte, nicht ganz unberechtigt) Angst hatten, von den Sowjets festgehalten und gleich weiter nach Sibirien verschleppt zu werden.

Mein Onkel Hans aus der Wahrener Hermundurenstraße war nicht zur „höheren Charge“ aufgerückt, sondern im mittleren Dienstgrad verblieben. Deshalb hatte sich der ältere Bruder Trudes und meiner Mutter am 7. Juli 1947 aus französischer Gefangenschaft nach Leipzig entlassen und damit von Zwangsarbeit im Untertagebergwerk erlösen lassen. Eine Woche nach Hans wird auch mein Cousin Horst Krause zu Hause eintreffen. Er kam aus englisch-amerikanischer Gefangenschaft und hatte zumindest keinen Hunger gelitten. Er wird alsbald wieder verschwinden, um sich einen Studienplatz in Westberlin zu besorgen.

Hans nutzte seine „Erfahrungen“, um als ernährender Familienvater seiner Frau Tina, zweier Kinder und eines kommenden dritten gegen gutes Geld gleich weiter bei Aue in den Schacht zu steigen. In der dortigen Gegend unterwühlte die „Wismut-AG“ das halbe Erzgebirge, um im Auftrag der Sowjetmächtigen Uran zur Herstellung nuklearer Waffen zu gewinnen.

Anläßlich eines Besuches zu Weihnachten 1949 bei Tina und Hans werde ich mitteilen: *Onkel Hans hat bei einem Unglück im Schacht einen Finger eingebüßt.*

Das machte auch das ihm zustehende „Deputat“ nicht wieder wett. Zum Deputat gehörte natürlich akzisefreier Bergarbeiterfusel. Der war zwar hochprozentig und spottbillig, aber man mußte keine Sorge haben, daran zu krepieren. Dieses Schicksal teilten nämlich viele von jenen, die sich den „unter der Hand“ beschafften und mit Methylalkohol gepantschtem Schnaps hinter die Binde kippten. Zumindest erblindeten sie. Die Schwarzbrenner aber verdienten sich dumm und dämlich. Etliche „Unfälle" durch Sauferei von Methylalkohol füllte auch in nicht geringem Ausmaß die Friedhöfe der sowjetischen Rotarmisten auf dem Gebiet der Ostzone.

Hans wird von der Wismut zunächst als Kraftfahrer und Landvermesser, dann als Büroangestellter zum VEB Geophysik in Leipzig wechseln. Erst 2005 wird er im gesegneten Alter von 96 Jahren in Dresden das Zeitliche segnen. Von dem in Stalingrad als vermißt gemeldeten Herbert, Mutters anderem Bruder, haben wir (trotz Suchanzeige seiner Frau Grete auf den Listen des Roten Kreuzes) nie wieder etwas gehört.

Übrigens: Großmutter Ernestine zog Hans und Herbert wie ihre eigenen Kinder groß, obwohl sie sie nur „angenommen" hatte. Sie adoptierte sie nicht, sondern ließ ihnen den Familiennamen ihrer richtigen Eltern. Dessenungeachtet verknüpften uns zeitlebens mit Hans, Tina und all ihren Angehörigen bis hin zu den Enkeln innige Familienbande, als seien wir in Wirklichkeit Blutsverwandte. Im Falle der Angehörigen des vermißten Herbert lösten sie sich in den fünfziger Jahren.

Ich war ein bissel weit in den Lauf der Zeit vorgedrungen. Aber noch geht ja erst mal das Jahr 1945 zur Neige.

Zu Weihnachten vermachte uns Trudchen Donn aus Naila ein Büchlein aus dem „Insel-Verlag zu Leipzig". Es enthielt „fünf historische Miniaturen" von Stefan Zweig, darunter der von mir heißgeliebte „Heroische Augenblick" der Scheinhinrichtung Dostojewskis. Auf die Umschlagseite innen war ein für meine Begriffe sehr bedeutender Vierzeiler eingeschrieben:

„Von b e i d e n Seiten bringet Stein zu Stein
Zum Bau der Brücken reiner Menschlichkeit!
Nicht jeder kann wie Nathan weise sein,
doch jeder sei s e i n Teilchen hilfsbereit."

28. Dezember: Erster Friedensgeburtstag! Zumindest der erste seit sieben Jahren. Ich zählte zwölf Gäste auf, die mich besuchten. Daß an diesem Tage über Leipzig ein schwerer Orkan tobte, habe ich vergessen zu erwähnen.

HUNGER IST DER BESTE KOCH

Anfang des Krieges muß ich sehr verwöhnt gewesen sein. Als ich von der Mutter eines Klassenkameraden aus der Geißlerstraße eine „Bemme" mit zuckerüberstreutem Quark bekam, war ich hellauf begeistert, wie gut das schmeckte, weil ich so was „primitives" zu Hause nie vorgesetzt bekommen hatte. Als wir 1940 die ersten Lebensmittelkarten erhielten, ging es uns noch so gut, daß wir sie bis auf zwei Abschnitte (einen von zehn für „Fleisch oder Fleischwaren" und einen von acht für „Milcherzeugnisse, Öle und Fette") gar nicht gebraucht haben. Es waren auf die 64 Abschnitte der „Ausweiskarte" (ausgestellt vom „Reichs- und Preußischen Ministerium des Innern") außer den genannten Lebensmitteln erhältlich: Kartoffeln, Hülsenfrüchte, Brot oder Mehl, Milch, Kaffee, Tee oder Kaffee-Ersatz, Nährmittel, Zucker und Marmelade, Eier, Seife und Kohle. Hinzu kamen noch acht Sonderabschnitte A 1–4 und B 1–4.

Auf einer unscheinbaren „Weihnachts-Sonderkarte WS 1 für Normalverbraucher und nicht landwirtschaftliche Selbstversorger über 18 Jahre", gültig vom 13. 12. 1943 bis 6. 2. 1944, gab es 500 g Weizenmehl, 125 g Butter, 250 g Zucker, 125 g Süßwaren, 50 g Bohnenkaffee und 1/2 Flasche Spirituosen. Ich habe dieses Dokument gut aufbewahrt. Aber warum es meine Mutter damals nicht in Anspruch nahm, ist mir heute schleierhaft.

Einmal hatte mich Mutter in der Weihnachtszeit losgeschickt, um in der Eisenbahnstraße ein Wildkaninchen im wahrsten Sinne des Wortes zu „erstehen", denn ich mußte mich in eine Riesenschlange einreihen. Als wir das mühsam enthäutete und von Mutters Hand zubereitete Tier dann zu Hause verspeisten, mußten wir dauernd spucken, weil das Fleisch von steckengebliebenen Schrotkugeln durchsetzt war.

Wie aus der schon mehrmals zitierten und zufällig erhalten gebliebenen „Neuen Leipziger Tageszeitung" (diesmal vom 8. August 1944) zu erfahren war, gab es zu diesem Zeitpunkt neue Lebensmittelkarten. Die Großabschnitte der „Reichsbrotkarte B" hätten „einen R-Aufdruck erhalten", hieß es. Sie berechtigten „nur zum Bezug von Roggenerzeugnissen". Auf die Großabschnitte A 1 und A 2 der „Reichsfettkarte" würden „je 100 Gramm Schweinefleisch oder je 80 Gramm Fleischschmalz ausgegeben".

Die „auf die Reichsfettkarten für Kinder bisher erfolgte Zuteilung von Kakaopulver" falle weg. Da „die Reichsurlauberkarten keinen Abschnitt über ein Ei mehr" enthielten, würden „künftig Eier-Lebensmittelmarken ausgegeben". Aber nur, falls eine Eierzuteilung per Eieraufruf auf Eiermarken erfolge. Verwunderlich, daß keine „Reichseierkarte" existierte.

Während der Zweite Weltkrieg zwar noch tobte, aber schon in seinen letzten Zügen lag, ging es uns ernährungsmäßig noch nicht so richtig schlecht. Schon eingangs hatte ich berichtet, wie wir im Collmer Gasthof zur Weihnachtszeit 1944 mit Schnitzel und Erbsen verwöhnt wurden. *Am 3. Januar gibt es mittags Hasenleber mit Maronen zu essen. Abendessen: Milchreis.*

Unterm 21. Januar 1945 ist notiert: *Im Gasthaus gibt's Mittag wieder Schnitzel, prima!* Und unterm 1. April steht: *Da heute Osterfeiertag ist, schenke ich (im Auftrag des Osterhasen!) der Püppe drei angemalte Eier und „Kullerchen", eine Art Nougat, selbst hergestellt. Mittags gibt's wiedermal gutes Essen im Gasthaus von Collm.* Natürlich nur auf Lebensmittelkarte!

Die zugeteilten Rationen waren gerade wieder mal gekürzt worden, aber man wurde trotzdem noch satt. *Am Abend gibt es Spiegeleier (bzw. eine Person je eins!) und Kartoffelsalat. Prima!*

Aber schon Mitte Mai (inzwischen unter amerikanischer Besatzung) sah es gänzlich anders aus: *15. Mai. Unser Essen früh und abends besteht seit mehr als 14 Tagen nur aus Trockenbrot. Mittags gibt's auch alles ohne Fett. Als ich gestern in Schleußig bei Tante Tina zwei Stück Rhabarbertorte aß und eine Tasse Bohnenkaffee trank, tat es mir sehr, sehr gut!*

Zusehends stand die Ernährungsfrage im Vordergrund. Pfingsten verkündete ich stolz: *Heute essen wir seit drei Wochen das erstemal wieder Butterbrot! Mitte Juni gehe ich mit Mutti zu Tante Grete und esse dort so viel Kuchen, daß ich eine halbe Stunde danach Leibschmerzen habe.* Grete war, wie schon gesagt, die Frau des vermißten Herbert. Mit Gretes Kindern Dorli und Heinz fuhr ich dann zum „Hamstern" auf die Dörfer. In Radefeld bekamen wir ganze fünf Kartoffeln, in Hayna etwa zehn Pfund.

Am 18. Juni gab es *früh Mehlsuppe, mittags Gemüsesuppe und abends Kartoffelsalat. Wir haben keinen Krumen Brot mehr im Hause!* Weshalb ich nächsten Tages zum Bäcker Eidner geschickt wurde, um „hintenrum" ein Brot ohne Marken, aber zum Schwarzmarktpreis von fünfzig Mark zu holen.

25. Juni. Früh fahre ich nach Auenhain und Wachau, wo ich nach Kartoffeln, Obst und Gemüse frage. Mein Erfolg: Eine Tüte Erdbeeren und eine Hand voll Kirschen für eine Mark.

Ende Juni schwingen sich meine Cousine Anita, mein Onkel Kurt und ich *auf die Räder und fahren in die Schoten. Auf dem großen Schotenfelde bei Jesewitz wird halt gemacht. Wir pflücken bis halb drei, stehn zum Bezahlen bis halb fünf und kommen dann mit Beschiß durch. Zu Hause angekommen, wiegen wir die Schoten: 32 Pfund und noch einen Ranzen voll.*

Auch ab Juli 1945, also unter den Russen, gab es viel zu wenig zu essen. Auf Lebensmittelmarken gab es täglich 400 g Brot, 40 g Fleisch, 15 g Fett, 30 g Nährmittel, 20 g Zucker und 30 g Marmelade. Ich stopfte mich mit Lecithin voll. Das waren eine

Art Vitamintabletten, die die allgemeine Leistungsfähigkeit steigern sollten. Die konnte man in Drogerien ohne Markenabgabe zu geringem Kaufpreis erwerben.

Da Not bekanntlich erfinderisch macht, kamen die Leute auf die ausgefallensten Ideen, Eßbares herzustellen, das zwar ans Original erinnerte, bei weitem aber keines war. Ich hielt solche „Rezepte" in einem „Kochbuch" (einem einfachen Oktavheftchen) fest: Da gab es „künstlichen Brathering", der wie Kartoffelpuffer hergestellt, in Essig eingelegt und mit Lorbeerblatt und Wacholderbeeren schmackhaft gemacht wurde. Und es gab die „künstliche Leberwurst", eine Art Mehlpampe mit viel Majoran.

Daß Mutter Schnitzel aufwärmte und als Mahlzeit servierte, ist Tatsache; wobei die Schnitzel Abfälle der zuckerverarbeitenden Industrie für die Schweinefütterung waren, also Zuckerrübenschnitzel. Daß es Kuchen aus Kaffeesatz, Puffer aus geriebenen Eicheln und Suppe aus Kartoffelschalen gegeben haben soll, dürfte man in der Gerüchteküche ausgekocht haben. Was die Kartoffelschalen betrifft, so wurden sie zwar zur Herstellung einer schlierigen Suppe mit, aber nicht pur, verwendet, weil die rohen Kartoffeln nicht geschält, sondern mit Schale geraspelt wurden – so jedenfalls handhabte es Oma Ernestine. Und die Suppe schmeckte sogar! Weil die Großmutter nämlich nicht nur mit Salz, sondern mit allen möglichen anderen getrockneten Kräutern zu würzen verstand.

13. Juli. Früh fahre ich nach Gohlis und sammle dort Kamillen und Schoten. Am Nachmittag mache ich „Kartoffelkäulchen", um 5 trinke ich Schorle.

14. Juli. Mittags fahre ich mit Trude mit der 6 nach Stötteritz. Dann laufen wir nach Seifertshain und bekommen dort 4 Dreipfundbrote und 3 kg Mehl. Auf dem Rückweg kehren wir in Holzhausen in ein Gasthaus ein und trinken je ein Glas Bier. Es war ein schöner Glücksnachmittag.

Inzwischen hatte meine Mutter bei den entsprechenden Stellen nochmal eine Genehmigung erbettelt, um mit mir verreisen zu können. Diesmal hatten wir aber nicht die untergestellte Kiste in Höfgen im Visier. Unser Reiseziel hieß Collm. Dort angelangt, aßen wir zunächst im Gasthaus. Bei Gatzsches mußten wir auf zwei Sofas schlafen, da die Betten anderweitig vergeben waren.

Bei einer mit Mutter befreundeten Familie bekamen wir am nächsten Tag *eine prima Pilztunke mit Kartoffeln vorgesetzt. Am 6. August sammle ich einen halben Eimer voll falsche Pilze (Bitterlinge).* Wenigstens habe ich beim zweiten Collmer Fund keine „falschen Pilze" eingesammelt, wie im Tagebuch festgehalten: *Am 7. gehe ich früh zeitig in den Wald und finde zwei Maronenpilze, verirre mich aber beim Sammeln. Nach vieler Mühe komme ich an Wiesen heraus. So wate ich durch das nasse Gras, bis ich endlich einen Weg finde. Am Nachmittag gehe ich zum Bäcker und hole ein Brot, dann zur Großmutter Gatzsche und kriege zwei Gurken. Beim Bauern Gasch kriege ich ein Quargkäulchen geschenkt, am 8. nochmal 6 Gurken, ein 6-Pfund-Brot und Pilze, am 9. noch Quarg, Butter, Speckkriefen und eine Schwarte. Dann fahren wir mit einem Bauern auf dem Pferdewagen nach Oschatz, und von dort aus mit dem Zug im Viehwagen nach Leipzig. Gestern Nachmittag sind wir wieder angelangt. Omi, Püppe und Trude freuen sich, daß wir wenigstens etwas mitgebracht haben.*

Auch 1946 zog es uns immer mal wieder „ins Collmsche". So fuhr ich mit Trude zu Pfingsten im Sonderzug nach Dahlen. Ich lief mit ihr über Calbitz und vorbei am Observatorium zum Collmberg hinauf. Im Gasthaus gleichen Namens bekamen *wir prima Essen ohne Markenabgabe, und im Dorf von Gatzsches Kuchen, Erdbeeren, Torte, Rhabarber und Milchkaffee.* Im Juni 1946 wird Mutter allein hinfahren und Kartoffeln, Zwiebeln, Salat und Gemüse für die hungernde Familie besorgen. Aber noch sind wir im fünfundvierziger Jahr.

1. August. Nach dem Konfirmandenunterricht bei Herrn Zschukke fahre ich mit Trude umsonst nach Taucha. Eigentlich wollten wir Fett dort besorgen. Dann holen wir in Sellerhausen Fleischbrühe.

20. August 1945. In der Schule bekomme ich von Armin Knauer einen Apfel und eine Birne. Unser heutiges Essen: 3 Scheiben Brot, Süßigkeiten, Reibkartoffeln, Maggi-Süppchen und Serviettenkloß. Serviettenkloß, ein riesiger Batzen, der erst auf dem Anrichteteller zerteilt wurde, war damals sehr beliebt. Er wurde ähnlich den grünen Klößen (auch „Rohe" oder „Thüringer Klöße" genannt) aus rohen, geschälten und geriebenen Kartoffeln hergestellt.

An den Tagen danach ähnliche Aufzählung: *21. Kartoffelsuppe, Kartoffeln und Soße, 2 Scheiben (Kunst-)Honigbrot, 1 Apfel, Kartoffelsalat und eine Semmel.*

23. Mehlsuppe, Petersiliengemüse und Kartoffeln, 3 Scheiben Brot mit Honig, Kartoffel(?)-puffer(?) - es schmeckt mir gänzlich mieß.

1. September. Früh stehe ich nach Fleisch an. Omi löst mich ab. Wir bekommen dann glücklich für 3 Personen 150 gr.

2. September. Mittags Serviettenkloß, Gurkensalat und 50 gr Fleisch; abends zwei Äpfel. So ging das munter weiter.

Am 9. Dezember bin ich nachmittags, wie dem Tagebuch zu entnehmen ist, auf dem Weihnachtsmarkt gewesen. Den hatte sich die Stadt trotz Lebensmittelmangels und Trümmerbergen ebensowenig entgehen lassen wie die Kleinmesse am Cottaweg, auf der es schon Zuckerwatte und türkischen Honig gab – selbstverständlich gegen Abgabe von Zuckermarken.

Die „Kleinmesse", wie in Leipzig der Rummelplatz seit seiner Gründung 1907 auf den Frankfurter Wiesen genannt wird, hatte im Oktober stattgefunden. Natürlich war ich dort: *2.00 Mark habe ich ausgegeben.*

Wofür, steht nicht da, aber bestimmt nicht für Papierblumen von der Wurfbude. Auch nicht für Geisterbahn und „Walzerfahrt zum Mond", allenfalls für Riesenrad oder Achterbahn. Auch auf Zuckerwatte und türkischen Honig konnte ich verzichten. Nicht aber auf „Leckeis". Das war für mich das Allergrößte, möglichst schön bunt und in der Waffeltüte. Selbstverständlich gab´s auch das nur auf Marken! Das beste Eis hatte damals „Waldi" in der Zweinaundorfer /Ecke Herbartstraße. Bockwurst mit viel Senf favorisierte ich erst nach Jahren, weil meine Mutter für diese Köstlichkeit keine von den raren Marken herausrückte. Die Überteuerten ohne Markenabgabe im „freien Handel" (der späteren HO) gab es damals noch nicht.

Horrormeldungen machten die Runde: *10. März 1946. Höre heute zweimal von „Menschenfleischerei".* Da hatte sich doch angeblich ein Metzgermeister nicht gescheut, jemanden um die Ecke zu bringen und zu „verwurschten" – bloß, weil die Esserei so knapp und das Geschäftemachen damit an der Tagesordnung war.

Schmalhans blieb weiterhin Küchenmeister. Am 8. April 1946 teilte ich mit: *Zu essen gab es heute früh einen Butterrenft und 3 Tassen Wassermilchsuppe mit Mehl, mittags zwei Teller Sauergemüse, abends einen Teller Bratkartoffel und 4 Salzmöhren.* Am darauffolgenden Abend wurden *zwei Scheiben trocken Brot und 50 Lecithinplätzchen, am nächsten zwei Teller süßsaure Weiße Bohnen* gereicht. Am 24. Juni hieß es: *Wir haben so gut wie gar nichts zu essen.*

Einmal fuhr ich *mit der 11 zu Tante Tina nach Wahren (wohin sie von Schleußig gezogen war) und esse mit bei ihr und den Kindern zwei Klöße und zwei Teller Spinatsuppe.*

Eine Nachkriegskuriosität ist heute kaum noch erinnerlich: die Kochkiste! Das war eine einfache Holzkiste oder auch nur ein großer Pappkarton, die mit zerknülltem Zeitungspapier oder alten Lumpen ausgestopft wurden. Dahinein versenkte man dann Töpfe mit frisch gekochtem Essen, um es dergestalt für längere Zeit, wenn auch nicht gerade heiß, so doch aber zumindest warm zu halten. Es mußte ja zu den unmöglichsten Tages- und Nachtzeiten gekocht werden, also immer dann, wenn Gas und Strom angestellt waren. Kein Mensch wußte ja, wann man sie wieder abstellen würde. Dafür festgelegte Zeiten wurden erst viel später eingeführt.

Auch das sogenannte „Hamstern" gehörte zu den Nahrungsmittelbeschaffungsmaßnahmen dieses Jahres. Mit Cousine Anita und ihrer Freundin fuhr ich Mitte Mai per Bahn nach Klitzschen bei Torgau, um Kartoffeln zu besorgen. Wir klapperten alle Höfe ab, aber kein Bauer ließ sich dazu erweichen, etwas herauszurücken. Erst im Nachbardorf bekamen wir ein paar Handvoll der kostbaren Feldfrüchte, jeder ungefähr zehn Pfund. Leider verpaßten wir den letzten Zug und mußten die Nacht in einem Bahnwärterhäuschen, *wo uns ein sehr netter Bahnwärter aufnahm,* am Schreibtisch auf Stühlen verbringen. Um fünf Uhr in der Früh fuhren wir dann mit dem ersten

Zug bis Eilenburg, stiegen dort um in einen anderen, kamen mit diesem nach Taucha und von Taucha mit der Straßenbahnlinie 13 nach Hause.

Am Ostersonntag aß ich mich abends an Erbssuppe, Fett- und Leberwurstbrot satt; von Ostereiern ist im Tagebuch keine Rede. Ostermontag gab es *früh 3 trockene Brötchen, dazu gesüßten Malzkaffee, mittags ein kleines Stückchen (etwa 50 g) Fleisch, 3 Kartoffeln und Salzmöhren, nachmittags 3 Röstbrote und eine trockene Semmel, abends 2 Tassen Salzmöhrensuppe, zwei Scheiben Fettbrot und Salzmöhren-Runkelrüben-Mixpicklesalat, zusätzlich 1 Keks.* Und zu Manfreds 15. Geburtstag Ende Juni vermerkte ich quasi als Sensation: *Er schenkt mir sogar Kuchen.*

Am 31. Juli 1946 wurde ich zusammen mit anderen unterernährten Schülern zum „Aufpäppeln" aufs Land geschickt. Wir fuhren mit dem Zug nach Burgstädt. Dort wurden wir gemustert („Den Blonden da, den nehme ich" – „Dann nehm ich den dürren Stoppelkopp"), auf die Ladeflächen von Lieferwagen verfrachtet und zu unseren Quartieren gebracht. Für mich und meinen Schulfreund Rosenkranz („Pauli") war Köthensdorf die Endstation.

Ich wohnte bei der Fleischerfamilie Klose, Pauli bei Familie Pflugbeil. Gleich nach unserer Ankunft wurden wir belehrt, daß der Ort Köthensdorf eine gewisse Berühmtheit erlangte: Hier hätte, so Herr Pflugbeil, 1682 ein gewisser Johann Esche, Begründer der sächsischen Textilindustrie, das Licht der Welt erblickt. Und bereits 1747 habe man in Köthensdorf im Auftrag Esches an 5 Strumpfwirkstühlen gearbeitet.

Es gab viel und gut zu essen, war aber vom Tagesablauf her sehr eintönig. Heimweh hatte ich vom ersten Tage an. Fast jeden Tag traf ich mich mit Pauli. Wir machten gemeinsam Ausflüge nach Burgstädt, Taura, Clausnitz und Wittgensdorf. Baden gingen wir zum nahen Steinbruch oder zum Flüßchen Chemnitz. Auch mit ausgeborgten Rädern sind wir unterwegs gewesen. Bei so einer Radtour *flog ich dreimal hintereinander hin.*

Natürlich machte ich mich auch im Hause nützlich. Einmal half ich Holz schleppen, ein andermal klebte ich Lebensmittelmarken auf Papierbögen. Die Fleischverkäuferin hatte diese Marken einzeln von den Karten der Kunden abgeschnitten, bevor sie diesen die entsprechende Ration Fleisch oder Wurst über die Theke reichte und bezahlen ließ.

Einmal rührte ich Marmelade in riesigen Töpfen an, ein andermal schälte ich eimerweise Kartoffeln für´s Volksküchenessen. Mal entbeerte ich Holunder, mal stellte ich Rattenfallen auf, und mal mußte ich mit Pauli Ziegen hüten. In der zehnten Nacht hatte ich ein Erlebnis, das ich so bald nicht vergessen sollte. Mein Schlafnachbar nämlich, mit dem man mich zusammengesteckt hatte, Fleischersohn Franz, erlitt *einen Krampf.* So steht es im Tagebuch. Der Krampf aber war ein epileptischer Anfall dieses leicht schwachsinnigen Sohnes. Ich bekam wahnsinnige Angst und war völlig hilflos. Erst nach einem zweiten (nicht ganz so heftigen) Anfall quartierte man mich um in das Zimmer des anderen („normalen") Sohnes Klaus, einem Forstlehrling. Dort mußte ich allerdings mit einer Couch fürliebnehmen.

Ich bekam Fieber und kriegte heftigen Durchfall, der mehrere Tage anhielt. Bestimmt war das üppige Essen die Ursache. Zumal ich mich mit dem, was auf den Tisch kam, nicht zufriedengab, sondern noch heimlich Würstchen und Klopse aus der brodelnden Brühe des Wurstkessels fischte oder mir zusätzlich drei doppelte Brötchen klaute. Auch an überreifen Birnen und Pflaumen tat ich mich gütlich. Am Abend des 12. August erntete ich mit Frau Klose einen Zentner Pflaumen.

Einmal *nachmittags nahm mich Herr Klose in seinem Auto mit nach Chemnitz.* Diesmal durfte ich auf dem Beifahrersitz statt auf der Ladefläche Platz nehmen. Die trostlose, trümmerübersäte Stadt machte einen verheerenden Eindruck. Von Wiederaufbau kaum eine Spur.

Am 18. August ging ich nachmittags mit Frau Klose und Pauli nach Taura ins Kino, wo wir den Film „Am Abend nach der Oper" mit Gusti Huber und Siegfried Breuer sahen. Zwischen Frau Klose und mir saß ein kleines Mädchen. Das gefiel mir sehr, und ich „illerte" ein bißchen mit ihm.

Der 25. August war der „Tag des Kindes" in Sachsen. Der Bürgermeister hatte auf dem Dorfanger einiges arrangiert, Eisbude und Blechbüchsenwerfen und Kettenkarussell. Er wollte Vorbildwirkung zeigen und dachte sicher an den 1. September, an dem im Land Sachsen Gemeindewahlen stattfanden. Die Aufteilung der Länder in Bezirke erfolgte ja erst im August 1952.

Nachdem ich am 29. August *drei Silbenrätsel fabriziert* hatte, trank ich mit Kloses ein Schnäpschen und rauchte eine Zigarette: Abschiedsfeier! ... *nachmittags ging es – endlich! – ab nach Leipzig!!!*

Ein Wort noch zu meinem Freund Pauli, den ich zu der Zeit auch öfter in der Wissmannstraße (der heutigen Schulze-Delitzsch-Straße) zum Spielen besuchte. Dort wohnte er mit seiner Schwester bei den Eltern. Vater Paul sen. besaß eine Möbelfabrik, die sich zwischen Wohnhaus und Bahnanlagen befand. Paul Rosenkranz jr. wechselte alsbald von der Nikolai- zur Thomasschule und haute nach dem Abi in den Westen ab.

Merkwürdig, daß ich zu Weihnachten 1946 nichts über das wichtigste dieser Zeit geschrieben habe: über die Fresserei. Es steht zwar da, daß ich *„beschert"* habe, daß ich das und das gelesen oder im Rundfunk gehört oder im Theater oder Kino gesehen habe – aber Essen spielte im Tagebuch keine Rolle. Deshalb sollen, von der Ernährungsfrage abweichend, im folgenden auch ein paar Worte zum Heizproblem und wie wir uns sonst noch über Wasser gehalten haben, gesagt sein. Daß es im Winter 1946/47 extrem kalt war, geht nur aus einem Eintrag hervor: *16. Dezember. Minus*

15 Grad. Es soll jedoch Temperaturen bis minus 29 Grad gegeben haben. Und mit der Heizung sah es nicht besser aus als mit der Ernährung: Mutter konnte nur das Wohnzimmer einigermaßen warm halten.

23. November. Am Nachmittag gehe ich mit Mutti zu Tante Grete nach Gohlis, um Kohlen zu holen. Weil schon jetzt überall hoher Schnee lag, konnten wir mit dem Schlitten losziehen. Die großzügige Grete gab uns von ihrem kleinen Vorrat einen halben Sack ab. Ihr zwangseinquartierter Untermieter arbeitete als „Kohlentrimmer", saß sozusagen an der Quelle und konnte leicht ein paar Braunkohlebriketts „abzweigen".

Silvester 1946. Mittags fahre ich mit Mutti nach Gohlis, wo wir Schnaps und Kohle holen. Diesmal per Straßenbahn, mit Rucksack und Einkaufstaschen bewaffnet.

Manchmal hat Mutter das Essen aus der „Volksküche" besorgt, für drei Mark sechs Essen pro Woche. Kochte sie selbst, ist mir eine Suppe aus Molken erinnerlich, einem wäßrigen Rückstand der Milch bei der Quark- und Käseherstellung.

Zur Frühjahrs-Mustermesse 1947 Anfang März besuchte uns Trudchen Donn aus Naila und versorgte uns, soviel sie schleppen konnte, mit Lebensmitteln. Mit Kohlen konnte sie sich ja leider nicht abmühen.

Nach ihrer Rückkehr ins Fränkische hat sie uns dann zwei Päckchen mit Butter, Käse, Mehl und Puddingpulver geschickt. Auch aus Collm kam ein Paket von Mutters guten Bekannten, Inhalt: ein paar Kilo Kartoffeln!

13. März. Nachmittags wollen wir aus unserem Hause auf dem Paunsdorfer Bahngelände „Kohlen organisieren", aber es ist umsonst. Mit anderen Worten, wir wollten aus Eisenbahnwaggons von Güterzügen, die dort auf Verladegleisen standen, Heizmaterial klauen. Nichtuniformierte Hilfspolizei, sogenannte „Volkskontrolle", hat uns davongejagt.

Die Entsorgung der Heizungsrückstände fand zu dieser Zeit noch nicht in Tonnen statt. Dafür gab es „Aschegruben". Auch in unserem Hof befand sich eine solche durch eine Metallplatte abgedeckte Grube, durch deren Klappe nicht nur Asche, sondern auch anderer Müll geschüttet wurde – außer organischen Abfällen. Für die gab es gesonderte Kübel. War die Grube voll, wurde die Platte abgehoben, die Grube von Männern der städtischen Müllabfuhr leer geschaufelt und der Müll abtransportiert.

Außer der Grube gab es eine kleine Wiese zum Wäscheaufhängen sowie unter der Terrasse der linken Parterrewohnung ein „Waschhaus". Dort wurde die „große Wäsche" in einem eisernen, emaillierten und natürlich kohlebeheizten Waschzuber an dem für jede Familie festgelegten Waschtag gewaschen.

Ich berichtete, daß ich Mutter bei ihrer Heimarbeit unterstützte, indem ich lose zusammengeschnürtes Garn zu ordentlichen Knäueln wickelte. Und daß ich manchmal für sie *ins Geschäft* gefahren bin, um die Strickware abzugeben und neues Material zu holen.

Im Jahr darauf verdiente sie als Kerzendreherin im VEB KERMA ein paar Groschen. Und betreute als Tagesmutter den kleinen Jungen von Kränzchentante Ännes Nichte, den wir „Pollmotz“ nannten.

Am 19. März teilte ich mit: *Das Essen ist so knapp wie noch nie.* Und am 1. April: *Den ganzen Tag Hunger.* Was aber leider kein Aprilscherz war. Der gleiche Wortlaut auch am 12. Juni 1947.

13. April. Wir gehen alle zeitig zu Bett, da wir gar kein Brot mehr haben und sehr wenig zu essen. Das Wenige sah dann zum Beispiel so aus: *Früh eine in Margarine gebratene Zuckerrübenscheibe; vormittags noch mal $^1/_2$ Zuckerrübenscheibe, in Wasser gedünstet; mittags 5 Scheiben Zuckerrübe in Margarine; nachmittags 5 Gramm Butter in Zucker gewälzt; abends 2 Tassen Spinatsuppe.* Nur zu Oma Ernestines neunundsiebzigstem Geburtstag bekam ich fünf Stück Kuchen zu essen! Oma wurde 1868 im niederschlesischen Oberschreiberhau geboren. Ihr verstorbener Mann stammte aus Thüringen.

Vermerkt habe ich, daß Trude ab Mitte Juni bei einer russischen Offiziersfamilie als „Putze“ rabottete; *die schlechten Zustände in der Ernährung zwingen dazu.* Von einem Freund weiß ich, daß seine Schwiegermutter eine ähnliche Arbeit in einer Russenkaserne verrichtet hat.

Die strenge Trennung zwischen Deutschen und Sowjetmenschen, egal ob zivilen oder militärischen, war noch nicht gang und gäbe. Sie gehört zu den ungeschriebenen Gesetzen kommender Jahre, als sich eine „Gesellschaft für deutsch-sowjetische Freundschaft“ übers Land ergießt und das Gegenteil verheißt. Es sei denn, reichlich Alkohol war im Spiel: da kam es sogar zu momentaner Verbrüderung.

Immerhin schleppte Trude jeden Tag was ran, und wir konnten uns wenigstens an Brot sättigen. Es war ein Wunder, daß wir gesundheitlich einigermaßen über die Runden kamen. Natürlich erwischte es mich auch ein paarmal. Ich lag im Bett mit hohem Fieber und *habe Hämmern hinter der Stirn über dem rechten Auge,* aber dabei blieb es. Die sogenannten Kinderkrankheiten hatte ich ja alle längst hinter mir: außer den schon genannten Masern auch Scharlach, Spitzpocken, Keuchhusten und Ziegenpeter.

So im Bett liegend hatte ich genügend Muße, mir die Tagespresse durchzulesen, die Trude mitbrachte. In einer von einem Fahrgast in der Straßenbahn liegengelassenen Berliner Zeitung vom 25. Juni stand unter „amtliche Bekanntmachung“: „25 kg Grude-Koks erhält im Bezirk Weißensee jedes Kleinkind (bis zu einem Jahr). Die Ausgabe erfolgt gegen Abgabe des Endabschnittes des Bezugsausweises A für Juni, der auf $^1/_2$ Liter Milch lautet.“

Ich fragte mich trotz Hämmerns hinter der Stirn, ob es solche kuriosen Dinge auch bei uns in Leipzig gab, aber in den hiesigen Zeitungen fand ich nichts dergleichen.

Glücklich bemerkte ich am 3. August: *Bei Manfred bekomme ich zwei Teller Mehlsuppe.* Schon zuvor, mit Beginn der warmen Jahreszeit, bin ich mit Mutter auf der Polizei gewesen, um eine Reisegenehmigung für eine Fahrt in die Westzone (nach Naila zu Trudchen) einzuholen. Aber *wir haben Pech,* stellte ich lapidar fest.

Mitte August versuchte ich´s noch mal. Vergeblich. Wie hätte ich jetzt auch eine Reise antreten wollen, wo ich nicht mal ein Paar Straßenschuhe besaß, in denen ich laufen konnte. Beim einzigen, das ich hatte, lösten sich die Sohlen ab. Und neue zu kaufen, daran war nicht zu denken. Die gab´s, wenn es sie gab, erstens meist aus Igelit und zweitens nur auf Bezugsschein, der bisher nur Schwerarbeitern zugeteilt wurde. Ich schnappte mir also einen Bindfaden, wickelte ihn um Sohle und Oberleder, zog ihn schön straff und gab dem Ganzen durch Knoten und Schleife einen gewissen Halt. Mit der Großmutter ging ich dann in diesen Schuhen zur „Rolle", wie wir die elektrische Wäschemangel nannten, um die frisch gewaschene und im Hof auf Leinen getrocknete „große Wäsche" von der tonnenschweren, sich hin und her bewegenden Walze „plätten" zu lassen. Das ging alles gut. Bloß auf dem Rückweg passierte ein Malheur: der Bindfaden platzte nämlich. Ich kam ins Stolpern und bin mörderlich hingeflogen. Hätte Oma den Wäschekorb nicht wenigstens auf einer Seite festgehalten, wäre die ganze schöne Wäsche ebenfalls im Straßendreck gelandet.

Es wurde langsam Herbst. Das Schuhproblem war inzwischen durch eine großzügige verwandtschaftliche Spende gelöst worden. Gemeinsam mit Trude, Frau Mühlegg, dem Annerle und dem kleinen Hans-Karl ging ich von Knauthain aus Kartoffeln, Möhren, Erbsen und Zwiebeln „stoppeln". Ein paar der köstlichen Feldfrüchte klauten wir auch vom schon Abgeernteten. Zwei Tage darauf wurde wieder gestoppelt, diesmal Zuckerrüben.

Da wir nicht nach Naila kommen durften, kam Trudchen, die Unermüdliche, wieder zu uns, denn sie durfte. Wenn auch nur für drei Tage. Sie brachte uns Fleisch, Pflaumen, Dosenmilch und andere Kostbarkeiten.

Im März 1948 werden Donns (Trudchen, ihr Mann und Sohn Ronny) in die Vereinigten Staaten übersiedeln und uns bereits im Juni das erste Paket aus New York schicken („Carepaket" nannte man das damals). Außer köstlichen Naschereien entdeckten wir darin ein faustgroßes, vierfarbiges Dreirad aus Kunststoff: der Lenker blau, das Gestell gelb, das Vorderrad rot, die Hinterräder grün. Da es zum Spielen nicht taugte, stellten wir es zu den Sammeltassen in die Vitrine. Das zweite Paket kam zum Jahreswechsel 1949/50 *mit Schuhen, Kaugummi, guten Zigaretten* (also Ami-Lullen), *Schokolade u. a. Genußmitteln. Bekenntnis: zum ersten Mal seit Kriegsende wirklich schöne, seltene und pikante Geschenke bekommen!*

Auch als ich die Donns (inzwischen Großeltern und um eine Tochter reicher) 1990 auf einer „Pfeffermühlen"-Tournee durch Kalifornien in ihrem Heim in Palm Springs besuche, zeigt sich Trudchen großzügig, bezahlt mir die Fahrt von L. A. und zurück und gibt mir wie vor 40 Jahren „wirklich schöne und pikante Geschenke“ mit auf den Weg nach Old Germany – bloß „selten“ sind sie inzwischen nicht mehr.

Jetzt aber befinden wir uns noch im Jahre 1947. Am Heiligabend stand im Tagebuch: *Putze unseren Tannenbaum, komme als Weihnachtsmann und beschere, lese vor und spiele im Grammophon Weihnachtsschallplatten.*

In der „Leipziger Zeitung“ aber stand (veröffentlicht unter Lizenz-Nr. 32 der sowjetischen Militär-Administration): „Dreieinhalb Millionen Berliner hatten damit gerechnet, daß der Vorschlag des sowjetischen Kommandanten auf eine Sonderzuteilung von 2 Pfund Mehl und 1 Pfund Zucker von den anderen Kommandanten akzeptiert werden würde. Statt dessen wurden von ihnen nur 100 Gramm Mehl und 150 Gramm Zucker sowie eine sogenannte Feldration bewilligt, die aus je drei Salz- und Zuckerkeksen, einigen Stück Zucker und einem Brausepulver besteht.“

In Leipzig wurden die ersten Bezugsscheine für Industriewaren an Mitglieder Leipziger Betriebe verteilt. Was die Kartoffelversorgung betraf, so war man damals auf's Einkellern angewiesen. In der „Leipziger Zeitung“ wurde der Hoffnung Ausdruck verliehen, „daß die für noch nicht belieferte Verbraucher freigegebenen 32 kg Kartoffeln bis Anfang Januar geliefert sein werden.“ Wozu ein gewisser „Pikander“ reimte:

„Von oben wurde die Ernährungslage
im Neuen Rathaus rechnerisch gepeilt.
Der Dezernent stand Rede jeder Klage,
und meinte tröstlich zur Kartoffelfrage:
Sie fehlen nicht, sie sind nur schlecht verteilt!“

„Pikander“ war dem Pseudonym „Picander“ eines Leipziger Lokalpoeten aus dem 18. Jahrhundert auffallend ähnlich. Jener hieß mit bürgerlichem Namen Christian Friedrich Henrici. Das hatte uns unser damaliger Deutschlehrer beigebracht. Und daß viele Leipziger Straßen nach berühmten Leuten aus dem Druck- und Buchgewerbe benannt worden seien.

Der Gerichtsbericht in der gleichen Zeitung schilderte, wie Schieber A gegen vier Zentner Abdeckereifleisch (das dann als eßbar auf dem Schwarzen Markt verkauft werden sollte) Schieber B einen Frack, zwei Frackhemden und einen Smoking lieferte.

Bei der Festnahme von A und B bemerkte man in der Innentasche des Fracks ein Namensschild, worauf stand: „Oberbürgermeister der Stadt Leipzig Dönicke“. Die Witwe des berüchtigten, 1937/38 amtierenden Nazistadtoberhauptes hatte die Sachen ihres Mannes für 2200 Mark an die Frau des Schiebers A verscherbelt. Freude im Advent!

Thomaskantor Prof. Günther Ramin schrieb in der „Leipziger Zeitung“ einen Bericht über die Weihnachtsvorbereitungen seiner Thomaner: „Adventskränze werden gebunden, die Köten (das sind die Wandschränke eines jeden Jungen) und Bilder in der Stube werden mit Tannenzweigen geschmückt, kleine Transparente werden mit viel Geschick geklebt und mancherlei gebastelt, auch eifrig Kerzen gegossen (aus mehr oder minder dazu geeigneten Grundstoffen) und zum Vergnügen ‚gegokelt‘ (dieses auch mir zu meiner Alumnatszeit vertraute Wort schreibe ich zum ersten Male nieder und man verzeihe eine etwas falsche Rechtschreibung).“

Wenig später übrigens (am 16. Januar 1948) stellte die von Parteien unabhängige und seit Mai 1946 existierende „Leipziger Zeitung“ ihr Erscheinen ein.

Seit etwa dem gleichen Zeitpunkt (also seit 19. Mai 1946) gab es daneben die Leipziger Volkszeitung LVZ als „Organ der Bezirksleitung Leipzig-Westsachsen der SED“. Die mußte ihr Erscheinen natürlich nicht einstellen. Im Gegenteil: Die durfte sich alsbald sogar hoch oben eine Leuchtschriftreklame gegenüber dem Hauptbahnhof leisten, die die neuesten Meldungen verbreitete ...

Hinsichtlich der Essenfrage muß es uns im Folgejahr 1948 etwas erträglicher ergangen sein. Jedenfalls gibt es keine Eintragungen mehr in Richtung Ernährung. Nicht mal die Tatsache fand Erwähnung, daß mit Ablauf des Jahres die Läden der staatlichen Handelsorganisation HO aufmachten. Nur einen Tagebuchhinweis gab es, der schon auf „bessere Zeiten“ schließen läßt: *Um halb zwei Uhr nachts haben wir auf Rebers Waldgrundstück noch aufgewaschen und den Frühstückstisch gedeckt. Ich kletterte auf Bäume und ließ mich vom Winde schaukeln. Das Essen schmeckte – bis auf das Angebrannte – vorzüglich und machte auch satt. Es gab alles, vom Kaviar bis zur Heidelbeertorte, von der Zigarette bis zur Gräupchensuppe.*

Kaviar mußte es nicht unbedingt sein. Ich war schon mit Krautwickeln zufrieden, die man andernorts auch „Kohlrouladen“ nennt. Besonders, wenn sie hausgemacht waren. Mutter raspelte (nach Entfernung des Strunks) ein Gutteil des Weißkrautkopfinneren, gab es zusammen mit feingeschnittener Zwiebel in die Pfanne, dünstete das Gemisch schön hellbraun in Margarine und mengte es unter die gut gewürzte, noch rohe Hackfleischmasse, welche hernach mit den weichgebrühten Krautblättern umwickelt wurde. Diese Art Füllung gab dem Ganzen einen einzigartigen Wohlgeschmack. Ungeschlagen blieb Mutter aber auch in der Zubereitung von gefüllten Täubchen, die sie servierte, als Vater noch lebte.

Wenn sie Hammel mit Kartoffelklößen und Speckbohnen auftischte, sagte sie: „Schnell essen, denn wenn´s kalt wird, libbert´s!“ Statt „Hammel“ sagten wir „Schöps“. Mutters Kochkunstkrönung war Schellfisch in Senfsoße zu Salzkartoffeln. Den Fisch besorgten wir bei Schneegas. Wir gingen nicht einkaufen, sondern „einholen“.

Die Namen der Ladeninhaber haben sich eingeprägt: Schneegas verkaufte Fisch, Gutwasser Tabakwaren, Rasenberger besaß eine Tischlerei, Käseberg verglaste kaputte Fensterscheiben und Pannicke lieferte vorm Krieg Briketts mit der Aufschrift „SONNE" und nach 1945 Braunkohlestaub-Preßlinge auf Bezugsschein. Fast jedes Eckhaus der Eisenbahnstraße hatte entweder eine Kneipe oder ein Geschäft: Bei Zschorn (Ecke Gretschelstraße) gab es Backwaren (und vorm Krieg auch die von uns Kindern heißbegehrten Kuchenränder!), bei Stimmel (Ecke Geißlerstraße) Obst, Gemüse, Kartoffeln, und bei Oswin Gentzsch (Ecke Paulinenstraße) Lebensmittel. Schwester Karla gesteht mir im reiferen Alter, daß sie bei Gentzsch immer saure Gurken aus dem Faß geklaut hat, die von Lake triefenden Dinger in ihre Taschen verschwinden ließ, und sie erst draußen, nachdem sie um die Ecke außer Sichtweite war, gierig verschlang. Sie war nicht die einzige „Sünderin". Gentzschs Enkel Max Laube, heute Zeremonienmeister des Krystallpalast-Varietés in der Magazingasse, teilt mir brieflich mit, er könne sich noch an Frau Möllenbeck aus der Paulinenstraße 8 erinnern, „die bei meinem Großvater im Laden klaute und immer besoffen war".

Spätestens 1949 hatte jede Familie wenigstens so viel Fett, Öl, Margarine oder Butter, um einen leckeren Braten anzurichten, und sei es in Ermangelung von Schwein oder Rind einen vom Stallhasen, wie die Karnickel beschönigend genannt wurden. Brot- und Zuckermarken waren ab Mai in ganz Sachsen einheitlich gültig, Obst durfte frei verkauft werden, und die HO-Preise wurden bei verschiedenen Artikeln halbiert. Es gab jedenfalls keinen Anlaß davor zu warnen, Speisen in zerschmolzenem Kerzenwachs zu braten, wie es dem Bildband „Leipzig in den Fünfzigern" zufolge in der „Leipziger Zeitung" noch 1952 gestanden haben soll. Dabei gab es die (wie eben erwähnt) schon seit 1948 nicht mehr!

Am 15. Juni 1950 stand in der LVZ: „Da freuen sich unsere Hausfrauen – Kartoffeln sind eingetroffen!" Kurioserweise kamen größere Lieferungen dieses wertvollen Nahrungsmittels – aus Kanada!

30. Dezember 1950. Daß Essen zur Leidenschaft werden kann, hat mir Weihnachtsgans, -kaninchen u. -ente bewiesen. Und kaum darf man sich den Bauch mal richtig vollschlagen, schenkt mir meine vorsorgliche Frau Tante ein Buch aus dem Hause Bircher-Benner. Ein Kochbuch zur Diät- und Rohkosternährung!

Ab 8. Oktober 1951 wurde die Rationierung der Lebensmittel aufgehoben; Ausnahmen bildeten Kartoffeln, Zucker, Fleisch und Fett. Die HO-Preise wurden erneut gesenkt. Die HO betrieb neben der Konsumgenossenschaft Warenhäuser, Einzelhandelsgeschäfte und Gaststätten. In fortgeschrittener Stimmung grölten wir, einen damals gängigen Schlager verballhornend: „Chi-a, chia, chia, choh, / Kä-se gibt es im HO. / Stun-den mußte danach stehn, / Kä-se aber kriegste keen´n!"

Laut Mittelabschnitt meiner „Lebensmittelkarte Mai 1958“ gab es an Monatsrationen: „Fleisch 1980 g, Fett 1465 g, Zucker 1840 g. Bei Verlust kein Ersatz. Lose Abschnitte ungültig. Nicht übertragbar.“ Es ist, wie ich notiert habe, *die letzte Lebensmittelkarte nach 19 Jahren.* Im Westen gab es die letzte schon im April 1950.

AUS DER SCHULE GEPLAUDERT

Neuanfang

Immerhin war ein halbes Jahr vergangen, seit wir – noch mitten in den Kriegswirren – den letzten Schulunterricht gehabt hatten. Am 2. Oktober 1945 wurde er wieder aufgenommen. Jedenfalls bei uns in Sachsen. Es war schon ein komisches Gefühl, nach so langer Zeit der „Freiheit“ wieder einem Zwang ausgesetzt zu sein, wenn auch nur dem Schulzwang. Aber ohne den konnte es schließlich nicht weitergehen. Allerdings – w i e es weitergehen sollte, konnte uns keiner sagen. Das Versäumte war sowieso schwer nachholbar. Nach welchen Lehrbüchern zum Beispiel sollte unterrichtet werden? Nach denen aus der Nazizeit bestimmt nicht. Dem Schüler blieb also nichts weiter übrig, als alles mitzuschreiben, was ihm der Lehrer diktierte und was er normalerweise im Schulbuch hätte nachlesen können.

Worauf sollte er mitschreiben? Schreibpapier zu bekommen war Glückssache. War ein Schulheft vollgeschrieben, mußte der Lehrer erst eine Bescheinigung ausfüllen, damit sich der Schüler ein neues besorgen konnte. Und womit schrieb er dann? Füllhalter hatten Seltenheitswert, und Kugelschreiber gab es in der SBZ erst ab 1948. Übrig blieben der Holzfederhalter mit auswechselbarer Metallfeder unter Benutzung eines Tintenfasses sowie der Blei- und der Kopierstift. Die Tintenfässer gab es noch. Sie waren in die Schulbänke eingelassen, die wie die Bestuhlung und die Toiletten aus dem 19. Jahrhundert stammten.

Und genau in diesem alten Gemäuer sollte es für uns da weitergehen, wo es in den letzten Kriegstagen aufgehört hatte, also in der Ostwaldschule. 1942/43 hatten wir als „Klasse 1“ an der „Niko“(-laischule) angefangen, was sich nach dieser Zählung noch bis 1946 fortsetzte („von 4a versetzt nach Klasse 5“). Erst 1947 wurde aus der 5 eine 9, und da stand im Zeugnis vom Juli: „... wurde nur mit Ausgleich nach Klasse 10 versetzt“. Wohlgemerkt: In meinem Zeugnis stand das. Die Mehrheit schaffte es ohne Ausgleich. Das Zeugnis war noch in Sütterlinschrift abgezeichnet von Klassenlehrer Weigel. Auf dem Zeugniskopf stand: „Deutsche Einheitsschule/Oberschule“. Erst darunter tauchte als Stempel der Name Nikolai auf. Da die Schule nach Kriegsende sowohl Nikolaitaner als auch Ostwaldianer beherbergte, wurde sie eine Zeitlang in „Vereinigte Nikolai- und Ostwaldschule" umbenannt. Bevor also der Unterricht am 2. Oktober losgehen konnte, wurden am 1. alle Pennäler zusammengetrommelt und in Klassen eingeteilt. *Zuerst,* schrieb ich im Tagebuch, *große Versammlung, dann gehen wir in den Regina-Palast und halten eine Feier.* Regina-Palast hieß das Kino (und heißt es heute noch), das sich dem Schulgebäude direkt gegenüber auf der anderen Seite der Dresdner Straße befand. Es diente, wenn keine Filme liefen, auch als Unterhaltungslokalität. So gab es dort zum Beispiel eine Matinee der „Bunten Bühne vom Kabarett der Zeit". Mitwirkende waren eine Akkordeonspielerin, eine Rezitatorin, eine Soubrette und das „Tatjana-Golnikoff-Ballett". Dieses bestand aus fünf Damen. Und dann war auch noch ein Vortragskünstler dabei sowie ein Operettenbuffo. Ihm wird man 1948 beim Kabarett „Rampe" und 1954 bei der „Pfeffermühle" wiederbegegnen: Helmut Schurig.

An Lehrern sah man in der Schule zunächst alle, die schon bei den Nazis unterrichtet hatten. So den „Hopser", also Studienrat Dr. Hoffmann, und Reusche, der „Gauch" genannt wurde. „Hopser" hatte unsere Klasse, als das Gebäude in der Königstraße noch stand, einmal in der Aula zusammengetrommelt und Taschenkontrolle durchgeführt. Die auf ihn gemünzte schweinische Reimerei, die unter uns kursierte, was ihm einer verpetzt hatte, fand er jedoch nicht. Der Vegetarier Reusche belegte jeden, der ihm dumm kam, mit dem Ausruf: „Mir aus den Augen, Sie Gauch!" Weshalb der Spruch die Runde machte: „Der größte Gauch der Gäuche – ist Pflanzenfresser Reusche!"

Der ehemalige Studiendirektor Prof. Dr. Curt Woyte hatte sich durch einen mehrfach veröffentlichten Bericht über den Brand der Nikolaischule am 4. Dezember 1943 verdient gemacht. Jetzt war er „nur noch" Oberstudienrat, aber immerhin, er war da. Er gab Latein – für diesen ersten Monat. Mit dem 3. Dezember wurde nämlich eine große Anzahl Lehrkräfte wegen ihrer Zugehörigkeit zur NSDAP als „PG" (Parteigenosse) aus dem Schuldienst entlassen. Das führte zu einer heillosen Einstellung neuer, aber keineswegs fähiger Lehrkräfte. Außer den paar übriggebliebenen Altlehrern ohne Parteizugehörigkeit mußte man ja auf alles zurückgreifen, was sich anbot und jeden nehmen, der sich zutraute, Lehrer werden zu können. Schon am 29. November hatte ich notiert: *Wir haben Latein bei einem neuen Lehrer, welcher in Sibirien Kriegsgefangener war.* Merkwürdig. Die ersten Gefangenen kamen im Juli 1946 aus der Sowjetunion zurück. Am 19. Dezember gab es *sehr viel Spaß und ich bekomme 2 x zu essen, unsere Klasse bekommt wegen Stuhlzertrümmerung eine Strafarbeit.*

Am 10. Januar trug ich ein: *Zur fünften Stunde haben wir Lehrer Schulze, genannt Dreckohr, hin- und hergejagt, und der hat uns lange nicht gefunden.*

„Dreckohr" ist im Kirchendienst tätig gewesen. Unter eine Nacherzählung der „Pole-Poppenspäler"-Novelle schrieb er: „Das Thema ist wirklich gut erfaßt. Löschblatt! 2." Und unter einen Aufsatz über Schillers „Ring des Polykrates": „Das Thema ist verstanden und nicht schlecht behandelt. Bei der Wiedergabe des Gedichtinhaltes erzählt man in der Gegenwart. 3"

Für das Fach Englisch bekam unsere Klasse einen „Lehrer" namens Haesloop. Wie es diesen holländischen Kaufmann nach Leipzig verschlagen hatte, blieb sein Geheimnis. Aber er erzählte spannende Geschichten, die er auf zahlreichen Seereisen rund um den Erdball erlebt hatte. Bloß Englisch konnte er uns nicht beibringen. Kein Wunder, daß es bei ihm miese Zensuren hagelte. So steht im Tagebuch: *In meiner Englischarbeit eine 4.*

Dreien und Vieren (heute sagt man ja „Dreier" und „Vierer") standen bei mir auf der Tagesordnung, sowohl in Englisch als auch in Latein und Russisch – von Mathe und den naturwissenschaftlichen Fächern ganz zu schweigen. Durch Englisch mußte ich mich die ganzen acht Jahre von der fünften bis zur zwölften Klasse quälen, durch Latein ab der siebenten Klasse sechs und durch Russisch die letzten vier Jahre. Dabei waren „Dreier" („befriedigend") und „Vierer" („nicht befriedigend") erträgliches Mittelmaß, denn es gab ja immerhin auch noch „Fünfer" („ungenügend"). An der Volksschule galt 4 noch als „ausreichend", 5 als „mangelhaft" und 6 erst als „ungenügend". Den einzigen „Einser" erreichte ich beim Abitur in Deutsch.

Interessant war, daß aus dem Fach „Turnen" bei den Nazis in der „Reichsmessestadt" ab 1942 „Leibesübungen" wurde. Jetzt nach dem Kriege hieß es „Körperliche Erziehung", im Abschlußzeugnis 1950 wieder „Leibesübungen".

Das Fach Religion wurde nicht erteilt. Das gab es nur in der Volksschule bis zur vierten Klasse. Da hieß es „Religionslehre". Im Zeugnisheft mußte angegeben werden, welcher Konfession man angehörte, und da stand dann „Bekenntnis: ..."

Im jetzt eingeführten außerschulischen Konfirmandenunterricht gab es gottlob keine Zensuren. Meine Mutter drängte darauf, daß ich teilnahm, denn ich war ja auch getauft und hatte sogar Taufpaten: ihren Bruder Hans und ihre Freundin Ilse Hundertmark.

Während die Schulen wie gesagt noch bis Oktober geschlossen blieben, ließ die Kirche schon unmittelbar nach Kriegsende ihren Schäfchen auf Verlangen der Vormünder religiöse Erziehung angedeihen. Der Eintrag vom 29. Mai hatte indirekt damit zu tun. Da standen nur vier Wörter: *Verdammt! Verdammter Mist! Rindviehisch!* Am nächsten Tag versuchte ich, die Flüche zu begründen. Trude wollte mich nämlich zum Vorkonfirmandenunterricht anmelden. *Beim Baster,* wie ich schrieb und „beim Pastor" meinte. Dahin gingen aber die Elf- bis Zwölfjährigen, und ich war immerhin 13! Nun, die Sache wurde korrigiert, und ich durfte künftig regelmäßig am richtigen Konfirmandenunterricht teilnehmen, an der „Basterstunde".

Sonderlich ernstgenommen wurde das Ganze wohl nicht, heißt es doch an einer Stelle: *Vormittags gibt's wieder viel beim Konfirmandenunterricht zu lachen.* Und am

12. Juli: *Im Konfirmandenunterricht mußte ich heute einmal so lachen, daß alle anfingen zu kichern.*

In der kalten Jahreszeit waren die Gemeinderäume auch immer geheizt, im Gegensatz zu den Klassenzimmern in der Schule. Nicht nur das Gemeindehaus neben der Markuskirche wurde von der Kirche genutzt, sondern auch das Missionshaus im Täubchenweg. Dort hielt man uns zum Beispiel einen Vortrag zum Thema „Fremde Länder" und zeigte eine Ausstellung über Asien und Afrika.

Anfang April 1946 hatte ich „Konfirmandenprüfung". Da mußte man die zehn Gebote auswendig hersagen können und ein paar recht einfache Fragen beantworten. Trotzdem war ich mächtig aufgeregt, immerhin fand die Prüfung vor versammelter Gemeinde statt. Schon ein paar Tage vorher war ich mit Mutter zu Grete nach Gohlis getigert, um den guten Anzug vom vermißten Onkel Herbert auszuleihen. Der Onkel war recht klein von Statur gewesen, und mit ein paar Änderungen an Ärmeln und Hosenbeinen hat mir der Anzug auch gepaßt. Wenn ich auch wie hineingeborgt ausgesehen haben muß. Und das war ich ja auch. Einen eigenen Konfirmationsanzug konnten wir uns beim besten Willen nicht leisten – abgesehen davon: woher nehmen und nicht stehlen? Die Rückgabe des Anzuges habe ich aus einer Laune heraus in Englisch abgefaßt: *5th of June. In the Biologiework I have the 2. I'm glad! In the afternoon I go by tram to aunt Grete, and give return uncle Herbert's dress. It is giving very much nothing to eat.*

Der lapidaren Notiz vom 10. April *Betrunkene Russen überfuhren 5 Personen im Täubchenweg mit dem Auto,* folgte der Kommentar: *Das ist was alltägliches.*

13. April. Hole beim Bäcker Hecht meine 3 Zucker- und 1 Quarkkuchen zur Konfirmation ab. Am Nachmittag probe ich meinen Konfirmationsanzug an und bade. Am nächsten Tag (Palmarum) fand dann die Feierlichkeit statt.

Es folgte eine Aufzählung der Geschenke, die zum Großteil aus Blumen und Büchern bestanden, sowie der Höhe des erhaltenen Bargeldes, die sich insgesamt auf 93 Reichsmark belief. *Zu Essen gab es früh 2 Apfelmusbrötchen, mittags Fleisch mit Kartoffeln, Soße u. Salzspinat, nachmittags Kuchen, abends 2 Bratheringe, 2 Scheiben Brot, Kartoffelsalat ... Die Kirchenfeier war ganz groß, ebenso die Konfirmationsrede von Tante Erna am Abend. Dieser Tag war ein hoher! Am Gründonnerstag nahm ich das Heilige Abendmahl in der Markuskirche bei Pfarrer Tzschucke ein. Danach erhielt ich meine Konfirmationsurkunde.*

Die Kirche wurde nach einem Entwurf von Gotthilf Ludwig Möckel 1882 bis 1884 erbaut und 1978 infolge von Alters- und Kriegsschäden gesprengt, obwohl sie erst 1954 mit einer neuen Orgel und neuen Glocken ausgestattet worden war. Erhalten blieb das Gemeindehaus mit integrierter Kapelle. Erstaunt stellte ich eines Tages fest: Die Trauung meiner Eltern erfolgte nicht nur in der gleichen Kirche, in der ich konfirmiert wurde, sondern auch durch den gleichen Pfarrer, wie aus dem handschriftlichen Eintrag in ihrer Bibel hervorgeht: „Mit herzlichem Segenswunsch überreicht – Pfarrer Tzschucke".

Mutter sorgte dafür, daß ihre Kinder zwar im Glauben erzogen wurden, jedoch ohne ein großes Gehabe davon zu machen, wie zum Beispiel vor jeder Mahlzeit zu beten. Sie sorgte dafür, daß meine Schwester in einen evangelischen Kindergarten gehen und zehn Jahre später wie ich konfirmiert werden konnte. Das wird 1956 sein.

1956 – zu dieser Zeit ist Konfirmation bereits suspekt. Von den staatlichen Organen wird für die Jugendweihe geworben. Sogar einen Hausbesuch von Karlas Klassenlehrer muß Mutter über sich ergehen lassen. Teilnahme an kirchlicher und zugleich weltlicher (sprich: ideologischer) Weihe mag zwar nicht direkt verboten sein, ist aber von beiden Seiten unerwünscht.

Klassenlehrer Lämmerhirt agitiert für Jugendweihe. Mutter bleibt bei Konfirmation. Was eine Repressalie zur Folge hat: Karla muß sich mit Achtklassenabschluß und Berufsschulausbildung begnügen. Sie wird Lehrling bei Friseurmeister Dietz. Sie muß ihn öfters rasieren und dabei immer die „Fahne" dieses Alkoholikers in Kauf nehmen. Sie wird nach „drüben" gehen, nach zwei Jahren als Dorffriseuse von Trudchen nach Amerika geholt und im Hause Donn wie eine Tochter aufgenommen. Sie lernt Englisch und läßt sich als Stewardeß ausbilden.

Ich komme noch einmal auf das Eingeständnis von der Haesloopschen Englisch-Vier zurück. Da stand im Tagebuch noch etwas anderes, nämlich: *Bekam früh zwei Zigaretten!* Weil es mit dem Zigarettenbekommen nicht immer so klappte, griff ich noch zu einer anderen Methode, um an die Droge zu kommen: In Oma Ernestines Schrebergarten hatte ich auf einem Beet Tabakpflanzen angebaut. Das war damals allgemein üblich, und die Jungpflänzchen gab es offiziell zu kaufen. Man rauchte ja alles mögliche. Eine getrocknete Mischung aus Kräutertee nannte sich im Volksmund „Marke Bahndamm". Jedoch gegen die bei den sowjetischen Besatzern beliebten, in Prawda-Zeitungspapier gewickelten „Machorka" oder die sogenannten „Papyrossi" mit dem zusammenquetschbaren Pappmundstück mochte die „Marke Bahndamm" Gold sein. Schlimmer noch war nur der Gestank muschkotenbeladener oder waffentransportierender LKWs. Diesen Gestank verursachte das unverwechselbare „Odeur" des Sprits, mit dem die Russenfahrzeuge betankt wurden.

Die echten Tabakblätter aus Omas Garten wurden zu Hause auf dem Oberboden zum Trocknen aufgehängt und, wenn sie getrocknet waren, abgenommen, „fermentiert" und kleingeschnitten. *Mache meinen selbstgezüchteten Tabak rauchfertig,* heißt es im Tagebuch.

Zu meinem Geburtstag konnte ich zur Abwechslung wieder mal auf zwei geschenkte echte „Stäbchen" zurückgreifen. Außer denen bekam ich noch *ein Weißbrot, zwei*

Notizbücher, vier Kalender, Trudes Wilhelm-Busch-Album, ein Karl-May-Buch, noch zwei Bücher, eine Rolle Drops, einen Blumentopf u. s. w. Zu „u. s. w." gehörte auch ein Fläschchen Schnaps.

Um schon in der großen Hofpause unsere Gier zu stillen, sprinteten die Raucher unter uns (etwa ein Drittel der Klasse) in den Folgejahren zum nahegelegenen Tabakwarengeschäft im Täubchenweg. Dort kauften wir uns Zigaretten.

Die handelsüblichen Marken hießen „Turf", „Casino" und „Effekt". Ich bevorzugte letztere. Es gab auch eine „Sorte 1". Wir erstanden die „Lullen", wie sie auch genannt wurden, nicht etwa schachtelweise! Das hätte erstens unser Taschengeldbeutel gar nicht verkraftet. Zweitens waren wir zwar süchtig, aber nicht so süchtig, daß wir die Menge von zwei bis drei Glimmstängeln pro Tag überschritten hätten. Nein, wir kauften sie einzeln, das Stück für zwanzig Pfennige. Als der Export-Import-Handel zaghaft zu funktionieren begann, begeisterte ich mich für die bulgarischen Marken „Derby" und „Travel", die süßlich-vanilleähnlich dufteten und schmeckten. Dann wird meine Lieblingsmarke „Carmen" sein. Meine Mutter hatte sich aus Sparsamkeitsgründen das Selbstdrehen von Zigaretten angewöhnt. Hauchdünnes Zigarettenpapier wurde in den dazugehörigen Apparat gelegt und mit losem Feintabak gefüllt. Den Klebstreifen befeuchtete man mit Spucke und rollte den Tabak im Papier zusammen.

Schulspeisung

Auch im Nachkriegsjahr 1946 spielte unser täglich Brot die Hauptrolle im Trümmertrauerspiel. Zum Glück gab es auf Befehl der sowjetischen Militärkommandantur die Aktion „Schulspeisung". Sie trug wesentlich dazu bei, den Hunger der Halbwüchsigen ein wenig zu stillen. Für manche war es die einzige warme Mahlzeit des Tages! Ich brauchte nicht mal was dafür zu bezahlen, *weil ich keinen Vater mehr hatte.*

Erfreulicher Nebeneffekt für Lernunwillige: Die Pausen zogen sich infolge der Essenausgabe endlos lange hin! Wenn es überhaupt Pausen gab und wir nicht gleich wieder nach Hause geschickt wurden. – *26. Februar. Heute haben wir wegen Kohlenmangel schulfrei.* Das klingt, als ob es die Ausnahme von der Regel gewesen sei. Aber schon Anfang März war (bis die Temperaturen langsam stiegen) die Ausnahme zur Regel geworden: *Wir gehen früh in die Schule, holen uns Mathematikaufgaben und trotz Wintermantel einen kalten Körper sowie 1 ¹/₂ mal Rosinen-Gries-Suppe.* Oder: *Heute gibt es 3x Salzmöhrensuppe und wieder bloß ¹/₂ Stunde Schule.* Dann nur noch: *Keine Schule. Kein Unterricht.* Eine Besonderheit im täglichen Einerlei bildete die Anmerkung: *In der Schule werden wir nach Krätze untersucht.*

Auch nach den Winterferien 1946/47 herrschten ähnliche Zustände. Die Schule sollte zwar Ende Januar ihre Pforten öffnen, aber der erste Unterrichtstag wurde der vorläufig letzte. Das Gebäude blieb unbeheizt. Wir holten uns wie im Jahr zuvor unsere Hausaufgaben ab, lieferten sie am nächsten Tage mehr oder weniger gut vollbracht ab und bekamen wieder neue mit auf den Heimweg. Manchmal wurde, wie schon an anderer Stelle erwähnt, im Gemeinderaum der Markuskirche unterrichtet, aber nur eine halbe, höchstens eine Stunde lang.

Ein Chronist der Schola Nicolaitana behauptete, manchmal sei sogar in der Krypta der Thomaskirche unterrichtet worden. Manchmal wurden wir auch mit Besichtigungen verschiedener Einrichtungen beschäftigt, so des Musikinstrumentenmuseums, des Stadtgeschichtlichen Museums und der Russischen Kirche. Das ging täglich so weiter, und erst Mitte April normalisierte sich der Schulbetrieb wieder. Allerdings fingen die Kalamitäten im November 1947 erneut an. Da wird in Geschäftsräumen in der Katharinenstraße stundenweise Unterricht abgehalten.

Viele Varianten hatten sich die Großküchen, von denen das Schulessen geliefert wurde, nicht einfallen lassen, aber es machte satt. Mal gab es Mehlsuppe, mal saure Kartoffelstückchen, mal schwarze Roggennudeln in sacharingesüßter Magermilch, mal *Buchstabensüppchen (eine dünne Brühe mit Nudeleinlage, auf der zwei, drei Fettaugen schwammen).* Meist holte ich mir als Nachschlag ein zweites oder gar drittes Kochgeschirr voll. Dieses „Geschirr" war ein Relikt aus der Jungvolkzeit und gelangte damals auf Tagesfahrten zum Einsatz.

Einmal reichte uns die Schulküchenfee ein undefinierbares Etwas, das auch noch angebrannt schmeckte. Ich bezeichnete es als *Gummireifenmöhrenwassersuppe.* Naja, Hauptsache, der Fraß enthielt „Kalorien". Das war ein damals gängiger Begriff. Sogar die Lebensmittelkarten wurden nach Kalorienzahlen pro Tag gestaffelt: A für Schwerstarbeiter bis E für Nichtbeschäftigte.

Eine Zeitlang haben wir auch ein „christliches" Mittagessen eingenommen. So beschrieb ich am 14. März 1950, wie wir *in der Großen Schulpause zum Missionhaus gelaufen sind, weil wir dort von der Kirche eine tägliche Speisung bekamen ...*

Was die Kirche noch 1950 möglich machte, konnte sich die Schule bereits mit Beginn des Frühjahrs 1947 nicht mehr leisten. Da wurden die warmen Mahlzeiten durch Brötchenrationen ersetzt. Am 12. April freute ich mich mächtig über *zwei doppelte weiße Brötchen!* Zuvor bekamen wir immer nur ein einfaches schwarzes aus Roggenmehl. Fleischermeistersohn Lothar war von Haus aus besser dran als wir, die wir nicht an Nahrungsquellen saßen. Uns mangelte es am sogenannten „Vitamin B" (B wie Beziehung). Der gesättigte Lothar verscherbelte seine kostenlos zugeteilte Schulration. Ich kaufte ihm seine zwei Brötchen ab, beide zusammen für vier Mark. „Er kam immer mit dicken

Wurschtbemmen zur Schule", erinnert sich mein Schulfreund Manfred Patzschke, „was unseren Hungerneid entfachte. Wir feierten auch mal in der Wohnung von Lothars Eltern. Da hast Du Dich heillos ins Dienstmädchen verknallt. Die Eltern waren empört: ein Oberschüler und ein Dienstbote! Ja, das gabs damals noch – auch wenn man nur ein schnöder Schlachtermeister war." *Das Dienstmädchen hieß Hella Fischer. Die Geschichte begann mit einem Kinobesuch, wurde fortgesetzt im Carola Casino und auf dem Fleischerball.*

Das intime Casino befand sich neben dem Carolabad in der Nähe des Floßplatzes, und der Fleischerball fand wie damals andere Bälle auch im Plagwitzer „Felsenkeller" statt. Als Hella eines späten Abends aus „Manon Lescaut" zurückkam, wohin sie (ohne um Erlaubnis gefragt zu haben) mit mir gegangen war, hatte der Schlachtermeister *eine Kündigung auf Lager.* Das arme Mädchen ist aus Kummer über ihr Dienstbotendasein Diakonissin geworden.

Die Politik nimmt Einfluß

Warum ich den 1. Mai 1946 im Tagebuch als *Tag der SED* bezeichnet hatte, lag eigentlich auf der Hand: wurde er doch als solcher gefeiert. Die Geburtsstunde der mit „SED" abgekürzten Sozialistischen Einheitspartei Deutschlands schlug in Leipzig am 31. März im „Capitol" bei einer Gegenstimme, wodurch 36 000 SPD- mit 26 000 KPD-Mitgliedern vereinigt wurden.

Die „Vereinigung" war unter sowjetischem Druck zustande gekommen und wurde von uns Schülern stillschweigend, aber nicht gerade mit Begeisterung zur Kenntnis genommen. Wir versammelten uns vorm Schulgebäude. Ausgesuchte „Ordner" aus den oberen Klassen hakten auf ihren Listen jeden ab, der erschien. Zwecks Erfolgsmeldung für die Statistik. *Früh „latscht" unsere gesamte Schule zum Karl-Marx-Platz, wo eine große Demonstration stattfinden soll.*

Vorbei ging es an den Ruinen des Geschäftshauses der Firma Oscar Brandstetter in der Dresdner Straße, die 1951 in „Straße der Befreiung 8. Mai 1945" umbenannt wird. Das Gebäude gehörte zum sogenannten „Graphischen Viertel", das sich rund um den Johannisplatz erstreckt hatte. Nördlich wurde es von Kreuz- und Querstraße mit dem Verlagshaus von F. A. Brockhaus begrenzt, südlich von Tal- und Nürnberger Straße mit dem Gebäude von Breitkopf & Härtel. Östlich gab es die nach Buchhändlern wie Göschen, Reclam und Baedeker benannten Nebenstraßen samt Gutenbergplatz, Gerichtsweg, Täubchenweg und Prager Straße. Die hieß damals stadtauswärts im ersten Abschnitt Hospitalstraße, ab Ostplatz Reitzenhainer, und zwischen Probstheida und

Meusdorf Preußenstraße, bis sie DDR-gemäß ab 1950 auf ganzer Strecke Lenins Namen tragen mußte. Als ich etwas jünger war, habe ich mit Nachbarskindern den recht albernen Reim gegrölt: „In der Reitzenhainer Straße / hat s´ch der Würstchenmann erhängt. / Warum hat er sich erhängt? / Weil er Würstchen hat verschenkt."

Seit dem 4. Dezember 1943 gab es aber weder Würstchenmann noch Verlage und Druckereien. Das Viertel war zu rund 80 % zerstört worden, und ein unbekannter Zeitzeuge hatte geschrieben: „... die Reichsmesse- und Buchhändlerstadt Leipzig hat aufgehört zu existieren."

An jenem 1. Mai verschwand ab und zu jemand aus den Reihen des Schulblocks, „seitwärts in die Büsche", wie es salopp hieß. *Am Grimmaischen Steinweg war nur noch die Hälfte da. Ich verdrücke mich dort und „fliehe" zum Johannisplatz, wohin Trude von ihrem Betrieb ab auch schon „geflohen" ist.* Mit diesem Betrieb meinte ich eine Gummiwarenfabrik in der Reudnitzer Feldstraße – gar nicht weit weg von der Pumpe, von der ich mit Oma Ernestine neben den vielen anderen Bewohnern der Umgegend Wasser schleppen mußte. Dort hatte Trude Arbeit gefunden. Ich traf mich mit ihr wie vorher abgemacht am „Hohlen Zahn", das heißt am barocken Turm der Johanniskirche. Dieser wird 1956 sogar restauriert und trotzdem 1963 abgerissen werden. Bachs Grab setzte man 1950 in die Thomaskirche um, während Gellert zunächst in der Universitätskirche St. Pauli und vor deren Sprengung 1968 auf dem Südfriedhof eine letzte Ruhestätte findet: Es ist seine dritte Umbettung!

Nach unserem Zusammentreffen gehen wir durch den Täubchenweg ins Restaurant „Täubchen" und trinken zusammen vier Glas Bier und drei Fleischbrühen. Von dem Haus, das sich über dem Restaurant befand, existierte nur noch ein ausgebranntes Gerippe und die stark lädierte Fassade. Den herabgefallenen Schutt der einstigen Wohnungen und des Treppenhauses hatte man inzwischen beseitigt und behelfsmäßig ein Zwischendach eingezogen, um dem Verfall des Restaurants vorzubeugen. Hier saß man jetzt einigermaßen im Trocknen, vorausgesetzt, es regnete nicht pausenlos. Da wurden dann Eimer und Schüsseln aufgestellt, um das durchs Behelfsdach rinnende Wasser aufzufangen. *Zu essen gibt es einen großen Teller voll saure Kartoffelstückchen ohne Marken! Als wir dort weg waren, gehen wir zu Mutti nach Sellerhausen, wo es nochmals Essen gibt (4 Kartoffeln mit saurem Kohlrabi).*

Den Nachmittag über schreibe ich 2 Zeitungen und ein Stück von meinem Lustspiel vom „Lachenden Dritten". Später fahre ich in der Wohnung mit Schwesterchens Dreirad, wobei ich in die Hosen mache. – Tagestemperaturen heute um 23°. Schönes Wetter.

Dieser Beschreibung schlossen sich ein paar Zeilen an, die mit *Berufswunsch* überschrieben waren und Zeugnis von einer altersgerechten Naivität ablegen: *Ich mache mir heute einmal Gedanken über mein späteres Leben. Als ersten Weg wähle ich folgen-*

den: Bis 16 Jahren auf die Oberschule gehen und dann bis 20 Jahren auf die Schauspielerschule, um später Schauspieler zu werden. Der zweite Weg wäre folgender: Bis 18 Jahren auf die Oberschule gehen und dann zunächst Zeitungsredakteur, später Schriftsteller zu werden. Als Handwerksberufe würde ich Bäcker, Tischler oder Bauer wählen.

Während der April und der Mai ganz im Zeichen der neugegründeten SED standen, ging es im Juni um einen „Volksentscheid gegen Kriegsverbrecher" wie ein Plakat ankündigte, auf dem links Ruinen und Grabkreuze in Form eines Ausrufungszeichens zu sehen waren. Auf dieses wies gegenüber ein überlebensgroßer Arbeitertyp mit der rechten Hand, so wie „Schaut, was sie verbrochen haben!" Seine Linke hatte er auf einen vielgeschossigen Neubau gelegt, dem sich eine Fabrikhalle und ein qualmender Schornstein anschloß, als ob er das alles vor neuem Ungemach bewahren wolle. Darunter stand: „Stimmt mit JA! Zur Sicherung des Friedens".

In der Schule wurde uns dazu das eingetrichtert, was den Erwachsenen im Rundfunk, in der Zeitung und in öffentlichen „Volksversammlungen" eingetrichtert wurde. Letztere mutierten alsbald zu „Aufklärungslokalen der Nationalen Front".

Das „Eingetrichterte" schlug sich bei uns im Fach Kunsterziehung in einer anzufertigenden Zeichnung und in Deutsch in einem Hausaufsatz nieder. Meiner traf im Kern folgende Aussage: „Im Volksentscheid sollen wir nun abstimmen darüber, ob die Betriebe, die Fabriken und überhaupt der ganze Besitz der Kapitalisten und Großindustriellen deren Eigentum bleiben oder in die Hände des Volkes übergeben werden soll ... Es erwächst nun daraus für jeden Deutschen im Bundeslande Sachsen die Pflicht, mit ‚Ja' abzustimmen. Denn wer mit ‚Nein' abstimmt, unterstützt die Kapitalisten und ehemaligen Nazibonzen zur Aufrüstung eines neuen Krieges, was für uns ein noch größeres Elend herbeiführen würde."

Am 30. Juni war es dann so weit. *Ich darf noch nicht mit abstimmen,* stand lakonisch im Tagebuch. Die Mehrheit der Stimmberechtigten stimmte mit ‚Ja'.

Für die Väter zweier Klassenkameraden sollte es Konsequenzen haben: Der eine besaß ein Kino in Probstheida. Der andere war Besitzer einer Fabrik in Mölkau, in der man Lederwaren-Verarbeitungsmaschinen herstellte. Diese war wie viele andere Betriebe bereits im Herbst des Vorjahres von der Sowjetischen Militäradministration (SMAD) beschlagnahmt worden. Sowohl der Kino- als auch der Fabrikbesitzer „übergaben" ihr Eigentum nun „in die Hände des Volkes". Der Vater eines weiteren Schulfreundes war Buchdrucker. Er erzählte uns einige Zeit danach, daß es auch viele der graphischen Großbetriebe getroffen hatte, so Haag-Drugulin, Spamer, das Bibliographische Institut und Brockhaus. „Das ist", so der weitsichtige Druckermeister, „der Anfang vom Ende der Buchhandelsstadt Leipzig." 1952 werden die Musikverlage Breitkopf & Härtel und Friedrich Hofmeister verstaatlicht.

Den Großbauern war es im September 1945 in einer großangelegten „Bodenreform“ an den Kragen gegangen. Der Dichter Erich Weinert schilderte es so:

„Kamen von Osten die Freunde,
Halfen mit Rat und Tat.
Leben kam in die Gemeinde,
Üppig steht unsere Saat.

Wir haben vom Grundherrn
Das Land befreit,
Und Haus und Hof und Habe
Wächst und gedeiht.
Wo einst die Not,
Ist Glück und Brot.
Tod dem Feind, der uns bedroht!

Lange wird's nicht mehr dauern,
Drüben an Weser und Rhein,
Dann werden auch die Bauern
Frei in ganz Deutschland sein.“

Nicht nur einen Volksentscheid gab es, auch ein Volksbegehren würde es geben: Vom 23. Mai bis zum 13. Juni 1948 sollten die Leipziger über die Einheit Deutschlands und den Abschluß eines Friedensvertrages abstimmen. 91 % waren dafür.

Am Ostersonntag 1947 las ich in der „Leipziger Zeitung“ aufmerksam den Leitartikel. Ein gewisser Walter Gilbricht hatte ihn verfaßt. Ich strich mir eine Stelle an, die mir besonders gefallen hatte: „Auferstehung heißt noch nicht Auferstanden – so wenig wie Wachsen Ernte und Verlangen Erfüllung. Kommendes will sich gebären! Es blüht und sprießt allerorten – am stärksten dort, wo man am meisten gelitten. Häuser stehen auf, Städte erheben sich und schütteln ihre Trümmer ab. Wir erleben die Auferstehung eines neuen Staates, die Befestigung der alten Ideale: Humanität, Freiheit, Gerechtigkeit, die Beseitigung der sozialen Unterschiede, den Bau der Brücken von Volk zu Volk und ... das Erwachen des Gefühls, Mensch unter Menschen zu sein ...“ Die Städte schüttelten ihre Trümmer ab, wie Gilbricht sagte – aber das taten sie mit Hilfe ihrer Bewohner. „Im Zeichen der Volkssolidarität“, hieß es in diesem Zusammenhang an anderer Stelle in der LZ, „ist in Leipzig der Freiwillige Bevölkerungseinsatz gegründet worden, der es jedem Leipziger zur Aufgabe macht, aus den Trümmern Baustoffe zu bergen und so dem Wiederaufbau neue Impulse zu geben ...“

Auch wir Jugendlichen wurden von der Schule mehrmals zum Enttrümmern geschickt. Im Februar 1949 noch – also fast vier Jahre nach Kriegsende! – *war ich mit einem*

Schulkameraden Sonntag vormittags zum Trümmereinsatz der Jugend. Wir hatten es gut, steht im Tagebuch, *wir luden Ziegel auf einen Laster, fuhren mit bis Großzschocher, luden die Ziegel aus und dasselbe noch einmal, bekamen dann ein nettes Frühstück von den Fahrern und 6 Zigaretten. Auch einmal eine hübsche Abwechslung!*

Jetzt, im April, stellte ich in der Chemiestunde, statt dem Redefluß des Lehrers zu folgen, philosophisch-sein-sollende Gedanken an, fühlte mich überflüssig und verabscheute mich als *blöde, weichliche Kreatur.* Dann gestand ich wortspielerisch: *Heute bin ich das letzte Mal ein freier Deutscher, weil ich morgen ein freier Deutscher werde, d. h. in die Freie Deutsche Jugend eintrete. Paradox? Nein, tempora mutantur. Noch vor zwei Jahren gab es schwarzen Handel mit weißem Mehl. Heute gibt es freien Handel mit schwarzem Mehl. Also ist aus schwarz frei, und aus weiß schwarz geworden. Nur ist schwarzes Mehl schlecht und weißes teuer – früher kriegte man das weiße wenigstens schwarz. Dafür habe ich schwarz auf weiß, daß ich teuer bin. Nein, schlecht. Nein, frei! Und vor allem unverständlich.*

Der Eintritt in die FDJ hatte sich schon durch den Umgang mit zwei um ein Jahr älteren Mitschülern angedeutet: Engelhardt und Piehler, beide FDJ-Mitglieder und SED-Kandidaten. Sie fungierten als Redakteure der entsprechend ihrer Ideologie beeinflußten Schülerzeitschrift „Discipulus" und versuchten laufend, die bis dahin nicht an die FDJ gebundenen Mitarbeiter wie Manfred und mich zum Eintritt in die sozialistische Jugendorganisation zu bewegen.

Engelhardt („Pipin") lud uns sogar in die Wohnung seiner Eltern in der Lilienstraße ein, um dort offiziell eine „Redaktionssitzung" abzuhalten und uns scheinbar ganz nebenbei von der Wichtigkeit einer FDJ-Mitgliedschaft zu überzeugen.

Nicht nur er überzeugte. Überzeugen sollten auch Losungen wie die zum 1. Mai an der kaputten Fassade des Neuen Theaters aufgehängte Losung „Für gerechten Frieden – demokratische Einheit – fortschrittlichen Aufbau". Überzeugen von der „guten Sache" sollten auch Massenveranstaltungen wie das sogenannte III. Parlament der Freien Deutschen Jugend. Hier wurde ja voller Stolz der Bau der Talsperre Sosa (1949–1952) zum ersten Jugendobjekt erklärt.

Das Großereignis veranlaßte mich zur folgenden Beschreibung: *Seit dem 1. Juni liefen ständig Züge ein, die Jugendliche aus der Ostzone und Berlin, aus Westdeutschland und dem Ausland nach der Messestadt beförderten. Der Mittwoch, also der erste Tag des Parlamentes, erlangte insofern Bedeutung für mich, als ich eine Schulfeier ausgestalten sollte und selbst ein Gedicht für diese Feier schrieb. Nachmittags räumte ich mit Stroh für die Nachtquartiere von 600 Jugendlichen in unserer Schule ein. Dann gab es in der Theatergruppe eine Besprechung und schließlich hielt Rolf Heller aus der Bülowstraße einen Vortrag über Goethes Lyrik ...*

Am nächsten Abend eilte ich dann wie vorgesehen in die Schule, wo schon einige Kameraden Nachtwache hielten (d. h. Skat klopften). Um 3 Uhr kam der erwartete Chemnitzer Transport mit 1500 FDJ-lern und Jungpionieren, die wir teils in unserer Schule unterbrachten, teils in andere Quartiere schickten. Um 4 Uhr ging ich zu Trude (die ja gleich um die Ecke wohnte), schlief bis 10 Uhr u. machte mich dann nach Hause Richtung Sellerhausen auf den Weg. Die Festansprachen u. Demonstrationszüge erlebte ich nicht mit, da in Wahren eine Geburtstagsfeier bei Onkel Hans und Tante Tina stattfand, wo ich ordentlich satt wurde. Um 10 abends traf ich mich mit Freunden am Karl-Marx-Platz. Der gesamte Platz, festlich geschmückt, erleuchtet und mit Musik erfüllt, sowie die sich anschließenden Plätze und Anlagen, wo außerdem noch Rummel stattfand, waren von jungen, teils auch erwachsenen Menschen dermaßen angefüllt, daß man oft Angst haben mußte, zu Mus zerquetscht zu werden. Bis früh 3 Uhr fuhren Straßenbahnen; von menschenleeren Straßen keine Rede! Punkt 12 begann auf dem Europahaus ein Feuerwerk. Als es vorbei war, kehrten wir nach unserer Schule um.

Dort angelangt erhielten wir jeder ein großes Kochgeschirr voll Gräupchensuppe und zwei große süße weiße Semmeln. Wir blieben noch ein Weilchen und strolchten schließlich heimwärts. Halb fünf lag ich im Bett u. bin heute Mittag halb 12 wieder aufgestanden. Überraschend dann: *Und die Quintessenz von allem? Ich bin begeistert von dem Getümmel einer frohen Jugend, der man leider durch einen politischen Hintergrund die Lebendigkeit und Ungezwungenheit in fremde Bahnen lenkt. Die Bekanntschaft mit einigen Pionieren erweiterte sich am Pfingstdienstag beim Strohausräumen; übrigens erhielten wir für unsere „Aktivität" nochmals weiße Brötchen, ich 5 Stück.*

Der „politische Hintergrund" läßt sich auch im folgenden nicht leugnen: *Kurz darauf fuhr ich in Vertretung des Pionierleiters als Betreuer von sechs Vierzehnjährigen (vier Jungs und zwei Mädchen, allesamt „Junge Pioniere") für eine Woche nach Saaleck. Ich vollzog diese Art Ehrenpflicht nicht ungern. Ich bedauerte nur, daß es kein Radio und keinen gleichaltrigen Freund gab. Und zu wenig Geld. Aber das fehlte ja immer. Wir schliefen im Saal eines ehemaligen Gasthofes auf Stroh und in Wolldecken gewickelt. Samstag übernachteten cirka 100 FDJ'ler bei uns aus Apolda und Weißenfels, die eine Art Jugendtreffen hatten; wir erlebten ihre Feier bei Lagerfeuer in der Nähe der Rudelsburg mit, die sehr durch die nächtliche Natur und einzelne gesangliche Darbietungen wirkte.*

Ich mußte dabei auch an die Flüchtlingskinder der Leute denken, die im Nebengebäude unserer Herberge wohnten und sehr nett und entgegenkommend waren. Sie sangen uns fast allabendlich Heimat- und Volkslieder vor.

Ihr Lieblingslied war das vom herrlichen Riesengebirge, dem deutschen Gebirge, wo der Rübezahl in vielerlei Gestalt sein Wesen trieb. Wer wußte schon, daß der Leipziger Forscher Johannes Prätorius Rübezahlsagen („Daemonologia Rubenzalii Silesii",

1663) gesammelt und Moritz von Schwindt ein phantasievolles Gemälde des Berggeistes (1851) gemalt hatte? Diejenigen, die das Singen solcher Heimatlieder als „revanchistisch" bezeichneten, bestimmt nicht.

Einmal besuchten wir das Kino in Bad Kösen; einmal sahen wir einem Tanzabend im Freien von außen zu, denn das Geld langte nicht, nach innen zu gelangen und mitzutanzen. Geld: wieder ist es da, dieses schöne Wort. 25 Mark – schönes Geld, nicht wahr? Um 25 Mark betrogen wir die Bahn, indem wir schwarz von Leipzig bis Bad Kösen fuhren – ohne erwischt zu werden!!!!! Trotz dieses Gewinnes an Geld kamen wir blank in Leipzig wieder an. Ja, das Mittagessen auf der Rudelsburg, unsere selbstgekauften Nährmittel, HO-Süßigkeiten u. s. w., u. s. f. – das kostet eben alles leider Geld. Und wie vertrieben wir uns sonst die Zeit? Ja, wir fuhren mit dem Motorboot auf der Saale, ruderten, ich las vor, wir sonnten uns, ‚besorgten' uns Äpfel, besichtigten die Gegend, sahen uns Burg Saaleck an, die einst Karl der Große gründete, die Rudelsburg, den Gasthof Himmelreich und die Wilhelmsburg mit der schönen Aussicht auf die Gegend ringsum.

War es 1949 das III. Parlament in Leipzig, was junge Menschen „mit politischem Hintergrund" in sozialistische Bahnen lenkte, so war es 1950 das „Deutschlandtreffen" in Berlin. Wir konnten wegen des Abiturs nicht teilnehmen. Wie wir hörten, waren wieder wie zum Parlament westdeutsche Jugendliche dabei. Bei der Rückkehr wurden sie von ihren eigenen Grenzern zwei Tage lang festgehalten, was Bertolt Brecht wie folgt ver-dichtete:

„Der Mai, er war am Ende
Und hatte seine letzte Nacht,
Da hat deutsche Jugend
Vor Herrnburg haltgemacht.

Sie kamen vom Friedenstreffen
In ihrer Hauptstadt Berlin,
Zehntausend, und sie wollten
Wieder nach Hause ziehn.

Zu Herrnburg hinterm Schlagbaum
Beginnt der Bonner Staat:
Bluthunde streichen schnuppernd
Um Fallgrub und Stacheldraht.

Die Bonner Polizisten,
Sie halten Kind um Kind,
Sie wollen kontrollieren,
Ob sie nicht verpestet sind ..."

„Erschtenkrutscher“, 1938

An der Thingstätte Schwarzenberg, 1944

Kolonialwarenladen an der Ecke Paulinen-/Eisenbahnstraße, um 1940

In Collm, Januar 1945

Klasse 12a mit „Topp“ (symbolisiert Studienrat Krug), 1949

Mit Klassenlehrer auf dem Weg nach Tiefurt, 1949

Nach dem Abi in Glasten, 1950

Abiturient als Taufpate, 1950

Ein politischer Hintergrund war an unserer Schule schon im Januar vordergründig geworden. Es geschah am 12. Tage dieses kalten Monats. Mein Klassenkamerad und Freund Rudolf Wolf (den ich schon als „Insasse" des KLV-Lager Jöhstadt erwähnte) wurde zu Direktor Liebold gerufen (auf neudeutsch „einbestellt"). Als er wiederkam, war er leichenblaß, packte nur sein Zeug zusammen und verließ das Klassenzimmer, ohne einen Mucks zu sagen. Wie sich dann herausstellte, war er mit sofortiger Wirkung *von der Schule verwiesen worden.* Die Begründung des Rektors lautete: *„Wegen staatsfeindlichen und antisowjetischen Äußerungen".* Was steckte in Wirklichkeit dahinter?

Einen Tag zuvor hatte das Schulvolk anläßlich einer Wilhelm-Pieck-Feier anzutreten und sich in der Aula zu versammeln. Pieck war Mitbegründer der SED, von 1946 bis 1954 gemeinsam mit Otto Grotewohl ihr Vorsitzender und seit Oktober 1949 Präsident der DDR. Der Direx hielt die Festrede. Bevor er auf die Verdienste Piecks einging, *lobpries er vollmundig den heldenhaften Einsatz der Roten Armee beim Sieg über den Faschismus und das tapfere Sowjetvolk unter Führung des weisen Generalissimus. Da murmelte Rudolf, in der dritten Reihe sitzend, halblaut vor sich hin: „Ach, die Guten, wenn wir die nicht hätten!" Die Mädchen ringsherum kicherten, wir Jungs stießen uns in die Rippen.* Am Ende der Feier mußten wir uns von den Sitzen erheben und die Nationalhymne singen. Später wird man nicht mehr singen. Da wird nur noch die an „Good bye, Johnny" erinnernde Melodie erklingen. Da ist die Zweiteilung Deutschlands so weit fortgeschritten, daß die Textstelle Johannes R. Bechers „Laß uns dir zum Guten dienen, Deutschland, einig Vaterland" völlig deplaziert gewesen wäre. Man ließ den Gesang einfach weg.

Aber im Januar 1950 wurde die erste Strophe noch gesungen. So erklang aus aller Munde laut und deutlich: „Auferstanden aus Ruinen und der Zukunft zugewandt ..." Nur der renitente Rudolf, der schabernackende Kobold, gab etwas anderes von sich. Er hatte festgestellt, daß der Anfang von Schillers „Lied von der Glocke" genauso auf die Melodie Hanns Eislers paßte wie der Originaltext. Er sang: „Festgemauert in der Erden steht die Form aus Lehm gebrannt ..." Das fand ein vor ihm sitzender Schüler der elften Klasse gar nicht witzig.

Schon die erste Bemerkung Rudolfs hatte ihm nicht geschmeckt. „Unser FDJ-Sekretär", erinnert sich Manfred 2007, „hatte den Rudolf angeschmiert bei der Schulleitung, weil er einen unanständigen Text auf die DDR-Nationalhymne gesungen hätte. Rudolf erwiderte, das sei kein unanständiger Text, sondern Schillers Ode an die Freude, was ihm, soweit ich mich entsinne, ein donnerndes Gelächter eingebracht hat."

Daß aus dem Lied von der Glocke die Ode an die Freude wurde, gehört ebenso ins Reich der Phantasie wie die Anekdote, daß die Polizei durch den Vordereingang kam, um Rudolf zu verhaften, während der Konrektor ihm die hintere (verschlossene) Tür aufsperrte und ihn zur Hofseite hinausließ. Fakt aber bleibt, daß die „staatsfeindlichen und antisowjetischen Äußerungen" des Rudolf W. aus der 12a nicht nur der Schulleitung, sondern auch dem amtierenden Sekretär der SED-Parteigruppe gemeldet worden war. Was blieb Direktor Liebold übrig, als in die Knie zu gehen und Rudolf rauszuschmeißen? Und was blieb Rudolf selbst übrig, als dem Rausschmiß die überstürzte Flucht in den Westen folgen zu lassen? Denn sein gestrenger Herr Vater hätte ihn bestimmt nicht verteidigt oder gar den Rausschmiß toleriert. Rudolf wuchs also daraufhin bei Verwandten im Breisgau auf, mußte die zwölfte Klasse noch mal durchstehen, holte 1951 sein Abitur in Freiburg nach und mußte ein völlig anderes Leben anfangen, als er es hier hätte führen können (oder auf väterlichen Wunsch hin führen müssen). Unvergeßlich ein Brief, in dem er mir schrieb, unter den Katholiken sei es genauso schlimm wie unter den Kommunisten. „Ich denke manchmal, ich bin in Afrika", ulkte er, „überall Schwarze."

Wie sehr mich Politik und die schwelende Ost-West-Auseinandersetzung schon zur Schulzeit bewegte, kam zum Beispiel in einem Eintrag vom November 1948 zum Ausdruck: *Politisch stinkt es z. Z. nach Krieg, vielleicht und hoffentlich verzieht sich der üble Duft baldigst.*

In einer österlichen Tagebuchbemerkung von 1949 hieß es: ... *ich befand mich in den letzten Tagen in einer Weltuntergangsstimmung. Man munkelte viel von neuem Krieg etc. p.p.; vielleicht war es dieses Gerede, das mich bald zur Verzweiflung brachte.*

Verzweifelter noch klang der Eintrag, den ich Anfang Juli 1950 verfaßt hatte: *Ich war mit meiner Klassenkameradin Ingeborg in dem DEFA-Film „Der Rat der Götter". Er stimmte uns dermaßen deprimierend, daß sich in uns das Wahnsinnsbild eines dritten Weltkrieges erhob (Korea – Kriegsschauplatz zweier Welten) und auch nicht durch das Friedensgeschrei des Ostens zu dämmen ist... Wir können nur im Taumel dahinleben und ab und zu erkennen, daß wir doch nur ein wehrloses Spielzeug in der großen Welt sind.* Mitte September ergänzte ich: *Deutschland immer noch gespalten. In Korea dauert der Krieg an.*

Nebenbei bemerkt sang besagte Ingeborg mit in dem 1948 entstandenen Rundfunkkinderchor des Senders Leipzig. Gründer Hans Sandig leitete ihn bis zu seinem Tode 1989.

Das Direktorat

Anfang Oktober 1947 wurde der bisherige Nachkriegs-Schuldirektor Dr. Gasse an eine andere Schule und dann in den verdienten Ruhestand versetzt. Zeitgleich nahmen wir Abschied von den Gemäuern der alten, aus allen Nähten platzenden Ostwaldschule, die zu DDR-Zeiten in „10. Polytechnische Oberschule" umbenannt wurde.

Die Eröffnungsfeier am 11. Oktober fand da statt, wo die Nikolaischule bis 1958 mit gleichem Status verbleiben sollte, nämlich im Gebäude der ehemaligen 12. Volksschule in der Heinrichstraße. Erdgeschoß und erste Etage bezogen die Grund-, zweite und dritte Etage die Oberschulklassen.

Der Schulchor sang ein Lied mit Ernst Moritz Arndts Refrainzeile „Das ganze Deutschland soll es sein!" Beim Umzug halfen wir Schüler eifrig mit. „Dabei kamen leider auch einige Dinge (Kompasse oder Linsen aus der Physik) oder bestimmte Bücher nicht am Bestimmungsort an", hieß es in einer Broschüre zur Geschichte der Schule. Kompaß- und Linsenklau! Dafür zeigte ich kein Verständnis.

Als ich dann aber mit anderen „Auserlesenen" zum Registrieren und Katalogisieren in der neu eingerichteten Bibliothek eingeteilt wurde, hatte es mir ein Band der Sturm- und-Drang-Dichter angetan. Manfred und ich hatten sie damals geradezu verschlungen. In Lenz´ Komödie „Der Hofmeister" habe ich mich zum Beispiel so hineingekniet, daß ich mir nach einem Gastspiel des Berliner Ensembles die Brechtsche Bearbeitung ausgeliehen und Szene um Szene mit dem Original verglichen habe, um zu erkunden, welche Brecht an andere Stelle gerückt, verändert, weggelassen oder hinzugefügt hatte. Bemerkenswert am Stück ist die schon von Lenz vorgegebene Selbstkastrierung seines Helden, die bei Brecht andeutungsweise naturalistisch in den Raum gestellt wird. Als typischer Brecht-Einwurf und aktuellste Zeitkritik erschien mir der Satz: „Denken könnt ihr, was ihr wollt, aber Geschriebenes wird zensiert." Den Lenz/ Brecht mußte ich zurückgeben, den Sturm-und-Drang-Band sah die Bibliothek nie wieder. Warum auch? Eingestempelt war als Besitzer die „Lehrerbibliothek der II. Realschule Leipzig-Reudnitz"! Und die gab es längst nicht mehr.

Bis zum 10. Schuljahr waren wir eine reine Knabenklasse. Erst im Dezember 1948 wurde *unsere 11a mit der Mädchenabteilung 11c zusammengelegt.* Ab 1959 behält die Schule zwar den alten Namen (bis 1994!), wird aber zur allgemeinbildenden Polytechnischen Oberschule (POS) mit den Klassen 1 bis 10 umstrukturiert. Erst ab 1995 wird es wieder eine „richtige" Nikolaischule geben, und zwar das Gymnasium in der Schönbachstraße unter dem Namen „Neue Nikolaischule".

Zum neuen Direktor nach der Eröffnung 1947 ernannte man den Pädagogen, Schriftsteller und stellvertretenden Stadtverordnetenvorsteher Albert Liebold, Mitglied des

Bezirksvorstandes der Liberaldemokratischen Partei (LDP). So hieß sie damals. Erst später hing man ihr ein zweites D an und nannte sie „Liberaldemokratische Partei Deutschlands“, LDPD.

Von uns Pennälern wurde Liebold wegen seiner Dichterei, seines randlosen Kneifers und aufgrund des welligen weißen Haarkranzes um die Halbglatze „Silberwölkchen“ genannt. Er unterrichtete uns in Geschichte, beschränkte sich aber auf vergangene Jahrhunderte und vermied es, Gegenwartskunde zu erteilen. Ich durfte mit Manfred erleben, wie er in der Funktion des Stadtverordneten dem beliebten Bariton Theodor Horand als Rigoletto nach der Vorstellung zu dessen 25jährigem Bühnenjubiläum auf der Dreilinden-Bühne mit einem Riesenstrauß wunderschöner Blumen gratulierte. Zu solchen Anlässen galten Blumen als Selbstverständlichkeit. Ansonsten zählten sie für „Otto Normalverbraucher“ zur „Bückware“. Ware also, zu der sich der Verkäufer unter den Ladentisch bücken mußte, um sie heimlich für den hervorzuholen, der ihn mit anderer Bückware versorgen konnte.

Ein halbes Jahr nach dem Umzug, Ende Mai 1948, ereignete sich unter Silberwölkchens Direktorat auf unserer Penne ein recht ungewöhnlicher Eklat. Über 13 von den 16 Schülern unserer Klasse wurde das „consilium abeundi“ wegen zweimaliger Gehorsamsverweigerung gegenüber dem Rektor und wegen eigenmächtigen Fernbleibens vom Unterricht verhängt. Es war die höchste Schulstrafe. Sie trat ab sofort in Kraft und sollte bis zum Beginn der Weihnachtsferien Geltung behalten.

Wer sich in dieser Zeit noch etwas zuschulden kommen ließ, mußte mit Rausschmiß rechnen. Und was war der Grund für unsere Renitenz? Wir hielten einen Neulehrer für unfähig und sind nach der großen Hofpause einfach nicht wieder ins Schulgebäude gegangen. Zufällig kam Silberwölkchen des Weges und befahl uns, uns in unser Klassenzimmer zu begeben. Wir begaben uns, aber nur bis zur Toilette. Dummerweise mußte die der Herr Oberstudiendirektor auch aufsuchen, und so erwischte er uns zum zweiten Male beim „Streik“. Ich habe die an Mutter gerichtete Mitteilung über die Verhängung der Strafe eingerahmt und darunter in roten Buchstaben geschrieben: „Keep smiling!“ Sie zierte die Wand überm Schreibtisch.

Nicht sehr lange. Unsere Eltern rückten Silberwölkchen auf die Pelle und protestierten heftig, Fleischermeister Reber sogar mit einem Wurstpaket. Anfang September notierte ich: *Das Consilium abeundi wird auf Anraten des Herrn Direktors wegen guten Betragens der Klasse seit Juni des Jahres mit einstimmigem Zuspruch der Lehrerschaft ab 1. Oktober erlassen. Hurrah für Klasse 11a! „Keep smiling“ samt eingerahmter Benachrichtigung muß dieser Klasse weichen. Darum – weg damit!* Und am Abend *dieses historischen Tages* wurde die vorfristige Beendigung der Strafe in des Fleischerei-Ehepaars Wohnung *von Sohn Lothar, weiteren fünf Jungs, fünf Mädels und unserem Lehrer Henning Böhme bis halb zwei nachts ausgiebig gefeiert. Allerdings hatte das Feiern die Folge, daß es mir am nächsten Mittag übel wurde und ich mich ins Bett legen mußte.*

Daß uns der unfähige Neulehrer als Stein des Anstoßes längst nicht mehr unterrichtete, machte das wieder wett, was wir ausgefressen hatten. Angefügt werden darf, daß der lange in der Neustädter Ludwigstraße wohnhafte Kohlenhändlersohn, der Schriftsteller Hans Reimann, Nikolaischüler gewesen ist, und daß seine „Lausbübereien" und die Negierung einer Übersetzung aus dem Livius für die Schulleitung ausreichend waren, analog unserem Fall das Consilium abeundi auszusprechen.

Liebolds Stellvertreter für den Oberschulteil hieß Alfred Pilny. „Pilny: das war mein Kollege und späterer Vizechef an der Nikolaischule in Leipzig", schreibt mir in der Zeit nach der Wende der eben genannte Henning Böhme aus Radolfzell. Er fährt fort: „Pilny. Das war ein Mensch, der Sympathien weckte bei jedem, der mit ihm sprach. Pilny: ein cleverer junger Mann Mitte Dreißig, stets zu Scherzen und politischen Witzen aufgelegt, umgänglich in den Formen, großzügig in seinen Handlungen, ein Weltmann par excellence in der Dürftigkeit der Nachkriegsjahre. Pilny: eine schillernde Persönlichkeit, die belesen und weltoffen war." Zu weltoffen, möchte ich ergänzen, zumindest für einige führende Genossen seiner Partei, der SED. Pilny stammte aus dem Böhmischen. 1945 wollte er in Prag sein Studium der Germanistik und Geschichte mit dem Examen abschließen, nur die Lateinprüfung war noch abzulegen. Da kam ihm unglücklicherweise der Einzug der Roten Armee und die Schließung der Prager Universität dazwischen.

Pilny übersiedelte nach Sachsen und gab eine (mein-)eidesstattliche Erklärung über das abgeschlossene Studium ab (inklusive Latinum, das Zeugnis sei in den Wirren des Umsturzes verloren gegangen!). Er begann in der Leipziger Nikolaischule als Lehrer und wurde – wie schon erwähnt – alsbald zum Konrektor berufen. Daß ihm seine Falschaussage nicht nur zu dubioser Grenzüberschreitung veranlassen, sondern in letzter Konsequenz gar das Leben kosten würde, hat er selbst am allerwenigsten geahnt.

Ich persönlich konnte mich in keiner Weise über ihn beklagen, im Gegenteil. Während der Zeit, in der ich in der Oper als Statist auf der Bühne stehen durfte, machten sich bei anstehenden Neuinszenierungen Proben erforderlich. Die fanden natürlich meist an den Vormittagen statt. Da stand nun die Frage im Raum, wie ich mich für diese Proben vom Unterricht loseisen konnte. Zugute kamen mir dabei indirekt die obligatorischen Schulfeiern zu allen möglichen Anlässen. Die wurden nämlich immer mit Rezitationen ausgeschmückt, und ich war der Rezitator.

Als „Lohn" bekam ich gute Literatur aus der Reihe „Hafis-Lesebücherei" geschenkt: Grabbes „Dichtungen", Hölderlins „Hyperion" und Jean Pauls „Schulmeisterlein Wuz". Damit nicht genug, hatte ich bei Konrektor Alfred Pilny einen so dicken Stein im Brett, daß er mich für die Opernproben stillschweigend freistellte. Früh nahm ich an den ersten zwei Unterrichtsstunden teil, machte mich dann per Straßenbahn auf den Weg zum Dreilindenhaus, verdünnisierte mich dort gegen zwölf, kehrte in die Penne zurück und saß in der letzten Schulstunde wieder auf meinem Platz, als wäre ich nicht weggewesen.

Nachzutragen im Zusammenhang mit den Schulfeiern wäre die Erwähnung meiner Rezitation am 21. Dezember in der Aula. Anlaß war der Geburtstag des „Großen Führers" Josef Wissarionowitsch Stalin. Die verfügbaren Agitprop-Lobeshymnen gefielen mir alle nicht, wie zum Beispiel die von Erich Weinert:

> „Der Schaffende vertrieb die Parasiten
> Und baute nach weitem Plan die neue Welt,
> Die Stalins Geist und Blick in Ordnung hält."

Mir schwebte etwas ganz anderes vor: die Schein-Hinrichtung Dostojewskis nämlich, die Stefan Zweig einst in einem wunderbaren Poem im freien Rhythmus zu Papier gebracht und in die Sammlung „Sternstunden der Menschheit" aufgenommen hatte – von mir an anderer Stelle schon erwähnt.

Der tolerante Alfred Pilny hatte nichts dagegen einzuwenden. Jährte sich doch diese Hinrichtung zum hundertsten Mal fast auf den Tag genau: Sie war am 22. Dezember 1849 auf dem Petersburger Semenowskplatz inszeniert worden. Intrigenstreich im Zarenreich statt Heldentat im Sowjetstaat? Einige Genossen Lehrer sollen ihrer Verwunderung Ausdruck verliehen haben. Pilny trug es mit Gelassenheit. Ich hatte das Poem fleißig auswendig gelernt, sprach es also vollkommen frei und ohne Souffleur, blieb aber einmal hängen, was mir fast das Herz zum Stillstand gebracht hätte. Geistesgegenwärtig – was ich sonst gar nicht bin – habe ich mit eigenen Worten weitergeredet, bis ich wieder in den Originaltext reinkam. Und keiner hat´s gemerkt.

Der „tolerante Alfred Pilny" steckte uns einmal hinter vorgehaltener Hand, daß zu den prominenten Nikolaitanern der Vergangenheit auch Karl Liebknecht gehöre. Er riet aber, es für uns zu behalten und nicht an die große Glocke zu hängen. Sonst käme womöglich noch einer auf die Idee, unsere Penne in „Karl-Liebknecht-Schule" umzubenennen. Das war gar nicht so abwegig. Krampfhaft wurde das Schularchiv im Frühjahr 1953 durchforstet, aber keinerlei Dokument gefunden, das den Schulbesuch des ermordeten Kommunistenführers hätte belegen können.

Der tolerante Herr Pilny war – wie Henning Böhme sich äußerte –, „der Partei zu intelligent, zu clever, zu undurchsichtig, zu gewandt, – einfach zu westlich ... Man recherchiert gegen Pilny und wird in Prag fündig: Eine Latein-Prüfung hat nie stattgefunden." Es folgte ein Parteiausschlußverfahren. Er durfte wählen zwischen unehrenhafter Entlassung aus dem Schuldienst plus Veröffentlichung seines Vergehens (was einem

Berufsverbot gleichgekommen wäre) und einer Spionagetätigkeit für den Staatssicherheitsdienst im Westen. Er entschied sich für letzteres. 1952/53 besuchte er die Schule der Staatssicherheit in Berlin, die als „Staatsbibliothek" getarnt war. Er ließ sich mit Familie nach drüben schleusen, versuchte zunächst unterzutauchen und sich seiner Stasi-Aufgabe zu entziehen. Man kam ihm auf die Schliche, bedrohte ihn an Leib und Leben. Da meldete er sich bei dem ihm verordneten Kontaktmann Hannsheinz Porst („Photo Porst") und wurde offiziell als Privatlehrer der Porst-Kinder angestellt. Porst selbst war ja ein (über seinen beim Staatssicherheitsdienst als stellvertretender Chef in Ostberlin tätigen Vetter Karl Böhm angeworbener) Stasispitzel. „Fernziel war", so Henning Böhme, „FDP-Vize Erich Mende als potentiellen Bundesinnenminister aufzubauen ... Damit wäre der Draht bis in die Regierung gelegt gewesen." Die Sache platzte – durch einen zu den westlichen Geheimdiensten übergelaufenen Sowjetspion (Eugen Runge alias Willi Kurt Gast), der mehrere Agentenlisten mitbrachte. Auf einer dieser Listen stand eine unter der Regie von Markus Wolf in Budapest gegründete Gruppe, zu der Porst und Pilny zählten.

Pilny wurde im Oktober 1967 als erster gefaßt und „weich geklopft", Porst wegen Landesverrat verhaftet. Pilny kam in U-Haft. Im Mai 1968 traten Böhme und ein zweiter ehemaliger Nikolaischullehrer (Karlheinz Quest) auf Wunsch Pilnys vorm Dritten Strafsenat des Bundesgerichtshofes als Leumundszeugen auf. Sein Anwalt erwirkte Haftverschonung. Das ihm auferlegte Strafmaß galt durch Anrechnung der Untersuchungshaft bereits als abgegolten. Dennoch war er nach siebenmonatiger Einzelhaft ein gebrochener Mann. Eine schwelende Leber-Zirrhose, die nach der Haftentlassung zum Ausbruch kam, führte zum alsbaldigen Tode.

Das Lehrerkollegium

Die Alten

Neben den Neulehrern waren, wie schon gesagt, nur wenige von der „alten Garde" zum Unterrichten verblieben. Einer war Studienrat Schneider, genannt „Schnips". Ein echter Gentleman, der Englisch unterrichtete und jeden Tag eine andere Krawatte trug. Da sich der sagenhafte Haesloop nur kurze Zeit hielt, wurde unsere Klasse von Schnips übernommen. Mich schien er auf dem Kieker zu haben. Zurückgegebene und zensierte Hausarbeiten oder Diktate mußten wir von den „Erziehungsberechtigten" unterschreiben lassen und ihm dann vorzeigen. Einmal unterstellte mir der Schnips, ich hätte Mutters Unterschrift unter die erhaltene Note „vier minus" gefälscht. Nun, ich reagierte nicht so, wie ich in Mühltroff auf die Beschuldigung des Englischlehrers Kieschnick reagiert hatte, nämlich handgreiflich, aber doch fühlte ich mich zutiefst beleidigt. Drei Tage danach schleppte ich Mutter mit in die Schule. Sie mußte dem Studienrat bestätigen, daß ich die Unterschrift nicht gefälscht hatte. Er entschuldigte sich notgedrungen bei ihr. Bei mir natürlich nicht.

Als wir in der 11. Klasse einmal den Anfang der Ansprache des Antonius aus Shakespeares „Julius Cäsar" auswendig lernen sollten, dachte ich: Das ist die Gelegenheit, gleich mehrere Scharten, sprich: schlechte Zensuren, auszuwetzen.

Ich lernte also nicht nur den Anfang („Friends, Romans, countrymen, lend me your ears ..."), sondern gleich den gesamten Monolog auswendig. Darüber hinaus fertigte ich auch noch eine eigene Übersetzung ins Deutsche an, die ich gleich mit vorzutragen beabsichtigte. Beabsichtigte, ja. Denn so sehr ich auch mit dem Finger schnipste, Schnips nahm mich nicht dran. Er rief eins von den „Weibern" auf. Da raffte ich all meinen Mut zusammen, stand frech vom Sitz auf, rief in die Stille hinein: „Oh, please a moment, Sir!" *Ich stapfte Richtung Lehrerpult nach vorn, postierte mich vor die sprachlose Klasse und den perplexen Studienrat und ließ den Monolog samt „translation" vom Stapel – und bekam eine Eins. Sie blieb jedoch die einzige Eins, die mir Schnips je zuerkannte.*

Ein anderes Lehrerunikum war Studienrat Krug, genannt „Topp". Der unterrichtete uns in Mathe, war aber auch ein guter Hobby-Astrologe. An einem Abend, an dem mit klarem Sternenhimmel zu rechnen war, bestellte er uns ans Völkerschlachtdenkmal.

Dort erklärte er uns, welche Sterne wie weit entfernt waren, zu welchem Sternbild sie gehören und wie die entsprechenden Namen der Sternbilder lauten. Welcher Pauker machte das schon in seiner Freizeit, selbst wenn Astronomie ab 1959 zu den Pflichtfächern gehören wird ...

Unser einstiger KLV-Lagerleiter Richard Franz Schmidt durfte uns, obwohl nationalsozialistisch belastet, noch bis 1948 in Musik unterrichten. Auf unseren Wunsch hin setzte er sich zur Bereicherung der Schulstunde ans Klavier und sang Balladen von Carl Loewe – er besaß einen wunderbaren Bariton.

„Mit Richard Franz Schmidt", schreibt mir Mitte der Neunziger die namhafte Altistin Gerda Schriever, „sang ich schon als Studentin meine ersten Oratorien – er war ein sehr lieber Mensch, für mich gar nicht ‚lehrerhaft'." Im Juni 1947 brachte er zu einer Kulturveranstaltung in der Aula ein komplettes Loewe-Programm zu Gehör. Sein Lieblingslied war Theodor Fontanes „Archibald Douglas" in der Loewe-Vertonung.

1948 wurde Schmidt abgelöst. Für ihn trat der wieder eingestellte Studienrat Hermann seinen Dienst an. Er unterrichtete uns außer in Musik auch in Stenografie. Das Kuriose war, daß Hermann schon 1938 in den Ruhestand trat und damals von dem jungen Studienassessor Richard Franz Schmidt abgelöst wurde!

Ein weiterer infolge Lehrermangels aus seinem Rentnerdasein geholter Pauker war der Latein- und Griechischspezialist Professor Hänel. Er hatte immer ein süffisantes Grinsen um seine spitzen Lippen und betitelte jeden Schüler, der in seinem Lateinunterricht negativ auffiel, mit „Cornu explosivum". Das sollte „Knallhorn" heißen.

Nachfolger des liebenswerten Professors wurde ein ebenfalls zu den älteren Jahrgängen zählender einarmiger Studienrat namens John. Mich hatten die anderen mal nach Verabredung, mit einer Hupe bewaffnet, in den Klassenschrank gesperrt. Ich verhielt mich zunächst mucksmäuschenstill. Als dann im Unterricht jemand aus dem Tacitus übersetzte: „Im Schlachtgetümmel blitzten Schwerter, dröhnten Hörner ..." – da fing ich im Schrank an zu hupen und zu randalieren. Die Klasse johlte. Man befreite mich. Herrn Johns einziger Kommentar: „Da haben Sie sich ja was Originelles ausgedacht ..." Keine Strafarbeit, keine Mahnung. Armer Herr John.

Einmal haben wir in der großen Pause das Spielmobil des vierjährigen Hausmeistersöhnleins halbiert. Das Söhnlein lief kreischend davon und verpetzte uns. Danach hatten wir Physik bei Studienrat Henker von der „alten Garde". Der Unterricht begann und Henker fing an, die Wandtafel mit zahlenähnlichen Hieroglyphen zu bepflastern (1 Henk = Maßeinheit für die in einer Stunde verbrauchte Kreide). Da stürmte Hausmeister Nagel ohne anzuklopfen ins Klassenzimmer und brüllte mit hochrotem Kopf: „Wer hat mein gleen Domas sein Underdeil?" Und ohne auf Henkers beruhigende Worte zu hören, stellte er nochmals und nochmals die Frage: „Wo is mein gleen Domas sein Underdeil?" Er hat´s nie rausgekriegt.

Das meiste gelernt haben wir unzweifelhaft bei Dr. Förster („Fö"). *Fö war der erste Mensch,* notierte ich nach dem Abitur, *der uns als Deutschlehrer wirklich bildete, von dem wir profitierten und der uns unendlich viel mit auf den Lebensweg zu geben hatte. Er hat den Leiden seiner Frau und seinem eigenen Leiden durch Gift ein Ende bereitet – er schied in Frieden von dieser Welt.* Das war 1951. Er war immer sehr bleich zum Unterricht erschienen, hatte sich öfter in die Nierengegend gegriffen und sich dabei gekrümmt. Man sah es dem Mann an, daß er unter Schmerzen litt. Uns behandelte er nicht wie unreife Pennäler, sondern eher wie ernstzunehmende Studiosi. Statt eines Lehrbuchs benutzte er engbekritzelte Karteikarten.

Seine Deutschstunden glichen mehr einem Seminar als herkömmlichem Unterricht. Wenn jemand ein Referat über den gerade behandelten Dichter oder Schriftsteller halten mußte, zog er noch einen Zweiten hinzu, der als Co-Referent eine andere Meinung vertreten oder Ergänzungen und Korrekturen vorbringen konnte.

„Lange nach seinem Tode erfuhren wir", schrieb Mitschüler Manfred Andreas aus der Parallelklasse in der „Geschichte der Nikolaischule", „daß er SA-Mann war, aber kein Mitglied der NSDAP." Die Quelle, aus der diese (für mich ziemlich unglaubhafte)

Information stammte, ist nicht angegeben. Tragischerweise setzte im gleichen Jahr 1951 auch unser Silberwölkchen Albert Liebold seinem Leben ein Ende, „aus politischen Gründen", wie Dr. Dr. Andreas kundtat.

Die Neuen

Die Neulehrer waren – abgesehen von den „alten Knackern" der Ersten Stunde – meist Mitte, wenn's hoch kam Ende zwanzig. Sie hatten in der Regel nicht mal einen Hoch- oder Fachschulabschluß. Um diese nachzuholen, nahmen sie an Vorlesungen und Seminaren teil, so daß die für sie vorgesehenen Unterrichtsstunden oft ausfallen mußten.

Wir flachsen wieder Herrn Fabian voll, schrieb ich über so eine arme Kreatur. *Er hat seinen 24. Geburtstag. Zuerst lese ich eine lustige Geschichte vor, dann schenkt Bobby Tzschoppe dem Fabian eine Zigarette und trinkt mit ihm, Feldmann und Patzschke (während des Unterrichts!!!) S c h n a p s ! Dann gibt es als Essen* $^1/_2$ *Liter Milch und einen Pfefferkuchen.*

Zwei andere Neulehrer hießen Lützner und Teicher. Eberhard Teicher, genannt „Mäxe", erteilte Russisch und war unser Betreuer beim Wandertag im Mai von Knautkleeberg zum Stausee und nach Bösdorf. Wir wollten ihn mit einer jungen Lehrerin verkuppeln, die mit der Mädchenklasse einer anderen Schule auch den Stausee umrundete.

Mäxe ließ sich aber nicht davon abbringen, den entgegengesetzten Weg zu gehen. Wir unreifen Halbwüchsigen haben ihm oft sehr zugesetzt und nicht erkannt, wie er mit Feuereifer versuchte, sein Bestes zu geben. Eine Anekdote machte die Runde. Unser Primus mußte ihm nachsprechen: „Wannaja i Ubornaja". Dann kam der nächste dran: „Wannaja i Ubornaja" – und so weiter. Bis einer lauthals bemerkte: „Bei uns is Bad un Scheißhaus een un dasselbe." Zwanzigkehliger Überlacher. Nie wieder nahm Mäxe Wannaja i Ubornaja in den Mund.

Karl-Heinz Lützner („Lü") unterrichtete erst Biologie, dann Physik, und war eine Zeitlang unser Klassenlehrer. Er war verheiratet und erzählte uns stolz, daß er gerade Vater geworden sei. Davon ausgehend kam er gleich zum Thema Geschlechtsakt bei Säugetieren. Ansonsten war er, Sexuelles betreffend, sehr penibel. So bezeichnete er, wie Manfred noch weiß, „Schüler Neumann als ‚Rombenmaler', weil er eine zotige Bemerkung gemacht hatte". Die Aversion gegen alles „Unsittliche" hält bei Lü sich bis ins hohe Alter. Lü führte uns zum Wandertag im Juni *von Liebertwolkwitz aus durchs Oberholz, wo wir Eidechsen, Schmetterlinge, Frösche und Käfer sammelten.* Zum nächsten Wandertag ging er mit uns von Böhlitz-Ehrenberg über Horburg nach Schkeuditz. Er wies darauf hin, daß man junge Löwenzahn- und Brennesselblätter, Schafgarbe, Sauerampfer und Hirtentäschel („Gäsemäbbchn") zum Herrichten eines vitaminreichen

Salates verwenden könne. Am 8. Juni 1948 hielt ich fest: *Heute sagte mir unser Physiklehrer, Herr Lützner, bei einer Transformatoren-Rechnung: „Sie sind 'ne Schlafmütze"!* Im Goethejahr 1949 wird uns Lü zur Klassenfahrt nach Weimar begleiten.

Ein weiterer Neulehrer war Joachim Schönherr. Er hatte mit Cousin Horst Krause 1942 das Abitur gemacht, unterrichtete jedoch – als wir noch getrennte Klassen waren – nicht in unserer, sondern in der Mädchenklasse. Die setzte sich aus Schülerinnen ehemaliger Hauptschulen mit Zehnklassenabschluß zusammen.

Der Pädagoge, der sich am stärksten mit uns Pennälern verbündete und auch außerschulisch Kontakte pflegte, war der, dessen Name bereits mehrmals fiel, nämlich Henning Böhme, Niko-Abiturient 1939. An einem solchen Treffen in der elterlichen Wohnung eines Mitschülers erzählte er uns, wie er kurze Zeit nach dem Krieg auf einer Harz-Erkundungstour von sowjetischen Soldaten festgenommen und geschlagene 48 Stunden eingesperrt worden war. *Sein Vergehen bestand darin, in Grenznähe photographiert zu haben; sein Pech darin, sich erwischen zu lassen. Ein andermal lud er die literarisch Interessierten zu sich in die Kurt-Eisner-Straße ein, wo er uns einen Vortrag über Rainer Maria Rilke hielt und wir dazu Gedichte des Lyrikers rezitierten.*

Dieser Hang zu Kunst und Literatur war um so erstaunlicher, als Henning eigentlich Geograph, Physiker und Mathematiker war. Auch an der von unserer Klasse initiierten „Literarischen Arbeitsgemeinschaft" hatte er regen Anteil genommen: *Zuerst hielt Herr Böhme ein ausgedehntes, ziemlich von Gedanken übervolles Referat über Vorteile und Gefahren eines jungen Schriftstellers. Zum Schluß las Herr Böhme noch etwas über eine Fahrt nach der Westzone vor, das man mit gutem Gewissen einen sehr schönen, ausführlichen und lebendigen Tatsachenbericht nennen kann.*

Messeaufsätze

Der lapidaren Bemerkung vom 23. Oktober 1945 *„Am Nachmittag fahre ich mit Manfred auf die Technische Messe"* lag die Tatsache zugrunde, daß dort seit dem 18. 10. eine „Musterschau Leipziger Erzeugnisse" stattfand, dank Oberbürgermeister Erich Zeigner, der sowjetischen Militärbehörde und dem Messeamt.

Es war ein erster Schritt zur Messestadt-Normalität. Immerhin konnte Leipzig auf eine reiche Tradition verweisen: Galt doch hier zum Beispiel schon 1710 die Ausstellung des ersten Meißner Porzellans als Sensation. Solch edles Gut fand an den 750 Ständen kleiner und mittlerer Firmen in Halle 21A weniger unser Interesse, als vielmehr Kochtöpfe aus umgepreßten Stahlhelmen oder Küchensiebe aus Gasmaskenfiltern, hergestellt nach dem Motto: Not macht erfinderisch!

Ein halbes Jahr später, vom 8. bis 12. Mai 1946, schloß sich der örtlichen Musterschau die erste richtige Leipziger Messe nach dem Kriege an. 170 000 Besucher und 2271 Aussteller seien gekommen, 96 Sonderzüge eingesetzt und 28 000 Betten von „Messemuttis" für „Messeonkels" privat zur Verfügung gestellt worden.

Auch wir beherbergten einen „Messeonkel". Er war ein kleinstädtischer Möchtegern, dessen Name ihm wie die Faust auf's Auge paßte: er hieß nämlich „Schein". Ich vertraute meinem Tagebuch an, daß Oma zu Hause hinstürzte, während Mutter mit Herrn Schein im Zirkus war. *Nach Bruch der rechten Hand und Schenkelhalsknochenschwund hat sich Oma nun auch noch den rechten Oberarm gebrochen.* Sie kam ins Krankenhaus Dösen. Der Bruch wurde gerichtet, die Schmerzen blieben. An Rheuma hatte sie schon vorher gelitten.

Ich schrieb damals, es seien *über 400 Taxen im Einsatz* gewesen, und auf dem Karl-Marx-Platz habe *eine große Veranstaltung des Zirkus Aeros stattgefunden ohne Geld;* gemeint war, ohne daß jemand Eintritt bezahlen mußte.

Der Zirkus Aeros hatte bereits im Dezember 1945 begonnen, zwischen den Ruinen des berühmten, 1882 eröffneten Großvarietés „Krystallpalast" zwischen Wintergarten-, Brandenburger und Hofmeisterstraße unter Leitung von Cliff Aeros in einem provisorischen Holzbau zu spielen. Daraus wird später das „Haus der heiteren Muse", das 1992 abbrennt.

Auf jener Veranstaltung im Mai '46 gab es auch eine Abschlußkundgebung mit 70 000 Leipzigern. Auf einer Riesenleinwand vor der Opernruine stand: „Die Einheit Deutschlands ist die Lebensfrage des deutschen Volkes."

Am 4. März 1947 begann die nächste Frühjahrsmesse. Mit Manfred machte ich einen Messebummel. *Mit der Straßenbahn-Sonderlinie 33 fuhren wir zum Ausstellungsgelände,* wie man die Technische Messe damals auch nannte.

Dann traf Mutters Freundin Trudchen aus Naila bei uns ein. Von ihr bekam ich endlich einen eigenen neuen Anzug! Mit Trudchens Messeausweis besuchte ich die Messehäuser „Specks Hof", „Stenzlers Hof", „Petershof" und das Untergrundmessehaus. Das war, abgesehen von meiner Neugier, auch insofern wichtig, als uns unser Deutschlehrer auftrug, über die Messe zu berichten. Am 12. März schrieb ich den folgenden Hausaufsatz:

Auf der Leipziger Friedensmesse 1947

Das Taxi 1183 läuft soeben auf dem Vorplatz des Hauptbahnhofes ein. Drei, vier Menschen springen darauf zu – nur einer darf mitfahren. Es ist ein großer, junger Mann mit Hornbrille, Baskenmütze und dunkelgrauem Mantel; er trägt einen kleinen Koffer. Hornbrille? Baskenmütze? Das tragen nur manche Menschen: Ausländer, Reporter,

Musiker oder andere „Künstler“. Was ist nun dieser Mann? Die Taxe fährt in südlicher Richtung davon. In einer reichlichen halben Stunde kehrt sie mit demselben Insassen – ohne Koffer – zurück. Sie hält vor dem Ring-Meßhaus, und der Fremde entsteigt ihr. Er schaut auf die Straße, wo zwei Verkehrspolizistinnen mit Mühe den Riesenverkehr zügeln. Man merkt, daß wieder Messe ist. Der Baskenmützenmann geht auf den Eingang des Meßhauses zu, tritt ein, zeigt seinen Ausweis und – verschwindet spurlos unter den vielen Menschen. Auf ihn zu warten, wäre Unsinn, denn eh er sich all die Möbel und Textilwaren angesehen hat, vergeht wohl zu viel Zeit. Keine Sorge, er findet sich schon wieder!

Und richtig, er findet sich wieder auf einer Straßenbahninsel vor dem Hauptbahnhof am zweiten Messetag. Als die Linie 33 kommt, steigt er ein und fährt nach dem Ausstellungsgelände. Dort angelangt besucht er alle acht Messehallen. Was es da nicht alles zu sehen gibt! Landwirtschaftliche Geräte, Druckerei- und Werkzeugmaschinen, Radioapparate, Fahrräder, kosmetische Erzeugnisse, chemische Sachen und vieles mehr. Nach einem Rundgang durch die „Technische Messe“ fährt der Baskenmützenmann mit einem Bus wieder in die Stadt. Im Burgkeller bestellt er sich auf seine Marken ein prima Essen und raucht dann eine Zigarre. Als er Mund, Kehle und Magen gesättigt hat, geht er ins Zeissighaus.

Hat der Mensch Töne! Kaum hat dieser Mann mit Hornbrille gespeist, will er schon wieder etwas zu essen haben! Denn soeben redet er mit einem Händler, der Konserven ausgestellt hat. Aber – er scheint nur etwas bestellt zu haben, zu sich nehmen tut er jedenfalls nichts. Ist ja auch kein Wunder, denn hier gibt es bessere Sachen als Konserven: Bonbons, Puddingpulver, Liköre u. a. Schade, daß man alles nur ansehen darf! Manometer! Herr Baskenmützler hat immer noch nicht genug. Jetzt will er im Petershof Spielwaren und Musikinstrumente sehen! Dann hat er – für diesen Tag – endlich genug.

Dritter Messetag, zehn Uhr. Diesmal steigt der Herr an der Haltestelle Neumarkt von der Linie 6 ab. Rechter Hand ist der „Zentralmessepalast“, links der „Handelshof“ und diesem gegenüber „Specks Hof“. Aha, der Fremde geht in „Specks Hof“! Hat wohl wieder Hunger und denkt, in „Specks Hof“ gibt es Speck? Reingefallen! Der Speck sitzt unter der Schwarte, unter dem Leder – Leder und Lederwaren gibt´s in „Specks Hof“! Schuhe, aber auch Brillen, Lampen und Taschen aller Art sind ausgestellt. Herr Baskenmützler besichtigt alles, fährt mit dem Lift wieder ins Erdgeschoß und will nun in den „Handelshof“, wo Glas- und Porzellanwaren ausgestellt sind. Kinder, Kinder, man muß schon Nerven haben, diesen seltsamen Fremden zu verfolgen! Jetzt überquert er die Grimmaische Straße und stolziert in den „Zentralmessepalast“. Aber – was ist denn das ...? Vor ihm – eine hübsche, junge Dame, Haar blond, Augen blau. Donnerwetter! Doch er läßt sie unbehelligt.

Im ersten Stock schaut er Zeitungen an, die hier ausgestellt sind. Im zweiten interessieren ihn die vielen zur Schau gestellten Bücher. Im dritten sind Porträts, Gemälde und Spruchbilder. Da geht wieder die Blondine aus dem Erdgeschoß! Und – jetzt platzt der Knoten! Der horngebrannte, pardon, der horngebrillte Baskenmützler redet sie an! Sie antwortet ihm und geht weiter, er in einiger Entfernung von ihr auch. Vierte Etage. Hier gibt es Buchbindereiartikel. – Der Fremde kritzelt etwas auf ein Papier. Einige Meter vor ihm – die Blondine. Schreibt er einen Liebesbrief? Malt er sie gar ab?

Die blonde Dame kommt heraus und will zur fünften Etage. Sie liest aber, daß dort nur Briefmarkenhändler Zutritt haben und kehrt wieder um. Es ist zwar ungeniert, aber man kann sie ja mal was fragen. „Hallo, Fräulein! Entschuldigen Sie, aber was wollte denn dieser Herr mit der Baskenmütze von Ihnen?"

„Der?" fragt sie nachdenkend. „Ach, der wollte nur wissen, wo der Inselverlag ausgestellt hat!" Sie steigt die Stufen hinunter – weg ist sie. Jetzt kommt der Fremde. Er zieht seine Handschuhe aus der Manteltasche; dabei entfällt ihm ein Zettel. Es ist der nämliche, auf den er vorhin etwas geschrieben oder gemalt hat. Er tritt in den Fahrstuhl und verschwindet in der Tiefe. Was aber steht auf dem Zettel? Aha, ein Liebesbrief. Der Inhalt lautet: „Die Leipziger Frühjahrsmesse 1947 hat gegenüber dem vergangenen Jahr bedeutende Fortschritte gemacht. Vor allem ist die Textil- und die Maschinenindustrie reichlich vertreten ..." u. s. w., u. s. w. Jetzt sind w i r aber hereingeflogen! Wenn das ein Liebesbrief sein soll!

Das Taxi 578 läuft soeben auf dem Vorplatz des Hauptbahnhofes ein. Ein großer, junger Mann mit Hornbrille, Baskenmütze und dunkelgrauem Mantel entsteigt ihm und geht in den Bahnhof, um mit dem Zug wegzufahren. Hornbrille? Baskenmütze? Der Kenner weiß, daß dieser nur ein Reporter sein kann!

Kaum noch nachvollziehbar, daß eine Straßenbahn durch die Grimmaische Straße fuhr und am Neumarkt eine Haltestelle war. Von Stötteritz kommend fuhren die 6 und die 7 über den Augustus-(Karl-Marx-)Platz geradeaus weiter mitten durch die Stadt und über die Kreuzung Thomaskirchhof / Dittrichring hinweg ein Stück Gottsched-, dann links in die Zentral- und dann wieder rechts in die Elsterstraße zum Waldplatz Richtung Gohlis und umgekehrt. Erst 1951 wurde der Straßenbahnverkehr in der Innenstadt gesperrt, und die Linien 6 und 7 mußten von da an über Bahnhof und Jahnallee zum Waldplatz fahren. Linie 20 kam von Anger-Crottendorf durch Zweinaundorfer Straße und Täubchenweg zum Johannisplatz, und Linie 5 bog vom Johannisplatz links in die Nürnberger Straße, fuhr über den Bayrischen Platz, dann rechts in die Schletter- und Riemannstraße Richtung Schleußig. In manchen Straßen liegen heute noch Schienen, wo längst keine Bahn mehr verkehrt.

Die Numerierung der Linien ging bis zur 28. Die Linien 31, 32, 33 und mit einem Doppel-M gekennzeichnete Wagen wurden zu den Messen als Sonderlinien eingesetzt. Der Fahrpreis betrug 20 Pfennige, Schüler zahlten die Hälfte.

Der Schaffner knipste die Fahrscheine mit einer Zange. Das Wageninnere stellte gewissermaßen einen geschlossenen Raum dar, der durch Türen von Vorder- und Hinterperron getrennt war. Die Türen wurden bei Bedarf an jeder Haltestelle für Aussteigende geöffnet. Die neu Hinzugestiegenen, die nicht im Perron verblieben, sondern sich zum Sitzen ins Innere begeben hatten, mußten dem Schaffner das Fahrgeld durch eine Metallklappe in der Mitte der jetzt wieder geschlossenen Tür reichen. Dann fragte der Schaffner: „Noch jemand ohne Fahrschein? Alles versehen?" Und dann rief er die nächste Haltestelle aus. Und Reklame wurde gemacht! An einem Triebwagen der Linie 2, die von Sellerhausen nach Plagwitz fuhr, stand oben über den Wagenfenstern des Triebwagens „Döhler Pudding" und drunter „Sozialistische Einheitspartei gegen Volksfeinde und Militaristen".

Einen moderneren Typ des Transportmittels stellten die stromlinienförmigen sogenannten „Niederflurwagen" dar. Sie hatten nur einen Perron in der Mitte des Triebwagens oder Anhängers, von dem aus man in die rechts und links befindlichen Sitzabteile treten konnte.

Als „Garage" für die Bahnen dienten die Straßenbahnhöfe in den einzelnen Stadtteilen. Der größte mit Verwaltungsgebäude und Werkstätten war der an der Angerbrücke.

Auch im Jahre 1948 lud Leipzig wieder zur Messe ein – das heißt, ab jetzt sogar wieder nach alter Tradition zu zweien: zur Frühjahrsmesse im März und zur Herbstmesse im September. Diesmal mußte eine andere Klasse, die 10a, einen Hausaufsatz zum Thema Messe schreiben.

Ein Schüler aus dieser Klasse war Bodo K., damals 16 Jahre alt. Es scheint mir ein sehr wichtiges Dokument zu sein. Deshalb sei mir gestattet, das, was Bodo K. geschrieben hat, leicht gekürzt, aber wörtlich, hier wiederzugeben:

Ein neues Zeitalter wird besichtigt?

Betreten wir den sowjetischen Pavillon (auf der Messe), so erschlägt uns, bildlich gesprochen, ein Kolossalstandbild Stalins aus rotem Stein (Noli me tangere!). Dieses Monument zeigt eine wesentliche Seite der Schau: man ist sehr auf Effekt bedacht. Ein Meer von Maschinen erfüllt den Raum. Wirklich imponierend und, meiner Meinung nach, im Hinblick auf die Wirtschaft des Landes am wertvollsten sind die landwirtschaftlichen Maschinen (Mähdrescher Kombine 4,0).

Der Stand der Personenwagen zieht ebenfalls viele Besucher an. Man glaubt sich nach Florida versetzt, so vollendet sind diese Autos in ihrer amerikanischen Form („Pobjeda", SIM und SIS 110). Aber der kleinste sowjetische Wagen, der „Moskwitsch" (seiner

Einfachheit wegen nicht einmal ausgestellt), kostete (vor der letzten Preissenkung!!) 9 000 Rubel.

Ein guter Stachanowarbeiter verdient durchschnittlich 3 000 Rubel im Monat. Und da ja der große SIS 110 kaum mehr kosten wird und zumindest jeder 1,5te Russe ein guter oder bester Stachanowarbeiter ist, steht es jedem Bürger der USSR frei, sich einen Wagen zu kaufen, wenn er nur will.

Die ausgestellten Bohrtürme finden nur theoretisches Interesse. Was nützt die Möglichkeit, 3 200 Meter in die Erde zu dringen, wenn es bisher nur gelang, knapp die 2 000-Meter-Grenze zu erreichen. Peinlich wird die Sache erst dann, wenn an dem russischen 50-Tonnenkran die Firmenbezeichnung „Unruh und Liebig" steht. Ich habe den Eindruck, diese Ausstellung verfolgt vorwiegend Propagandazwecke.

Ein enthusiastischer Volkskorrespondent schrieb in der „Volkszeitung", Betriebe und Schulen müssten geschlossen die Ausstellung besuchen. In Wirklichkeit ist diese Leistungsschau nichts weiter als ein Abbild der industriellen Entwicklung der UdSSR, die mit einigen naturgemäßen Schwächen behaftet ist. Unsere eigene technische Aufbauarbeit wird hintangesetzt.

Darin offenbart sich unsere ganze heutige Situation. Ich finde es einfach lächerlich, wenn Zeitungen, Rundfunk etc. in Tönen höchsten Entzückens von einem Magnettonband sprechen, das bei uns so alltäglich geworden ist, daß jeder sich eins kaufen kann. Man bekommt unwillkürlich das Gefühl, es solle das Wort propagiert werden: ex Russia lux.

Die „Junge Welt" bringt einige Behauptungen, die etwas merkwürdig anmuten, z. B.: „Ein neues Zeitalter ist zu besichtigen". Warum können wir uns nicht von dieser beinahe pathologischen Voreingenommenheit für die UdSSR befreien?

Wäre der Pavillon amerikanisch, was dann? Würde dann noch „ein neues Zeitalter ... zu besichtigen" sein? Wohl kaum. Ein „neues Zeitalter" bedeutet doch wohl etwas mehr als drei nachgebildete Autos. Das Fließband kennt Ford seit den zwanziger Jahren, vor einigen Jahren wurde es in der UdSSR eingeführt. Der größte Zyklotron befindet sich in Amerika, die größte Sternwarte steht auf dem Mount Palomar. Es ist deshalb etwas verwegen, die SU als das Land der Technik par excellence hinzustellen.

Welten liegen zwischen meiner harmlosen Messe-Plauderei von 1947 und diesem Pamphlet! Silberwölkchen sei mitten in den Unterricht geplatzt und habe den aufmüpfigen Schüler aufgefordert, sofort seinen Ranzen zu packen; er sei vom nämlichen Tage an von der Schule verwiesen.

So jedenfalls wurde mir von der Person berichtet, der Bodo K. heimlich eine Abschrift des Aufsatzes in die Hand gedrückt hatte. Die Betreffende, eine Klassenkameradin von K., fand die Abschrift nach Jahren beim Entrümpeln und ließ sie mir zukommen. Sie hat mich gebeten, anonym zu bleiben, was ich selbstredend respektiere.

Bodo K. hat natürlich „das Weite gesucht“, wie es so schön heißt. In Richtung Westen. Ein weiterer Fall von illegalem Grenzübertritt – wie im Falle Rudolf Wolf und Alfred Pilny – ohne Rückkehr. Niemand hat mehr etwas von ihm gehört.

Der damalige „Stein des Anstoßes“ hatte den Klassenlehrer von Bodo dazu bewogen, Direktor Liebold ins Vertrauen zu ziehen, „weil der Lehrer sich selbst und seine Familie nicht in Gefahr bringen wollte“. Außerdem sei er kinderlähmungsfolgegeschädigt, Gegner des Regimes und in der christlichen Kirche offen organisiert gewesen, teilte die Übermittlerin des Aufsatzes mit.

Ein Beispiel, wie Bodo hätte schreiben müssen, um nicht relegiert zu werden, wird ein Mann unter dem Kürzel A. Rt. veröffentlichen: „Nachmittags hatten wir die Technische Messe in Leipzig besucht und waren tief beeindruckt zurückgekommen. Die Sowjet-Ausstellung, der Pavillon der Volksdemokratien und nicht zuletzt die Hallen unserer Deutschen Demokratischen Republik – man mußte schon ein geschworener Feind des Friedensaufbaues sein, um angesichts der hier zum Ausdruck kommenden Entwicklung zum besseren, froheren Leben in Frieden und Wohlstand nicht beglückt darüber zu sein, daß man selbst an diesem Aufbau mitarbeiten kann.“ (Veröffentlicht im „Neuen Deutschland“ vom 15. März 1950)

Bühnenreif

Schon 1946 wurde das kulturelle Leben an verschiedenen Leipziger Schulen wiederbelebt. So bekamen wir einmal schulfrei, um uns in Lindenau eine Schüleraufführung ansehen zu können. Schüler der Helmholtzschule und Schülerinnen der Max-Klinger-Schule spielten Gerhart Hauptmanns Märchendrama „Die versunkene Glocke“. Als Glokkengießer Heinrich sahen wir den Theaterwissenschaftler in spe Rolf Rohmer.

In der Humboldtschule erlebten wir am Reformationstag 1947 die Aufführung von Emil Rosenows sächsischem Volksstück „Kater Lampe“. Ob Rosenow von Till Ulenspiegels Streich animiert wurde, in dem Till einem Leipziger Kürschner eine in Hasenfell eingenähte Katze verkaufte, wer weiß. Möglich auch, daß sich der Verfasser von einem Goethegedicht hat inspirieren lassen, in dem ein Koch zum Jäger wurde, statt eines Hasen einen Kater schoß und zu Pastete verarbeitete. Der Schwindel kam heraus:

„Doch manche Gäste das verdroß,
Gewisse feine Nasen:

Die Katze, die der Jäger schoß,
Macht nie der Koch zum Hasen."

Was mir aus „Kater Lampe" unvergeßlich blieb, war: Jedesmal, wenn die Frau des Hauses ihren Mann aufforderte, sich endlich einer Körperreinigung zu unterziehen (und das geschah bei jeder passenden Gelegenheit), da rief er von draußen: „Isch wasch misch nachhor!" Das Stück wurde übrigens 1938 auch von einer Nikolaischultruppe unter Regie eines Studienrates Früstück im damals noch erhaltenen Krystallpalast aufgeführt. Der Erlös kam dem ehemaligen Landschulheim in Jöhstadt zugute.

Im November 1947 waren wir Gäste der Leibnizschule bei ihrer Premiere von Gogols Komödie „Der Revisor". Im Juni 1948 wagten sie sich an „Kabale und Liebe", und im Oktober des gleichen Jahres brachten sie die Komödie „Ingeborg" von Curt Goetz. Beide Male wurde von mir angemerkt, daß sie mit wenigen Leibnizianern, aber dafür mit um so mehr Gästen brillierten.

Über eine Aufführung von Schillers aus dem Französischen übersetzten Lustspiel „Der Neffe als Onkel", mit der sich im Herbst 1948 die Richard-Wagner-Schule (RiWa) ins Zeug legte, notierte ich ordentlich überheblich und gnadenlos: *Es wäre doch wirklich besser, den Neffen Neffen und den Onkel Onkel bleiben zu lassen, und sie nicht durch angehende junge Damen zu ersetzen.*

Schüler der oberen Klassen unserer eigenen Schule und Mädchen der Gaudigschule wollten den Helmholtzianern nicht nachstehen. Sie taten sich zusammen, um Franz Grillparzers „Der Traum ein Leben" aufzuführen (nicht zu verwechseln mit Calderons „Das Leben ein Traum"!). Es wurden auch einige Komparsen gebraucht.

Als man mich und meinen Schulfreund Gottfried Schmidt fragte, ob wir Lust hätten, eine stumme Rolle zu übernehmen, waren wir sofort Feuer und Flamme. Im November 1946 gab es dann drei Aufführungen in den „Reichshallen", einem Veranstaltungshaus des Leipziger Ostens in der Elisabethstraße. Ein zweites, das „Kulturhaus der Eisenbahner", vis-à-vis der Lutherkirche, wurde im November 1950 eingeweiht.

Bei einer Aufführung stürzte ich (als Soldat verkleidet und mit einer Lanze bewaffnet) dermaßen ungeschickt auf die Bühne, daß ich eine Kulisse und mich selbst zu Fall brachte. Dieses Malheur machte natürlich die Runde. Ich erzählte es auch des vermißten Herbert hilfreicher Grete, die ich mit Mutter und Karla in ihrer Gohliser Wohnung besuchte. Diesmal war sie nicht so hilfreich, denn sie hatte von ihrem schon einmal erwähnten Mitbewohner, dem Schlesier Schickor, *einen Sohn Wolfgang bekommen, von dem sie einen Tag zuvor entbunden hatte.* Ich machte mir Gedanken, was ihr Mann, Mutters jüngerer Bruder Herbert (der mit dem Konfirmandenanzug!), wenn er noch lebte, dazu sagen würde. Wenn der plötzlich quicklebendig auftauchen würde! Das wäre doch die Vorlage für ein Bühnenstück, dachte ich vor mich hin. Aber erst einmal versuchte ich es mit einer Prosafassung, überschrieben: „Der Verschollene".

Mitte September 1947 fand die erste Zusammenkunft einer neuen Schultheatergruppe statt. Was mit Grillparzers „Der Traum ein Leben" begonnen wurde, sollte nun mit Molieres Lustspiel „Der Geizige" fortgesetzt werden. Von den Mitwirkenden der Grillparzer-Inszenierung hatten sich zur Verfügung gestellt: Carla Valerius, Ernst-Günter Bormann (EGeBo) und Rolf Heller. Ich sollte den Koch und Kutscher Jacques spielen. Unerwartet fiel der für die Rolle des Geizhalses Harpagon vorgesehene Darsteller aus. Schon wurden Stimmen laut, die meinten, es sei wohl am besten, das Projekt aufzugeben. Ich fragte vorsichtig, ob ich nicht den Harpagon spielen könne. Rolf Heller feixte nur. EGeBo äußerte sich skeptisch. „Aber probieren können wir´s ja mal", sagte Carla Valerius.

Bereits am Bußtag lernte ich den Text des ersten Aktes. Ich sprach vor und wurde akzeptiert – einstimmig. Kurz vorm Jahreswechsel machten wir in der Penne eine Lesung mit Szenen aus „Nathan der Weise". Ich sah im Nathan das positive Beispiel des Juden und verglich ihn mit Shakespeares Shylock im „Kaufmann von Venedig", dem negativen Beispiel.

Mit Beginn des neuen Jahres 1948 geriet das Vorhaben, den „Geizigen" aufzuführen, noch einmal ins Wanken: *Lothar Zieger ist tot. Er wurde am 1. Feiertag mit Blinddarmvereiterung eingeliefert; am Abend des 30. Dezember verstarb er.* „Lothar war 15 Jahre alt", hieß es in einem Nachruf. „Er zählte vom ersten Tage seit Bestehen des Leipziger Kinderfunks als dessen treuester Mitarbeiter. Auch in der Sportgruppe Volksmarsdorf kannte man ihn. Neben diesen Beschäftigungen wirkte er auch in einem christlichen Jugendkreis. Dazu kam seine Tätigkeit bei der Theatergruppe ..." Manfred schrieb ein Gedicht auf den Tod dieses begabten jungen Mannes.

Es ging auf Mitte Januar zu. Unsere Theatergruppe probte nun doch Molieres „Geizigen" weiter, gewissermaßen gezwungen. Die Premiere im Richard-Wagner-Saal neben der Kongreßhalle war nämlich schon vertraglich mit der Konzertdirektion Scholl gebunden. *Die Rolle, die der Verstorbene spielen sollte, wurde umbesetzt. Ich lerne bereits den letzten Akt und kann nur sagen: ich freue mich trotz alledem. Ja – Theater, Theater: ich fühle mich mit ihm stets näher verbunden.*

Eines schönen späten Abends – ich kam gerade von irgendwoher – hatte ich die letzte Straßenbahn verpaßt. Der „Lumpensammler" fuhr ja schon um zehn. Erst ab Oktober 1952 wurde der Grundfahrplan bis auf um elf, also 23 Uhr, ausgedehnt. Ich hatte mich also notgedrungen zum Laufen entschlossen. Da sah ich in der menschenleeren Eisenbahnstraße (von August 1945 bis zur Wende Ernst-Thälmann-Straße), wie vor mir in einiger Entfernung jemand lief, der wild mit den Armen um sich schlug, mal fast stehenblieb, um dann mit einem Hopser weiterzulaufen. Mir wurde angst und bange. Das konnte nur ein Verrückter oder ein Besoffener sein. Ich wich auf die andere Straßenseite aus, legte einen Schritt zu und wollte den Kerl überholen. Als ich fast auf gleicher Höhe mit ihm war, wagte ich, einen Blick dorthin zu werfen, wo der Unheimliche sich bewegte. Immer noch gestikulierte er wie närrisch. Beim zweiten Hinsehen stutzte ich: Nanu, den kennste doch! Ich fing laut an zu lachen und ging getrost wieder auf die andere Seite. Rolf Heller war nicht minder überrascht, mir zu begegnen. Er war in Gedanken den Text seiner Rolle als Harpagons Sohn Cleanthe durchgegangen und hatte dazu die entsprechenden Bewegungen gemacht.

Am 7. Februar war es dann soweit: Wir führten Molieres „Geizigen" auf, einmal nachmittags und einmal abends. *Ich kann mit Recht sagen, daß die beiden Aufführungen tadellos waren; das Publikum wollte gar nicht glauben, daß es Schüler waren, die auf der Bühne standen. Und ich, der ich den Geizhals selber verkörperte – ich hatte geglaubt, ein Riesenlampenfieber zu haben – aber dem war gar nicht so. Nur vor meinem allerersten Auftritt spürte ich so etwas ähnliches. Daß ich den ganzen Abend in freudiger Stimmung war, brauche ich wohl nicht erst zu erwähnen. Nach Mitternacht schlief ich recht gut – nicht wie sonst im weichen Federbett, sondern – auf Lorbeeren!*

Rolf Heller war wie gesagt im Stück mein Sohn Cleanthe, eine Schülerin der Mädchenklasse meine Tochter Elise, Manfred deren Liebhaber Valere; EGeBo stellte Valeres Vater Anselme dar und Carla Valerius „a. G." (= „als Gast" – so stand´s auf dem Programmzettel!) die „Gelegenheitsmacherin" Frosine. Ein Schüler aus der neunten Klasse mußte zwei kleinere Rollen bestreiten: den Makler Simon und einen Polizeikommissar.

Am nächsten Tage sprach – statt, wie ich befürchtete, mich abzufragen – Steno- und Musiklehrer Hermann *von unserer Aufführung und lobt und staunt und preist und lobt! Auch die anderen Lehrer haben mir im übrigen schon gratuliert.*

Im letzten Quartal des Jahres 1948 erwartete mich außerhalb des Unterrichts Vollbeschäftigung: Unsere Theatergruppe begann gerade, ein neues Vorhaben in die Praxis umzusetzen. Wir hatten es auf Lessing abgesehen. Ich sollte wieder die Hauptrolle übernehmen, den „Jungen Gelehrten" Damis spielen: Ernst-Günter Bormann sollte Damis´ Vater mimen, Rolf Heller Damis´ Diener Anton.

Des Dichters Erstlingswerk wurde 1747 durch Caroline Neuber („die Neuberin") in Leipzig uraufgeführt. Lessing schrieb vor, daß dieser Streber altgriechisch können und altgriechische Originalzitate von sich geben mußte. Ohne die Hilfe unseres Professors Hänel, dem Cornu explosivum, hätte ich das nie geschafft!

Dem Lustspiel vorangestellt werden sollte der Einakter „Die Juden". In beiden Stücken kam eine „Lisette" vor – die ideale Rolle für Carla Valerius. Eine weitere Mitspielerin war *ein seltsames Mädchen, fast schon schrullige Künstlerin, aber liebreich und mit bezaubernden blauen Augen.* Sie trat unter dem Namen Agnes Dostal auf, hieß aber Ruth Bauer. Sie wollte nicht, daß sie jemand mit ihrem Vater in Verbindung bringt. Der habe gerade die Stelle eines Redakteurs bei einer Leipziger Zeitung angenommen. Anfang der zwanziger Jahre sei er als Nachfolger Hans Reimanns Herausgeber der satirisch-humoristischen Zeitschrift „Der Drache" gewesen – Hans Bauer. Ich werde Ruth noch einmal in Halle begegnen, wo man sie am Theater der Jungen Garde engagierte, als ich gerade von dort wegging. Dann hörte ich nie wieder etwas von ihr.

Den Bediensteten Christoph in den „Juden" spielte Gottfried Schmidt, mit dem ich schon wie erwähnt im „Traum ein Leben" als Statist die Bühne betrat. Wir hatten die Schulbank von der ersten Klasse der Volksschule an (also seit 1938!) gemeinsam gedrückt. Seine Eltern wohnten auch „gleich um die Ecke", Ecke Eisenbahn-/Annenstraße. Unten drin, im Erdgeschoß, befand sich ein Milchladen. Die einarmige „Tante Martha" schenkte noch die Milch aus großen Blechkannen in die von den Kunden mitgebrachten kleineren. Unvermeidlich war, daß sie danach jedesmal die Schöpfkelle aus der Hand legen mußte, um die Milchmarken von der Lebensmittelkarte abzuschneiden und das Geld einzukassieren.

Während also Gottfried den Bediensteten eines Reisenden (EGeBo) gab, schlüpfte Hans-Dieter Jung, genannt „Beppo", in die für den Einakter wesentliche Rolle des Barons.

„Nach dem Abitur rückte er von daheim aus", wird drei Jahre später in der LVZ stehen, „um im Adenauer-Staat sein Glück zu machen, weil ihm der Lügensender RIAS goldene Berge verhieß." Als Beppo dann eines Tages reumütig heimkehrte, wehklagte er: „Von den westdeutschen Großbauern wurden wir wie Vieh ausgesucht. Wie Ochsen wurden wir feilgeboten ... und schließlich ‚gekauft'." Einen Platz an einer der Hochschulen fand er nicht, da diese „von Kindern westeuropäischer Großkapitalisten belegt" seien und „Kinder von westdeutschen Unternehmern, Großgrundbesitzern und ehemaligen faschistischen Offizieren" sich in den Rest teilten. „Bei uns aber entscheiden Begabung und Fleiß", entschied Beppo per Volkszeitung und wollte sich „durch ehrliche Arbeit ein Anrecht auf ein Studium erwerben."

Ob er sich das Anrecht erwarb, weiß ich nicht, nur daß er ein zweites Mal auf den Lügensender reinfiel und die Fronten wechselte. Er wird in Krefeld ansässig. Bei uns gab er jedenfalls einen über jeden Zweifel erhabenen Baron ab. Die Proben waren schon voll im Gange. Die Premiere fand am Montag vor Ostern 1949 statt; es folgten noch zwei weitere Aufführungen.

Es war November, als ich Text aus Lessings „Jungem Gelehrten" auswendig lernte. Danach saß ich noch am Schreibtisch und schrieb für einen bevorstehenden Schulball eine Art Sketch. Er wäre längst vergessen und unauffindbar, hätte Lü, der damalige Mentor, ihn mit anderen Texten nicht fein säuberlich über Jahrzehnte hinweg aufbewahrt. Er händigt sie mir kurz nach der Wende vertrauensvoll aus. Seinerzeit mußten sie ja beim Rat der Stadt eingereicht und begutachtet werden. Da stand denn auf buchstäblich jeder Seite gestempelt: „Volksbildungsamt / Abt. Kunst u. Kunstpflege", Datum und dann fett: „Genehmigt". Na bitte, von wegen Zensur. Zensur gab es nicht. Nur Zensoren. Pardon, Zensuren.

Am 29. November war es soweit. Der Ball wurde als „Bunter Nachmittag" angekündigt, obwohl er eigentlich so richtig erst abends losging. Er fand – wie schon der „Geizige" – im Richard-Wagner-Saal statt. Es wurden 241 Karten à 3,50 DM verkauft, die Kapelle kostete 350,– DM, die Saalmiete 176,80 DM.

Dieser Ball gehört unbedingt mit zu den Erlebnissen, die unvergessen bleiben. Erstens war es mein erster Tanzabend – und ich tanzte auch! Und Walzer sogar! Zweitens gab ich für den ganzen Abend 20 Pfg. aus und verdiente noch 3 Mark, indem ich zwischen 1/2 7 und 1/2 8 Uhr zu „Troubadour" als Statist in der Oper war! Drittens schenkte man mir Schnaps, Bier, Zigaretten, belegtes Brot, Wurst ohne Brot, Fontans u. ä. (Ich meinte natürlich Fondants.) *Viertens erregte unsere Klasse wieder durch gemeinsame Sache Aufsehen. Fünftens erhielt ich mit anderen zusammen wieder einmal Beifall durch Bühnendarbietungen. Wir zogen nämlich mittels imitierten Interviews und Radiosendungen unsere Lehrer durch den Kakao.*

Man könnte dieses „Durch-den-Kakao-Ziehen" auch als Schülerkabarett bezeichnen. Den Auftakt „bis zum Beginn des Nachrichtendienstes mit Wetterbericht und Kommentar zum Tage" machte ein Potpourri damals bekannter Schlager wie dem mit dem Refrain „... das gibt es nur in Texas", woraus „... das gibt es nur im Schulhof" wurde. Es folgte „Lateinisch im Funk", „Aus dem Zeitgeschehen" und eine „Bücherschau". Daraus ein stark gekürztes Stückchen Dialog:

Reporter: Nun zu dem in Ihrem Verlag erschienenen Werk. Worum handelt es sich hierbei?

Verleger: Das Werk nennt sich „Taschenbuch zum besseren Verständnis und zur Erlernung pennelistischer Ausdrücke und Umgangsformen". Dieser kurze, prägnante Titel sagt eigentlich schon alles. Es ist eine Art Wörterbuch, in dem alle pennelistischen Ausdrücke alphabetisch aufgestellt und erläutert sind.

Reporter: Vielleicht können Sie uns einen kleinen Einblick in das Werk gewähren?

Verleger: Recht gern. Da lese ich zum Beispiel unter A: ‚Abitur' – Versuch, etwas herauszukriegen, was gar nicht drin ist. ‚Algebra' – besondere Einrichtung, um aus vernünftigen jungen Menschen Idioten zu machen.

Oder hier unter C: ‚Chemie' – Ausdruck aus dem Arabischen, bedeutet soviel wie schwarz; eine Wissenschaft, die mittels einzigartiger Formeln aus Schnaps Käse machen kann.

Unter F finde ich ‚Fremdsprachen' – Sprachen, die jedem Schüler fremd sind.

Unter G: ‚Grammatik' – Lehre, so zu sprechen, wie keiner spricht.

Hier, unter L: ‚Lehrer' – Steigerung von ‚leer'.

Reporter: Lehr? Achso, ‚leer' mit Doppel-e, sehr hübsch!

Verleger: Unter M: ‚Mathematik' – Ersatz für Schlaftabletten. ‚Neulehrer' – verspäteter Konfirmand. Und dann hier unter P: ‚Pädagoge' – besonders begabter Dompteur, Raubtierbändiger. Bei S-c-h hätten wir ‚Schularbeiten' – Arbeiten, die in der Schule erledigt werden. ‚Schulhof' – Eheanbahnungsinstitut. Und schließlich ‚spicken' – sein Wissen vermehren."

In den neunziger Jahren äußert der inzwischen verstorbene einstige Mentor Lützner, die Aufführung dieses Programms sei „die eigentliche Geburtsstunde der Leipziger Pfeffermühle" gewesen. Höhepunkt einer Neuauflage des Schülerkabaretts im Juni 1949 zu einem Sommerfest in der Tanzgaststätte schräg gegenüber dem Straßenbahnhof Probstheida wird eine „Reportage vom Fußball-Klassenspiel Kollegium gegen Discipuli" sein: „Und da, liebe Sportfreunde, da kommen sie, die wackeren Kollegialen von NIKO, aus dem mittleren ersten Stockeingang, das Publikum begrüßt sie stürmisch und die Sonne lacht ihnen munter zu, und da, liebe Sportfreunde, neuer Jubel, neue Beifallsrufe: Am unteren Eingang erscheinen jetzt auch die wackeren Discipuli der Heinrichstraße in schwarz-blauem Dreß mit ihrem bewährten Torwart Bormann von der alten Herrenklasse an der Spitze, und dort geht der Schiedsrichter Liebold, gleich den historisch harmonierendsten Worten wippt sein gütiger weißer Haarschopf, und der blaue Himmel liegt oben still und sie Sonne scheint und das Publikum jubelt ..."

Ein dritter Anlauf Anfang Juli 1950 wird vom „Schiedsrichter Liebold" zum Scheitern verurteilt: Er verbietet nicht nur die Kabarettdarbietung, sondern sagt auch gleich den ganzen Mulusball in den Zoosälen ab. Die Abiturienten chartern intern das „Casino Mühle" in Eutritzsch und bringen die „Reportage vom Jahrmarktsfest St. Nikolai in sieben Bildern" als Lesung mit verteilten Rollen.

Nochmal zurück zum „Bunten Nachmittag" Ende November 1948. War auch die Formulierung „Geburtsstunde der Pfeffermühle" ein bissel weit hergeholt, so kann man die Veranstaltung in anderer Hinsicht wirklich als Geburtsstunde bezeichnen. Es wurde nämlich der Gedanke geboren, Goethes 200. Geburtstag unserer Schule gemäß zu würdigen. Und das brauchte seine Zeit zur gründlichen Vorbereitung!

So regten wir, Manfred und ich, bei Konrektor Pilny eine Gedenkveranstaltung an. Pilny nahm die Anregung auf und leitete erste Schritte ein: Terminfestlegung 15. Juli, Anmietung des Richard-Wagner-Saales.

Die Schultheatergruppe sollte nach unseren Vorstellungen Goethes Einakter „Die Geschwister" zu dieser Feier aufführen. Gedacht, gesagt, geprobt. Den Kaufmann Wilhelm (zur Uraufführung 1776 in Weimar von Goethe selbst gespielt!) übernahm EGeBo. Seine Schwester Marianne, die gar nicht seine Schwester war, spielte Carla Valerius – soviel stand fest. Nun wollte ich mich eigentlich gern in der Rolle des mit Marianne und Wilhelm befreundeten Fabrice profilieren. Aber die anderen sagten, das wäre wohl doch nichts für mich. Ich sei ganz und gar nicht der Typ des jugendlichen Liebhabers! Dem Manfred liege das mehr. Leise weinend fügte ich mich und gab mich mit der Rolle des Souffleurs zufrieden. Als Ausgleich durfte ich an anderer Stelle den „Prometheus" und „Edel sei der Mensch" rezitieren. Da Carla mit dem Schauspieler Fred-Artur Geppert befreundet war, konnten wir den zur Unterstützung für Manfred gewinnen, der sich auch als Regisseur versuchte. Die stumme Rolle des Kindes wurde meiner Schwester übertragen. Die paar Minuten, die sie dann auf der Bühne war, hat sie, pausenlos grinsend, ins Publikum geglotzt. Die Festrede unter dem Motto „Wie sehen wir Goethe?" hielt unser verehrter Deutschlehrer Dr. Alfred Förster und bekam dafür lang anhaltenden Applaus. Die musikalischen Einlagen übernahmen ein Flötist, ein Pianist und der später als Musikdirektor führender DDR-Orchester bekannt gewordene Günter Joseck. Er spielte die Violine im Finalsatz einer Sonate von Franz Schubert.

Kaum war dieser Abend (also die Goethe-Ehrung) abgetan, erwartete mich neue Arbeit: ich studierte mit Hilfe Günter Bormanns den Jungen Pionieren das Hans-Sachs-Spiel vom „Kälberbrüten" ein, das mit Riesenerfolg am Elternabend zur Aufführung gelangte. Auch sang die achte Mädchenklasse als Uraufführung „Wir singen euch allen ein neues Lied".

Als Komponisten hatte ich den eben schon genannten Günter Joseck gewonnen, der jetzt den Chor am Flügel begleitete. Zum „Tag der FDJ-Gruppenleitungen" Ende Juni stellte ich zusammen mit dem Schulchor ein ähnliches Lied vor:

Mahnruf an die Jugend.
„Jugend, deinen starken Schultern
ist die Zukunft anvertraut.
Was die Alten nicht erbauten,
das hast du nun aufgebaut.
Schlagt der Freiheit eine Gasse,
helft dem teuren Vaterland!
Sagt den Kampf an allem Hasse –
Für die Zukunft Hand in Hand."

Etwa zur gleichen Zeit schrieb Manfred ein Gedicht zur Erinnerung an die bürgerliche Revolution 1848, die für Sachsen in Leipzig begann, und zwar mit der Errichtung von Barrikaden in der Grimmaischen Straße: „Brüder vom März! Ihr mußtet einst schweigen, Gewalt triumphierte – ihr aber erhobet das heilige Zeichen ..." Auch das wurde von Joseck vertont. Honorar gab es für solche kulturellen Dinge natürlich nicht. Dabei hätte ich es so gut gebrauchen können. Ich hatte ja nicht mal ein Paar feste Schuhe, um am Mulusball der 12. Klassen teilzunehmen, weder aus dem zur Nachkriegszeit in Mode gewesenen kunstleder-ähnlichen Igelit, erst recht nicht aus Leder.

Gerade hatte ich mich vertieft in die Lektüre von Friedrich Theodor Vischers Satire „Faust, der Tragödie dritter Teil“ und ergötzte mich daran, wie er Goethes Wortgeklingel (zum Beispiel im „Chor der Engel“) auf die Schippe nahm, indem er den „Chor guter Geister“ über den aus einer Kneipe torkelnden Faust meditieren lässt:

„Glücklich erstanden!
Selig der Sterbliche,
Der kochgewerbliche,
Sinnenaufreizende,
Kücheneinheizende (...),
Gaumenerhitzliche,
Rotweinlich-kitzlige,
Mittelbar nützliche
Prüfung bestanden ...“

Um so überraschter war ich, *als plötzlich Manfred vor der Tür stand und mir auf Wunsch der Klasse eine Freikarte für den Ball überreichte. Rührend: ich sollte seine Stoffschuhe anziehn – nur paßten sie mir nicht. Unterwegs stolperte ich über den rechten Fuß und redete mir fest ein, nicht abergläubisch zu sein.*

Der Ball war mäßig, der Kellner beschiß mich um 1 DM, aber es gab eine nette Unterhaltung mit unserem Mathepauker (Spitzname „Logarithmuhs“) und Schauspieler Geppert, die mir beide großzügig Schnaps und Kuchen spendeten.

Trotz des Durcheinandertrinkens von Alkoholika bin ich nicht zur wankenden Gestalt geworden und habe die rotweinlich-kitzlige, schnapstrink-erhitzliche, stoffschuheschwitzliche Prüfung bestanden.

Unsere Theatergruppe wollte nach dem Erfolg des „Geizigen“ erneut eine Komödie auf die Bühne bringen. Diesmal war Molieres „Eingebildeter Kranker“ dran. Wir hatten dazu zwei neue weibliche Kräfte von der Richard-Wagner-Schule gewonnen: Helga Kaulfuß und Inge Schneider. Die beiden liehen mir eine vor 1933 erschienene Ausgabe mit Kurt-Tucholsky-Texten. Am besten gefiel mir die Familienkabbelei um die Beantwortung der Frage: „Wo kommen die Löcher im Käse her?“

Es kamen noch zwei Mitspiel-Bewerberinnen hinzu, denn außer dem „Eingebildeten Kranken“ wollten wir auch die Einstudierung von August von Kotzebues Lustspiel „Wirrwarr“ im Gedenken an diesen fast vergessenen Dichter auf den Weg bringen.

Zur Goethezeit beherrschten viele seiner rund 200 Stücke die Bühnen. Lortzings „Wildschütz" entstand nach Kotzebues Lustspiel „Der Rehbock". Sein Lebenslauf faszinierte mich: 1761 in Weimar gebürtig, trat er zeitweilig in russische Dienste, wurde nach Sibirien verbannt, dann in St. Petersburg Theaterdirektor, ja sogar Staatsrat und 1819 als angeblicher Spion in Mannheim vom Burschenschafter Karl Sand erdolcht.

Was die Projekte betrifft: Leider zerschlugen sich beide noch während der Proben. Es fehlte einfach die nötige Zeit; übers Knie brechen ließ sich so etwas nicht.

Hingegen begann sich das zu realisieren, was ich mir seit Fertigstellung der Geschichte um Grete, ihren in Stalingrad vermißt gebliebenen Mann und ihre folgenreiche Liaison mit dem schlesischen Untermieter gewünscht hatte, nachdem aus der Prosa- die Bühnenfassung geworden war: eine szenische Lesung des Stückes „Die Schuld der Frau Weiher", zu der besagte Grete (unwissentlich) Pate gestanden hatte. Die beiden „Riwanerinnen" Kaulfuß und Schneider waren mir bei der Vervielfältigung des Manuskriptes behilflich. Die Helga tippte auf der Schreibmaschine ihres Vaters, die Inge „organisierte" das Durchschlagpapier.

Dann war es soweit. Am Abend des 13. Oktober *brachte ich Inge Schneider nach Hause. Wir standen beide noch ganz unter dem Eindruck der eben beendeten literarisch-musikalischen Veranstaltung unserer Schule.* Die renovierte Aula ist proppevoll gewesen.

Ich hatte riesiges Lampenfieber. Zuerst wurde das „Neue Lied" mit der Melodie von Günter Joseck vom Chor gesungen. Dann erklärte Herr Pilny, daß an diesem Abend Werke von Schülern zur Aufführung gelangten. Es folgten zwei Gedichte – dann kam der große Moment: die Premiere der „Schuld der Frau Weiher", das von der Theatergruppe und Schülerinnen aus verschiedenen Klassen mit verteilten Rollen vorgelesen wurde.

Wir hatten an langen Bänken auf dem Podium gesessen und wurden – bei ausgeschaltetem Oberlicht – von mitgebrachten Nachttisch- und Stehlampen angeleuchtet. Das Stück begann mit einer Rückblende ins Dritte Reich:

„Heil Hitler!" grüßt man hierzuland,
und wer nicht grüßt wird kurzerhand
dort eingesperrt,
wo niemand mehr sein Schreien hört,
wenn man ihn viehisch quält und quält,
nur weil er einen Dreck auf Hitler hält.
Ja freilich, Dank gebühret unserm Führer,
des Reiches höchstem Ausstaffierer
und Autobahnentapezierer
Hat er des Volkes Wunsch nicht immer

mit Lächeln und voll Hoffnungsschimmer
erfüllt, gestillt?
Ja war sogar gewillt,
noch mehr dem lieben Volksgenossen
(natürlich dem nur, der tief arisch urentsprossen!)
zu schenken und zu geben,
den Berg hinauf zu leben!
Bis eines Tags der Karrn blieb kleben.
Den Berg hinunter ging´s nun umgekehrt.
Herr Hitler aber hat sich darum nicht geschert.
Drum, Volksgenosse, stehe stramm,
und steckst du noch so tief im Schlamm – sei brav.
Im Schlamm ist selbst das hellste Schaf
ein schwarzes Lamm.

Konrektor Pilny schüttelte allen Beteiligten die Hand. *O Übermaß des Glückes,* schrieb ich pathetisch-überschwenglich, *das es in dieser traurigen Welt doch gibt! Mögen die politischen Ereignisse, die wahrhaftig bös aussehen (zwei deutsche Regierungen in Ost und West!), zum Guten ausgehen und die Welt vor neuem Chaos bewahren!*

Die Randnotiz zur Staatsbildung BRD und DDR ist bezeichnenderweise das einzige, was ich zu diesem Thema aufgeschrieben habe.

In der LVZ vermerkte „Vk. (Volkskorrespondent) Piehler", die „FDJ-Gruppe" (mit der er die Theatergruppe meinte) habe diesen „Elternabend" (womit er die literarisch-musikalische Veranstaltung meinte) durchgeführt. „Die Mädchen und Jungen beschritten hier einen Weg, der sich bewußt von der althergebrachten Form des bürgerlichen kulturellen Schaffens unterscheidet. Dieser Abend überzeugte ..., daß eine Jugend im Geiste des Fortschritts und der Menschlichkeit heranwächst." Wer wollte auch schon im Geiste des Rückschritts und der Unmenschlichkeit heranwachsen?

Vom Größenwahn getrieben überreichte ich das Manuskript am Bühneneingang des Schauspielhauses dem auf dem Weg zur Vorstellung eilenden Karl Kayser mit der Bitte um Begutachtung. Er soll es, wurde mir später erzählt, seinen Schauspielstudenten gegeben haben, aber die wußten nichts damit anzufangen.

Ende Januar 1950 stieg die letzte Premiere unserer Nikolaischul-Theatergruppe. Wir hatten uns Anton Tschechows Einakter „Der Heiratsantrag" auserwählt und emsig geprobt.

EGeBo, der seit der ersten Vorstellung von „Traum ein Leben" bei allen seitherigen Bühnenprojekten mit von der Partie war (obwohl er ja sein Abi längst hinter sich brachte!), hatte die Regie übernommen.

Rolf Heller, ebenfalls bei allen Inszenierungen dabei, gab den verklemmten Gutsnachbarn des alten Tschubukow, Iwan Wassiljewitsch Lomow, und ich – seit dem „Geizigen" geübt im Chargieren – Tschubukow höchstpersönlich. Die Perücke hatte ich mir vom Maskenbildner in der Oper ausgeliehen, und der hatte mir auch gleich Schminkmaterial mitgegeben.

Die Rolle von Tschubukows streitsüchtiger Tochter Natalia Stepanowna hatte Helga Kaulfuß übernommen. Sie würde alsbald samt Vater und Mutter von der DDR-Bildfläche verschwinden. Verschwinden müssen, denn der Herr Papa war Spitzenfunktionär der hier inzwischen verbotenen SPD. Als seine Verhaftung bevorstand, rückte die Familie aus und ließ sich in Westberlin nieder. Vorsichtshalber nahmen sie ein Pseudonym an und hießen fortan „Fuht". Jetzt jedenfalls war Helga noch da.

Zum Schulball der RiWa konnten wir eine gelungene Premiere feiern. Sie bestärkte mich sofort darin, den Tschubukow – neben zwei weiteren Rollen – vor der Prüfungskommission bei der Aufnahmeprüfung an der Musikhochschule vorzusprechen, wenn es soweit sein würde. Wir waren mit dieser Humoreske sehr gefragt. Großen Erfolg konnten wir im Kulturhaus Eutritzsch auf einem Universitätsball Mitte Februar verzeichnen. Dann standen wir am 28. März noch mal mit Tschechow auf den Brettern, die schon damals unsere kleine Welt bedeuteten, und Mitte April fand eine vierte Vorstellung an dem Ort statt, an dem ich als Schülerstatist in „Traum ein Leben" angefangen hatte: in den „Reichshallen" (später "Kulturhaus Einheit"). Leider wird diese Vergnügungsstätte wie viele andere („Grüne Schänke", „Rheingold" in Sellerhausen, „Elstertal" in Schleußig, „Schwarzer Jäger" in Leutzsch, „Altes Ballhaus" in Mölkau) abgerissen.

Als Veranstalter firmierte die „Ortsgruppe Osten III Leipzig" der „Gesellschaft für Deutsch-Sowjetische Freundschaft", weshalb auch eine Balaleikagruppe auftrat und unser Schülerchor das Wolgaschlepperlied „Eh uchnjem" zum besten gab.

Den fünften „Heiratsantrag" feierten wir exakt an dem Tag, an dem der Bescheid über meine Zulassung zum Studium eintraf, nämlich am 21. September, im Kultursaal des Gebäudes vis-à-vis dem heutigen „Haus des Buches". Dort hatte die Firma Koehler & Volckmar nach der Bombardierung ihres Stammsitzes Quartier bezogen.

Zur Vorstellung am Freitag, dem 13. Oktober, notierte ich (nun schon Student): *Wir spielten zum 6. Mal unseren „Heiratsantrag" mit ungeahntem Erfolg. Auch Ibo war unter den Zuschauern. Ibo ist die Schauspielschülerin Ingeborg Krabbe aus dem 3. Semester, geb. am 13. Juni 1931, blonder Typ, freundlich, charmant und liebreich und ebenso ernst wie heiter in ihrem ganzen Wesen. Ich brachte Ibo nach Hause.* Sie wohnte in der Bornaischen Straße, nahe dem Connewitzer Kreuz. Die siebente Vorstellung ging am Sonnabend, dem 14. Oktober über die Bühne. Es gab dann im Februar 1951 noch zwei weitere im RFT-Kultursaal in Stötteritz und eine allerletzte am 6. April.

Wir entdecken Weimar

Ich hatte sie mir eigentlich feierlicher vorgestellt, die Feiern an jenem 28. August 1949. Im Rundfunk sprach man zwar viel und breit über den Genius, aber aus heutiger Sicht, so als wäre er Marxist gewesen. Die Festrede in Weimar hielt Johannes R. Becher. Armer Goethe! „Siehste, Fritz, er dreht sich nicht mal im Grabe rum, wenn er diesen ganzen Klamauk hört!" – „Wat denn, Paule, is doch keen Beweis, wenn er offn Rücken liecht: er hat sich ja schon zwee mal rumjedreht!"

Immerhin war Goethes runder Geburtstag Anlaß für unsere Penne, unter Leitung von Herrn Lützner eine Fahrt nach Weimar zu organisieren. *Für mich wurde damit ein Wunschtraum erfüllt.* „Dr. Förster hatte uns ausgiebig und mit viel Geschichten auf den Besuch vorbereitet", erinnert sich Manfred noch 2007. „Das war ein toller Lehrer! Ihm verdanke ich meine Begeisterung für Weimar und Goethe."

An einem Sonntag Anfang September ging die Reise los. Aus unserer A-Klasse nahmen 13 Schüler teil. Sie bekamen einen Zuschuß in der Spanne von 8 bis 12 DM; nur ich erhielt 15, Manfred sogar 18 DM. Tante Gertrud Louise hatte vorab geregelt, daß ich bei Verwandten, einer Familie Lösch, übernachten sollte.

O, wie schnell – zu schnell! vergingen die drei herrlichen Tage des Weimarbesuches! Herzlicher Empfang bei Löschs durch die eine von zwei Zwillingsschwestern, Elisabeth. Der andere Zwilling hieß Christa und war verlobt mit dem Sohn einer angesehenen alkohol- und nikotinfeindlichen Arztfamilie. *Dann eine Führung durch Löschs Garten und Haus am Horn 29a – ein wunderbares Quartier!* Es folgte ein Besuch des (nach der Bombardierung wieder neu errichteten) Nationaltheaters, in dem wir d'Alberts Oper „Tiefland" sahen.

Der Montag Vormittag brachte eine Führung, vorbei an Frau von Steins Haus, der künstlichen Ruine, dem Tempelherrenhaus, dem Franz-Liszt-Haus, dem Wittumspalais und über den Markt zur Landesbibliothek (heute Herzogin-Anna-Amalia-Bibliothek). *Weiter ging's dann zur Jakobs- und zur Stadtkirche, durch Goethes Gartenhaus, zum Historischen Friedhof mit der Fürstengruft, zum Frauenplan und zum Schillerhaus. Am Nachmittag war eine Besichtigung des Museums für Urgeschichte fällig – und am Abend erlebte ich das schönste von allem: ich sah mit Elisabeth, die für mich mit zahlte, die „Bohéme"! Hingerissen, begeistert war ich – ja, die Aufführung stellt ohne weiteres Leipzigs Inszenierung in den Schatten! Elisabeth vollendete die Stimmung in mir; sie ist Schauspielelevin und gefällt mir aufs beste. Dienstag machten wir noch einen Ausflug nach dem Schloß der Anna Amalia in Tiefurt – und nachmittags kam dann der Abschied von diesen drei Tagen des Glückes und der Harmonie.*

Egon Erwin Kisch sah Weimar und seine Bewohner etwas anders: „Es ist für unsereinen recht schön", schrieb der „rasende Reporter", „daß es so etwas gibt wie Weimar: eine ganze Stadt als Reliquie, ein Bezirk als Wallfahrtsziel, weil hier einmal ein Dichterleben war …"

Als Lakai in Verdis „Maskenball" verdiente ich mir die Moneten für die nächste Fahrt in die Goethestadt, die damals fast drei Stunden dauerte – mit Bummelzug, versteht sich.

Die Fahrt war für Oktober angesetzt und sollte mein „Weimar-Weh" beenden. Nachdem sie zustande gekommen war, hielt ich fest: *Der Park ist ja so herrlich! Das Römische Haus sah ich mir an und betrachtete es voller Bewunderung. Nach Belvedere wanderte ich mit Evi, Löschs Jüngster, und es war unbeschreiblich schön. Das Schloß, der Riesenpark mit Teich, Laubengängen, Naturbühne und fremden Gewächsen – tatsächlich wie im Paradies!*

Im Theater habe ich mir „Die Komödie der Irrungen" in der Ludwig-Tieck-Übersetzung angesehen. Ich fand es köstlich! Noch köstlicher aber fand ich das, was als Programmheft verkauft wurde: drei „unabhängige Zeitungen für Ephesus und Umgebung", die „jeweils zwischen Klein-Asien und Biedermeier" erschienen! In der „Morgen-Post" wurden die ersten Szenen des Stückes verklausuliert als „Tragödie der Irrungen" beschrieben und durch „Kulturliches" und den „klugen Leitartikel" ergänzt. In der „Mittags-Post" wurde der Besetzungszettel des Nationaltheaters als „Spatenstich in die Zukunft" ausgegeben. Die „Abend-Post" schließlich verwandelte die am Morgen angekündigte „Tragödie" zur „Komödie der Irrungen", worauf „Wetterbericht" und „Vermischte (witzige) Anzeigen" den Spaß abrundeten. Außer dem Shakespeare-Erlebnis war es mir dank Elisabeth vergönnt, eine „Steuerkarte" (also ermäßigten Eintritt) für den ersten Teil des „Faust" zu bekommen, mit dem das Theater 1948 eingeweiht worden war. *„Phantastisch"*, schwärmte ich.

Thomas Mann, gerade erst in die Heimat zurückgekehrt, faßte die Bedeutung von Goethes „Faust" in seiner Festansprache im Deutschen Nationaltheater in einem Satz zusammen. Er sagte, „Faust" sei eine „Vereinigung des Urbanen und des Dämonischen, wie es in so gewinnender Größe kein zweites Mal vorgekommen ist in der Geschichte der Gesittung."

Kurz vor Jahresende suchte ich noch einmal das geliebte Weimar auf und ließ mich mit der Herrin des Löschhauses auf ein *„Religionsgespräch"* ein. Sie behauptet, Anhänger von Christian Science, also Christliche Wissenschaftlerin, zu sein.

Diese Leute sagen, Gott sei Geist, sei gut und sei die alleinige Wirklichkeit; alles andere (zum Beispiel auch die Sünde) sei unwirkliche Täuschung und „Sterblicher Irrtum". Ich kapierte das nicht, und mein Tagebuchkommentar lautete: *Ich lehne diese Lehre ab.* Und beging fernerhin noch manchen sterblichen Irrtum.

Prüflinge

Am 5. Juni 1950 begann das schriftliche Abitur. Spickzettel (oder auch „Spicker" genannt) wurden nur in Mathe von Mann zu Mann gereicht, sofern dieser den Hilfebedürftigen nicht „abgucken" ließ. Mit unter der Hand gehandelten „Klitschen" oder „Kladden" behalfen wir uns in Latein, wenn wir in dem zu übersetzenden Text nicht weiterkamen. Man durfte sich nur nicht erwischen lassen. (Prof. Hänel: „In Ladein hab´sch ooch so meine Schwierichgeedn. Wenn´sch Caesar lese un es soll eener iebersetzn, da hamm doch die Gaffern solche Schwartn. Ich mechte nur wissen, wo´s das Zeich ieberhaupt gibt. Daß so was gedruckt wird, is ´ne Schweinerei.")

Um mich von der ganzen Aufregung etwas abzulenken, habe ich mich am 4. Juni (nach vorheriger Anmeldung) auf einen Sonderzug geschwungen und bin mit ihm und Hunderten anderer Interessenten nach Dessau gefahren. Im dortigen Landestheater haben wir uns eine Aufführung von „Aida" angesehen. *„Das Theater ist innen schöner als das Weimarer, und auch die Aufführung stand jener im Nationaltheater nicht nach"*, behauptete ich im Tagebuch.

Den Anfang der Examina machte das für mich Schwierigste: die Mathematik. Ich konnte sogar einige der gestellten Aufgaben lösen und habe *Gott sei Dank (wenn auch kläglich) bestanden.* Zur Erholung sah ich mir abends mit Manfred in der Oper einen Ballettabend an. Eine „choreographische Meisterleistung" zeigte Daisy Spies mit der Tanzfolge „Lied der Erde" eines polnischen Komponisten, mit Kabalewskijs „Gestörtem Schläfer" und Maurice Ravels „Bolero". „Die hervorragenden Einzelleistungen von Gudrun Müller, Hanna Donner, Christl Klüß, Tom Schilling und vielen anderen", schrieb ein Kritiker, „wurden durch das gesamte verstärkte Ballett" unterstützt. Manfred gesteht: „Die Gudrun Müller fand ich auch hinreißend. ‚Bolero' – sie stand links bewegungslos am Bühnenportal, am Ende tanzte sie mit Tom Schilling auf dem großen runden Tisch. Das war eine tolle Choreographie!"

Angemerkt sei, daß man der Hanna Donner als Kabarettistin bei der Berliner „Distel" wiederbegegnen wird.

Welches Thema uns für den Aufsatz in Deutsch am 6. Juni gestellt wurde, weiß ich nicht mehr, aber im Tagebuch steht, es sei *ein politisches Phrasendreschen* abverlangt worden. Und das bei über 30 Grad Außentemperatur. Zum Glück brauchten wir armen Kandidaten wenigstens die für uns bereitgestellte Limonade nicht zu bezahlen.

Am 7. Juni war eine englische Nacherzählung fällig. Das hat mir erstaunlicherweise sogar Spaß gemacht. Da der nächste Tag prüfungsfrei war, konnte ich am Vormittag bequem an der Probe zur komischen Oper „Die Hochzeit des Jobs" teilnehmen. Ich mimte einen der Hochzeitsgäste.

Fünfter Tag: Russischprüfung. Das Thema lautet: „Das alte und das neue Moskau". Leichtigkeit – gerade darauf habe ich mich besonders vorbereitet, das Konzept war schon fix und fertig!

10. Juni: Latein. Begonnen 8.15, beendet 10.15, da das Thema kinderleicht u. ebenfalls bekannt war. Prüfungen sollen das gewesen sein? Na, da weeß ich nu nich!

Für das Fach „Leibesübungen" zählten die gemessenen Werte in Hoch- und Weitsprung, Hundertmeterlauf und Kugelstoßen zum Sportfest auf dem Stötteritzer Sportplatz und das Abschneiden im Geräteturnen in der Turnhalle Heinrichstraße. Schwimmunterricht entfiel, so daß ein Großteil von uns Nichtschwimmer blieben; er wurde erst 1950, nachdem wir unser Abi gemacht hatten, obligatorisch an allen Schulen eingeführt. Im Westbad hatte ich mich zwar freiwillig in die Obhut einer Bademeisterin begeben, scheiterte aber als „Hundepaddler" kläglich. Leidlich schwimmen lernen werde ich dann erst Anfang der sechziger Jahre an der Ostsee.

Am 26. Juni atmete ich erleichtert auf: *Geschafft! Nun liegt auch die mündliche Prüfung hinter mir. Es war wirklich nicht schwer! Geschichte, Deutsch, Chemie und Russisch – ich habe herausgeholt, was ich konnte. Günstige Vorbereitung war möglich, Lampenfieber fehlte, da nur je 6–8 Lehrer im Prüfungsraum waren.*

In meiner „Allgemeinen Beurteilung" stand, ich sei ein „treuer Helfer bei allen Schulfeiern" und „ein reifer Mensch mit einwandfreiem Charakter", der „sich mit ganzer Kraft im demokrat. Leben einsetzt." Der Vorsitzende der Prüfungskommission war gleichzeitig Vertreter des von Helmut Holtzhauer geleiteten Ministeriums für Volksbildung in Dresden. Bei diesem Vertreter handelte es sich um keinen Geringeren als den hernach berühmten Philosophen Ernst Bloch. Die Abschlußzeugnisse aller Prüflinge tragen außer dem des Schulleiters und der elf Lehrer auch sein „Autogramm". Nun konnte gefeiert werden.

Vielleicht war das „Casino Mühle" statt des abgesagten Mulusballes sogar die bessere Variante. Immerhin spielte die berühmte Kapelle Wolfgang Günther zum Tanz auf. Immerhin kam das gelesene Kabarettprogramm toll an. Meinem Schwarm, Klassenkameradin Ingeborg, gefiel es. Auch den drei anwesenden Paukern gefiel es. Sogar den leicht arroganten älteren Mitschülern gefiel es. Die waren in Krieg und Gefangenschaft gewesen und konnten zuvor nur ihr „Notabitur" ablegen. Bei uns holten sie ihr „ordentliches" Abitur nach.

Einer von ihnen (Hans-Georg Herde, genannt „Schneck") klopfte mir auf die Schulter, so wie „Haste gut gemacht, Junge!" Er war mal Jungvolkführer, arbeitete nach dem Abi für den DDR-Rundfunk in der Berliner Nalepastraße, dichtete Chansons und schrieb ein Pilzbuch für Kinder. Leider schnappte mir der andere von beiden Ingeborg vor der Nase weg. Ich verfiel in tiefste Larmoyanz, und er heiratete sie.

Als Abiturklassenfahrtziel hatten wir uns eine Ortschaft am Rande des Colditzer Forstes und der Parthequelle ausgeguckt: Glasten. Manfred hatte dort einen Onkel.

Kameraden und ihr Cabaret

Literarische Kleinkunst in Leipzig

Vorn die Loren, auf denen der Bombenschutt wegrollt, dahinter die jungen Menschen, die in ihrem kleinen Cabaret witzig und geistvoll den Nazischutt aus den Köpfen räumen . . .

Freilicht-Tanzstudio — zeitgemäß gewandelt. Die Tänzerin Joseline Andreas übt die neuesten „Pas" auf dem Dach. Kollegen beleben die Arbeit durch Kritik und Gesang.

Raum ist in der kleinsten Hütte . . . Garderoben, Büro und Werkstatt befinden sich in dem einzigen Nebenraum des Cabarets. Ein Zaungast aus der „Damengarderobe" beobachtet teilnahmsvoll die „Direktoren" beim Kassensturz . . .

Frau Direktor: Wäscherin, Garderobiere und Tausendkünstlerin — je nach Bedarf. Hier spannt sie ihre Wäscheleine von Blitzableiter zu Blitzableiter, damit die Kostüme bei der Premiere auch richtig einschlagen.

Die versunkene Glocke. Hier ist sie der Hut, von dem sich der Hausdichter Peter Siltje auch dann nicht zu trennen vermag, wenn er verseschmiedend in seiner mühsam zusammengetragenen Bibliothek untertaucht. So mußte sich der Fotograf leider mit einer Großaufnahme der — Beine begnügen . . .

Hinter und vor den Kulissen: „Gefällt dir mein neues Modell?" fragt Charlott ihre Kollegin, bevor sie vor das Publikum tritt, das gerade dem Schnellzeichner Heinz Rammelt durch fröhliche Zurufe Anregungen zu immer neuen lustigen Zeichnungen gibt.

Links: **Man hilft einander aus** . . . Da die Kassiererin erkrankt ist, springt die Tänzerin ein, die ihren Auftritt erst nach der großen Pause hat.

Aufnahmen:
Heribert von Koerber

Im Cabaret-Himmel: Mathilde von Ludendorff ist mit Lodenmantel und Krückstock eingetroffen, um unter Berufung auf „Herrn von Schiller" in der überirdischen Abteilung für Kulturschaffende die Lebensmittelkarte II zu fordern.

Bildreportage über das „Literarische Cabaret", 1946

3. Jahrgang, 3/10

März/April 1948

Der Kulturspiegel

Zweimonatszeitschrift für Literatur und Theater

Leipziger Cocktail

Als Mohr von Sanssouci in „Casanova“, 1950

Seite 116:
Der „Junge Gelehrte“ mit Manfred Patzschke als Valer, 1949

Titelseite eines „Kulturspiegels“, 1948

„Wie es euch gefällt“ auf der HöPa-Bühne, 1953

Freilichtbühne Markkleeberg, 1950er Jahre

Zwei „RIWAnerinnen" auf der Karl-Tauchnitz-Brücke, 1949

Szene aus dem 22. Programm der RAMPE, im Hintergrund Egon Herwig, 1949

Der war Bürgermeister. Wir wollten in die Fußtapfen des dichtenden Wanderburschen Johann Gottfried Seume treten, der einmal von Grimma nach Leipzig gelaufen sein soll, bloß um sich eine Theateraufführung anzugucken. Allerdings tauschten wir den Fußmarsch gegen eine Radfahrt. So sind wir Mitte Juli nach Glasten gestrampelt und haben beim Onkel übernachtet. Mit ihm wurde abgesprochen, daß wir Abiturienten eine Woche lang in einem leerstehenden Bahnwärterhäuschen kampieren konnten. Die Strecke von Glasten nach Bad Lausick war nämlich stillgelegt und der Schienenstrang als Reparations- und Wiedergutmachungsleistung für die Sowjetunion demontiert worden. Als wir nach zehn Tagen alle eintrafen, mußte erst mal Stroh besorgt werden, damit wir unsere müden Häupter zur Ruhe betten konnten.

Rückblickend habe ich Anfang August notiert: *Eine Woche munteren Lebens ist verflossen. Ich war fast immer mit den anderen vier Junggesellen zusammen. Wir haben über die fünf Pärchen (eines fand sich erst in Glasten zusammen!) nur lächelnd Betrachtungen angestellt. Das Essen war teils quali-, teils quantitativ wirklich prima. Und alles von uns selbst bereitet. Ich entwickelte mich zum „verdienten Pilzsucher und Brotschneider des Volkes".*

Allerdings fanden wir wenig Genießbares, „als wir auf Schwamme waren", wie der Erzgebirgler sagt. Das Gros der Pilze konnte nur getrocknet, mitgenommen und daheim wohldosiert als Würze verwendet werden. Es handelte sich nämlich um den nach Speisewürze duftenden Bruchreizker, daher der volkstümliche Name „Maggipilz". Roh genossen ist dieser Pilz sogar schwach giftig und kann erhebliche Magenbeschwerden hervorrufen!

In Rochlitz, wohin wir eine Tagestour machten, zogen uns am meisten die Hängebrücke (ein seekrankheitserregendes Monstrum) und das alte Schloß (durch mehrmalige Zerstörung und Ausbesserung stilgemischtes Bauwerk) an. Wir sangen, scherzten, spielten Handball, Tischtennis, Schach und Tip-Kick, wir faulenzten und gingen im Walde spazieren. Einmal unterhielt ich mich mit dem FDJ-„Betreuer" Busse über die Weiber. Einmal las ich spät abends eine Geschichte von Edgar Allan Poe vor. Ich brauchte die Geschichte nicht zu Ende zu lesen, denn nach und nach waren alle sanft entschlummert. Also eingeschlafen, gestorben gottlob nicht. Die ersten Schnarchlaute machten sich bereits bemerkbar, als ich noch las. Seitdem habe ich es aufgegeben, mich für einen guten Vorleser zu halten. *Ich kam braungebrannt und frohgelaunt nach Leipzig zurück.*

Wir haben dann im September noch eine gemeinsame Fahrt unternommen, diesmal in die Dahlener Heide. Übernachtet wurde dort in einer Jugendherberge. *An einem Abend machten sich die männlichen Teilnehmer auf den Weg nach Sitzenroda. Dort war nämlich Dorfschwoof. Eine dreiviertel Stunde mußten wir nur durch stockfinstern Wald laufen. Hinwärts. Und spät nachts noch mal so lange, um wieder zur Herberge zurück zu kommen. Aber da schien der Mond und leuchtete uns heim. Auf dem Schwoof hatte einer von uns ein Mädel zum Tanz aufgefordert.* Das hatte offenbar dem Macker von dem Mädel nicht gepaßt. Beinahe wäre es zu einer Schlägerei gekommen. Gerd, unser Spätabiturient, konnte ihn mit Müh und Not beschwichtigen, auch die anderen Dörfler, die sich inzwischen hinzugesellt hatten. Denn jeder von denen war scharf darauf, daß hier mal richtiges Leben in die Bude kam.

Ansonsten verdiente ich mir in den Monaten zwischen Schulabschluß und Studienbeginn außer in der Oper noch ein paar Pfennige (und viel zu mampfen!): *Eine Woche harter Arbeit liegt hinter mir. Meine Tätigkeit als Malergehilfe bei Herrn Renz strengt sehr an – aber dafür ist der erste Lohn in meinen Händen.*

Ob die Kunden zufrieden waren, denen ich ihre Türen und Fensterrahmen mit herunterlaufenden „Nasen" vollgekleckst habe, vermag ich nicht zu sagen. Gestrichen wurde prinzipiell nur mit Öl-Vorstreich-, Lack- und Sockelfarben; das viel praktischere Latex gab es noch nicht. Mit Farbtöpfen, Kleister, Pinseln und anderem Material eingedeckt hat sich Meister Renz in den Hoflagerräumen von „Farben-Kunath" in der Eisenbahnstraße.

Ich sehe uns noch heute, ihn und mich, schwitzend seinen zweirädrigen Tafelwagen mit Leitern und allem Anstreicher- und Tapezierzubehör durch die Straßen schieben, mitunter etliche Kilometer, wie zum Beispiel von Sellerhausen bis nach Engelsdorf. Zum Materialtransport geeignete, benzingetriebene Fahrzeuge zählten zu den Raritäten dieser Jahre.

8. Oktober 1950. Nachdem ich meinen Malerberuf an den Nagel gehängt hatte, fuhr ich zunächst wieder einmal nach „Weimar, der Stadt der 1 000 Herrlichkeiten, sonnüberstrahlt im Herzen unsres Vaterlands". Die wenigen Tage vergingen wie im Fluge. Eine Ausstellung „700 Jahre Weimar" war recht interessant, und der Park zog mich von neuem in seine Naturpracht. Ich entdeckte unterhalb des Römischen Hauses eine in Stein geschlagene Tafel mit den treffenden Worten Goethes: „Die ihr Felsen und Bäume bewohnet, o hilfreiche Nymphen ..." Mein Abschied fiel schwer, die Löschs wollten mich gar nicht fortlassen.

Nächsten Tages fand dann in Leipzig die Immatrikulationsfeier in der Musikhochschule statt. Am Freitag war zum ersten Male Gymnastik u. Improvisation. Die Lehrer sind gut, der Unterricht ist noch besser. Die letzte Berechtigung glücklich zu sein, gibt mir mein Stipendium. Und jetzt geht's zur Taufe meiner Cousine Regine.

Regine war die jüngste Tochter von Hans und Tina. Als Taufpate hielt ich das eingehüllte Bündel stolz im Arm und ließ mich photographieren. Nicht minder stolz übergab ich es an die engste Freundin von Hans und Tina, Taufpatin Charlie. Sie war eine ganz Liebe und stammte aus Riga – wie ihr Cousin, der Komiker Heinz Erhardt („Jeder hat mal klein angefangen. Ich zum Beispiel als Baby.")

FREIZEITBESCHÄFTIGTE

Vorbei war die Zeit, als uns rührige HJ-Führer mit deutschem Liedgut gefüttert hatten, als man „hoch auf dem gelben Wagen beim Schwager vorn" saß und „die goldne Abendsonne ihren letzten Schein, letzten Schein" sandte oder wir zwischen zwei Liedzeilen ein völlig deplaziertes Wort einstreuten wie bei: „O, du schö-ner We-e-e-sterwald / (Eukalyptusbonbon), / droben in den Bergen pfeift der Wind / so kalt ..."

Jetzt wurde nicht mehr gesungen, jetzt wurde gelesen. Die erste Lektüre, die mich 1945 fesselte, bestand aus Kriminalgeschichten, in deren Mittelpunkt ein gewisser Nat Pinkerton stand. So hieß der Meisterdetektiv und Held von Dreigroschenheften aus längst vergangenen Tagen. Ich lieh sie mir von Manfred Patzschke aus, dessen Vater sie über die Zeiten hinweg gerettet hatte.

Trude „übereignete" mir ein „Buch für Menschen, die jung sind" des schlesischen Dichters Paul Keller. Am reizvollsten fand ich „Ein Abenteuer auf der Themse", das ich zu jeder passenden Gelegenheit vortrug: die Geschichte eines Journalisten, der unwissentlich auf ein Reklameschiff gerät und von halb London ausgelacht wird. Ansonsten hielt ich mich (wie schon erwähnt) vorwiegend an Bücher von Karl May und Edgar Wallace, die ich bei Bücher-Emil im Täubchenweg auslieh. Bücher-Emil war Herr Grunert. Er verkaufte auch Noten, Grunert-Noten. Auf dem Schild über seinem Schreibwarenladen stand nämlich ohne Bindestrich und in einem Zug: „Bücher Emil Grunert Noten". Naja, und dann habe ich mich natürlich am Schreibtisch von Trude betätigt: *27. Juli. Wie gestern Nachmittag schreibe ich auch heute Vormittag meine Geschichte „Der Wahrsager" weiter und drucke die Überschriften.* Das „Drucken" ging so vor sich: Man kaufte für Pfennige winzige Paletten mit Gummibuchstaben, die man auseinanderschneiden und in der Schiene eines Stempels zu Wörtern zusammensetzen mußte. Ein Stempelkissen wurde mit Farbe getränkt, und los ging´s.

Das knapp sechzig Seiten umfassende Oktavheft wurde bis auf die „gedruckte" Titelseite mit Bleistift handgeschrieben – analog den Tagebüchern. Meist mit einfachen Bleistiften, wie man sie heute noch kennt. Manchmal leistete ich mir aber auch etwas teurere mit einer bunten, schlangenförmig verzierten Umhüllung und ganz weicher Mine, die nicht bei jedem Bleistiftspitzen abbrach wie die billigeren mit harter Mine. Die bevorzugte Herstellermarke (auch von Tinte) hieß „Pelikan".

Die besagte Geschichte vom Wahrsager spielte um 1900 in und um Schwarzenberg, dessen Umgebung mich beim Aufenthalt 1944 sehr beeindruckt hatte. Dieser Eindruck wirkte nach. Titelfigur war ein Scharlatan, der mit seinem Kumpan vier Jungs während der Führung durch ein Erzbergwerk kidnappt. Auf wundersame Weise entkommen sie. Im Ballsaal des Ratskellers erleben sie, wie der „Wahrsager" (also der

Kidnapper) in einer Zauberschau auftritt. Dann beginnt die Jagd auf ihn, was einer der Jungs (völlig unmotiviert) mit seinem Leben bezahlen muß. Mit Hilfe eines mysteriösen Maskierten, dem „Schwarzen Reh", wird schließlich den Gangstern das Handwerk gelegt.

Natürlich saß ich nicht nur am Schreibtisch. Am 30. September wußte ich zu berichten, daß ich *am Tag zuvor zu einer Gedenkveranstaltung für die Opfer des Faschismus gewesen* bin. Sie fand – wie alle Massenveranstaltungen – auf dem Karl-Marx-Platz statt.

Am 1. Oktober ging die Schule wieder los. Aber an den Nachmittagen und Abenden gab es noch andere Beschäftigungen, die uns mehr Spaß machten als für die Schule zu pauken: *2. Oktober. Am Abend spiele ich Rommé.*

8. Oktober. Am Nachmittag spiele ich mit der Eisenbahn. Ich hatte also von der alten, jahrelang nicht benutzten Märklin-Anlage wieder Besitz ergriffen.

20. Oktober. Am Abend hole ich die Kasperpuppen und -theater vom Boden. Auch die hatte ich seit Jahren nicht mehr benutzt.

24. Oktober. Am Nachmittag spiele ich das von mir erfundene Kasperstück „Räuber Tex oder Armer Dr. Faust" vor. Anregung dafür fand ich beim Lesen von Storms „Pole Poppenspäler". Dieses Kaspertheater samt Puppen und die Märklin-Anlage hatten meine Eltern vor 1939 und während des Krieges im Spielzeugwarengeschäft Hinkel & Kutschbach am Neumarkt gekauft.

Was Manfred und mich betrifft – wir machten uns unser Spielzeug selber: *30. November 1945. Nachmittags bastle ich an Bibersdorf.* Bibersdorf? Wo liegt das? Man wird es auf keiner Landkarte finden. Es entsprang unserer Phantasie. Das heißt, eigentlich Manfreds Phantasie. Manfred jedenfalls war es, der mich eines Tages fragte, ob ich Lust hätte, mit ihm gemeinsam eine Stadt zu bauen. Ich war sofort dabei. Er hatte sich irgendwie großflächige Pappen, Leim und Zeichenkarton besorgt. Wir fingen also an, auf dem Karton mittels Lineal Grundrisse von winzigen Wohn-, Waren-, Rat- und anderen Häusern zu zeichnen, sie auszuschneiden, zu falten, zu verkleben und – ebenfalls mit Leim – auf der Pappe nach vorgefertigtem Plan zu befestigen. So entstanden nach und nach ganze Straßenzüge und Plätze, die auf schmalsten Pappstreifen (den „Gleisen") von ebenfalls selbstgebastelten Straßenbahnen befahren wurden. Die Bahnen standen natürlich, wo sie grad standen, und mußten von uns per Hand bewegt werden. Wir nannten diese Papierstadt „Bibersdorf". Manfred war gewissermaßen ihr Oberbürgermeister. Die Stadt gehörte ihm. Nun wollte ich unbedingt auch eine eigene Stadt haben. So kam es, daß ich zum Architekten und Baumeister der Stadt „Berg" avancierte.

Tagebuch, 23. November 1945: *Schreibe das „Berger Tageblatt", verbessere Berg, an dem ich fast jeden Tag arbeite.* Wir bastelten also nicht nur Städte, wir sorgten auch dafür, daß jede Stadt ihre eigene Zeitung hatte: meine das „Berger Tageblatt", Manfreds den „Bibersdorfer Anzeiger". Sie hatten zwar nur Oktavheftformat, waren immerhin mindestens zehnmal so groß wie die Bibersdorfer und Berger Wohnhäuser und stillten das Informationsbedürfnis ihrer Bewohner, die noch kleiner waren. So klein, daß es sie überhaupt nicht gab.

Einen Monat darauf ist notiert: *Nachmittags spiele ich „Sender Berg".* Nicht genug also mit den Zeitungen, nun mußte meine Stadt auch noch eine eigene Rundfunkstation haben! Wobei unser altes Grammophon zum Einsatz kam. In der „Stunde der Musik" schmetterten dann in der ganzen Wohnung Enrico Caruso, Franz Völker, Richard Tauber und Benjamino Gigli ihre Arien – Vaters Hinterlassenschaft. Der „Sprecher" (also ich) kommentierte, was er sich angelesen hatte: daß man Gigli und Tauber einst bei Gastspielen im Leipziger Großvarieté Krystallpalast erleben konnte, ebenso wie Fjodor Schaljapin, und von der „leichten Muse" Clown Grock, Josephine Baker, Claire Waldoff, Otto Reutter und viele andere Berühmtheiten. „In der zum Krystallpalast gehörenden Alberthalle", wußte der kluge Gestalter der Sendung, „begründete 1918 Gewandhauskapellmeister Arthur Nikisch mit der Aufführung von Beethovens Neunter die Tradition der Leipziger Silvesterkonzerte."

Zum Jahreswechsel 1945/46 hatte ich eingetragen: *Als im Radio die Mitternachtsglocken ertönten und der Ruf „Neujahr" erscholl, hoben wir die Tassen und tranken schwarzen Tee mit Rumaroma ... Danach spielten wir „Nutschi, das Schwein" und „Schwarzer Peter". Um 1/2 3 Uhr gingen wir zu Bett.* „Nutschi" war ein Puzzle, bei dem es viel zu lachen gab. Auch ein anderes lustiges Spiel der Nachkriegsjahre ist mir noch gut in Erinnerung: „Köpfchen, Köpfchen". Irgend jemand hatte mir die dafür nötigen Schablonen mit speziellen Ausstanzungen geschenkt. Auf der einen Schablone waren also nur verschiedene Mundpartien ausgestanzt, auf einer anderen nur Nasen und auf einer dritten nur Stirnen mit Haaransatz. Nun mußte man die durch die Ausstanzungen vorgegebenen Striche, Bögen und Kanten aufs Zeichenpapier bringen und zusammensetzen, zum Beispiel Stirn Nr. 5 mit Nase Nr. 3 und Mundpartie Nr. 7 kombinieren, was immer wieder neu die komischsten Gesichter zutage brachte.

Die Städte Bibersdorf und Berg besaßen (wie wir wissen) nicht nur einen eigenen Sender und zwei Tageszeitungen, neuerdings hatten sie auch zwei Theater. Das erste wurde in Bibersdorf errichtet: *10. März 1946. Am Nachmittag gehe ich zu Manfred und sehe mir bei ihm das Marionettenspiel „Minna von Barnhelm" von Lessing an.*

Klar, Manfred war wiederum der Inspirator der ganzen Geschichte, der Vorreiter. Er hatte nämlich aus Holzleisten ein karnickelstallgroßes Gestell zusammengehämmert. Es wurde auf der Vorderseite mit Papprahmen und Vorhang versehen. Dahinter befand sich die „Bühne". Sie bestand unten aus einer weiteren Pappe, quasi dem Bühnenboden, und oben aus mehreren quergespannten Drähten. An denen hingen an senkrechten

Drähten befestigte „Darsteller". Deren Profil hatten wir vorher zweiseitig gezeichnet, bemalt und dann ausgeschnitten.

Die Bezeichnung „Marionettenspiel" (siehe oben) ist also irreführend. Es waren ja weder Marionetten noch Puppen. Es waren starre Figuren, die auf der Bühne hin und her bewegt wurden. Diese Bewegung verschaffte ihnen Regisseur Patzschke.

Einmal bewegte er den Papp-Tellheim von rechts nach links, einmal die Papp-Minna von links nach rechts oder umgekehrt. Natürlich in den Kulissen des Bühnenbildners Patzschke. Patzschke war auch das Ensemble. Er sprach sämtliche Rollen mit mehrfach verstellter Stimme. Er war aber auch noch Beleuchtungsmeister. Angestrahlt wurde die Bühne mit Mutter Lisbeths Nachttischlampe. Die des Vaters diente dem hinter dem „Bühnenhaus" stehenden Vorleser. Bei Bedarf rüttelte der Technische Leiter Patzschke ein altes Blech, was dem Grollen eines Donners täuschend ähnlich klang. Die Verantwortung für alles trug Generalintendant Patzschke.

Natürlich durfte Berg Bibersdorf in nichts nachstehen, und so gab es bald ein zweites Haus: *Nachmittags bastle ich an meinem Theater und schreibe „Der lachende Dritte".* Für eine Uraufführung war also auch schon gesorgt. Ich hatte sie für Ende September 1946 geplant, nachdem Manfred mit dem Märchendrama „Himmel und Hölle" den Anfang gemacht hatte. In dessen Mittelpunkt stand Paul Martin mit seinem „ewigen Kampf zwischen dem Guten und dem Bösen", und sein großer Monolog begann mit den Worten:

„Soll so ich leben wie die andern,
Wie jene armen Teufel, die
Zu Tod sich rackern, mühen, sorgen,
Die trotz der Arbeit, die sie tun,
Stets hungern, frieren, dulden müssen?"

Mit dem historischen Schauspiel „Das Recht des Volkes" verbreitete Manfred nicht nur den Geist sozialer Gerechtigkeit, sondern verhalf auch der Uraufführungsreihe zu ihrem absoluten Höhepunkt.

Die anderen Premieren fanden im Wechsel einmal in Reudnitz bei ihm, einmal in Sellerhausen bei uns statt. Sämtliche Onkels, Kränzchen- und richtige Tanten sorgten für „ausverkaufte Häuser". Als „Zuschauerraum" mußte die gute Stube herhalten, als „Parkett-Sitzreihen" alles vom Klappstuhl bis zum Polstersessel. Nur mit einer Empore konnten wir nicht dienen. Die Zuschauer müssen eine Engelsgeduld bewiesen haben, um so ein Theaterstück über sich ergehen zu lassen.

Über die „Kabale-und-Liebe"-Aufführung in meinem Selfmade-Theater stand im „Berger Tageblatt" zu lesen: „H.s Inszenierung gelang es, das eigentlich über 3 $^{1}/_{2}$ Stunden dauernde Stück sinngemäß zu kürzen und mit guten Einfällen zu würzen." Kein Witz, sondern der Wortlaut des „Kritikers", der mit dem „Regisseur" identisch war!

Solche Spinner sind wir gewesen. Auf dem „Spielplan" standen nicht nur die „Minna" und „Kabale", sondern auch Lessings „Nathan" und seine „Emilia Galotti", Kleists „Zerbrochener Krug", Molieres „Tartuffe" und Hebbels „Genoveva".

Von „Genoveva" versuchte ich sogar, die ersten paar Seiten auswendig zu lernen. Das gelang mir auch. Noch heute kann ich bei Bedarf die ersten Dialogsätze aufsagen. Desgleichen weiß ich auch noch den Anfang von „Nathan der Weise" zu deklamieren; mit hoher Stimme die Daja: „Er ist es! Nathan! Gott sei ewig Dank, daß Ihr doch endlich einmal wiederkommt" – und mit tiefer Stimme den Nathan: „Ja, Daja, Gott sei Dank! Doch warum ‚endlich'? Hab´ ich denn eher wiederkommen wollen?"

Solch ein Theater machten wir über gut zwei Jahre. Und wir lasen regelmäßig den „Theaterdienst". Das Wochenheft aus dem Henschelverlag informierte über alles, was auf Deutschlands Bühnen vor sich ging. Wir erstanden es für 0,30 DM bei Bücher-Emil.

Mit der Zeit legten Manfred und ich das doch etwas kindhafte Gehabe mit Berg und Bibersdorf ab. Die Theater der Phantasiestädte verwandelten wir in die „Vereinigten HöPa-Bühnen". Um sich eine Vorstellung von dem machen zu können, was für Komödien und Tragödien wir damals in Eigenproduktion verzapft haben, will ich an dieser Stelle zwei Dialogstellen zitieren. Den entsprechenden Kommentar erspare ich mir.

„Der lachende Dritte"

Erster Akt. Erste Szene. *(Ferdinand und Lothar Bergner im Vordergrund, sich heftig streitend. An einem Tisch im Hintergrund Konrad, der dritte der drei Brüder, mit einem Buch. – Einfaches Wohnzimmer bei Bergners)*

Lothar: Auf jeden Fall hab´ ich das Vorrecht. Ich habe mit ihr schon lange vor dir gesprochen ...

Ferdinand: Und ich sah sie schon lange vor dir. Diese graziösen Beine, dieses Haar und diese bezaubernden Augen!

Lothar: Ach, darauf kommt´s dir ja gar nicht an! Bei dir ist die Hauptsache das Geld. Du denkst, der alte Tockstädt hat nicht mehr lange hier unten zu sein und willst dir nun ein Vermögen sichern!

Ferdinand: Was fällt dir ein? Auf was hast du´s denn bei ihr abgesehn? Auf den Mund und obendrein noch ...

Lothar: Du Unverschämter! Gleich werden wir uns im Kampfe messen!

Konrad *(der inzwischen aufmerksam geworden ist)*: Treibt´s nicht zu arg, Jungens! Ihr braucht euch doch nicht in den Haaren zu liegen wegen eines einfachen Frauenzimmers.

Ferdinand: Ha, einfaches Frauenzimmer!
Lothar: Was verstehst du schon von der Frauenwelt? Misch dich nicht in unsere Angelegenheiten hinein, du unerfahrener Knabe!

Und so weiter. Nun, die Jungens messen sich nicht im Kampfe wegen des Frauenzimmers. Daß der unerfahrene Knabe lachender Dritter sein wird, liegt auf der Hand. Und was haben die Eltern dazu zu sagen?

(Ausschnitt aus der 8. Szene des zweiten Aktes)
Frau Bergner: Mein Sohn Konrad sagte mir einen Grund, weshalb Sie mich zu sprechen wünschten. Aber ich denke jetzt noch, er hat mich nur zum besten gehabt.
Freiherr von Tockstädt: Und was hat Ihr Sohn berichtet?
Frau Bergner: Er redete von Ihrer Tochter.
Tockstädt: So hat er wahr geredet.
Frau Bergner: Was? Ich hätte es nicht für möglich gehalten.
Tockstädt: Und warum nicht?
Frau Bergner: Erstens einmal habe ich im Leben noch nicht daran gedacht, daß der Herr von Tockstädt je erlauben würde, daß ein bürgerlicher Sohn –
Tockstädt: Bürgerlich! Was kann ich dafür, daß meine Vorfahren sich große Ehre erwarben und dadurch den Adelstitel bekommen haben? Menschen sind Menschen. Meine Vorfahren sind schließlich auch aus bürgerlichen Kreisen hervorgegangen. Darum finde ich es Unsinn, daß sich Bürgerliche, die Bürgerliche geblieben sind, und Bürgerliche, die Adelige geworden sind, nicht miteinander vermischen dürfen. Ich pfeife auf diese Bestimmung! Die Hauptsache ist, Ihr Sohn hat ein ehrliches Herz und ein bißchen Verstand im Kopfe.

Im Frühjahr 1948 stellte ich selbstkritisch fest, daß das Stück *noch keinen Aufbau besaß und kindliche Reden enthielt.* Zuvor jedoch, Ende April 1947, hatte ich Pläne für ein neues Schauspiel, „Die Tyrannen“, entworfen. Auch hier war wieder wie in der Erzählung vom „Wahrsager“ der Einfluß von Karl May zu spüren („Das Buschgespenst“).

Ich sitze bei herrlichstem, fast zu heißem Wetter (das Thermometer zeigt auf über vierzig Grad!) trotz des kaputten Glasdachs auf unserem Balkon in der Paulinenstraße und schreibe die ersten Szenen, in denen ich den Arbeiter Bachmann auf einer geheimen Versammlung sehr pathetisch zu seinen Leuten sagen lasse: „Heute hat der Hungertod sein erstes Opfer geholt. Jetzt hat die Stunde der Rache, die Stunde der Vernichtung unserer Unterdrücker geschlagen!“

Auf dem Balkon mußte ich nicht mit anhören, wie die Tochter des Stempel- und Gummiwarenhändlers Kanicke ein Stockwerk über uns im Nebenhaus stundenlang

Etüden auf dem Klavier übte und sich immer und immer wieder an den gleichen Stellen verspielte.

Dünne Wände, na gut, aber selbst die Brandmauer muß (zumindest akustisch) äußerst durchlässig gewesen sein. Dagegen störte mich der Singsang von Frau Burmeister aus dem Nebenhaus, die auf gleicher Etage wohnte, jetzt beim „Dichten" nicht – daran hatten sich alle Hausbewohner gewöhnt.

„Sie behauptete immer mit tiefer Stimme" läßt mich der Zeremonienmeister des Krystallpalast-Varietés, Max Laube, wissen, „als ihr Wellensittich mitsamt Vogelbauer vom Tisch fiel, hätte der Vogel gesagt: ‚Au mein Been'. Das hat mich als Kind besonders beeindruckt."

Fünf Jahre danach. Ostern 1952 werde ich – bereits Schauspielschüler! – *auf der seit fünf Jahren verstaubten Kleinbühne* (gemeint war das „HöPa-Theater") den ersten Teil von Goethes „Faust" zum besten geben. „Wir hoffen", steht im Programmheft, „daß unsere ‚Faust'-Aufführung gegenüber der letzten Aufführung auf unserem Theater, der Uraufführung von Manfred Patzschkes Märchendrama ‚Himmel und Hölle', wesentliche Fortschritte sowohl in künstlerischer, als auch in technischer Hinsicht zeigt ..."

Fortschritte im Erwachsenwerden des Protagonisten (jedenfalls in dieser Hinsicht!) scheint es nicht gegeben zu haben: Immer noch standen auf dem Besetzungszettel Namen von real existierenden Personen aus meinem Bekannten- und Freundeskreis neben Namen von Personen, die der Phantasie entsprangen, obwohl sich das alles erübrigte, weil sich ja sämtliche „Beteiligten" in meiner Person vereinigten.

Genauso wie noch ein Jahr später: *7. April 1953. Nun ist Ostern schon wieder vorbei. Gestern, am Ostermontag, führte ich – traditionsgemäß – ein Stück auf, diesmal Shakespeares „Wie es euch gefällt".* Mit der „Inszenierung" dieser Shakespeare-Komödie in einer Eigenbearbeitung unter dem Titel „Rosalinde" zog ich den Schlußstrich.

Diesmal wurde sogar ein Klavier der Marke „Römhild" eingesetzt. Malermeister Renz hatte ein Kundenehepaar, das nach dem Westen ausreiste, veranlaßt, daß es bei uns untergestellt wurde. Und nie wieder abgeholt! An ihm saß mein Freund Klaus Fehmel, von dem noch die Rede sein wird. Er intonierte ein selbst komponiertes Vorspiel, ein Kampfsignal und zwei Lieder des Liebhabers Amiens. Zum Figurenbewegen, Bühnenbeleuchten und Rollensprechen kam nun auch noch das Liedersingen des Herrn Alleinunterhalters.

Doch zurück zum Jahr 1947. Ende Juli schrieb ich den ersten Teil der von mir erdachten Erzählung „Der Studienrat". Es ging darin um „Pädagogikus" Theobald Punkelbein. Dieser wird von Berlin an die Schule einer Kleinstadt versetzt. Dort jedoch erleidet er einen Schiffbruch nach dem anderen: Ein im Auftrag seiner Frau herumschleichender

Schnüffler entlarvt sich als Redakteur der örtlichen humoristischen Zeitschrift. Ein junges Mädchen entpuppt sich als seine uneheliche Tochter. Ein „Herr von zwergenhafter Gestalt“, den Punkelbein in der Kneipe „Zum blauen Auge“ halb besoffen aufs Unflätigste beleidigt hatte, erweist sich als sein künftiger Chef, und ein Schiller deklamierender Schüler hält ihn, Punkelbein, für den Theaterdirektor.

Sobald die Arbeit abgeschlossen war, schickte ich sie an den Kulturbund und nahm damit an einem literarischen Preisausschreiben teil. Die Arbeitsgemeinschaft Jugend schickte sie mir im Oktober zurück und antwortete, es fehle mir noch die künstlerische Reife. „Bitte werde nicht größenwahnsinnig, wenn wir Dir sagen, daß gewisse Ansätze bei Dir vorhanden sind.“

Das Schreiben schließt mit den hehren Worten: „Denke stets daran, daß Mensch und Künstler eine Einheit sind, und der Resonanzboden nur klingen kann, wo eine reiche Seele schafft.“

Die Anschrift des Kulturbundes („zur demokratischen Erneuerung Deutschlands“, wie er komplett hieß) lautete zu der Zeit: Leipzig C1, Klostergasse 9. Das war das Barockgebäude, in dem sich einst das landesweit bekannte „Hotel de Saxe“ befand.

Dort sollen laut Gedenktafel 1813 Blücher und Gneisenau „geweilt“ haben; ob sie nächtigten, und wenn ja mit wem, oder sich nur beim Völkerschlachtfestfeiern den Bauch vollgeschlagen und die Kehle geölt haben, verschweigt des Historiensängers Höflichkeit. Im gleichen Gebäude befand sich seit den dreißiger Jahren die legendäre Buch- und Kunsthandlung Kurt Engewald. Mehr als einmal kramten wir, Manfred und ich, in den reichhaltigen Beständen von Engewalds Antiquariat, fanden so manchen Schatz; und der war erschwinglich: „Jede Nummer für 20 Pfennig überall käuflich“ stand zum Beispiel auf der vorderen Seite des braungetönten Einbandes von Heft 1574 und Heft 3069 der Universal-Bibliothek des Verlages Philipp Reclam jun. zu Leipzig, ediert wahrscheinlich in den zwanziger Jahren; eine Jahreszahl ist nicht angegeben, aber der Preis war geblieben. Mit Heft 4256 erstand ich das Libretto zu Verdis „Rigoletto“, mit Heft 506 das zu Wagners „Meistersingern“. Dieses aber entstammte „Breitkopf & Härtels Textbibliothek“, die im fast gleichen Westentaschenformat auf den Markt gekommen war. Bei den Neuerscheinungen der Universal-Bibliothek im und nach dem Kriege wechselte die Farbgebung zu beige, dann zu weiß, mal auf Hochglanz, mal mit schwarzer, mal mit illustrierter Vorderseite, um schließlich grellgelb auszusehen, in Stuttgart zu erscheinen und für 3,00 DM erhältlich zu sein. Eines der neueren Hefte, die ich mir damals bei Engewald leistete, enthielt Gottfried Kellers Erzählung „Romeo und Julia auf dem Dorfe“, „printed in Germany 1947“. Die Geschichte der Liebenden von Verona verlegte Keller nach Seldwyla; tatsächlich aber soll sie sich in Leipzig-Sellerhausen abgespielt haben.

Dieses Kuriosum nur am Rande – wir sprachen ja von Engewald. Engewald leitete neben seiner Tätigkeit als Buch- und Kunsthändler gemeinsam mit Ferdinand May das „studio JUNGE BÜHNE leipzig“ im Schauspielhaus. Dort sah ich mit Manfred eine Komödie von Heinrich Spoerl, dem „Feuerzangenbowlen“-Autor, „Die weiße Weste“, eine Art kabarettistischer Revue. Gisela May, der regieführende Richard Träger, Walter Grüters, Paul-Joachim Schneider und andere damalige „Stars“ spielten mit, jeder in mehreren Rollen.

Engewald wurde enteignet und ging in den Westen. 1968 wird das Haus in der Klostergasse abgerissen. Gleiches Schicksal ereilt die Gebäude, in denen sich die Speiselokale „Altes Kloster“ gleich daneben und „Zur Blume“ gegenüber befanden.

Restauriert und mit dem erneuerten Nachbarhaus zum „Palais“ vereinigt wird nach der Wende auf der einen Seite der „Paulaner“ inklusive der darüberliegenden Etagen, auf der anderen ensteht wieder die historische Gaststätte „Zills Tunnel“.

Der Kulturbund, um das noch zu sagen, residiert alsbald im ersten Stock der Elsterstraße 35, hört jedoch 1958 auf, Deutschland demokratisch zu erneuern, das heißt, die Zusatzbezeichnung entfällt. Der im Hochparterre befindliche sargähnliche Saal plus Bühne dient von 1956 bis 1961 der „Leipziger Pfeffermühle“ als Spielstätte.

Nachdem mich Familie Klose im Hungerjahr 1946 in Köthensdorf „aufgepäppelt“ hatte, findet sich in meinem Tagebuch unter anderem mehrmals der Eintrag: *Früh schreibe ich den Kulturspiegel.* Dahinter steckte folgendes: Ich war von der Idee besessen, eine Zeitung herauszugeben. Nicht so ein Hirngespinst wie das „Berger Tageblatt“, nein, etwas ganz Reelles. Dieses Produkt sollte „Kulturspiegel“ heißen. Ich ließ eigens für den Titel einen Stempel anfertigen. Das mit Bleistift Niedergeschriebene wollte ich dann im Kreise interessierter Mitschüler, unter Verwandten und Freunden, eventuell sogar unter Lehrern, von Hand zu Hand reichen; denn es gab ja nur ein Exemplar. An Vervielfältigen war zu dieser Zeit überhaupt nicht zu denken. Und alles noch zwei- oder gar dreimal abzuschreiben, wäre zu viel des Guten gewesen.

Die erste noch erhaltene „Ausgabe“ in der Größe 14,5 x 20,5 cm ist vom 1. Januar 1947 datiert und war acht Seiten stark. Da erfuhr der Leser zum Beispiel, daß der zur Zeit gefragteste der von Rudi Schuricke gesungene Schlager „Die Caprifischer“ war („Wenn bei Capri die rote Sonne im Meer versinkt ...“). Ein anderer Schuricke-Schlager begann mit den Worten: „Bunte Lampignons und ein Gartenfest im Mai ...“ Statt „Bunte Lampignons“ verstand ich immer: „Drunten am Fjord ...“

Gerhart Winkler habe die Caprifischer, so stand zu lesen, im Sommer 1946 komponiert. Und daß Schuricke Ende Mai in der Kongreßhalle gastieren würde, Veranstalter sei die „Battenberg-Varieté-GmbH“. Karten gäbe es zu 5, 8 und 10 RM. Dieses Varieté hatte sich vor seiner Zerstörung in der Tauchaer / Ecke Kohlgartenstraße befunden.

Aus den anfänglichen acht Seiten des „Kulturspiegel" wurden schließlich vierundzwanzig, angereichert mit Zeichnungen und eingeklebten Photos oder Kalenderblättern.

Einmal hatte ein Schulkamerad seinen Text nicht geliefert, ich aber das ganze Heft fertig gestaltet und nur zwei Seiten freigelassen. Auf denen stand lediglich der Titel der Auftragsarbeit mit einer dazu passenden Skizze. Um aus der Bredouille zu kommen, schrieb ich quer über die beiden leergebliebenen Seiten: F E H L – D R U C K!

Im März/April-Heft von 1948 stand: „Wie uns mitgeteilt wird, wurde der Opernsänger Walter Streckfuß aus politischen Gründen entlassen ..." Über die Hintergründe ist die Öffentlichkeit nicht unterrichtet worden.

Ich sah und hörte Streckfuß ja bereits 1943 als Besenbinder im „Schwarzen Peter", und am 27. September 1947 hatte ich ihn mit Manfred in „Manon Lescaut" erlebt – ein eindrucksvoller Baß! Noch eindrucksvoller fand ich den neu engagierten Willi Schwenkreis und ein paar Jahre danach auch seinen Nachfolger Hans Krämer.

Im Sommer 1948 gedachten wir eines Ereignisses vom 27. August 1824: „Der Friseur Woyzeck wird wegen Mordes an der Witwe Woost aus wahnsinniger Eifersucht als letzter auf dem Marktplatz in Leipzig öffentlich hingerichtet ... Georg Büchner, ein junger Student in Darmstadt", teilte Rolf Heller, Autor des Artikels, weiter mit, „gelangt durch Zufall in den Besitz der Zeitungsnachricht über jenen Rechtsfall. Er empfängt hierin die Anregung für seine dramatische Arbeit. Woyzeck wird zum Symbol der gequälten Menschenseele im Körper eines naiven Wesens. Der Dichter war ein tiefveranlagter Revolutionär, der eine Verkörperlichung seiner Ideen suchte und nun fand."

Wir beschäftigten uns mit dem Thema „Hörspiel". Ich widmete mich (angeregt von einer Novelle Stefan Zweigs) dem Schicksal des Schweizers Johann August Suter, des Mannes, der von ungeheurem Reichtum in bitterste Armut stürzte. Manfred nahm sich Daniel Schubarts an, des revolutionären Dichters, den die vom Herzog Karl von Württemberg verhängte Haft auf Hohenasperg in die Knie zwang.

Wir suchten uns ein Gedicht Puschkins in der Originalsprache aus und versuchten uns – jeder auf seine Weise – an einer Übertragung ins Deutsche. All das brachte dann der „Kulturspiegel". Das Blatt sollte anfangs monatlich erscheinen. Ab Februar 1948 wurde es eine „Zweimonatszeitschrift für Literatur und Theater". Als „Herausgeber" firmierte zuerst ein fiktiver „Junger Kulturverein Leipzig" und dann die „Arbeitsgemeinschaft Discipulus-Kulturspiegel".

Einmal hielten wir eine „Redaktionssitzung" in der Wohnung einer bildhübschen Schülerin ab, in die alle verschossen waren. Sie wohnte bei ihren Eltern am Fliederhof in Schönefeld. Wir hatten wohl ein bissel viel Alkohol getrunken, denn sonst hätte ich sicher nicht auf dem nächtlichen Heimweg ein nur locker verankertes Verkehrsschild „entwurzelt" und in den parallel zur Brandenburger Straße verlaufenden Graben geschmissen. Wir fanden das damals nicht nur tollkühn, sondern auch äußerst lustig.

Die schon genannten Redakteure des „Discipulus" (die linientreuen Engelhardt und Piehler) schrieben ebenso für den „Kulturspiegel" wie einige (nicht linientreue) Klassenkameraden und alle diejenigen, die auch in den Aufführungen der Schülertheatergruppe Rollen spielten. Das war höchstens eine Handvoll. Um aber den Eindruck zu erwecken, die Zeitschrift habe eine gewaltige Zahl von Mitarbeitern, schrieben Patzschke und ich unter etlichen Pseudonymen.

Schließlich zeichnete als Herausgeber die sogenannte „Literarische Arbeitsgemeinschaft Kulturspiegel", die auch abendliche Veranstaltungen durchführte. Die erste dieser Art, eine Schiller-Feierstunde, fand im März 1948 im Gesellschaftsraum der Gaststätte Meisinger statt, die sich neben der ehemaligen Musikalienhandlung Tappert in der Rosa-Luxemburg-Straße befand. Auch in Fleischer Rebers Wohnung gab es solche Zusammenkünfte. Und bei uns in der Paulinenstraße. An einem dieser Abende stand die Musik im Vordergrund. Da setzte sich der etwas jüngere Rotschopf Joseck ans Klavier, tat es Meister Max Reger gleich und gab Variationen zum besten. Allerdings nicht Variationen auf Themen Mozarts oder Beethovens, sondern nur auf „Hänschenklein". Einmal mußten sich die Zuhörer die Augen verbinden, während zwei Vorleser, Carla Valerius und ich, eine „Stunde der Mystik" gestalteten.

Carla trug zum Beispiel einen Abschnitt aus Schillers „Geisterseher" vor, ich eine Schauergeschichte von Edgar Allan Poe. Ein wohlmeinender Freund wies im Nachhinein darauf hin, daß das mit Mystik eigentlich nichts zu tun hatte.

Am Rande sei vermerkt, daß ich durch Carla auch die Bekanntschaft einer in der nahen Geißlerstraße wohnhaften Familie machte. In unmittelbarer Nachbarschaft wohnte übrigens auch die erste Frau von Walter Ulbricht. Die Leute erzählten sich, sie habe in den Zwanzigern Ecke Geißler- und Wurzner Straße eine Art Puff betrieben, und Walterchen habe sich als Zuhälter betätigt.

Bei der Familie jedenfalls, von der die Rede war, herrschte, wenn ich zu Besuch kam, immer eine heitere und aufgeschlossene Atmosphäre. Im Sohn Günter sah ich *einen natürlichen, lebensfrohen, unterhaltsamen und gutmütigen Jungen, der äußerlich auch schon imponiert und vor allem viel Spaß macht. Solche Menschen gefallen mir.*

Günter hieß ursprünglich Kotz, nennt sich später um in Kootz, wird einer der bedeutendsten deutschen Konzertpianisten und erhält eine Professur an der Musikhochschule.

6. März 1948. ... ich sah vollgefüllte Straßenbahnen während einer „nebligen" Messe, sah einen netten, unterhaltenden neuen Film („Eine reizende Familie") und las den kriminellen Roman „Phantom de Opéra oder Das Geheimnis des Opernhauses" von G. Leroux. Ich hatte diese Ullstein-Schwarte in Mutters Bücherschatz gefunden. Dazu noch Agnes Günthers Schwulstprodukt „Die Heilige und ihr Narr", erschienen 1918 in 60. Auflage bei J. F. Steinkopf in Stuttgart.

Zur gleichen Zeit bekam ich *vom „Osterhasen" einen „klassischen" Füllfederhalter geschenkt und bedichtete ein schönes unbekanntes Mädchen, von dem ich annehme, daß es Erika heißt* mit drei Reim-dich-oder-ich freß-dich-Strophen in der Art:

Holde, schöne Unbekannte Du,
Nimmer gibst Du meinem Herzen Ruh'.
Stetig zaubert Deiner Augen Strahl
In mir eine süße Liebesqual ...

31. März 1948. O könnte ich doch gut Latein! So hätte ich auch wissen können, was „Viola Tricolor" bedeutet; so heißt nämlich eine Novelle von Storm, die ich jetzt eifrig lese.

29. April. ... ich will mich ins Bett legen und von des Tages Lasten ruhn, jedoch noch schnell „Eine Halligfahrt" lesen. Von wem ist das? Nun, von wem anders wohl, als von dem auf mein Gemüte Einfluß nehmenden Theodor Storm!

10. August. „Der Nächste bitte!" So könnte man wohl rufen, denn ich habe gestern die allerletzte Novelle von H. Th. W. Storm gelesen, habe auch bereits eine Biographie nach verschiedenen Quellen über ihn geschrieben und muß sagen, daß er mich meisterhaft verwöhnt hat ...

Ihrem Neffen gewidmet hat die vierbändige Ausgabe ausgewählter Werke von 1925 seine Tante Gertrud Louise zum Geburtstag 1949. „Zum Andenken an den 17. Geburtstag", also ein Jahr zuvor, hatte mir Manfred „Englische Kurzgeschichten von Scott bis Stevenson" aus der Dieterich'schen Verlagsbuchhandlung geschenkt und mit der Widmung versehen: „Auf daß sie Dir ein Vorbild seien!"

Vielleicht waren sie das sogar, als 1948 nebenher ein gegenwartsbezogener Sketch entstand, betitelt „Der Heimkehrer". Die Handlung spielte sich auf einem Dorf ab, wahrscheinlich – wie dem Text zu entnehmen war – im Westen. Da erzählte zum Beispiel „ein gepflegter Herr" dem Dorfpolizisten: „Ich hab da neulich gehört, daß einer, der als Heimkehrer herumzog, um die friedlichen Menschen zu schädigen, daß der sich bei seiner Festnahme als schwerer Nazikriegsverbrecher und ehemaliger General der Infanterie entpuppte!" Worauf eine Flüchtlingsfrau einwarf: „Was Sie nicht sagen! Denken Sie sich: ich habe einen noch schlimmeren Fall vernommen. Hat sich doch da ein Bürgermeister als amerikanischer Offizier verkleidet und ein Dutzend junge Mädchen vergewaltigt ..." Am Ende verkündete ein Neunzigjähriger die Moral: „Es gibt beileibe nicht nur Polizisten, die, wenn es darauf ankommt, ihr Amt verletzen. Genauso steht es mit allen anderen, und doch sollen Sie, meine Herrschaften, diese Einzelgänger, die die wahren Schädlinge sind, zu greifen helfen ..."

Um wieder auf den „Kulturspiegel“ zu kommen: So wie sich die Drahtzieher plus Vorführer der „Vereinigten HöPa-Bühnen“ als deren „Intendanten“ bezeichneten, so bezeichnete sich der (Ab-)Schreiber des „Kulturspiegel“ als dessen „Chefredakteur“. Den „Druck“ besorgte der „HöPa-Verlag Leipzig“ – auch der ein Phantasieprodukt.

HöPa war die Abkürzung unserer Familiennamen. HöPa edierte auch selbst erfundene Würfelspiele und selbst-„gedichtete“ Abenteuer- und Indianergeschichten, heitere Erzählungen, Dramen und Lustspiele. Im Impressum des „Lachenden Dritten“ stand ganz ernsthaft: „Copyright 1946 by HöPaVerlag zu Leipzig-Sellerhausen / 1. Auflage“. Die Autoren waren identisch mit den „Verlegern“.

Im März/April-„Kulturspiegel“ ′48 wurde die Aufführung des Schauspiels „Oberst Kusmin“ am Leipziger Schauspielhaus besprochen. „Es bliebe die Frage“, hieß es resümierend, „ob auch tatsächlich jedes einflußreiche Mitglied der Besatzungsmacht uns so edel und großmütig entgegenkommen würde wie dieser sowjetische Oberst, und alle Tatsachen so gerecht abzuwägen versteht, daß er die wahren Parasiten sofort erkennt und unbarmherzig aus der menschlichen Gesellschaft entfernt! – Hervorragend die Titelpartie Wolf Kaisers, der nicht nur äußerlich durch Gestalt und Stimme, sondern auch mit heftiger innerer Kraft dieser Gestalt überzeugend gerecht wird.“ Wir erlebten Wolf Kaiser auch als Orest in Goethes „Iphigenie auf Tauris“. Brecht und die Weigel sahen ihn sich an und wollten ihn engagieren, Kaiser zog aber ein Engagement bei Wolfgang Langhoff am Deutschen Theater in Berlin vor. 1992 setzte dieser wahrhaft große Mime, offenbar nicht verkraftend, im vereinten Deutschland bedeutungslos geworden zu sein, durch einen Fenstersturz seinem Leben ein Ende.

Über die Aufführung der Trilogie „Trauer muß Elektra tragen“ in der Gottschedstraße, von der ich mich im Mai 1948 begeistern ließ, stand im „Kulturspiegel“ eine ungewöhnlich ausführliche, neunspaltige Besprechung. Darin hieß es unter anderem: „Eugene O′Neill schrieb dieses unerhört mitreißende Drama im Jahre 1931, und wenn wir uns die dramatische Situation der jetzigen Zeit vor Augen führen, so können wir uns wohl der Feststellung anschließen, daß nach jeder politischen, ökonomischen oder wissenschaftlichen Umwälzung das Atridenschicksal die suchenden Gemüter der literarischen Kreise ergriff.“ Obwohl die vom Rezensenten Bormann geäußerte Anschauung „abgewiesen werden kann“, wurde aufmüpfig betont, „soll sie doch angeführt sein, schon um der ‚Leipziger Volkszeitung‘ zu zeigen, daß auch andere Deutungen möglich sind, als sie sie in ihrer Besprechung anführt. – Die Inszenierung von Albert Fischel“, hieß es weiter, „war großartig ... Diese Aufführung bewies wieder einmal, daß Leipzig noch einen großen Regisseur besitzt, der auch mit unserem Ensemble noch großes Theater zu spielen versteht. Daß die drei Hauptrollen mit Gästen besetzt waren, ist ihm nicht zu verübeln, da selbst Frankfurt und Hamburg zu O′Neills Trilogie Gäste benötigten.“

Die letzte Nummer des „Kulturspiegels" kam nach zweieinhalb Jahren im Januar 1949 heraus. In dieser Ausgabe wurde ein junger Schriftsteller mit seinem literarischen Erstling vorgestellt, Karl-Heinz Hagen, Titel: „Der du bist im Nebel". „Mit ungeheurer Realität schildert Hagen das Leben eines Halbjuden namens Black und die ihn umgebenden Zeitgenossen." Es folgte ein Textauszug, abgekupfert aus einer westlichen Kunstzeitschrift.

Zuvor schon wurde Theodor Plieviers Roman „Stalingrad" unter die Lupe genommen: „Es ist vielleicht ein Buch, was jetzt noch nicht für jeden gut ist. Mancher ist froh, daß er die Schrecken und Greuel des Kriegs hinter sich hat, und es würde unpassend sein, wenn er nun schon wieder die Bilder der jüngsten Vergangenheit vorgelegt bekäme. Jedoch für spätere Generationen und Jahrgänge ist es offensichtlich von großem Nutzen. Zwar ist es nicht gerade eine Chronik zum Lobe der Deutschen, aber es ist ein Spiegel, eine Warnung und ein Trost zugleich ... Gnotke und Vilshofen – diese beiden grundverschiedenen Menschen sind die Träger der ganzen Handlung ..."

In eine „Geschichte ohne Moral" waren sechs Fehler eingebaut – einer fand sie heraus: „Der einzige Preisträger ist Armin Knauer aus Leipzig-Mölkau." Nebenbei: Als Kinder hatten Armin und ich auf einem Feld in Mölkau Mäusenester „ausgehoben" und danach die armen nackten Tierchen ersäuft. Armin ging in meine Klasse und brachte es nach seinem Studium zum promovierten Chemiker. In Mölkau wird nach der Wende eine Straße nach seinem Großvater, dem Nähmaschinen-Fabrikanten August K., benannt. Nach zwei schweren Operationen verstirbt Armin im März 2008. An unsere gemeinsame Jugendzeit hatte er sich immer gern erinnert.

Aus einer „Schlager-wetter-lage-meldung" des „Kulturspiegel" ging hervor: Geraume Zeit nach den „Caprifischern" war der Spitzenreiter dieser Tage: „Pardon me boy, is that the Chatanooga Choo Choo ...". Peter Rebhuhn und Bully Buhlan sangen es im Duett, und die deutsche Version auf der Plattenrückseite fing an: „Verzeihen Sie, mein Herr, fährt dieser Zug nach Kötschenbroda?" – „Ja, er schafft´s vielleicht, wenn´s mit der Kohle noch reicht ..."

Und das gab es aus volkseigener Produktion auf Amiga-Schallplatte! Ich hatte sie mir mit ein paar weiteren sogar selber angeschafft. Darunter war auch „In the mood", gespielt vom legendären Kurt Henkels und seinem Rundfunktanzorchester Leipzig, dem die Saxophonisten Rolf Kühn und Henri Passage, der Pianist Günther Oppenheimer, Schlagzeuger Fips Fleischer und Trompeter Walter Eichenberg angehörten.

Leider habe ich den gesamten Hörschatz (einschließlich Vaters historische Opernplatten mit dem kompletten „Troubadour" sowie Trudes Sammelsurium), als wir knapp bei Kasse waren, an einen Plattenliebhaber verscherbelt. Das dazugehörige Grammophon werde ich, nachdem ich es unzuverlässigen Freunden ausgeliehen hatte, demoliert und leider irreparabel zurückbekommen. Ähnlich wie mit den Platten ist es mir mit meiner Briefmarkensammlung gegangen. Die habe ich auch unter Wert weggegeben. Dabei stammten die ersten Sonderbriefmarken mit den jeweiligen Sperrwerten aus meiner Zeit in Schwarzenberg. Dort hatte ich immer die aktuellsten Sätze auf der Post abgeholt.

Wie meine Freunde und ich den Jahreswechsel 1948/49 verbracht haben, ist in folgendem Eintrag zu lesen:

Am 30. fand bei Rebers der letzte Abend des Kulturspiegel in diesem Jahr statt: Herr Böhme sprach zu uns u. las aus seinem Tagebuch (breite, genaue Anlage!) vor; ferner las Manfred etwas von sich und ich eine Erzählung vor. – Nun Silvester. Erst ging ich zu Günter Bormann, meine Tasche samt Rum u. Abendbrot abzuliefern. Dann mit ihm, Gottfried und Manfred ins Schauspiel, wo wir „Seit Adam und Eva“ von J.B. Priestley sahen: ein nicht hervorragendes, originelles Scherzspiel mit dem Problem der Ehe im Mittelpunkt (am besten charakterisiert durch Lessings Wort: „Freund, heiraten ist gut, und nicht heiraten ist besser; aber das Sprichwort sagt nicht, was das beste nun sei“); schauspielerisch ausgezeichnet P. J. Schneider, und im Abstand die zum ersten Mal aufgetretene Lore Schubert; ausgezeichnete Kostüme. Nach dem Theater zu Günter: Junggesellensilvester zu viert bis nach Mitternacht. Nach dem „Prost Neujahr!“ zu Rebers. Unterwegs Gottfried gekotzt. Bei Rebers noch mal gegessen u. getrunken. Die meisten leicht bis schwer beschwipst. Alles in allem: Frohsinn, Fischsemmel, Likör, Lärmende, Bohnenkaffee, Zigaretten, Kartoffelsalat, Streuselkuchen, frische Luft, Schnaps und sauren Hering zwischen 22 und 6 Uhr genossen; dann bis 12 Uhr gepennt. Es lebe 1949! Es lebe das Leben!

15. Januar. So wenig die Proben zur morgigen Premiere der „Fledermaus“ ein Genuß zu nennen waren, denn ich hatte ihnen als Ersatz-Statist beizuwohnen, so viel war es die heutige Generalprobe, in der ich mir die ganze Operette im Zusammenhang anhörte und – sah. Jetzt erst begriff ich den Satz: „Kunst ist Erfüllung menschlicher Sehnsucht“! Und wie sehr erkenne ich , daß vor aller Poesie doch die Musik höchste, idealste, fast göttlich zu nennende Erfüllung der menschlichen Sinne und Befriedigung des Gefühls der Liebe und Freude ist. Erst in weitem Abstand folgt die Lyrik, das Drama und der Scherz. Aber nicht nur in Sinnenrausch tauchte mich Strauß´ festliche Musik, nein, auch das Auge ward berauscht, nämlich von den herrlichen Kostümen und dem Szenerieapparat, wie man es grob und „aus dem Fach“ zu nennen pflegt. Glücklich, wer sein Augenlicht einem Gott verdanken kann! Glücklich, wer den Schall erhören und sich von ihm selig betäuben lassen kann! „Glücklich ist, wer vergißt …“ der Welt schrecklichen Taumel und der Kunst sein Herz zu öffnen imstande ist! Glücklich, wer den Humor des letzten Aktes (Sonderlob für Georg Hruschka als Frosch) versteht und in ihm schwelgt!

Kommen wir zum „Kulturspiegel“ zurück. Die zweite Seite füllte jeweils ein Feuilleton. Hier ein Ausschnitt vom Januar 1949:

Leipziger Cocktail

Lieber Leser, du mußt mir alles vergeben. Ich sitze nämlich hier in meiner weihnachtgeschmückten Behausung, und mir wird es heiß, wenn ich daran denke, wie kalt es eigentlich um mich herum ist. Ich, Junggeselle und armer Poet, verliebte mich in ein hinreißend schönes Mädchen und schrieb ein hinreißend schönes Gedicht auf seine – Heirat.

Es wurde gedruckt, das Gedicht, und ich bekam ein hinreißend schönes Honorar von einundzwanzig Mark dreißig Pfennigen. Es war das erste Mal, daß mich eine Frau wirklich glücklich gemacht hatte! Ich erinnerte mich der Erzählungen meiner seligen Eltern, in denen sie der Feste gedachten, die sie anläßlich des Jahreswechsels gefeiert hatten. Da ich stets für Tradition gewesen bin, beschloß ich jenes längst Vergessene wieder neu zu beleben und kaufte mir, indem ich noch eine Hypothek von 3,70 DM aufnahm, für 25 DM eine Flasche alkoholischen Getränks.

Lieber Leser, davon ist mir übel, das mußt du mir nicht übel nehmen. Das neue Jahr bricht balde an. Im Vertrauen, ich breche auch schon – mit dem alten Jahr. Ich habe also nun hier am Tisch gesessen, im Wintermantel, und habe meinen mir gütigst sonderzugeteilten Hasen behaglich schmatzend verspeist.

Eigentlich hätte ich so ganz am Ende (des Jahres!) lieber Gans oder Ente gegessen, aber da es nun einmal Hase ... Ich habe im übrigen gehört, daß die Hasen und Enten und Gänse gar keine Hasen und Enten und Gänse, sondern polnisches Wild und Geflügel sind, und daß sie wie ihre ehemaligen Besitzer heim ins Reich gekehrt sind. Dafür sind unsre Kohlengruben ausgekehrt.

Ja, eigentlich wollte ich des neuen Jahres gedenken und dessen, was ich mir von ihm wünschte. Ich ließ jedoch beizeiten diesen rückschrittlichen Gedanken fallen.

Warum rückschrittlich, wirst du fragen. Ich frage mich es auch, aber es steht so in der Zeitung. Wir wünschen nicht, wir planen, und nicht fürs kommende Jahr, sondern für zwei Jahre. Monat für Monat wird es besser werden, und Ende 1950 soll es dann ganz besser sein. Wie ich von gut unterrichteter Seite erfahren habe, soll man bereits den Gedanken gehabt haben, mit dem lieben Gott um eine eventuelle Wiederaufnahme ins Paradies zu verhandeln. Das wäre eine Tat, wie sie die westdeutschen Katastrophenpolitiker niemals zustande brächten ...

Gezeichnet war das Feuilleton mit „Benson“, einem der Pseudonyme Manfreds. „Als ich studierte“, schreibt er mir einmal, „habe ich alles weggeworfen, weil ich damals merkte, daß es wohl ein Pennälertraum aus der Sicht eines 16–17jährigen gewesen war, Schriftsteller zu werden ... Aber toll finde ich, womit wir uns beschäftigt haben ...“ Und die Schauspielerin Christa Gottschalk kommentiert: „... Übrigens sollten sich manche Leute den Schülerkulturspiegel zum Beispiel nehmen, wie gut recherchiert wurde. Heute lese ich manche Artikel nur noch diagonal.“ Als Abschlußbeispiel aus Nr. 7/3. Jahrgang:

Zerstreut

Sünd und Teufel, Potz und Blitz,
hat denn niemand soviel Witz,
mir zu sagen, wo mein Hut
jetzo sich befinden tut?

Eben noch hing er hier oben
an der Kleidergarderoben.
Leer jedoch ist jetzt der Ort,
und mein Hut ist weg, ist fort.

Wer gibt Rat, wo er zu suchen?
Himmeldonnerw ... Doch – hilft fluchen?
Besser, man denkt drüber nach,
als man flucht, macht Lärm und Krach.

Aber – was für Wohlgerüche
kommen her aus meiner Küche?
Welchen Duft riecht meine Nase?
Welches Rätsel? Ich erblasse!

Teufel auch, nichts gibt´s zu raten:
Diesen Duft, ihn gibt mein Braten,
den ich wegzustell´n vergaß
von dem brennend heißen Gas!

In die Küche schnell gerannt,
eh der Braten angebrannt.
Doch, herrje, zu meinem Schreck
Kann ich setzen ihn nicht weg

Denn in einer Hand ich halte
meinen Koffer, daß Gott walte,
und – bald platze ich vor Wut –
in der andern – meinen Hut!

Zu den Freizeitbeschäftigungen des Jahres 1949 gehörte ein Ausflug auf Fleischer Rebers Grundstück in Waldsteinberg: *Jetzt, Anfang August, waren wir wieder fünf Tage draußen: fünf junge Gesellen – fünf Tage Natur! Tagsüber schrieb ich an der „Schuld der Frau Weiher". Als Ausgleich zur Schreibtischarbeit war ich zweimal mit den Kumpels spätabends am Autobahnsee: Wunderschön war es im dämmrigen Wald, und das kühle Bad eine köstliche Labung. An einem anderen Abend wollten wir in der „Waldschänke" einkehren, aber die hatte Ruhetag. Wir alberten mächtig rum und trotzten dem Dauerregen. Verrückt angezogen gaben wir uns vereinzelten Anwohnern als Martin Luther mit dem Reichsritter und den bösen Räubern aus. Wir bewarfen uns mit Wegschnecken und ließen leere Bierflaschen klappern. In der Nacht vollführten wir eine Bettzeug-, Baldrian- und Werkzeugschlacht. Eine Tür wurde von den im Zimmer Eingesperrten per Schlipsnadel entschraubt.*

Drei Jahre später – 1952. Eine Tagebucheintragung lautete: *Manfred, Jochen und ich – wir schreiben eine Kollektivnovelle.* Manfred hatte sich zunächst der Juristerei hingegeben. Dabei machte er die Bekanntschaft mit Jochen Knauth, die natürlich auch auf mich abfärbte.

2007 finde ich im „Buch der Lieder" (einem Geschenk Trudes „zum vollendeten 16. Lebensjahr") einen Zettel, datiert vom 21. 2. 51. Auf dessen einer Seite hatte Manfred Heines Hohelied von des Weibes Leib abgeschrieben, das man im „Buch der Lieder" vergeblich sucht. Auf der anderen Zettelseite entdecke ich eine damals gängige „Selbstverpflichtung": Student M. P. der Studiengruppe 1 verpflichtete sich, den Antidühring von Engels und ein Werk über Materialismus und Empiriokritizismus von Lenin „zu lesen und excerpieren, den Stoff des bisher versäumten Parteischuljahr Zirkels durchzuarbeiten ..." und sich „mit Beginn des neuen Semesters an der Ausgestaltung der Wandzeitung aktiv zu beteiligen ..." Wahrlich heldenhafte Aufgaben.

„Daß ich zu den Juristen gegangen bin", kommentiert Manfred 2007, „war – im wahrsten Sinne es Wortes – eine Scheißidee, die ich tatsächlich auf dem Klo hatte. Eigentlich wollte ich ja Schauspieler werden, aber ich hatte Angst, daß ich meinen Leibzscher Dialekt nicht loswerden würde. In völliger Verkennung der Verhältnisse dachte ich: Jugendrichter wäre doch was interessantes." Und er fährt fort: „Die Zustände an der juristischen Fakultät waren katastrophal. Alle Professoren waren gerade nach dem Westen abgehauen ... Die Vorlesungen in ML (Marxismus-Leninismus) waren die reine Klippschule. Durch unsern Deutschlehrer Förster verdorben, dachte ich immer, Denken sei gefragt. Irrtum: man sollte Merksätze aufsagen. Wir saßen dauernd auch vor der FDJ-Leitung und mußten uns dort rechtfertigen, weil uns absolut nichts interessierte. Mit ‚uns' meine ich Jochen und mich. Wir haben uns dann ganz schnell für die Germanistik beworben, und die Jugendfreunde waren froh, daß wir weg wollten."

Oft saß Jochen an unserem Klavier, das, wie gesagt, gar nicht unser Klavier war, und zeigte seine pianistischen Künste. Ich sang dazu und vermeinte, mit der Ballade „Die zwei Grenadiere“ des eben erwähnten Heinrich Heine in der Robert Schumann´schen Vertonung Herzblut zu vergießen. Einmal tranken wir drei schwarzes Starkbier in der Schauspielhausklause mit Strohhalm, um schneller „einen in der Krone“ zu haben.

Manfred, Jochen und ich hatten uns besagtes Spiel (die *„Kollektivnovelle“*) so gedacht: Der Erste durfte sich den Anfang einer Geschichte ausdenken und aufschreiben. Der Zweite sollte diese Geschichte ganz nach seinem Gusto fortsetzen. Der Dritte konnte sie dann wiederum auf seine eigene Weise zu Ende bringen – oder so ausklamüsern, daß sich der Erste noch mal was einfallen lassen mußte. Das hat einen Heidenspaß gemacht!

Manfred, Jochen und andere Kommilitonen riefen auch eine Studentenbühne ins Leben. „Zuerst hatten wir einen Moliere-Einakter und Molieres ‚Gaunerstreiche des Scapin‘ gespielt“, berichtet Manfred auf Anfrage. „Der Einakter hieß, glaube ich, ‚Die Verliebten‘. Da spielten Inge Schneider und ich die Hauptrollen ... Dann machten wir den ‚Alchimisten‘ von Ben Jonson. Die FDJ-Leitung meckerte rum, daß wir so ‚alte Kisten‘ inszenierten. Als aber Hans Mayer in seiner Vorlesung eine ganze Stunde lang über das Elisabethanische Zeitalter und unsere Aufführung sprach und uns sehr lobte (eigentlich war ein ganz anderes Thema dran), waren die FDJ-Bonzen sehr freundlich zu uns. Ja, so ist das. Gestern wie heute.“

Und in einem P. S. heißt es: „Da fällt mir noch ein Kuriosum ein. Den „Alchimisten“ hat sogar der Fernsehfunk gebracht. Wir wurden für eine Woche nach Berlin geholt, haben geprobt und dann ging es auf den Sender – original!!, denn es gab noch keine Aufzeichnungen!“

Manfred wird nach dem Studium Dramaturg an den Bühnen in Greiz, Gera und Karl-Marx-Stadt. Letzteres heißt bei Beginn seines Rentnerdaseins wieder Chemnitz; er schreibt es konstant „K.M-nitz“. Ein reger Briefverkehr im Alter setzt das persönliche Zusammengehen der Jugendzeit fort.

Jochen ist nach seinem Studium in Meißen und wird dann wegen seiner Stücke Meisterschüler am Deutschen Theater („Der Tambour und sein Herr König“, „Heinrich der Achte oder der Ketzerkönig“). Vor allem aber macht er in der frühen DDR durch eine satirische Komödie von sich reden, die den in der Planwirtschaft üblichen „Kampagnefimmel“ aufs Korn nimmt.

Von Plenum zu Plenum werden solche Kampagnen ins Leben gerufen: Einmal heißt es, die Schuhproduktion müsse bis zum Gehtnichtmehr gesteigert werden, ein andermal wird dem Federvieh das erhöhte Eierlegen und der Bevölkerung der erhöhte Verzehr der Hühnerprodukte befohlen, Motto: „Nimm ein Ei mehr!“ Oder man unterstützt unsere volkseigene Fischfangflotte durch des Fischkochs Slogan: „Einmal in der Woche Fisch – das gehört auf jeden Tisch!" Oder man greift den Brudervölkern unter die Arme und verkündet: „Trinke nicht wahllos – trinke Rotwein aus Freundesland!" Nur Bier aus Freundesland wird nie propagiert: „Pilsner Urquell", „Budweiser" und „Staropramen" gehören immer und ewig zur heißbegehrten Mangelware.

VON FILM UND FUNK

Mein erster Kinobesuch nach Kriegsende fand unter sowjetischer Besatzung statt: *11. Juli 1945. Nachmittags stelle ich mich mit einem Schulfreund nach Kinokarten an. Abends gehen wir dann. Es wurde gespielt: 1. Krimkonferenz (in russischer Sprache mit Untertiteln), 2. Kulturfilm aus dem Norden, 3. Das heutige Moskau, 4. Fahnen des Sieges über Berlin.*

Gut zwei Wochen später erlebte ich dann den ersten richtigen Kinofilm: *27. Juli. Am Abend gehe ich mit Trude und Manfred ins Kino in den Farbfilm „Das Bad auf der Tenne".* Auf dem Heimweg schwärmte Trude von den „Stars" früherer Zeiten. Sie hatte eine ganze Reihe alter „Magazine" der Jahrgänge 1930, 1932 und 1935 aufgehoben. Ich schaute sie mir nach und nach an, und so konnte ich – wenigstens auf Photos – Bekanntschaft mit einigen der damaligen Filmgrößen schließen: mit Gary Cooper, Anny Ondra, Sybille Schmitz, Asta Nielsen, Lilian Harvey und Jan Kiepura – mit diesem sogar im Interview. Ich entdeckte Greta Garbo als Anna Karenina, Eduard von Winterstein als Graf Zeppelin, Wolfgang Liebeneiner als Chopin, Charles Laughton als Heinrich VIII., Heinrich George als Luther und Werner Krauß als Napoleon.

Nach dem „Bad auf der Tenne" war das nächste Kino-Erlebnis „Immer nur Du" mit Johannes Heesters, *einem wirklich prachtvollen Film,* wie ich kommentierte. Dem folgte „Kollege kommt gleich!", eine Kellnerklamotte, die ich im „Lichtschauspielhaus" sah. Das war das mittlere der drei Kinos in der Eisenbahnstraße. Die trug übrigens ihren Namen zu Recht: Bis 1879 fuhren hier tatsächlich Eisenbahnen, und zwar auf der ersten deutschen Fernlinie Leipzig–Dresden (nach Plänen von Harkort, Dufour, Seyffert und Lampe). Außer durch die Kinos wurde die Straße von rund 100 Geschäften und 20 Gaststätten belebt. Die bekannteste Gaststätte war wohl die im Volksmund „Taschentuchdiele" genannte Tageskneipe von Julius Hoffmann.

Ins „Lichtscher", wie wir das Lichtschauspielhaus nannten, konnte man durch den Toreingang des Vorderhauses oder von der Konradstraße aus auf dem geräumigen Hinterhofgelände durch einen beeindruckenden Portikus gelangen. Ursprünglich eine

Markthalle, wurde es 1914 zu einem der ersten deutschen Kinos umgestaltet. Gleich nebenan befand sich das Ostbad, das Mitte der Neunziger abgerissen wird.

Weiter östlich in Sellerhausen stand neben einer ehemaligen Gasanstalt das „Kino der Jugend", das noch bis zum Oktober 1945 „Fortuna" hieß. Dort *besorge ich nach dem Mittagessen Kinokarten, und am Abend sehen wir den überlustigen Film „Die Feuerzangenbowle" mit Heinz Rühmann an.*

Im September sah ich mit Manfred im „Fortuna" den Film „Gasparone" nach der gleichnamigen Operette, und im Oktober mit Mutter und ihrer Schwester „Schrammeln". Über den unverkennbar nuschelnden österreichischen Komiker Hans Moser und seinen näselnden Partner Theo Lingen habe ich nicht nur gelacht, ich versuchte auch, beide zu imitieren. Sogar vor Heesters hatte ich keinen Respekt, wenn ich ihn nachmachte und schmetterte: „Mein Herz / müßte ein Rundfunksender sein, / dann könn-test du / was hö-ren ..."

13. Januar 1946. Nachmittags gehe ich mit Gottfried Schmidt ins „Kino der Jugend" in den mehr als schlechten russischen Film „Die lustigen Burschen".

Ich schrieb oben, das Kino stand in Sellerhausen. Es steht sogar heute noch, 2008. Aber man frage nicht, wie! Eine lausige Ruine mit zugenagelten Fenstern und verbarrikadierten Türen, von der Tag um Tag mehr Putz abbröckelt, wenn man überhaupt noch von Putz reden kann. Kein Lichtspiel, ein Trauerspiel.

Stadteinwärts (in Neustadt-Neuschönefeld) gab es dann noch den „Wintergarten", der 1998 plattgemacht wurde. Dort sah ich „Immensee" und schwärmte: *Es war wunderbar!* In Wirklichkeit muß der von Veit Harlan gedrehte Film laut Filmhistoriker Toeplitz „trotz der Verwendung von Farbe farblos" gewesen sein. Auch den Film „Peter Voß, der Millionendieb" sah ich dort. Es war die Geschichte vom Mann, der sich eines Vermögens wegen, das überhaupt nicht existierte, um die ganze Welt jagen ließ. Den gleichnamigen Roman fand ich wesentlich besser. Regelrecht hingerissen war ich im Mai 1947 von „Die Frau meiner Träume" mit Marika Rökk.

In der Dresdner Straße gab es außer dem „Regina-Palast" noch ein Kino. Es befand sich zwischen Kleinem Kuchengarten und Straßenbahnhof. Man nannte es, weil es so winzig war, die „Floh-Kiste". Und in Schönefeld gab es auch noch eines, am Anfang der heutigen Ossietzkystraße. In allen den genannten Kinos fühlte ich mich damals wie zu Hause. Zu dem heute in ein „Shopping-Center" mit Parkmöglichkeiten umgewandelten Reudnitzer Straßenbahnhof möchte ich noch folgendes bemerken: Dort befand sich einst das Pferdeeisenbahn-Depotgelände mit Ställen, Wagenschuppen, Gleisen und Hallen. Das im Vordergrund stehende, 1851 vom Musikalienverleger Friedrich Hofmeister erbaute spätklassizistische Logengebäude wurde seinerzeit von der „Leipziger Pferde-Eisenbahn AG" erworben. Es diente fortan als Verwaltungssitz.

Außer den genannten Kinos im Leipziger Osten suchte ich mit Trude immer mal wieder die „Stern"-Lichtspiele in der Bornaischen Straße in Alt-Lößnig auf. Da genossen wir freien Eintritt, weil der Betreiber ein guter Bekannter Trudes war.

Im „Kulturspiegel" hatte ich zum Thema DEFA geschrieben, es brauche wohl nicht erst hervorgehoben zu werden, „daß die DEFA die bedeutendste Filmgesellschaft Deutschlands von heute" sei. Dann folgten Bemerkungen zu den zehn der 12 ersten „Großfilme", die in Leipzig zur Aufführung kamen: „Wozzek" klage „jene verlogenen, hinterlistigen Menschen an, wie sie uns in dem Doktor entgegentreten." Es sei „nicht der Wozzek Büchners", es sei „der Wozzek der Zeit". – „Die seltsamen Abenteuer des Herrn Fridolin B." mit Axel von Ambesser in der Titelrolle versetze uns ins Land der Paragraphen, ins Land der Konzerne hingegen der Streifen „Chemie und Liebe". Das „Kabarettartige" in Fridolin B. hob ich als „erfinderisch und ideenreich" hervor. In den frühen Siebzigern werde ich den Film über den DEFA-Verleih beschaffen und ihn Volkshochschülern im Rahmen eines Lehrganges in den Räumen der „Pfeffermühle" als mustergültig für Satire im Film vorführen lassen.

Dann war von Schiebereien und dem Film „Razzia" die Rede „wo ja genügend geschoben wird. Im Gegensatz zu ‚Freies Land'", hieß es weiter, „jenem Dokumentarfilm, der geschickt das Problem der Bodenreform in die Handlung einflicht, bemerken wir in ‚Razzia' kein Stückchen freies Land, denn wo Razzia und Nina Konsta mit ihren reizenden Chansons ist", könne ja gar kein freies Land, kein freier Platz sein. Und in noch einem Film sei kein Platz, „nämlich für Liebe", und Heinz Lausch sei eifrig bemüht, mit seiner Geliebten (Bruni Löbel) einen freien, stillen Platz unter all den vielen Trümmern zu finden in „Kein Platz für Liebe".

Schon im November 1946 hatte ich Wolfgang Staudtes „Die Mörder sind unter uns" mit Hildegard Knef erlebt, der „echte, lebenswirkliche und trotz aller Trostlosigkeit doch im fernsten Winkel hoffnungssprießende Atmosphäre" verbreite. Daß die Knef 1951 mit dem Film „Die Sünderin" bei spießigen Moralisten zur Skandalnudel wurde, erfuhren wir nur per West-Rundfunk, da der Film bei uns natürlich nicht ins Kino kam. Erstens war's keine DEFA-Produktion, zweitens saßen bei uns noch spießerischere Spießer. Allerdings welche mit Parteiabzeichen.

Auch „Irgendwo in Berlin" spielte sich in Trümmern ab, nur wirke „hier die Jugend als Träger einer glücklichen Zukunft". Kurt Maetzigs „Ehe im Schatten" stelle „das ergreifendste und qualitativ höchststehendste Filmwerk dar. Was uns hier mit Ilse Steppat als jüdische Gattin des Schauspielers Wieland (Paul Klinger) geboten" werde, sei „bitterste Wahrheit und eherner Denkstein an die verruchte Hitlerherrschaft."

Der Film, so schrieb ich, sei „dem mit gleichem Schicksal beschiedenen Schauspieler Joachim Gottschalk gewidmet." Am Ende der Betrachtungen nannte ich „Straßenbekanntschaft“, einen Film, „der die Gefahr der Geschlechtskrankheiten vor Augen“ stelle.

1947 habe ich im „Capitol“ einmal eine gute Stunde nach einer Eintrittskarte angestanden, um den Film „Große Freiheit Nr. 7“ mit Hans Albers und der einprägsamen Musik von Werner Eisbrenner sehen zu können. Er wurde von Helmut Käutner kurz vor Untergang des Dritten Reiches zu Ende gedreht, nur im „Protektorat Böhmen-Mähren“ gezeigt und erst um 1946/47 im (nunmehr geteilten) Deutschland. Gleiches Schlangestehen ist zu vermelden, als ich die Erstverfilmung des Katastrophenfilms „Titanic“ sehen wollte. Auch dieser Film durfte im „Reich“ auf Anordnung von Goebbels nicht gezeigt werden; er warf ihm „ungenügende anti-englische Haltung“ vor.

In der Nazizeit lief vor Beginn des Hauptfilms „Die Deutsche Wochenschau“, im Nachkriegsdeutschland-Ost der „Augenzeuge“: „Sehen Sie selbst, hören Sie selbst, urteilen Sie selbst“, forderte die Stimme eines Sprechers den Zuschauer auf. Dann folgte wahlweise ein Dokumentar-Kurzfilm, ein Trickfilm oder das satirische „Stacheltier“ und natürlich Reklame. Während das Publikum eintrudelte und in der Kurzpause nach dem Vorprogramm spielte damals im „Capitol“ immer Erich Neumann zur Einstimmung auf der Kino-Orgel. Manchmal gab es auch eine „Bühnenschau“ mit Unterhaltungsprogrammen aller Couleur zu sehen.

Im Theater hatte ich 1947 erlebt, wie die Leute im „Don Carlos“ nach Posas Forderung „Sire, geben Sie Gedankenfreiheit!“ heftig applaudierten, als sei die Forderung an die SED-Oberen gestellt. 1951 lief die neu aufbereitete „Dreigroschenoper“-Verfilmung aus dem Jahr 1931 im „Capitol“ an. Nach der Stelle im Lied von der Unzulänglichkeit menschlichen Strebens „Ja, mach nur einen Plan, sei nur ein großes Licht! Und mach dann noch ′nen zweiten Plan – gehn tun sie beide nicht ...“, da erlebte ich, wie die Leute es einhellig auf den gerade zu Ende gegangenen Zweijahresplan und den gerade begonnenen Fünfjahrplan bezogen, in denen auch so manches „nicht ging“.

Soviel zum Lichtspielwesen der unmittelbaren Nachkriegsjahre. Was gibt es über das zweite Medium zu berichten, den „drahtlosen Rundfunk“, wie man damals sagte?

Gegen Ende des Kriegs wurden die als einheitliches „Reichsprogramm“ angekündigten und auf den „Reichsrundfunksendern“ ausgestrahlten siegverkündenden „Sondermeldungen“ immer seltener. Sie wurden eingeleitet vom Signalmotiv aus Franz Liszts „Les Préludes“. Schließlich war nur noch vom „siegreichen Rückzug“ die Rede. Die rheinischen Komiker Jupp Hussels und Jupp Schmitz hörte man nicht mehr kalauern, und auch die beliebten „Wunschkonzerte“ wurden eingestellt.

8. Juli 1945. Von 21 bis 22 Uhr höre ich im Radio im ganzen 24 verschiedene Sender, darunter Beromünster, Stuttgart, München, Graz, Hamburg, Berlin, Luxemburg, Paris, London und Prag. Ich hörte sie entweder auf Kurz-, Mittel- oder Langwelle. Unser Radio war kein gewöhnlicher „Volksempfänger“ (im Volksmund „Goebbelsschnauze“), sondern „etwas Besseres“, nämlich ein „Blaupunkt“.

Am besten und relativ störungsfrei, wenn auch manchmal zwischen laut und leise schwankend, bekamen wir von den ausländischen Sendern außer den schon genannten Beromünster und Luxemburg noch BBC (British Broadcast Company). Fast regelmäßig verfolgte ich die Sendung „Lernt Englisch im Londoner Rundfunk“, zur Weihnachtszeit mit dem Fortsetzungs-Hörspiel vom geizigen Mister Scrooge nach Charles Dickens. Mein erlerntes Sprachwissen versuchte ich Mutter und ihrer Schwester überzustülpen. Ich ließ es mir sogar bezahlen! Das war überhaupt so eine Marotte, die sich bei mir gehalten hat. Kaum werde ich Anfang der Fünfziger Unterricht in Sprecherziehung haben, bin ich auf der Suche nach Versuchskaninchen, an denen ich mich selber als Sprecherzieher ausprobieren und die erlernten Übungen weitergeben kann.

Solch ein Kaninchen hieß Christa und hatte die Ehre, Gattin des Drogisten Genth zu sein. Dessen Drogerie war in jenen Jahren ebenso stadtbekannt wie die Buchhandlung gleichen Namens, die der Vater geführt hatte, und die jetzt der Bruder des Drogisten weiterführte. Ein anderes Kaninchen war die Ballettelevin Hannelore Puffert, von der noch die Rede sein wird.

Am 2. September 1945 hielt ich als unermüdlicher Radiohörer fest: *Der Leipziger Sender geht wieder.* Vom 4. Juni 1946 an wird er als „Mitteldeutscher Rundfunk / Sender Leipzig“ aus dem neu eingerichteten Funkhaus in der Springerstraße übertragen.

An einige der Werbespots, die zwischen den einzelnen Sendungen eingeblendet wurden, kann ich mich noch gut erinnern. So pries die Firma Schnäckel (oder „Schneckel“?) im Sender Leipzig ein typisches Nachkriegsprodukt an:

„Was der Kochtopf ohne Deckel,
ist die Hausfrau ohne Schnäckel.
Suppen und Soßen – nur mit Schnäckels Quellmehl!“

Auch die Nährmittelfabrik Aga machte Reklame für ihr meistgefragtes Hungerzeitprodukt: „Aga-Hefepaste“. Eine andere Firma namens Wolff warb (auch im Kino vor jedem Hauptfilm) für ihr „einzigartiges“ Imprägniermittel:

„Ihr Mantel hält den Regen aus,
ist´s Präparat von Wolff im Haus!“

Ein halbes Jahr später sendeten auch andere mitteldeutsche Rundfunkanstalten – und natürlich nicht nur Werbung: Aus Dresden hörte ich im Mai 1946 *eine lustige Sendung,* und aus dem Weimarer Sendehaus Franz Lehárs „Vetter aus Dingsda“.

Vom Berliner Rundfunk verfolgte ich mit Spannung die in Serie gesendete „Sorgenpause“. Rein zufällig fiel mir jüngst ein Zeitungsausschnitt aus der (unter sowjetischer Kontrolle herausgegebenen) „Täglichen Rundschau" vom 25. Oktober 1945 in die Hände, in der diese Sendung kritisiert wurde. Die Rezensentin äußerte sich wie folgt: „Drei muntere Männer lesen Dir mit verteilten Rollen Kurzgeschichten vor, die bereits vor einigen Jahren in den ‚Lustigen Blättern' erschienen ... Sie flechten gelegentlich ‚neuere' Witzchen ein, über die sie sich anscheinend selbst am meisten freuen. Dann kommt ein bißchen Musik, ein paar Größen von Bühne und Film geben einige Nichtigkeiten von sich – und dann drehst Du das Radio keineswegs sonderlich erheitert ab. Du stellst fest, daß wir uns im Oktober 1945 befinden, daß es sich bei der Sendung eben also keineswegs um einen bunten KdF-Nachmittag handeln kann, bei dem nur noch Herms Niel mit dem Erika-Blümelein, Wilhelm Strienz mit ‚Gute Nacht, Mutter' und Ludwig Manfred Lommel mit der Runxendorfer Pauline fehlten ..."

Vom Nazikomponisten Herms Niel stammte unter anderem die Melodie zum Lied „Auf der Heide blüht ein kleines Blümelein / und das heißt / E-rika ...". Aber er vertonte auch das Englandlied nach Hermann Löns, in dem es hieß: „... und wir fah-ren / und wir fah-ren / und wir fah-ren gegen Enge-land!" Wilhelm Strienz war ein begehrter Operetten-Tenor, und Manfred Lommel ein schlesischer Mundart-Komiker. Die Rezensentin schloß mit der Sentenz: „Die Nichtigkeiten, die Frivolitäten, die Geschmacklosigkeiten und billigen Scherze, die man Dir heute als ‚Kleinkunst' serviert, hättest Du im Jahre 1927 vielleicht mit einem Achselzucken hingenommen. Zu den Ruinen von 1945 – und das ist nicht nur wörtlich zu nehmen – passen sie so wenig, daß man sie geradezu als grobe Taktlosigkeit empfindet ... Humor unserer Tage kann immer nur ein Lächeln unter Tränen sein ..., er soll von innen herauskommen und auf billige Effekte verzichten ..."

Im Mai 1947 hatten mich besonders zwei Hörspiele beeindruckt: *... das Märchenhörspiel des Mitteldeutschen Rundfunks vom „Kalten Herz" nach Wilhelm Hauff mit Gisela May und Peter Lühr, sowie das Kriminalrätselspiel „Wer ist der Täter?"* Ein Mord wurde verübt. Der Täter war von der Hörerschaft zu erraten. Die Handlung spielte sich in Monte Carlo bei einem Autorennen ab. Wie in der Auflösung nach zwei Wochen herauskam, war der Täter farbenblind und hatte den Falschen erschossen.

Von einer geballten Ladung Kultur wurde im Juni berichtet: *Nachdem ich an einem einzigen Tag „Mozart auf der Reise nach Prag" von Möricke und „Der Tor und der Tod" von Hofmannsthal gelesen, im Kino den Film „Späte Liebe" mit Paula Wessely und Attila Hörbiger gesehen und im Radio „Hektor ist tot" (nach Curt Goetz' Einakter „Hund im Hirn") sowie die Oper „Don Pasquale" von Donizetti gehört hatte, mußte ich mich nächsten Tages praktischeren Dingen zuwenden.*

Ganz klar, daß ich mir die Chuzpe, über Bücher, Theater, Film und Funk zu urteilen, bei dem renommierten Theaterkritiker Friedrich Luft abgeguckt – oder besser: abgehört hatte, dem ich Sonntag für Sonntag mittags zu Hause lauschte, „gleiche Zeit, gleiche Stelle, gleiche Welle" – auf RIAS, dem Rundfunk im amerikanischen Sektor: „Hier spricht RIAS Berlin – eine freie Stimme der freien Welt". Aber nicht nur dem Luft lauschten wir im familiären Kreise, sondern auch den RIAS-„Insulanern", dem seit Weihnachten 1948 regelmäßig ausgestrahlten Rundfunkkabarett unter Leitung des genialen Günter Neumann.

Jeder bei uns im Osten kannte den mäkelnden „Herrn Kummer" (Bruno Fritz), der sich mit dem imaginären „Herrn Pollowetzer" am Telefon unterhielt. Jeder im Osten kannte den „Jenossen Funkzionär" (Walter Gross) und seinen sowjetischen Aufpasser „Professor Quatschny" (Joe Furtner) sowie die Klatschtanten Tatjana Sais/Agnes Windeck und Edith Schollwer/Ilse Trautschold – obwohl wir im Osten diese Typen von Partei wegen gar nicht kennen sollten. Jeder summte im stillen Kämmerlein mit, wenn das Erkennungslied erklang:

> „Der Insulaner verliert die Ruhe nich.
> Der Insulaner liebt keen Jetue nich.
> Der Insulaner / hofft unbeirrt,
> daß seine Insel wieder 'n schönes Festland wird –
> ach, wär das schön!"

150 Folgen sendete der RIAS bis 1958. Als die Insel Westberlin wieder Festland wurde, gab es längst keine Insulaner mehr: 1968 verstummten sie nach einem mißlungenen Comeback für alle Zeiten.

Ein Leipziger Kabaretthistoriker nennt die Insulaner 1981 in einem Buch zur Geschichte des Kabaretts „das Übelste, das jemals unter der Bezeichnung ‚politisches Kabarett' auf den Plan trat", die „mit plumpen Gehässigkeiten" nie sparten, „wenn sie damit die antisowjetische Propaganda ihrer Auftraggeber unterstützen konnten". Nach der Wende wird der gleiche Mann öffentlich in der LVZ behaupten, sie seien „der kabarettistische Ätherwellen-Hit" gewesen: „Man kannte und liebte sie alle ..."

Und noch eine Sendung hörten wir im Verborgenen – sofern wir sie hören konnten. Denn solche Sendungen wurden permanent – wenn sie politisch geprägt waren – von einem Störsender mit sirenenartigem Gejaule und nervensägendem Gekratze überlagert. Kalter Krieg in Reinkultur. Die bewußte Sendung hieß „Aus der Zone für die Zone". Der unübertreffliche Kabarettist Wolfgang Neuss machte daraus: „Aus der Zyne für die Zyne". Gegen Ende der Sendung wurden jedesmal Namen angeblich gefährlicher SED-Spitzel genannt. Das ging dann so: Es ertönte der Chorgesang „Völker hört die Signa-le, / auf zum letz-ten Gefecht, / die In-ternationa-ale erkämpft ..." Abrupter Schluß. Pause. Und dann ein Sprecher fragend: „... das Menschenrecht?“ Darauf ein anderer Sprecher: „Wir warnen vor folgenden Personen ...“ Einmal wurde als Verdächtiger ein bekannter Leipziger Schauspieler genannt. Der Mann steigt nach einigen Jahren zum Generalintendanten von Weimar, dann von Leipzig auf. Es war der, dem ich mal schüchtern mein Stück von der „Schuld der Frau Weiher“ anvertraut hatte.

1949 startete der Sender Leipzig ein Preisausschreiben: Wer sich in der Lage dazu fühlte, sollte ein weihnachtliches Hörspiel schreiben und einsenden. Das war natürlich Wasser auf meine Mühle. Ich schrieb und schrieb und schickte ein. *Hoffentlich habe ich Glück damit.*

(Der „reaktionäre“ Stiefvater, Herr Wandeck, unterhält sich am Abendbrottisch mit seiner Frau:)

„Wandeck: Ja, Else, was ich dir sagen wollte: Kunze haben sie jetzt auch enteignet. Weisst du, das ist der, dem hinten das Sägewerk gehört. Das ist jetzt dem ganzen Volk, sagen sie. In Wirklichkeit kriegen´s die Bonzen von der Regierung. Ach, Jörg, stell doch mal den Kasten ab.

Jörgen: Das ist aber gerade die Musik von ‚Hänsel und Gretel‘, was ich mir im Theater angesehen habe.

Wandeck: Wenn ich sage, stell ab, so stellst du auch ab. Wenn du´s schon gehört hast, brauchst du´s ja jetzt nicht noch mal zu hören. (Radio aus)

Oma: Fahr ihn doch nicht gleich so an!

Wandeck: Wenn er nicht hört, muß er fühlen.

Frau Wandeck: Sag, Kurt, seid ihr denn die Sachen losgeworden?

Wandeck: Nicht alle. ´s wird von Tag zu Tag schwerer. Die HO macht uns ´nen Strich durch die Rechnung. Die Bande hat ja immer größeren Warenabsatz. Na, wir reden noch mal darüber, wenn die Kinder nicht dabei sind. Jedenfalls sage ich dir: im Westen ist das alles ganz anders. Da ist der Mensch frei. Da kann jeder nach seiner Fasson selig werden. Und vor allem: da hat jeder genug zu essen! Na, und wie ist´s dagegen hier bei uns in der Ostzone?“

(Nach Einsicht und Reue des Stiefvaters heißt es am Schluß:)

„Jörgen: Und du bist mir nicht böse, daß ich zu den Jungen Pionieren gegangen bin?

Wandeck: Nein, Jörgen. Ich glaube, ihr Jungen geht doch den richtigen Weg. Und wenn ich dir einen guten Rat geben darf – mach´s nicht so wie ich, das war falsch. Ich wollte euch zwar helfen – aber ich habe den anderen dabei geschadet, das sehe ich jetzt ein. Nun muß ich meine Strafe abbüßen. Danach will ich das nicht wieder tun, das mit den dunklen Geschäften. Dann gehe ich auch den Weg, den wir Deutschen alle gehen sollten, und dessen wir jetzt zu Weihnachten, dem Fest des Friedens, besonders gedenken sollten!“

Die Läuterung dieses Herrn war selbst für Hundertachtzigprozentige zu dick aufgetragen, so daß es nur zu einer dreibändigen Goetheausgabe als Trostpreis reichte.

Es war im Sommer 1950. Als Statist hatte ich ganz schön „Mäuse gemacht", wie wir sagten. Dafür konnte ich großzügig Geld für Limo und Süßigkeiten ausgeben. Ich hatte zum regulären 20-Pfennig-Fahrschein noch einen außerhalb der Stadtgrenze geltenden Zuschlag für 10 Pfennige gelöst, um mit der 28 bis zur Parkstraße in Markkleeberg zu fahren, *wo ich mich mit Tante Gretes Tochter Dorli bei herrlichem Wetter auf dem Gelände der Gartenbauausstellung zum „Tag des Rundfunks" zusammenfand.*

Ein Vorläufer der Ausstellung hatte – als „Lehrschau" deklariert – schon Ende September 1946, die erste richtige vom 20. bis 28. September 1947 stattgefunden. Ab 1967 wurde daraus die „agra". Die Vorbereitungen zur Gründung hatte der ehemalige Wehrmachtsoffizier Oskar Baumgarten organisiert, den Walter Ulbricht „den Genossen Professor" nannte, obwohl er gar keiner war. Das heißt, Genosse schon, aber nicht Professor. Zu der Zeit jedenfalls nicht.

Baumgarten ließ eine Brücke über die Mühlpleiße und auf der Westseite große Hallen sowie ein Dorfklubhaus errichten. Auch erweiterte er das Gelände in Richtung Straßenbahnhof Dölitz mit etlichen neuen Freiflächen. 2007 konnte er seinen hundertsten Geburtstag feiern.

Doch zurück zum Tag des Rundfunks. Ich habe noch gut in Erinnerung, wie der Sprecher Siegfried Loyda auf einer Freilichtbühne ansagte, wie Irma Baltuttis und Fred Frohberg sangen und der „Conférencier" Hajo Fröhlich seine Kalauer abdrückte.

Vor einer anderen Bühne sahen wir einem jener sozialistischen Agitationsstücke zu, die gottlob längst in Vergessenheit geraten sind; es hieß „Du bist der Richtige". Der Verfasser war Gustav von Wangenheim. Der Funk schnitt die Aufführung mit. Die wurde dann natürlich auch gesendet.

1990 (also nach der Wende) angle ich mir aus einer die Auenlandschaft verunzierenden Müllablagerung ein weggeschmissenes, 835 Seiten umfassendes, leinengebundenes „Volksbuch vom Aufbau der Deutschen Demokratischen Republik" mit persönlicher Widmung des seinerzeitigen Vorsitzenden des Rates des Bezirkes, Hans Lauter.

In diesem leicht lädierten, aber gottlob „geretteten" Werk finde ich beim Schmökern Auszüge aus besagtem Stück. Man muß es sich auf der Zunge zergehen lassen, wie da ein Minister dem jungen Werftarbeiter Waldi ins Gewissen redet:

„MINISTER: Man tut nicht nur, was man zufällig mag, man tut, was man muß. Und eine Zeit kommt herauf – die beginnt jetzt auch schon für dich, Waldi –, da wird das eins sein: Da mag man nur, was man muß. Weil man weiß: Das Leben ist sinnvoll. Es hat seinen Plan. Unsern menschlichen Plan. – Und das wird auch schön sein. Menschlich. Da werden die Menschen schön sein. Darum, mein Junge, der Aufbau – das sind nicht nur neue Städte, breite Straßen und weitgeschwungene Brücken, schöne Häuser und mächtige Werke, das ist nicht nur euer Jugendheim und die Werft – das ist auch der Waldi und seine Seele. Naja, die ändert sich auch, mein Junge. Des Menschen Seele bleibt auch nicht so, wie sie ist, so durcheinander und wüst, voll Trümmerschutt und Gerüst – das wird auch einmal ein Bau: stolz wie ein Dom. Stolzer!! Ja, die hat auch eine Zukunft, die Seele.

WALDI (mit Tränen in den Augen): Herr Minister – ich bin nicht der Richtige."

Er war aber doch der Richtige. Seine Seele wußte es nur nicht. Wir hielten die Aufführung nur deshalb bis zum Schluß aus, weil mein Mitstreiter von der Schultheatergruppe, EGeBo, mitspielte. Günter Bormann ist zu einem der versiertesten Rundfunksprecher avanciert und Assistent bei Hörspielproduktionen von Radio DDR/Sender Leipzig geworden. 1991 verstirbt er in den Wirren der Nachwendezeit bedauerlicherweise sang- und klanglos.

Aber noch mal zur Freilichtbühne Markkleeberg. Ein Jährchen nach dem ersten Besuch sah ich auch ein Berliner Gastspiel des Deutschen Theaters. Man gab Shakespeares „Was ihr wollt". Obwohl das Stück in historischer Ausstattung und auch von der Inszenierung her nicht (wie heute allgemein üblich) „aktualisiert" gezeigt wurde, fläzte sich Willy A. Kleinau als Junker Tobias Rülp auf eine Art Liegestuhl und fing an, das SED-Zentralorgan „Neues Deutschland" zu lesen – ein Gag.

Ich aber war entsetzt und dachte: Was diese Berliner sich erlauben. Dabei wird Kleinau hochgelobt, ja sogar als „zweiter Heinrich George" bezeichnet. 1957 verunglückt er auf der Autobahn tödlich; die im Wagen mitfahrende Schauspielerin Christa Gottschalk überlebt.

Mich selbst sieht man 1952 als alter Bauer in „Cavalleria rusticana" und 1956 als Kohlenmunkpeter in „Das kalte Herz" auf der Freilichtbühne.

BRETTER, DIE DIE WELT BEDEUTEN

Unter den amerikanischen Besatzern wurde weder den Städtischen Bühnen Leipzig noch anderen Kulturinstitutionen eine Spielerlaubnis erteilt. Das änderte sich abrupt unter den Sowjets. So gab das Gewandhausorchester bereits am 7. Juli im „Capitol" für die Rote Armee ein Konzert. Sein Dirigent Hermann Abendroth schied allerdings im Dezember aus seinem Amt. Die Oper ist am 29. Juli 1945 „auf Befehl des russischen Herrn Kommandanten" (so steht es in Heft 1, Spielzeit 1946/47) im ehemaligen Varietéhaus „Dreilinden" (heute Musikalische Komödie „MuKo") mit Beethovens „Fidelio" wiedereröffnet worden.

Am 9. Dezember habe ich dort „Eugen Onegin" gesehen und fand es *sehr schön.* Es war nach dem „Schwarzen Peter" 1943 mein zweites Opernerlebnis. Der nächste Besuch galt Webers „Freischütz", und am 23. Januar 1946 *treffe ich mich mit Manfred an der Angerbrücke, und wir gehen in die Oper „Fra Diavolo". Diesmal gefiel mir die Handlung besser als die Musik. Es gab viel zu lachen. Danach holte ich mir vor Kälte Eisbeine und kam endlich doch noch nach Hause.*

So streifte der Jüngling im lockigen Haar, an Mut und an Hoffnungen reich, nicht nur durch die Wälder, durch die Auen, sondern entwickelte sich allmählich zu einem richtigen Opern„fan", wie man es heute bezeichnen würde.

Leider hatte sich schon 1946 ein Umbau der „Dreilinden" erforderlich gemacht. Währenddem diente die Kongreßhalle des Zoo als behelfsmäßige Spielstätte. Dort sah ich dann *am 9. September mit Trudchen Donn „Die verkaufte Braut"* von Smetana.

Während also die Oper mit „Fidelio" wiederbelebt wurde, konnte das Schauspiel am 27. September '45 im Weißen Saal des Zoo mit Georg Büchners Tragödie „Woyzek" seinen Spielbetrieb aufnehmen. Alsbald erfolgte der Umzug ins „erste in Deutschland nach dem Kriege neuerbaute Theater, dem Schauspielhaus in der Gottschedstraße mit 1 100 Plätzen" (Heft 4, Spielzeit 1945/46). Korrekter wäre gewesen, man hätte geschrieben, daß es sich um die erste feste Behelfsspielstätte und den Großen Festsaal des mit dem „Centraltheater" am Dittrichring verbundenen ehemaligen „Neuen Operettentheaters" handelte. Während am 4. Dezember 1943 Altes Theater, Neues Theater und ehemaliges Schauspielhaus in der Sophien-(heutigen Shakespeare-)straße völlig zerstört wurden, konnte vom Operettentheater wenigstens dieser (sogenannte Maurische) Saal vor den Flammen bewahrt werden. Nach dem Bombenangriff vom 20. Februar 1944 brannte auch er aus.

Von der Besatzungsbehörde war der Chef der vormaligen „CT Central-Theater Betriebe Johannes Merz" beauflagt worden, den Saal herzurichten, den Städtischen Bühnen zur Verfügung zu stellen und einen Pachtvertrag mit der Stadt Leipzig abzuschließen. Erst zwischen 1954 und 1957 wird der Gesamtkomplex umgebaut, vergrößert und modernisiert.

Mit der Neuaufführung von Shakespeares „Sommernachtstraum" in der Übersetzung von Hans Rothe und unter der Regie von Dr. Hans Schüler wurde das Haus am 19. Dezember 1945 eingeweiht. Die Musik von Felix Mendelssohn Bartholdy wurde in den beiden ersten Vorstellungen vom Gewandhausorchester unter Paul Schmitz gespielt, in den folgenden 40 vom Sinfonieorchester unter Hans Stieber. Gäste der Eröffnungsfeier im Schauspielhaus waren nicht nur der sowjetische Armeegeneral Sokolowski, sondern auch US-General Clay. Am 26. Mai 1946 erlebte ich selbst diese Inszenierung: *Es ist sehr schön!*

Den Puck spielte Peter Lühr, der sonst meist nur als jugendlicher Held zu sehen war. Er fungierte auch als einer der drei derzeitigen Regisseure. Ich hatte dank Trude die große Ehre, schon am 15. September 1945 im Bethlehem-Saal in der Fockestraße einen Rezitationsabend mit Peter Lühr erleben zu dürfen. Als Ferdinand in „Kabale und Liebe“ haben Manfred und ich ihn Ende Juni 1946 gesehen. Tagebuch-Kommentar zur Inszenierung: *Es wird von den Darstellern ganz prima aufgeführt.* Lühr ging 1947 nach dem Westen und errang sich in München manches Ruhmesblatt.

Eins der ersten nach dem Krieg neu herausgekommenen Bücher war Horst Lommers Dichtung „Das Tausendjährige Reich“. Ich kaufte es mir und war so entzückt davon, daß ich versuchte, es auswendig zu lernen. Der Anfang schwirrt mir noch heute im Kopf herum:

„Er hat´s geschafft, des Reiches erster Spießer,
der braune Siegfried mit dem Chaplinbart.
O holder Anblick, gnadenreicher, süßer,
wenn sich ein Volk um seinen Führer schart ...“

Am 1. Mai 1946 wurde diese satirische Zeitrevue auch im Weißen Saal gezeigt. 1948 wird das Schauspielhaus Lommers Komödie „Thersites und Helena“ erstaufführen, was wir uns natürlich nicht entgehen ließen: *Es ist das bisher beste Nachkriegsstück voller Parodie, voller Satire sowohl auf die Zeit der Griechen, als auch auf die Nazizeit. Es ist voller anerkennenswerter und nicht alltäglicher sozialistischer Gedanken. Neben seinem überaus komischen Gehalt hat es auch Züge tiefen Ernstes. Hervorragend die Darsteller der beiden Titelhelden, Ludwig Anschütz und Lilian Westphal* (laut Programmheft „jugendliche Heldin, bisher Eisleben“). Aber noch sind wir im Jahre 1946.

Nachdem ich am Karfreitag „Iphigenie auf Tauris“ gelesen hatte, ging ich mit Mutter und Manfred in „Nathan der Weise“. Der Versuch, mir mit Manfred Verdis „Troubadour“ anzusehen, scheiterte am Ausfall der Vorstellung, *da drei Sänger fehlen,* offensichtlich erkrankt waren. *Stattdessen laufen wir zum Lindenauer Markt und sehen uns dort in der Volksoperette „Das Land des Lächelns“ an.* Das Haus war am 15. Dezember ’45 mit Kollos „Frau ohne Kuß“ eröffnet worden. Den „Troubadour“-Besuch holten wir eine Woche später nach und nahmen am nächsten Tage gleich noch Puccinis „Tosca“ mit.

Eines Tages im Juli *ging ich früh mit Manfred in die Ritterstraße. Wir stellten uns zwei Stunden nach Theaterkarten an.* Keinesfalls wollten wir uns den „Mustergatten“ mit Heinz Rühmann in der Titelrolle durch die Lappen gehen lassen. Die Karten hatten wir, waren aber zutiefst enttäuscht, als das geplante Gastspiel am 23. Juli „wegen Erkrankung des Hauptdarstellers“ ausfallen mußte. Wir wurden auf den 30. Juli vertröstet. Und da klappte es dann endlich. „Wir haben den Schwank des Amerikaners Hopwood“, tat hgr in der „Leipziger Zeitung" kund, „vor beinahe 25 Jahren und haben ihn vor 15 Jahren in Leipzig gehabt, und der Filmkomiker Heinz Rühmann hat auch schon hier darin gastiert." Und er versteigt sich gar zu dem harschen Urteil: „Die kindliche Gutmütigkeit des Mustergatten ..., das haben andere Darsteller dieser Rolle überzeugender zu verkörpern vermocht."

Rühmann hatte mit seiner Frau und Partnerin Hertha Feiler, mit Bruni Löbel, Harald Sawade und dem Rest der Truppe im Gästehaus der Stadt logiert. Sie wurden beim Frühstück nicht satt, worauf der Bürgermeister den Direktor des Gästehauses angewiesen haben soll: „Ich bitte zu erwägen, ob für das Frühstück noch zugeteilt werden können: pro Mann weitere drei Scheiben Brot sowie die dafür notwendige Marmelade."

Ab Mitte Juli 1946 nannte ich mein Tagebuch „Diarium". Ich faßte es (wie bereits einmal erwähnt) in Geheimschrift ab. Den „Schlüssel" bewahrte ich gut auf. 1947 entschloß ich mich, wieder im normalen Deutsch zu schreiben – allerdings in kyrillischen Buchstaben. Ein Beispiel in jener Geheimschrift: *16. Jenu ... Ip idosg hikto usp puw Pishtog usv Laknuvot Stnäßspos, ba but, Uphulosie' xas Laotho vokos.* Das bedeutete nach der Entschlüsselung, daß ich am 16. Juli mit Manfred im Gohliser Schlößchen Goethes „Iphigenie" gesehen hatte. Allerdings – wie auch alle folgenden Inszenierungen – im Park des Schlößchens, nicht im Vorhof, wo heutzutage zur Sommerzeit gespielt wird.

Dieses Unternehmen stand unter dem Patronat des Volksbildungsamtes der Stadt Leipzig, wurde betrieben von der Direktion Bertram, wartete mit hervorragenden Schauspielern auf (Dorothea Wieck, Gerhild Weber) und bereicherte das Sommerangebot der Messestadt auf recht unterhaltsame Weise.

Einmal erlebten Manfred und ich hier Eugène Scribes Komödie „Das Glas Wasser" (eins von 400 seiner Bühnenstücke!), das wir auch als Film unter der Regie von Helmut Käutner gesehen haben. Scribe lieferte übrigens auch den Text zu Aubers Oper „Fra Diavolo". Ein anderes Mal gab es Franz Molnars „Spiel im Schloß", „eine Anekdote in 3 Akten". Darin trat in der kleinen Rolle eines Sekretärs ein Mann auf, der später als Entertainer und Junge-Talente-Förderer DDR-Ruhm erlangen sollte – ein gewisser Heinz Quermann.

Am 1. Oktober notierte ich: *Heute werden die Urteile im Nürnberger Prozeß gefällt.* Der nächste Satz lautete: *Abends gehe ich zum zweiten Male mit Manfred in Hauptmanns „Der Biberpelz".* Lotte Molter spielte die Mutter Wolffen, ihre beiden Töchter Eva Kupfer und Gisela May. Ein paar Tage später statteten wir auch „Eugen Onegin" in der Oper und dem „Land des Lächelns" in der Operette je einen Zweitbesuch ab.

Bevor wir uns vom „Biberpelz" beeindrucken ließen, hatte es nachmittags noch ein anderes Ereignis gegeben: *Ich fahre mit Manfred nach Leutzsch, wo wir uns das Fußballspiel zwischen Bühne und Funk ansehen.* Es war ein Juxspiel, extra auf Komik angelegt. Da stand zum Beispiel der Tenorbuffo Paul Reinecke im Tor der Bühnenmannschaft. Seelenruhig packte er, gerade nicht beschäftigt, weil sich alles in der Hälfte der Funkmannschaft abspielte, seine „Bemmen" aus und fing an zu mampfen – ein Anblick für die Götter. Wer gewann, weiß ich nicht mehr, aber verloren hatten nach dem Abpfiff weder das Publikum noch die Künstlerkicker, nämlich den Humor. Den hatten alle auf dem Platz und auf den Rängen behalten.

Sehr eingenommen waren wir auch von einer Komödie des Schriftstellers Walter Gilbricht, „Der Erbe seiner selbst", mit dem wunderbaren Charakterschauspieler Albert Garbe in der Titelrolle. Von der Idee her hatte Gilbricht offenbar Anleihe bei Puccinis einaktiger Oper „Gianni Schicchi" genommen, die uns ebensogut gefiel. Ein Abiturient des Jahrgangs 1953 teilte mir nach der Wende mit, Gilbricht sei sein Klassenlehrer an der Rudolf-Hildebrand-Schule in Markkleeberg gewesen. Gilbricht hatte schon für das Kabarett „Litfaßsäule" 1930–1933 getextet, schrieb sehr besinnliche Feuilletons für die „Leipziger Zeitung" (ich zitierte ihn ja bereits) sowie die Komödie „Ulysses daheim" für das Leipziger Schauspielhaus. Und er war Autor beim Kabarett „Die Rampe".

Am Bußtag 1946 gab es ein besonderes Erlebnis. Wir wollten uns Shakespeares „Macbeth" mit dem großartigen Franz Kutschera in der Titelrolle ansehen. Sahen auch ein Stück vom Stück, aber dann ging der Vorhang zu und ein Herr, leger gekleidet, trat vor denselben. Die Vorstellung müsse leider abgebrochen werden, ließ er wissen, da Frau Ingeborg Werzlau, die die Rolle der Lady Macbeth spielte, trotz großer Bemühungen von seiten des Theaters nicht auffindbar sei. Sie hatte, wie sich am nächsten Tage herausstellte, glattweg den Termin verschwitzt. Relativ diszipliniert, wenn auch sehr verärgert, verließ das Publikum den Zuschauerraum, um sich Eintrittsgeld oder Ersatztermin geben zu lassen.

Der hochgelobte Kutschera, der sich auch als Theaterphotograph betätigte, wird die Solotänzerin Gudrun Müller heiraten und mit ihr in den Westen gehen.

Im Jahre 1947 wären zunächst erwähnenswert die Aufführung von John B. Priestleys Kriminalstück „Ein Inspektor kommt" unter der Regie von Hans Michael Richter, in dem mir besonders der Schauspieler Joseph Krahé gefiel.

21. Juli. Abends gehe ich mit Manfred in die Erstaufführung von Franz Hauptmanns Lustspiel „Der Goldene Helm". Das Stück des derzeitigen Dramaturgen F. H. wurde schon 1941 in Prag uraufgeführt. Es ließ uns ziemlich kalt und war – auch von offizieller Seite aus – schnell in Vergessenheit geraten.

Am 23. Oktober sahen wir *die Premiere von „Don Carlos" in der Regie von Albert Fischel, im Bühnenbild von Max Elten, mit Peter Oehme als Carlos, Wolf Kaiser als Posa, Ludwig Anschütz als Philipp II., Viola Pudor als Elisabeth und Eva Kupfer als Eboli, von deren Aufführung ich ehrlich gesagt mehr erwartet hatte.*

Weniger euphorisch als bei anderen Aufführungen in der Oper war ich bei Wagners „Tristan und Isolde“. Sie war schon 1946 angekündigt worden unter dem Vorbehalt, „wenn es die akustischen Verhältnisse in Dreilinden gestatten.“

Nun, sie gestatteten es, aber ich litt an dem Tag unter Blähungen. Das halte mal einer fünf Stunden aus! Ich schwor mir, mich von diesem Opus in Zukunft fernzuhalten. Ich habe den Schwur mein Lebtag nicht gebrochen.

„Das Ganze spielte auf einem meterhohen Podest direkt hinter dem Souffleurkasten“, erinnert sich Manfred, „und die Texte, die die Souffleuse zu den Sängern hochflötete, brachen sich an der Wand und kamen statt dessen in den Zuschauerraum.“ Auf die Weise gestatteten die akustischen Verhältnisse dem Publikum, souffliert das zu verstehen, was sie gesungen nicht verstehen konnten.

Den Tristan hatte der schon mal erwähnte, damals berühmte Heldentenor August Seider gesungen, die Isolde die nicht minder berühmte Margarete Bäumer. Vom Seider sagten böse Zungen, der gelernte Bäcker habe nicht mal Noten lesen können, und über die Bäumer äußerte mein Schulfreund Rudolf: „Ich konnte sie nicht riechen, weil sie so roch.“ Nämlich nach aufdringlichem Parfum. Und im Gewandhauskonzert saß sie, eine Sitzriesin, genau vor ihm. Da konnte Rudolf auf seinem Anrechtsplatz partout nichts weiter sehen als ihren speckigen nackten Nacken.

Was den Rudolf betrifft, so erinnert sich Manfred, daß er „gut Klavier spielen konnte, auf die deutsche Klassik schwor und Tschaikowski ‚zu süßlich‘ fand.“ Das fand Manfred „damals ungerecht, aber seine Souveränität am Klavier war so groß, daß ich mich nicht – als Laie! – zu widersprechen traute.“

In Heft 1 der Städtischen Theater für das Schauspiel der Spielzeit 1947/48 wurden unter anderen folgende Personen abgebildet: Der Generalintendant Dr. Max Krüger und die „Neuzugänge“ Leonore Gleichmann, Ursula Noack (zuvor bei der „Rampe“ engagiert) sowie Joachim Tomaschewsky („erster jugendlicher Chargenspieler, bisher Chemnitz“). Krüger wird 1956 als Pensionär unser Wohnungsnachbar in Eisleben, die Gleichmann steht 1958 auf der „Pfeffermühlen“-Bühne, die Noack steigt als Nachfolgerin von Ursula Herking bei der Münchner „Lach- und Schießgesellschaft“ ein, und Tomaschewsky wird – für mich eine Sensation! – noch im Februar 2007 in der 2006 gedrehten deutsch-dänischen TV-Krimi-Serie „Der Adler“ zu sehen sein!

Schon des öfteren hatten Manfred und ich im Richard-Wagner-Saal beachtliche Aufführungen der „Laienbühne Zentrum“ gesehen. Einmal wurde ich sogar darauf angesprochen, ob ich nicht mitmachen wolle. Ich hatte aber keine rechte Lust dazu.

An einem sonnigen Oktobertag 1947 fuhren wir mit der 20 zum Zoo. Diesmal fand im Wagner-Saal nämlich die Eröffnung der „Deutschen Volksbühne Leipzig“

mit Kleists „Zerbrochenem Krug“ statt. Daneben gab es noch die Volksbühnen-Operette, auch Landkreisoperette genannt. Die spielte entweder (abwechselnd mit dem dort beheimateten städtischen „Theater der Jungen Welt“) im Weißen Saal, in den Volkmarsdorfer „Reichshallen“ oder im „Goldenen Löwen“ in Möckern (gegenüber den Kasernen): *17. Oktober. Abends sehen wir uns dort die Operette „Marietta“ von Kollo an. Sie hinterläßt aber keinen besonderen Eindruck.*

Ferner gab es an Kultureinrichtungen zu dieser Zeit noch die Leipziger Puppenbühne im „Haus Golisch“ (Merseburger Straße 84) und das Perner-(Nacht-)Kabarett in der Katharinenstraße 13.

Zu Silvester 1947 wird der „Sächsische Hof“ (im Volksmund „Sack“) in der Löbauer Straße mit einer großen „Musikal-Revue“ (so hieß das damals) unter Fred Schlossarek („Mitteldeutschlands größtem Schauorchester“) wiedereröffnet.

Noch ein Ereignis des Jahres 1947 darf ich nicht unter den Tisch fallen lassen. Es sollte in den nächsten Jahren für mich ausschlaggebend werden. Mein Vater, gelernter Maschinenschlosser, stand unheimlich auf Opern. Nicht ohne Grund hatte er sich eine Schallplattensammlung auserlesener Stimmen zugelegt. In seiner Jugend war er nebenher im Neuen Theater als Komparse tätig, wo er denn auch mit einer Tänzerin des Opernballetts Bekanntschaft schloß – mit meiner Mutter. Ich bekundete nun Interesse, auch Statist werden zu wollen. Mutter schickte mich zum ehemaligen Statistenführer, inzwischen ein alter Herr, der mich an seinen Nachfolger verwies, Walter Winter. *21. November. Fahre in die Oper, um mich zum Statieren anzumelden.*

30. November (Erster Advent). Abends statiere ich zum 1. Mal in „Carmen“. Das heißt in diesem Fall, ich überquerte als einer der tücherschwenkenden Capeadores im letzten Akt der Bizet-Oper die Bühne im Dreilindenhaus. Für 3 DM ohne Steuerabzug. Bei Ganzkörperschminke (wie in Händels „Julius Cäsar“) kriegte man 5 DM.

Ich muß gestehen, daß ich, wenn Kleinmesse am Cottaweg war, die drei Mark immer gleich wieder verfressen und sogar noch draufgezahlt habe. Entweder leistete ich mir Leckeis in der Waffeltüte, oder ich gönnte mir eine HO-Bockwurst, und die kostete ja ohne Marken damals noch ihre vier Mark!

Für eine Tafel zart-bitterer „West“-Schokolade zahlte ich einem Statisten, dem Lehmann-Wolfgang, fünf Mark. Er fuhr öfter nach Berlin, kaufte dort „schwarz“ im Westsektor ein und verscherbelte die Ware unter uns Stummrollenkünstlern. Ein anderer Statist, Jack Wagner, machte von sich reden, als er eine Photomontage verbreitete, auf der eine Volkspolizistin zu sehen war, die auf der Kreuzung des Karl-Marx-Platzes den Verkehr regelte – bis aufs Käppi splitternackt! Ein dritter, Heinz Weiß, lud nächtens sechs Statisten und sechs Ballettratten *in eine echte Künstlermansardenbude* ein zum Spiel „17+4“ mit Sachenausziehn. Das war geplant. Daraus geworden ist nichts.

Im Kreise der älteren Statisten war auch ein gewisser Arthur Höhn, ein kleines Männel mit großer Nase, der vor Jahren Kinderbilder von mir „knipste", als ich noch ein Winzling war. Ich sehe ihn noch vor mir, bewaffnet mit dreibeinigem Stativ und riesigem Apparat, in den er für jedes Photo eine Platte schieben mußte und dann ein schwarzes Tuch darüberstülpte, und wie er unter dieses Tuch kroch und einen Blitz zum Qualmen brachte. Das Schöne am Statistenchef war, daß er seinen Kleinstdarstellern öfter Freikarten für alle möglichen Leipziger Theateraufführungen in die Hand drückte – er muß ein ziemlich großes Kontingent gehabt haben. Mich ließ er auch mal die Anwesenheitsliste unterschreiben, wenn ich gar nicht beschäftigt war, so daß ein ganz hübsches Taschengeld in meinem Beutel klimperte. Er besorgte mir auch die ersten „Muggen" meines Lebens: Zum Sommerfest einer Schrebergartenkolonie in Stötteritz ließ er mich unter anderem ein paar Wilhelm-Busch-Gedichte vortragen.

22. Januar 1948. Es wird unter den Statisten und unserem Leiter, Herrn Walter Winter, ziemlich offen über sexuelle Dinge – ins Lächerliche gezogen – gesprochen. Und man spürte ringsum nicht nur Schwüle, sondern diese auch mit Vokal statt mit Umlaut. Als im Schauspielhaus die russische Komödie „Das Holunderwäldchen" gespielt wurde, drängte mir ein Tänzer im breitesten Sächsisch immer wieder eine Freikarte auf und bettelte förmlich: „Hach, Häntzschn, sei nich so, gomm doch eemal mit ins Holunterwältschn!" Ein Tenor-Buffo wollte mich mal zu sich einladen, um mir „Photos zu zeigen" – also Pornos. Ich habe mir eine Zeitlang alle in der Statistengarderobe erzählten Witze über und unterhalb der Gürtellinie stichwortartig aufgeschrieben. Sie gingen verloren.

Gleich zwei Tage nach meiner „Carmen"-Premiere mimte ich unterdrücktes Volk in „Boris Godunow". Im Mai 1952 sollte ich sogar die Ehre haben, bei einem Boris-Godunow-Gastspiel der Berliner Staatsoper auf den Brettern zu stehen!

Bei meiner Fron als niederer Sklave im Ballett „Scheherazade" (Choreographie Herbert Freund), dessen Musik (von Rimski-Korsakow) mir immer ein Ohrenschmaus war, schwärmte ich nicht nur für Gyp Schlicht in der Titelrolle (Zitat Manfred: „ein Temperamentsbolzen"), sondern auch für Gudrun Müller als Zebodaia. Den Sultan spielte der Sänger Helmut Eyle, den Lieblingssklaven tanzte Max Schulze; beide waren schon in den Zwanzigern mit meinen Eltern befreundet.

Gudrun Müller schreibt mir nach der Wende aus München: „... es war eine ganz besonders schöne Zeit in Leipzig! Denke sehr gern daran zurück! Mit Gyp Schlicht bin ich in steter Verbindung – habe sie auch schon oft in Freiburg besucht ..."

In den sich nach 1947 anschließenden fünfeinhalb Jahren werde ich in 21 verschiedenen Opern, zwei Operetten und drei Ballettabenden im Dreilindenhaus und in sechs Stücken im Schauspielhaus als Statist auf der Bühne gestanden haben. Dabei kommen schier unglaubliche 678 Vorstellungen zusammen.

Im Januar 1948 durften Manfred und ich dabei sein, wie der sächsische Komiker Bernhard Wildenhain mit 75 Jahren noch als Theaterdirektor Striese im „Raub der Sabinerinnen“ auftrat und den ganzen (Weißen) Saal zum Toben brachte.

Im März erlebten wir Glucks Oper „Orpheus und Eurydike“ *in der von rasendem Erfolg gekrönten Inszenierung Mary Wigmans.* „… mit Horand und der Philine Fischer“, erinnert sich Manfred noch 2007. „Ich glaube, es gab damals 45 Minuten Beifall. Auch deshalb ärgert mich die Scharlatanerie, mit der das Stück hier in Gera heutzutage verhunzt wurde. Die Dame, die den Orpheus gibt, trägt einen heutigen Männer-Straßenanzug und ein angeklebtes Bärtchen, und die bösen Geister sind die Gäste einer Chaotenbar …“

„Übrigens lernte ich Mary Wigman einmal kennen“, äußert sich Christa Gottschalk 2008. „Sie küßte mich auf die Stirn und sagte: ‚Kind, aus ihnen wird einmal etwas.‘ Das habe ich natürlich nicht vergessen, wie diese für mich damals alte Dame mit brandroten Haaren im Tigerfellmantel mich Göre in Igelitschuhen lobte.“

Am 17. April ’48 erlebten wir vom „Studio der Volksbühne“ die Premiere des Schauspiels „Tiefe Wurzeln“. Dazu Günter Bormann im „Kulturspiegel“: „Christa Gottschalk als Genevra fiel durch ihr natürlich-naives, gut ausgearbeitetes Spiel auf (Sie fiel so auf, daß sie von Intendant Dr. Krüger sogleich für ‚Trauer muß Elektra tragen‘ und weitere Rollen verpflichtet wurde!). Egon Herwig als Schriftsteller, der beweist, daß es noch Amerikaner gibt, die wissen, was sie ihrem Kontinent schuldig sind“, schrieb Bormann weiter, „fand dafür an jeder Stelle … den rechten Ton. Der Negerleutnant Bret Charles, von Karl Kayser verkörpert, gab diesem Schwarzen einen menschlich ergreifenden Zug.“ Über Hans Michael Richter hieß es: „Unter der Leitung dieses begabten jungen Dramaturgen und Regisseurs rollten die fast etwas reportageartig sprunghaft wirkenden, zum Teil allerdings ziemlich dürftigen Szenen vor unseren Augen ab.“

Schon einmal hatten wir in Leipzig einen kleinen Theaterskandal miterlebt: *15. November 1946. Am Nachmittag gehe ich in das Theaterstück der „Jungen Bühne“: Emil und die Detektive, welches ausgepfiffen wird.* Gemeint war das „Theater der Jungen Welt“, das erst eine Woche zuvor mit einer Festansprache Erich Zeigners und eben diesem Stück von Erich Kästner eröffnet worden war. Aber nicht Kästner und seinem Werk galten die lautstarken Pfiffe, sondern der teils dilettantischen Darstellung und dem für uns junges Volk ganz unerträglichen, mit Lichtspieleffekten vermantschten Inszenierung im Weißen Saal des Zoo.

Dieses wohl kaum bekannt gewordene Ereignis stellte ein anderer Skandal weit in den Schatten. Der gelangte ohne Müh und Not sehr wohl an die Öffentlichkeit – und das über derzeitige Grenzen hinweg!

23. Februar 1948. An diesem Abend wurde die Oper „Die Flut“ und als Uraufführung „Die Nachtschwalbe“ von Boris Blacher gespielt. Unsere gesamte Theatergruppe war natürlich vertreten und alle waren von der neuen Kunst, die uns vor allem in der „Nachtschwalbe" vorgeführt wurde, hoch entzückt – aber auch 80 % des Publikums war entzückt, so entzückt, daß kurz vor Schluß der Vorhang zugezogen werden mußte, da es gar nicht wieder aufhörte mit Pfeifen, Johlen und Klatschen. – Ehrlich gesagt: es war der Versuch, eine neue Kunst zu entwickeln – der Versuch mißlang und sollte nun undebattiert aufgegeben werden.

Zitat aus der Westberliner Tageszeitung „Telegraf": „Bei ihrer Uraufführung in Leipzig erlebte die Oper ‚Nachtschwalbe' von Boris Blacher einen Riesenreinfall. Ein Drittel der Besucher verließ das Haus bereits während der Vorstellung, und zum Schluß erntete der Komponist ein vollendetes Pfeifkonzert. Dabei geschah es einer jungen Telefonistin, daß sie das Mißfallen des Kritikers der ‚Leipziger Volkszeitung', Hermann Heyer, erregte. Als das junge Mädchen sich nicht von ihm hindern ließ, sich trotz seines Einspruches an dem Pfeifkonzert zu beteiligen, erhielt sie von ihm eine schallende Ohrfeige, für die die Jungfrau sich auf der Stelle revanchierte. Daraufhin wurde von Herrn Heyer ein Parteifunktionär namens Erich Krebs herangerufen, der sich die Personalien des jungen Mädchens geben ließ und ihr dann damit drohte, er werde ihr eine bessere zuträgliche Tätigkeit in Aue – d. h. im Bergwerk – besorgen. Deutlicher konnte die Tyrannis ihr Medusengesicht nicht offenbaren."

4. März (Frühjahrsmesse). Heute schreiben sie es schon ganz öffentlich in einer (allerdings „westlich-orientierten") Zeitung, daß ein Leipziger Kritiker zur Uraufführung der „Nachtschwalbe" eine pfeifende Jungfrau ohrfeigte! Warum ich darauf zurückkomme? Nun, weil ich heute noch einmal (und zwar „illegal" und ohne Geld!) der bereits 3. Vorstellung der „Nachtschwalbe" zusah. Diesmal ist der gute Kapellmeister Schmitz von allein gegangen, nachdem er den Taktstock hingeschmissen hatte, und die Vorstellung mußte noch vor Ende abgebrochen werden. Der Vorhang wurde automatisch geschlossen – gepfiffen wurde aber seltsamerweise nicht, sondern nur getrampelt.

Mein Freund Manfred Patzschke wurde von dem Eklat zu folgendem Gedicht angeregt, das auch im „Kulturspiegel" stand:

Meine Nachtschwalbe

Weil Gott die Gabe mir verlieh,
so schrieb ich diese Parodie:
man swingt, man hottet mit Gefühl,
das ist der neue Opernstil.
Ein Lebemann, ein ‚Kommissar',
der früher auch verliebt mal war,
der spüret voll Gemütlichkeit
nach jenen Übeln unsrer Zeit.

Ha-it, ha-it, rumbum –
die Nachtschwalbe geht um.
Doch dann, oh arme Polizei,
wird ihm das Schicksal gar untreu:
Das Mädchen, das er arretiert,
auf sein heiß Blut zurück man führt.
Und Vater kauft ein Heißgetränk,
macht´s ihr samt Freiheit zum Geschenk.
So tilgt der Alte wohlgelungen
der Alten Schuld an uns, den Jungen.
Ha-it, ha-it, rumbum,
die Nachtschwalbe tat dumm!
Ich möcht´ nur gerne prüfen,
ob sie´s war, die gepfiffen!

Anzumerken wäre erstens, daß das Libretto zur „Nachtschwalbe" von dem Schriftsteller und Dr. med. Friedrich Wolf stammte, von dem man heute eigentlich nur noch die „Weihnachtsgans Auguste" kennt. Damals wurden eine ganze Anzahl Stücke von ihm in Leipzig gespielt oder im Funk gesendet, die sich mit der NS-Vergangenheit auseinandersetzten: „Dr. Wanner", „Was der Mensch sät" und „Wie Tiere des Waldes". Bekannter sind „Die Matrosen von Cattaro", „Der arme Konrad", „Cyankali" und „Professor Mamlock". Wir lernten den sympathisch wirkenden Mann persönlich bei einem Vortrag mit anschließender Diskussion im November 1947 kennen. Er war Vater sowohl des Filmregisseurs Konrad als auch des Chefs der „HV Aufklärung" des Ministeriums für Staatssicherheit (MfS) Markus Wolf.

Zweitens beeindruckte mich neben Paul Schmitz ein damals noch junger Dirigent, Gerhard Lenssen. Er wird sich einen Namen als Alleininterpret machen, auf Carl Orff spezialisiert, scheute aber auch vor der „Dreigroschenoper" nicht zurück.

Ich erlebe ihn 1956 in Eisleben mit der „Bernauerin". Phantastisch, wie er sämtliche Rollen einschließlich des Chores selbst sprach und sang und – das Orchester ersetzend – sich dazu am Klavier begleitete. Er übersiedelt dann in die Schweiz und tritt dort in verschie-denen Cabarets von Rang auf. Drittens gab es zur gleichen Zeit noch eine Uraufführung, die von Walter Hasenclevers nachgelassenem Schauspiel „Münchhausen".

26. Oktober: *Freudig überrascht war ich vorgestern von dem Ballettabend mit Rimski-Korsakows „Capriccio espagnol" und „Gajaneh" von Aram Chatschaturian. Eine ungeheure Leistung des gesamten Balletts!* Und Manfred ergänzt nach fast 60 Jahren: „... von

dem damaligen Ballettmeister Erich Freund sah ich zum ersten Mal den Säbeltanz – solo. Ist mir unvergeßlich."

Im November 1948 durfte ich in Paul Hindemiths „Cardillac" einer von einigen namenlosen Gendarmen sein. Dieser Oper hatte als Vorlage E. T. A. Hoffmanns Erzählung „Das Fräulein von Scuderie" gedient, einem – wie man heute sagen würde – coolen Psychokrimi. Auch hier gab es (wie in der „Nachtschwalbe") ein paarmal Pfiffe im Publikum. Einigen Leuten paßte wohl die „moderne", also etwas schräge, enharmonische und zuweilen angejazzte Komponierweise Hindemiths nicht ganz in den gewohnten Streifen. Aber das blieb unerheblich. Schon bei den Proben stand ich, wenn ich nicht dran war, in der Seitengasse und verfolgte gespannt das Geschehen und die Sänger.

Zur Einführung in die Oper gab es im Schauspielhaus eine Matinee mit Vortrag und Aufführung des Musiksketchs „Hin und zurück" vom gleichen Komponisten. Die Handlung erreichte ihren Höhepunkt mit einem selbstmörderischen Fenstersturz eines der Agierenden. Und von diesem Sturz an lief nicht nur die Musik, sondern auch die Handlung rückwärts. Das heißt, der Rausgestürzte stürzte verkehrtrum wieder herein, wie man es in einem zurückgespulten Film erleben kann. So ging das weiter bis zum Anfang als bitterem Ende. Saukomisch, toll!

Nachdem wir im Vorjahr in der Weihnachtszeit das (die bemannte Weltraumfahrt vorwegnehmende) Märchenspiel „Peterchens Mondfahrt" gesehen hatten, erlebten Manfred und ich im Dezember 1948 die romantische (heute nicht mehr aufführbare) Oper „Das Christ-Elflein". Ich notierte: *Regisseur Heinz Rückert servierte uns als Weihnachtsüberraschung Hans Pfitzners musikalisches Märchen vom „Christelflein". Wir bewunderten Musik, Darstellung und Bühnenbild; nur der Text schien etwas veraltet zu sein, und mit ihm die Handlung.*

Der Komponist Pfitzner, einst einer der Liebhaber der männerverschleißenden Alma Mahler-Werfel, verstarb 1949. Daß er bekennender Antisemit gewesen sein soll, wußte ich zu der Zeit nicht. Heinz Rückert (seit 1947 Oberspielleiter an der Oper) macht nach seinem Weggang aus Leipzig in Halle bei den 1952 ins Leben gerufenen Händel-Festspielen mit bemerkenswerten Operninszenierungen des Altmeisters von sich reden. In Leipzig studierte er zuvor schon Händels „Julius Cäsar" ein. Darauf komme ich noch zurück.

1949 belegten wir Plätze in Ferdinand Mays Volkshochschulkurs „Theater heute". Das war für Manfred und mich wahnsinnig spannend. „Ferdi", wie er von guten Bekannten genannt wurde, nahm uns richtig für voll, wenn wir mal nach Ablauf seiner „Lektion" mit ihm fachsimpeln wollten. Ich werde es ausführlicher schildern, wenn wir auf Leipzigs erstes Kabarett nach dem Zweiten Weltkrieg zu sprechen kommen. Wir erfuhren von allem Interessanten, was sich nicht nur in unseren Breiten, sondern weltweit auf den Bühnen der Gegenwart abspielte. Manchmal lasen Mays Frau Käte und beider Tochter Gisela May als Demonstrationsbeispiel zu seinem Vortrag aus Stücken von Jean-Paul Sartre und Thornton Wilder oder aus denen der Schweizer Max Frisch und Friedrich Dürrenmatt.

Wir haben allerdings auch einen anderen May erlebt. Das war einige Jährchen später. In der Pause der Premiere von Horst Salomons Stück „Katzengold" tuschelte er uns zu, was für eine Scheiße da wieder abginge. Im nächsten Moment kehrte er uns den Rücken, schüttelte einem prominenten, mit Parteiabzeichen versehenen Premierengast die Hand und lobhudelte, was für ein großartiges Stück da heute zu sehen sei! Zur Erbauung hier noch vom gleichen Autor Salomon die erste Strophe eines seiner „Gedichte":

Unbesiegbar

Antennen
heulen Haß durch den Äther;
Stahllettern hämmern Lügenzeilen.
Gift
spritzt von Lippen der Rundfunksprecher;
das geistige Rock´n´ Roll-Orchester
westlicher Hemisphäre
will die Arbeitermacht und die Bauernmacht
mit Unflat und Dreck besudeln.
Doch den Ruhm der Partei
und die Arbeiterehre
kann nichts und niemand beschmutzen,
würde selbst tagelang aus den Wolken
kübelweise Unrat
und Geifer rutschen.

Am Silvesterabend hatte ich „Fledermaus". Meine Freunde waren in der Vorstellung – ich wirkte natürlich mit (als Diener in Livree). Herrliche Stimmung! Alle hatten an mir eine Freude, weil ich „echt" einen weg hatte (!!!). Nach Schluß der Vorstellung zogen wir alle zu Günter Bormann. Ziemlich alle leicht beschwipst. Etwa halb zwei Uhr spazierten wir zu Rebers. Halb sechs langte ich zu Hause an. Und jetzt bin ich nicht mal müde. Prost Neujahr! 1950, das Jahr der entscheidenden Prüfungen hat begonnen! (Leider!)

Am 7. Juni 1950, nachdem wir vormittags in der Penne an der schriftlichen Englisch-Abiturarbeit gesessen hatten, war ich abends Richtung Angerbrücke unterwegs, um in Georg Friedrich Händels Oper „Julius Cäsar" mit dem großartigen griechischen Tenor Georges Athana in der Titelrolle einen nacktarmigen und -beinigen Sandalen-

Krieger abzugeben, während unser Anführer verkündete: „Herr, das Waffenlos entschied: Dein ist Ägypten ... " – schrumm, schrumm. Das „Schrumm-schrumm" kam wie auch nach anderen Rezitativen vom Cembalo. Wir machten es hinter der Bühne aus Jux immer verbal mit.

Es war um die gleiche Zeit, als ich mich pubertär in eine Ballettelevin verguckte: in Lisette. Beide hatten wir zu tun in der Operette „Casanova" nach Johann Strauß. Sie spielte am Hofe des Grafen Waldstein. Ich durfte als Sarottimohr glänzen (im ursprünglichen Sinne des Wortes), turbanbedeckt und schwarzgeschminkt (was wie im „Julius Cäsar" fünf Mark Honorar bedeutete). Regie und textliche Bearbeitung lagen in den Händen eines gewissen Heinz Vogt. Er verpaßte dem Ganzen eine kabarettistische Note und ließ zum Beispiel einige Herren des Chores zwischen den Akten auf Art der Comedian Harmonists aktuelle Texte singen. Er baute auch einen leibhaftigen Amor ein, der seine Pfeile auf Casanova und Gräfin Helene abschoß. Diesen Amor spitzentanzte „meine" Lisette. Lisette Strache aus Naunhof. Sie verwandelt „Strache" in „Straché" und wird die Mutter der zeitweiligen Leipziger Kabarettistin Manon Straché, die in den Westen geht und nach der Wende durch das Fernsehen als Schauspielerin bekannt wird.

Lisette hatte das Glück, sogar in der Zeitung abgebildet zu sein. Die Bildunterschrift lautete: „Georg Wegener (Casanova), Carmen Franke (Helene), Lisette Spraße (Amor)." Es stand tatsächlich „Spraße" da. Warum nicht „Spraßé"?

Als ich ihr im Sommer 1954 während eines Schloßhofkonzerts in Weimar wiederbegegnete, schrieb ich: *Lisette, Tänzerin am Nationaltheater, elegant, völlig schwarz gefärbt, arme Natur, wo bist du hin!*

War ich in „Casanova" der Mohr, so durfte ich mich in Puccinis „Tosca" als unsichtbarer Polizeispitzel hinter der Bühne bewähren. Als die Ermordung des bösen Scarpia entdeckt wurde, riefen wir Statisten nämlich lauthals: „Die Tosca war es! Besetzt jeden Zugang zur Treppe!" Aber unser Befehl nutzte gar nichts, denn Tosca stürzte sich von der Engelsburg in den Freitod.

Noch in einer weiteren Oper durfte ich mitwirken, die leider viel zu wenig bekannt ist: „Schwanda, der Dudelsackpfeifer" von Jaromir Weinberger. Diesmal stand ich als Wachsoldat stramm, während Bösewichte den guten Schwanda vor Gericht schleppten: „Verurteilt bist du und wirst geköpft. / Hör jedoch, nach den Gesetzen unseres Landes steht es dir zu, / einen letzten Wunsch frei auszusprechen!" Darauf Schwanda: „So gebt mir meinen Dudelsack / und laßt mich nochmals spielen!" Und er spielte und spielte und entging durch sein Spiel dem Schafott. *Die Inszenierung ist recht lebendig,* habe ich geschrieben und mich wie ein Profi über Bühnenbild, Kostüme, Choreographie und musikalische Leitung ausgelassen.

Volkstum und Märchen sind in dieser Oper eng verschlungen, und das Schönste ist die ebenso melodienschöne wie dissonanzkräftig-ausdrucksreiche Musik. So besiegt und erfreut Schwanda ja auch mit seiner Musik die Königin mit dem Eisherzen und sogar den Teufel.

In der Spielzeit 1950/51 ward mir das Glück zuteil, in der Neu-Inszenierung der schon einmal (1947) ins Repertoire aufgenommenen Puccini-Oper „Manon Lescaut" selbst mit auf der Bühne stehen zu können. Am beeindruckendsten fand ich eine musikalisch untermalte Szene beim Einschiffen der Grisetten, die nach Amerika verbannt werden sollen. Jede wird namentlich aufgerufen, jede zeigt beim Gang über den Bootssteg eine unterschiedliche Haltung, die auf ihren Charakter schließen läßt. Das regte mich an, eine Art Gedicht im ungebundenen Rhythmus zu schreiben, in dem ich meiner Phantasie, die Schicksale dieser gefallenen Mädchen betreffend, freien Lauf ließ. Beeinflußt war ich dabei (wie auch in anderen „Dichtungen") ganz offensichtlich von Rainer Maria Rilkes „Cornet" und von Stefan Zweigs „Heroischem Augenblick".

Nicht im freien Rhythmus, sondern in fünffüßigen Jamben dichtete die Frau des Musikdramaturgen Dr. Richard Petzoldt, Marianne Gräfe, einen Prolog zur 100. Wiederkehr von Lortzings Todestag am 21. Januar 1951. Im Dreilindenhaus spielte man seinen „Waffenschmied". Ich stand als Statist in der Gasse neben dem Feuerwehrmann und hörte zu, wie Frau Gräfe vor Beginn der Aufführung die Verse, zehn an der Zahl, selbst vortrug. Der siebente lautete: „In deinen Mauern, Leipzig, liebe Stadt, / ist oft zum ersten Mal ein Klang erklungen, / den dann ganz Deutschland, ja, die Welt gesungen. / Seit Schein und Bach wuchs dir manch Lorbeerblatt. / Nun schrieb auch Lortzing in der Stadt der Messen / die Meisterwerke, die wir nicht vergessen."

Petzoldt hatte übrigens auch Tschaikowskis wenig gespielte Opern „Die Zauberin" (März 1949) und „Mazeppa" (August 1951) ins Repertoire geholt; in beiden durfte ich wiederum als Komparse tätig sein. Petzoldt starb 1974, seine Frau folgte ihm nach zehn Jahren im August 1984. Mir fiel die Ehre anheim, zur Bestattung zwei ihrer Dichtungen vorzutragen.

1954 erlebten wir im Schauspielhaus die Erstaufführung von Johannes R. Bechers Stück „Die Winterschlacht". Gemeint war damit die Schlacht um Stalingrad, dem Wendepunkt des Kriegsgeschehens an der Ostfront. In einer Chronik („Das war das 20. Jahrhundert in Leipzig") steht wörtlich: „Am 31. Januar ist die Erstaufführung von Brechts ‚Winterschlacht'." Armer Brecht – das hätte man ihm nicht antun dürfen!

Zum Abschluß des Kapitels von den Brettern, die – damals in Leipzig für mich! – die Welt bedeuteten, sei ein Theaterchen genannt, das am Rande der Großen Häuser einige Bedeutung erlangte. Ich spreche vom „Zimmertheater", etabliert in einem Wohnhaus Ecke Thomasius-/Käthe-Kollwitz-Straße. Lange Zeit hatte ich keine Ahnung, daß es so etwas überhaupt gab. Bis mich einer meiner Mitstatisten darauf aufmerksam machte und dafür sorgte, daß ich eine Einladung zu einer Aufführung erhielt.

Das Zimmertheater wurde privat betrieben. Proben und Vorstellungen fanden in einer sehr geräumigen, von Initiator und Regisseur Hans Heinemann und seiner Frau gemieteten Wohnung statt. Es traten von den mir bekannten jungen Leuten unter anderem Elevin Hannelore Puffert und mein alter Freund Günter Bormann (EGeBo) auf. Christine Nitzschke (später Geithner), Siegfried Mahler und Günter Schwarz, die gleichfalls mitwirkten, erwarben sich zu unterschiedlichen Zeiten einen Namen als Leipziger Pfeffermüller. Ich selbst sah dort im Kreise anderer geladener Gäste Goldonis Komödie „Das Kaffeehaus".

IM „RAMPE"(N)LICHT

Sonntag, 23. Februar 1947. Abends gehe ich mit Manfred in das Literarische Kabarett, wo wir 3 Grotesken aus Curt Goetz' „Nachtbeleuchtung" sehen.

Dies also war meine erste Berührung mit dem Genre Kabarett, gleichwohl der Abend mehr den Charakter eines Komödienstadels hatte. Das „Literarische Cabaret" befand sich in der Kramerstraße, die 1949 in Ernst-Schneller-Straße umbenannt wurde. Schneller, von den Nazis ermordeter Antifaschist, war der Vater eines der bedeutendsten DDR-Kabarettautoren, bekannt unter dem Namen Hans Rascher.

Alles, was mit Kabarett zu tun hatte, erfuhren wir in Gesprächen mit dem schon genannten Ferdinand May. So zum Beispiel, daß es seit 1947 in Düsseldorf ein Kabarett namens „Kom(m)ödchen" gab. Oder daß im Jazzkeller „Badewanne" in Westberlin seit Oktober 1949 einige junge Schauspieler Kabarett machten (daraus werden im Januar 1950 die berühmten „Stachelschweine"). Stolz erzählte May, daß dagegen Leipzig (nach München mit dem Kabarett „Kleine Freiheit" von Erich Kästner) die zweite deutsche Stadt war, die schon 1945, also unmittelbar nach dem Krieg, ein solches Etablissement ins Leben rief.

„Ferdi" ist einer der drei Gründungsväter gewesen. Im Oktober war mit den Proben zum ersten Programm begonnen worden. Ein gutes Dutzend literarischer Mitarbeiter stand dem Unternehmen zur Seite, darunter der Autor des Buchenwaldromanes „Nackt unter Wölfen", Bruno Apitz. Die Einrichtung wurde am 17. November mit dem Programm „Bitte recht freundlich" eröffnet. Bei den beiden Mitgründern handelte es sich um Joachim Werzlau und Egon Herwig.

Werzlau war Schauspielkapellmeister und in der Ballettschule von Mary Wigman Korrepetitor. Herwig, 1905 geboren, war zuerst am Alten Theater in Leipzig engagiert, wechselte 1935 nach Osnabrück und ging danach ans Deutsche Theater in Prag. Nach 1945 entwickelte er sich für das erste Leipziger Nachkriegskabarett als der Conférencier schlechthin. May, gebürtiger Hesse, was er beim Reden nie verleugnen konnte, war vorm Krieg Inhaber eines Möbelgeschäftes am Lindenauer Markt. Kaum aus der Gefangenschaft zurück, engagierte er sich nicht nur für besagtes „Cabaret", sondern war auch Mitgründer des Kulturbundes in Leipzig.

Der Kabarettgründung stand laut May nach Erwerb einer Lizenz durch die sowjetische Militärverwaltung nichts im Wege. Außer, daß es keine Spielstätte für ein solches Vorhaben gab. Nach etlichen Fehlschlägen fand man schließlich inmitten von Trümmern im ehemaligen Lehrervereinshaus (dem späteren Ernst-Beyer-Haus) ein einigermaßen erhalten gebliebenes Domizil.

In einer Bildreportage der „Neuen Berliner Illustrierten" (NBI von März/April 1946) ist ein Photo zu sehen, auf dem die Künstler die Loren der vor der Spielstätte verlaufenden Trümmerbahn mit Schutt beladen. Solche Aktionen gehörten zu den ab 1952 als „Nationales Aufbauwerk" (NAW) gepriesenen und mit „Aufbaumarken" belohnten freiwilligen Einsätzen der Bevölkerung.

Man bezog die notdürftig hergerichteten Räumlichkeiten. Die Bühne war mächtig breit, hatte aber nur eine ganz geringe Tiefe. Es gab sechs Stuhlreihen (pro Platz 4 RM). Dahinter saßen die Leute an sogenannten „Parkett-Tischen" in zwei Kategorien, die besseren vorn für 3 RM, die schlechteren hinten wie die auf der Galerie für 2 RM. „Allerdings erwiesen sich die schlechteren zeitweilig als die besseren", beteuerte May. „Sie waren dem wärmespendenden Ofen am nächsten gelegen."

Schon im Eröffnungsprogramm „Bitte recht freundlich" gab es mehrmals Tanzeinlagen. So bot die Balletteuse Gyp Schlicht (die hier als „Gerda Schlicht" angekündigt wurde) Spanische Impressionen von Werzlau und einen Danse orientale, den sie auch in einer Matinee mit Gudrun Müller und Herbert Freund kreierte.

Wie May erzählte, nahm man zur Weihnachtszeit auch Stücke für die Kleinen in den Spielplan auf. Im zweiten Programm wurden die Häufung von Sitzungen und Ausschüssen, die Fragebogenseuche und die Lebensmittelhamsterei auf die Schippe genommen. Zu den Darstellern gesellt hatte sich die sächsische Humoristin Fridel Hönisch. Im Folgeprogramm spielte sie die von völkischen und antichristlichen Ideen besessene Mathilde von Ludendorff.

In der überirdischen Abteilung für Kulturschaffende beantragte die Dame unter Berufung auf „Herrn von Schiller" die Lebensmittelkarte I für Schwerarbeiter. Der himmlische Aufnahmebeamte (Martin Knapfel) genehmigte nur die Stufe III für Angestellte. „Es werden", schilderte Hans Georg Richter in der „Täglichen Rundschau", „manche sehr gute Scherze gemacht: wenn die verstorbenen Kulturschaffenden auf dem wolkigen Olymp ankommen, zunächst den Befähigungsnachweis des Kulturamtes präsentieren müssen, verbreitet sich allgemeine Heiterkeit ..."

Hans Georg Richter schrieb meist unter dem Kürzel hgr. Er war der Vater des (schon genannten) Dramaturgen und Regisseurs Hans Michael Richter.

Im Programm Nummer vier, das zur ersten Nachkriegsmesse gezeigt wurde, rief man zur Premiere im Frühjahr 1946: „Fenster auf!" Dieser Ruf mißfiel dem aus Berlin angereisten Sowjet-Administrator Oberst Tulpanow. Er unterstellte nämlich, „Fenster auf" habe schon Zar Peter der Große gesagt und gemeint, die Fenster sollten nach Westen hin geöffnet werden. „Also, Sie wollen Fenster nach Westen effnen? Zur Messe? Towarischtschi, das ist eine unfreindliche Demonstration!" Er war nur schwer zu überzeugen, daß auch gen Osten „ge-effnet" werden sollte. Wie May uns sagte, habe er selber ein paar Texte fabriziert. Eine klassische Tänzerin sei aufgetreten, wie schon in den ersten Programmen. Sogar einen Schnellzeichner habe man engagiert.

Ein weiteres Programm ging im Juni 1946 über die Bühne. Es gab „Neue Verse" von Brecht, auch bemühte man Ernst von Wolzogen und Frank Wedekind. Diesmal gehörten die Schauspielerin Annemarie Hentschel und der Operettenkomiker Werner Ebert zum Ensemble.

Im Sommerprogramm „Hundstage" trugen den Hauptanteil zwei Einakter, nämlich „Hund im Hirn" von Curt Goetz und Anton Tschechows „Heiratsantrag". Fridel Hönisch rezitierte Lene Voigt. Regie führte Johannes Curth.

„Für das siebente Programm", erzählte Ferdi May, „hatte ich einen Sketch geschrieben, in dem sich ein Dichter und ein Komponist ihr ‚Stück' von einer Sekretärin zusammenschustern ließen." Zwei Sopranistinnen hätten Johann-Strauß-Melodien gesungen. Ganz aus dem Kabarett-Rahmen sei eine Szene von Arthur Schnitzler gefallen. Neu engagiert worden sei Ursula Noack.

Mit seinem achten Programm war das „Literarische Cabaret" ins zweite Jahr seines Bestehens gestiegen. Manfred berichtete unserem Volkshochschuldozenten May, daß wir zu der Zeit zum ersten Mal drin waren, was er mit Wohlwollen zur Kenntnis nahm. Dann fuhr er fort, der Titel des 11. Programms „Ran an die Rampe" habe schon sehr nach der bevorstehenden Umbenennung geklungen. Aus Galsworthy hätten sie „John Galswoolworth" gemacht, „Die Kapernfischer" seien eine Parodie auf den Schlager von den Caprifischern gewesen, und er selbst habe eine Glosse auf die westdeutsche Entnazifizierungskampagne geschrieben.

Mit dem nächsten Programm sei es dann soweit gewesen: Erstmals erschien die neue Bezeichnung „**die Rampe** – BÜHNE FÜR KABARETT UND KOMÖDIE" auf dem Programmzettel vom 19. Juli 1947. Mit einem „Skilustspiel in drei Akten" habe man angefangen. Unter der Regie von Johannes Curth spielten Ursula Noack (es war ihre letzte Mitwirkung), Jo Simeth, Werner Ebert, Curt W. Franke, Egon Herwig und der Thomasschüler Harald Kunz.

Dem zweiten „Rampe"-Programm galt auch unser zweiter Besuch im Lehrerhaus: *20. August. Abends gehe ich mit Manfred in die „Rampe" und sehe mir das Kabarettstück „Karussell" an.* Nach dem Eröffnungslied sprach Spielleiter Curth Schillers Gedicht „An die Freunde":

> „Liebe Freunde, es gab schönre Zeiten
> Als die unsern – das ist nicht zu streiten!
> Und ein edler Volk hat einst gelebt.
> Könnte die Geschichte davon schweigen,
> Tausend Steine würden redend zeugen,
> Die man aus dem Schoß der Erde gräbt ..."

Und als der Vortragende zur zweiten Strophe kam:

> „Freunde, es gibt glücklichere Zonen
> Als das Land, worin wir leidlich wohnen ..."

– da brach Gelächter und hernach Applaus aus, als hätte Schiller vorausahnend eine Anspielung auf das Hier und Heute des Jahres 1947 in der sowjetisch besetzten Zone erdichtet! An Autoren waren wieder Erich Kästner, Ferdinand May und Peter Sillje vertreten. Hinter dem Pseudonym Peter Sillje verbarg sich der schon in den zwanziger Jahren aktive Rolf A. Sievers. Im Mittelpunkt aber stand eine Skizze von Curt Goetz, „Der Spatz vom Dache", die sich auf heiter-besinnliche Weise mit göttlicher und irdischer Gerechtigkeit auseinandersetzte. Regelrecht begeistert war ich, als der – wie sich am Schluß herausstellte – unschuldig im Knast sitzende junge Mann den auf ihn einredenden Pastor abrupt fragte: „Herr Pfarrer – glauben Sie an Gott?" Diesem Gottesmann eine solche Frage zu stellen!

In der Penne sollte ich eine Woche darauf bei Dr. Förster ein Referat über Lessings „Nathan der Weise" halten. „Bei der Ringparabel", referierte ich, „geht es ja nicht nur um das Streben nach Toleranz zwischen den Religionen. Es geht auch darum, Glauben nicht zum Lippenbekenntnis verkommen zu lassen, sondern zur Herzensangelegenheit zu machen." Zum Vergleich führte ich die Skepsis des jungen Mannes gegenüber den Phrasen des Pfarrers in jenem Einakter von Curt Goetz an. Der Vergleich wurde akzeptiert.

5. November. Abends sehe ich in der „Rampe" die Premiere des Kabarett-Stückes „Simsalabim". Ferdi May war inzwischen ausgestiegen, und Werzlau leitete allein das Unternehmen. Egon Herwig ging auf das Thema des Abends in seiner Conférence ein: „Die Menschen, von allen guten Geistern verlassen, wollten es den Gespenstern nachmachen, aber was daraus wurde, wissen wir ja. Die Zeiten haben sich gewandelt, dem Wort Leben hat man das Initial genommen, man schreibt es heute vorwiegend klein. Es ist vom Begriff zur Funktion gesunken. Und manchmal wundert man sich, daß das Funktionieren noch so klappt. Trotzdem, die Menschen genießen das Leben schon wieder in vollen Zügen. Sie sind wie die Kinder: Sie hängen so an ihrer Eisenbahn. Kein Wunder bei den Transportschwierigkeiten. Die Reichsbahn sagt, es fehle an Anhängern. Wenigstens will heute keiner einer gewesen sein. Dabei wurde man damals gar nicht befördert, wenn man kein Anhänger war. Wie viele sind damals eingestiegen – bis sie merkten, daß sie im falschen Zuge waren. Man muß eben immer aufpassen, daß man in den richtigen Zug einsteigt, sonst schimpft wieder alles bloß auf den Führer. Den Zugführer. Dabei stand damals ganz deutlich dran, wohin der Zug fuhr, und das war ja auch kein Zug mehr, das war schon Sturm. Mit dem ‚Stürmer' fing es an und mit dem Volkssturm hörte es auf. Und jetzt ist Schluß mit der Stürmerei, jetzt wird wieder aufgebaut. Aufbau ist die Devise – wenn auch der wahre Aufbau, besonders im Westen, noch so rar ist wie die Devisen. Aber wir wollen schon wieder hoch hinaus. Das Wirtschaftsamt soll in den zwölften Stock des Hochhauses verlegt werden, man will es endlich auf die Höhe bringen."

In dem Stück „Die Taube mit dem Ölzweig" von May gab es ausgesprochen lustige Momente, als Noah auf der Suche nach seiner Friedenstaube war:

Hausmannsfrau (kommt mit Einkaufsnetz u. Zeitung): Was ist denn mit Ihnen los? Hier ist Betteln, Hausieren und Musizieren verboten. Sie können doch nicht im Lehrervereinshaus singen. Wir geben nischt!

Noah: Entschuldigen Sie, wohnen Sie hier?

Frau: Ja, ich bin die Hausmannsfrau.

Noah: Ach, haben Sie vielleicht eine weiße Taube gesehen?

Frau: Taube? Nee. Is denn so was offgerufen? Fleesch ham wir schon weg auf die Dekade. Ich interessiere mich nämlich nur für's Offgerufene. Nur Offruf, verstehn Sie? Was ist denn überhaupt heute offgerufen? (Schlägt die Zeitung auf) Kunsthonig und 200 g Quark. Na sehn Sie, aber mit Tauben is nischt!

Noah: Aber meine weiße Taube mit dem Ölzweig!

Frau: Quasseln Sie nicht rum, junger Mann. Ölzweige! Wenns Öl wäre oder meinethalben Zwiebeln, aber Ölzweige, so was Verrücktes haben sie uns noch nicht zugeteilt! Wenn Sie aber Ihre Taube gefunden haben, können wir über den Preis reden. Aber mehr als hundert zahle ich nicht! Für'n Karnickel geben wir 150! (Schüttelt abgehend den Kopf) Taube mit Öl!

Allerdings kam die einseitig und politisch gefärbte Schwarz-Weiß-Malerei mehr als deutlich zum Ausdruck. Und der holzhammermäßig-zweckoptimistische Schluß war eigentlich typisch für die meisten Sketche dieser Zeit. Es fehlte völlig die überraschende und vor allem von Witz und Humor geprägte Pointe. Es fehlte auch der Mut zu satirischer Umkehrung, das Negative als (scheinbar) positiv zu verbrämen – oder anders herum. Das hätte ja den eigentlichen Reiz eines Kabarettstückes ausgemacht.

Das nächste „Rampe"-Programm, das Ende Januar 1948 seine Premiere erlebte, hieß „Einsteigen!" Ich notierte: *Und wir stiegen ein. Egon Herwig belebte mit seinen spitzen, satirischen und oft gewagten Conférencen das gesamte Publikum. Am besten auf der Reise von Frankfurt bis Schilda gefiel uns Egon Friedells „Prüfung" („Goethe im Examen"), eine schulpolitische Satire. Auch Erich Kästners „Schildbürger" erregten viel Spaß und Geist ... Allerdings „zog" das vorherige Kabarettstück besser als das neue.*

Mit der Groteske „Goethe im Examen" wollte die „Rampe" auch eine Ehrung der beiden Verfasser vornehmen, Egon Friedell und Alfred Polgar. Friedell, Schauspieler, Schriftsteller und Theaterkritiker, arbeitete für die Wiener Kabaretts „Hölle" und „Fledermaus". Als Hitlers Truppen 1938 in Österreich einmarschierten, schied er – sechzigjährig – freiwillig aus dem Leben. Polgar, österreichischer Publizist, Essayist und seit 1925 Kritiker bei der „Weltbühne", mußte Deutschland 1933 verlassen und emigrierte nach den USA. Von dort kehrte er 1949 zurück. 1955 starb er in Zürich.

Egon Herwig spielte Goethe, der dem schlechten Schüler Züst helfen will, denn Züst hat eine irre Angst vor der bevorstehenden Prüfung zum Thema „Goethes Leben und Schaffen". Weshalb Goethe in die Rolle des schlechten Schülers schlüpft und dem verbissenen Professor Hinterhuber (gespielt von Johannes Curth) Rede und Antwort stehen muß. Die Kritik bescheinigte den beiden Mimen, sie hätten sich als „Meister der schauspielerischen Miniatur" erwiesen, und das Pointen-Setzen Curths sei „fast zur artistischen Genauigkeit geschliffen". Der Clou des Examens war ja, daß Goethe, den seine Schöpfer „frankfortsch" reden ließen, zu den ausgetüftelten Fragen des Professors oft keine Antworten wußte, wogegen Musterschüler Kohn jede noch so unwichtige Frage beantworten konnte:

Professor: In welchem Monat verließ Goethe Wetzlar?
Goethe: Warte Se, das werd′ ich Ihne gleich sache. Ei, wann war′s denn nur?
Professor: Kohn, wann verließ Goethe Wetzlar?
Kohn: Selbstverständlich am 23. September 1772, 5 Uhr nachmittags mit der Fahrpost.

Eine andere Szene des Programms setzte sich mit der politischen Haltung des damaligen Parteivorsitzenden der SPD, Kurt Schumacher, auseinander. Er galt als Gegner der Zusammenarbeit mit der KPD. Obwohl er während der Nazizeit jahrelang inhaftiert worden war, war er den Herrschenden in der SBZ ein Dorn im Auge. Den

Herrschenden, nicht aber der Bevölkerung, im Gegenteil. Da genoß er durchaus weitverbreitetes Ansehen.

Der Westberliner „Telegraf" vom 26. Mai 1948 berichtete: „Bei einem Gastspiel in Bitterfeld erlebte das Leipziger literarische Kabarett ‚die Rampe' mit seinem Programm ‚Einsteigen Richtung Frankfurt – Schilda' einen bösen Reinfall. Bei einem Sketch gegen den ersten Vorsitzenden der Sozialdemokratischen Partei Dr. Kurt Schumacher machte das Bitterfelder Publikum nicht mehr mit.

Nach einem ohrenbetäubenden Pfeifkonzert mußte man für Minuten den Vorhang fallen lassen und konnte den Sketch auch nicht mehr zu Ende spielen. 70 Prozent der Zuschauer verließen mit Krawall das Theater."

Auch im nächsten Programm „Allez hopp!" wurde mächtig der Holzhammer geschwungen, siehe Auftrittslied:

> Zupacken heißt es mit kräftiger Hand,
> Will man die Zukunft erringen.
> Alle wir gemeinsam in Stadt und Land,
> So lässt das Glück sich erzwingen ...
> Drum: Wer uns beim Schaffen und Aufbau stört,
> Den Kerl jagt davon im Galopp:
> Allez hopp!

Kay Lorentz, Gründer des „Kom(m)ödchens", hatte für eines seiner Programme „Das Nibelungenlied ... mal anders" geschrieben. Für „Allez hopp" wurde es übernommen. A. M. U. konnte sich nicht enthalten, es in der LVZ über den grünen Klee zu loben: „So wünscht man sich das politische Kabarett: furchtlos und aggressiv, frech und selbstironisch, humorvoll und witzig, wahrhaft und erzieherisch!"

Der Refrain eines Liedes mit dem Titel „Hoch zu Roß" fing so an: „Ich reite zwei Pferde auf einen Ritt, hei! / Da kommt kein gewöhnlicher Sterblicher mit, hei!"

Die Interpretin Kathleen Herbst kam nicht über die zweite Zeile hinweg. Wieder und wieder verhaspelte sie sich. Bis sie schließlich der Senf packte, und sie wütend die Bühne verließ. Noch im Abgehen ließ sie deutlich vernehmbar die Bemerkung fallen: „Scheißpferde, soll sie doch der Autor reiten!" Das Lied wurde nach der mißglückten Premiere abgesetzt.

Ich erlaubte mir zu bemerken, das Programm sei *bis auf Egon Herwigs noch immer spritzige, geistvolle Conférence, bis auf die „Trauer-muß-Elektra-tragen"-Parodie ... und bis auf die ausgezeichnet von Kathleen Herbst und Ursula Schmitter dargestellten siamesischen Zwillinge ziemlich lau.* Ursula Schmitters „große Zeit" beginnt 1955 in der „Leipziger Pfeffermühle". Zugleich mit ihr war ihr Ehemann Gerhard Hoschke an die „Rampe“ engagiert worden – als Bühnenmaler. Unter dem Pseudonym Paul Gerhard komponierte er hier auch seine ersten Chansons, bevor er sich als Gerd Holger, Musikchef der „Pfeffermühle“, einen Namen machte.

26. August 1948. Wir besorgen uns Karten für die morgige Premiere des „Rampe“-Programms „Mein Leipzig lob ich mir“.

Der neue „Rampe“-Direktor hieß Konstantin Jähne, nannte sich aber Tino Constantin. Gerhard Hoschke war zum Bühnenbildner avanciert. Er schrieb die Musik zu einem von Gattin Ursula Schmitter vorgetragenen Song: „Das Kind der Zeit“. Der sowjetische Kontrolloffizier hatte das Lied zunächst verboten. Da war von Bananen die Rede, die „unsere Kinder“ ja nicht kannten. Erst als die Schmitter aus den Bananen Pudding gemacht hatte, durfte es gesungen werden. Das Personalkarussell, das sich schon immer heftig drehte, war mit dem Leipzig-Programm nicht zum Stillstand gekommen. Bei der nächsten Produktion würde auch ein räumlicher Wechsel eintreten.

Man sagte dem „Lehrerhaus“ mit Ausklang des Jahres 1948 ade. Noch aber herrschte Kramerstraßenflair. Im Entreelied sang das Ensemble mit verteilten Rollen:

O Musenstadt, wie liegst du da
am schönen Pleißestrand.
Du bist für mich die schönste Stadt
im ganzen Sachsenland.
Du bist für mich mein Paradies,
begeistert sing ich´s hier:
Mein Leipzig is a klein Paris,
mein Leipzig lob ich mir.

Dann trat Herwig vor den Vorhang und conférierte: „Kurz vor Beginn der Vorstellung hatte ich ein Erlebnis. Ein Besucher kam zu mir und fragte mich, wie lange denn die Veranstaltung dauere. Ich sagte ihm: ungefähr zwei Stunden. Worauf der Besucher meinte, ob´s denn nicht ein bißchen länger ginge – er hätte mich schon so oft gehört und hätte schon so viel über mich gelacht! Gut – ich bewilligte ihm eine Viertelstunde mehr, fragte ihn denn auch gleich, wo er denn sitzt, worauf er sagte: ‚Meine Frau sitzt in der zweiten Reihe. I c h will noch ´nen kleinen Stadtbummel machen.‘ Der Mann hat recht. Wenn er schon mal in Leipzig ist! Schon Goethe sagte: ‚Mein Leipzig lob ich mir, es ist ein Klein-Paris!‘ Übrigens: Zwei Dinge gibt es in Leipzig nicht mehr: die Pleiße und die Trümmer, mit denen wir sie zugeschüttet haben. Von beiden hatten die Leipziger die Nase gründlich voll.“

Umwerfend empfanden wir den Sketch von der Gründung der Stadt Leipzig, die sich der Schriftsteller und Mitgründer des ersten Leipziger Kabaretts „Die Retorte“

(1921), Hans Reimann, ausgedacht hatte. Wie die Stadt heißen soll, bemerkt einer der Gründer, das bleibe sich egal. Er sagt es aber auf sächsisch: „´s bleibzj eegal". „Bleibzj-eegal" sei doch ein schöner Name, meint ein anderer. „Bleibzj-eegal" wäre aber „ä häbbchn ze lang", meint ein Dritter. Weshalb man das „eegal" wegläßt: Bleibt von „Bleibzj-eegal" nur „Bleibzj". Weil aber unklar ist, ob „Bleibzj" mit hartem oder weichem B geschrieben wird, ließ man das B auch noch weg und reduzierte „Bleibzj" zu „Leibzj". Darauf Frau Griemichen (d.i. Krümchen): „Das is ä feinr Nahme!"

Originell, geistreich und politsch brisant fanden wir auch die Begegnung zwischen Bach, Mendelssohn und Wagner im Himmel. Am Schluß des Programms wurden in einem „Kaspertheater" derzeitige Mißstände durch den Kakao gezogen:

Kaspar: Hereinspaziert! Kinder, ich werde alt. Ich habe keinen einzigen Witz mehr im Bauche. In meiner Hosentasche klimpern einige aufgewertete Groschen, in meiner Brusttasche knistern einige unaufgewertete Scheine, statt umgekehrt. Sogar meiner Glocke verschlägt´s die Stimme. Sie ist von Pappe. Das ist symbolisch und gilt für mich selbst. Ich war früher wahrlich nicht von Pappe und muß heute „die Babbe halten", wie der Sachse sagt. Hereinspaziert! Männer und Frauen! Wir leben und gedeihen vom alten Aufruf zum neuen. Ja, der Mensch ist, was er ißt. Früher sah man noch einen lichten Punkt: das war der schwarze Markt. Heute kann nur noch den Schieber mit dem Schieber schieben. Ich sehe schwarz für den schwarzen Markt. Hereinspaziert! Wir haben jetzt den Existentialismus – ein neues philosophisches System, das so viel besagt, daß niemand sagen kann, was es besagt. Danach ist der Mensch, was er aus sich macht. So ein Unsinn! Die Männer sind, was Zigaretten, Frauen und Bohnenkaffee aus ihnen machen. Der Baum im Paradiese war kein Apfel- sondern ein Kaffeebaum mit Tabakblättern, an denen Carepakete hingen. Wer von ihm pflückte, verlor nicht das Paradies, sondern war im siebenten Himmel. Nee, alles macht heutzutage alles aus dem Menschen. Die Währungsreform einen armen Teufel, das Carepaket einen Gott, der Staat einen Steuerzahler, der Wohnort einen West- oder Ostzonalen, das Ernährungsamt einen Markenempfänger, und wer allein ist, der macht sich nichts aus sich. Kurz, man existiert nicht, man wird existiert. Das ist mein Existentialismus.

Eins sei noch hinzugefügt: Ohne unsere Besuche und ohne die Begeisterung für das Metier wäre es nicht zur Uraufführung des Nikolaischulkabaretts am 29. November gekommen. Sie gaben uns Anstoß und Inspiration für jene denkwürdige „eigentliche Geburtsstunde der Pfeffermühle" inmitten eines „Bunten Nachmittages". Und mir vielleicht für die über 40jährige Ausübung meines Berufes. Oder sollte ich sagen: meiner Berufung?

Mit dem nächsten Programm erfolgte Mitte Dezember 1948 der Umzug in die „Blumensäle“ (der späteren Nachttanzbar „Intermezzo“) am Dittrichring 1 vis-à-vis der Thomaskirche. In Nachbarschaft (Dittrichring 5) hatte sich in den Zwanzigern das Künstler-Café Merkur etabliert, in dem vor allem damals bedeutende Literaten, Maler, Grafiker und Schauspieler, aber auch Beamte, Buchhändler, Verleger und ganz „normale“ Leute verkehrten.

Die folgenden beiden „Rampe“-Produktionen liefen unter der Spielleitung und mit Textbeiträgen von Heinz Vogt, der die Sängerin Carmen Franke mitbrachte. Als Neutexter tauchte der Name Heinz Quermann auf.

Das vorletzte Programm „Achtung – Aufnahme!“ fiel in die Zeit der Staatsgründung der DDR. Tino Constantin aber zog es vor, diesem neuen Staat alsbald den Rücken zu kehren. In der Filmparodie „Faust aufs Auge“ wurde Gretchen in einer von Mephisto betriebenen Nachtbar aufgegriffen und zur Strafe zum Enttrümmern geschickt. Heimkehrer Faust trat auf sie zu und sagte: „Mein schönes Fräulein, darf ich´s wagen, / auch einige Steine mitzutragen?“ Die Musik hatte wieder einmal Joachim Werzlau geliefert. Die Darsteller sangen im Entree: „Achtung, Aufnahme, und Blende auf!“ – und im Finale: „Achtung, Aufnahme, und Blende zu!“ Als die Darsteller nach einem Gastspiel das Theater verließen, stand draußen eine Gruppe Jugendlicher. Die feixten und sangen auf die gleiche Melodie: „Weil wir jung sind, ist die Welt so schön ...“ Erst da ging den „Rampe“-Leuten ein Licht auf: Der gute Werzlau hatte die Musik gleich zweimal verkauft – an die „Rampe“ und – wesentlich besser bezahlt – an die FDJ.

Bevor das Ensemble unter dem alten Namen „Rampe“ noch bis zum Herbst 1950 mit einem Mischprogramm als Reisekabarett quer durch die junge DDR auf Tour ging, versuchte Egon Herwig, jetzt Kopf des Unternehmens, noch ein letztes Programm zu starten, das er „Die Wellenschaukel“ nannte. Laut Gerd Holger lief das Programm, „nachdem verschiedene Nummern gestrichen worden waren und ‚der Mann mit der Klarinette‘ Priemer als Klamauk-Komiker eingebaut wurde“, noch während der Frühjahrsmesse 1950. Wie ein Plakat auswies, stand es unter dem Patronat der Volksbühne.

Das Programm muß einige Leute so verschnupft haben, daß man ihm und damit dem Hauptverantwortlichen Herwig den Todesstoß versetzte. Im „Neuen Deutschland“ vom 15. März 1950 wurde ein vierspaltiger Artikel veröffentlicht. Nach einem nichtssagenden „Antrittslied“ und einer ebenso nichtssagenden Nummer sei „Herr Herwich vors Mikrofon“ getreten. „Er redete lange und ohne Witz.“ Das Publikum habe „eine Engelsgeduld“ bewiesen, als ihm „Nummer für Nummer des minderwertigsten Zeugs“ geboten wurde. Nach der Pause sei es zum Skandal gekommen. In einer Gerichtsszene wurde ein Richter vorgestellt, der menschliche Züge aufwies. Die Szene spielte sich aber nicht in der DDR, sondern in Berlin-W ab, wo die Gerichte „fast täglich

Werktätige verurteilen, weil sie für den Frieden und die Einheit Deutschlands eintreten." Da gab es keine Richter mit menschlichen Zügen.

„Herr Herwich geriet mitten in seiner Veranstaltung in eine Diskussion und eine immer schiefere Lage. Seine bis zur Feindseligkeit gesteigerte ‚Kritik' an Einzelerscheinungen in unserer Republik aber ist im Prinzip negativ, weil sie sich gegen den Aufbau überhaupt wendet und weil er es ablehnt, ihr eine erzieherische Note zu geben."

Noch eins drauf setzte „he" in der LVZ am 1. April 1950 mit der Behauptung: „Er hat nichts gelernt, er ist der negative Kritikaster geblieben ... Negative Geister vom Schlage Herwig ... versuchen, vor einem großen Publikum den Geist des Mißtrauens zu säen. Man meint, daß die Leiter einer solchen Veranstaltung dies erkennen sollten! Mit der Duldung derartiger Elemente tragen sie nicht zum Fortschritt in unserer Republik bei!" So angemahnt, hatte die Duldung des „Elementes" sehr bald ein Ende. Herwig wird nach Berlin abgedrängt, arbeitet am Rundfunk und gestaltet daselbst sogar eigene Sendungen. Die schleichende Parkinsonerkrankung bereitet 1962 seiner Karriere ein bitteres Ende – 1970 stirbt der Meister der Conférence.

Herwigs Witwe teilt mir am 18. 11. 2005 „tiefbewegt vom Erlebnis des gestrigen Abends" (der „Pfeffermühlen"-Soiree zum 60. Jahrestag der „Rampe"-Gründung) mit: „Sie haben Ihre Begeisterung von damals umgesetzt und mir persönlich zum Geschenk gemacht ... Für mich war es eine späte Genugtuung für damals einschneidend Durchlittenes."

GRENZÜBERSCHREITUNGEN

1948 waren die Grenzen innerhalb Deutschlands – auch ideologisch – ziemlich durchlässig. Noch. Zum Beispiel kaufte ich am Kiosk ohne Probleme die Westberliner Kunstzeitschrift „Athena" aus dem Minerva-Verlag, ja beteiligte mich sogar an einem Wettbewerb und schickte eine Kurzgeschichte an die Redaktion. Im Antwortschreiben merkte die Redaktion an, die Auswertung habe sich „durch die mit der Berliner Blockade verbundenen Schwierigkeiten länger als geplant hingezogen". Stimmt ja, wer denkt heute noch daran, daß vom 24. Juni 1948 an für 322 Tage die „Frontstadt" Westberlin ausschließlich über die sogenannte „Luftbrücke" versorgt wurde!

Meine Arbeit, hieß es in dem Schreiben der „Athena"-Redaktion weiter, scheine „den aufgestellten Forderungen nicht so recht zu entsprechen". Immerhin, der „nochmalige Dank für die Beteiligung" hatte etwas Verbindendes.

Das Trennende aber griff immer mehr um sich. So teilte ich am 22. Juni mit: *Seit dem 20. ist in der Westzone eine Währungsreform eingetreten; wir in der Ostzone erwar-*

ten ebenfalls täglich eine solche. Wenige Tage später, am 25. Juni, trat sie bei uns in Kraft. Der Umtausch erfolgte im Verhältnis 10:1, und nur ein Grundbetrag von 70 Mark pro Kopf stand jedem im Verhältnis 1:1 zu. Noch aber galten die alten Reichsmarkscheine. In der LVZ hieß es dazu: „Die bisherigen Rentenmarkscheine ..., die mit einem Koupon versehen sind, gelten ab 26. 6. 1948 als einzig gültiges Zahlungsmittel in der sowjetischen Besatzungszone und Ostberlin." Zu Beginn der großen Ferien Ende Juli (exakt am 28. 7. 48) wurden sie bei einer zweiten Reform endgültig eingezogen und durch neue Scheine ersetzt. Die durch Rentenbriefe auf Goldbasis gedeckte „Rentenmark" diente 1923/24 als Übergangswährung zwischen der entwerteten Mark und der nach 1924 gültigen Reichsmark. Nur diese Reichsmark konnte die LVZ (aus welchem Grund auch immer) mit „Rentenmark" gemeint haben.

Neue Scheine – alter Magen, denn der knurrte noch immer. Die Ernährung war (wie an anderer Stelle schon ausgeführt) mehr als dürftig. Um dem abzuhelfen, wollte Trude mit mir über die Grenze fahren, um in Naila *ihre Rente abzuholen,* so habe ich´s im Tagebuch ausgedrückt. Diese „Rente" kam von der Deutschen Bühnenversicherung, der Mutter und Trude angehört hatten und die es bei uns im Osten inzwischen nicht mehr gab. Das Geld lag auf dem Konto, das Mutter 1943 bei unserem ersten Naila-Aufenthalt eingerichtet hatte. Soviel stand fest: Es würde in westlicher Währung ausgezahlt werden.

Trudchen Donn und Söhnlein Ronny waren – wie schon mitgeteilt – im März verzogen und wir auf uns selbst angewiesen. *Von den cirka 60 Mark wollten wir eine Woche in Naila leben, bzw. für den Rest des Geldes – da es ja in der Ostzone nicht gültig ist – Päckchen mit Nahrungsmitteln per Post nach Leipzig schicken.* So fuhren wir mit der Eisenbahn Montag vormittag bei schönstem Wetter los und erfreuten uns im Vorbeifahren an der prächtigen Landschaft. Spät abends kamen wir an der Endstation in Blankenstein an (das heißt, vor der Teilung Deutschlands fuhr der Zug noch weiter ins Fränkische nach Bad Steben).

Wo sollten wir nun übernachten? Eine nette ältere Dame, Frau Friedel, die wir auf der Straße ansprachen, nahm uns auf, ohne Wenn und Aber. Natürlich mußten wir mit einem Sofa und einer Couch fürliebnehmen, eingehüllt in ein paar Wolldecken. Am nächsten Morgen machten wir uns auf die Socken und über die Grenze. Diese befand sich in einer Talsenke. Stacheldraht oder ähnliche Hindernisse gab es nicht. Lediglich an Holzpfosten befestigte Hinweistafeln ließen uns wissen, daß das Betreten verboten und ein Rinnsal von einem Bächlein die Grenze war. Kaum waren wir „drüben" angelangt und ein paar Schritte auf einer einsamen Landstraße gelaufen, wurden wir von uniformierten Finsterlingen angehalten und in eine Baracke geführt. Der Wachhabende drückte uns einen Stempel in unsere Ausweise, auf dem stand:

„Am 27. 7. 48 über versuchten unerlaubten Grenzübertritt belehrt und zurrückgewiesen – Bay. Grenzpolizeiposten Lichtenberg". Es ist kein Druckfehler: Auf dem Stempel stand tatsächlich „zurrückgewiesen" mit zwei r. Als belehrte Zurrückgewiesene mußten wir uns ja nun nicht wieder in die leicht abschüssige Talsenke begeben, sondern konnten unbehelligt die Landstraße in umgekehrter Richtung entlangstiefeln – und den Ostgrenzern direkt in die Arme. Bang fragten wir uns, ob die uns wohl jetzt einsperren?

Wir erzählten ihnen unser Mißgeschick, worauf sie nur den Kopf schüttelten und uns weiterziehen ließen. Wir kehrten kurz bei Frau Friedel ein.

In deren Wohnung versuchte Trude, den verräterischen Stempel zu verwischen. Ob das bei einer wiederholten Kontrolle gutgegangen wäre, ist zu bezweifeln. Ich selbst versteckte den bayrisch bestempelten Ausweis vor der wiederholten Grenzüberschreitung unter die Einlegsohle meines linken Schuhs. Für alle Fälle, falls uns auf dem Rückweg Ostgrenzer erwischt hätten. Den Westgrenzern hätte ich gesagt, daß der Ausweis versehentlich zu Hause liegengeblieben sei. Was unwahrscheinlich klingen mag ist, daß im Ausweis neben dem Paßbild zwar keine genetischen, aber dafür immerhin die Abdrücke des rechten und linken Zeigefingers zu sehen waren, und auf der Rückseite stand auf deutsch und russisch „Gültig bis auf weiteres".

Der zweite Versuch glückte. Von Blankenstein ging´s also über Lichtenberg und Marxgrün nach Naila. Dort angelangt, gingen wir zum Drogisten Müller, den ich von früher her kannte, als ich mit Mutter im Urlaub hier war. Trude wollte als Ostzonale möglichst erst mal nicht zur Sparkasse gehen und fragte Herrn Müller um Rat. Der war so entgegenkommend, an ihrer Stelle Erkundigungen einzuholen. Als er zurückkam, sagte er, das Konto sei z. Z. gesperrt. Peng, aus der Traum! Was blieb uns übrig, als unverrichteter Dinge wieder umzukehren. Trude hatte eine Heidenangst vor einer erneuten Begegnung mit den Grenzern. Die aber blieben wie vom Erdboden verschluckt. Frau Friedel nahm uns, da wir erst abends zurückkamen, nochmals auf. Am nächsten Morgen sind wir erst ein Stück gelaufen und dann mit einem Güterzug bis Triptis gefahren. Es war furchtbar langweilig. *Der blöde Zug,* schrieb ich, *rangierte an jeder Station.* Vor, zurück, wieder vor, wieder zurück. Ab Triptis ging´s besser. Halb zwölf nachts kamen wir endlich an in Leipzig. *Auf der Fahrt,* hielt ich im Tagebuch fest, *lernten wir folgende Menschentypen kennen: 1. Junger Mann, verheiratet, Frau in Leipzig, Schwester in Koblenz, Schwiegereltern im Allgäu, erzählt dauernd vom goldenen Westen, von billigen Preisen und von seiner Soldatenzeit. 2. Junge Dame, ledig, Vater schwer krank in Pirna, sie selber aus Wien, um Vater nach Österreich zu holen, Sudetendeutsche, Studentin, tapfer, sympathisch, fuhr zum 33. Mal über eine Grenze. 3. 45-jährige, blonde, kräftige Frau mit starkem Lebenswillen trotz Wasserkrankheit. 4. Enteigneter Fabrikbesitzer, erzählt halbe Sätze und guckt dann weg, um Wirkung in seinem Ausdruck zu erzielen. 5. Dicker Sachse mit Zigarre, doof. 6. Junger Mann, Berliner, Typ Berliner, weiter nichts. Okay.*

Dieses „okay“ steht wirklich da, obwohl es klingt, als wäre es von heute. Der Bericht schließt mit der Feststellung: *Der Westen ist besser als der Osten.* Eine Begründung dieser Feststellung bin ich schuldig geblieben.

Meine nächste Grenzüberschreitung fand 1951 statt, aber nicht an der „grünen Grenze“ zu Bayern, sondern an einer innerstädtischen. *30. Juni. Bevor wir nach Beendigung des ersten Studienjahres mit unserem Lehrer Martin Flörchinger für zwei Tage zur Zwischenprüfung nach Berlin fuhren, machte unsere Klasse in der Grassistraße einen Bert-Brecht-Abend.* Nachdem wir diesen Stolperstein erfolgreich überwunden hatten, war der Bammel vor der Prüfung nicht mehr ganz so groß. Sie wurde von der „Staatlichen Kommission für Kunstangelegenheiten“ abgenommen und fand in den Räumen des Volksbildungsministeriums in Stadtmitte statt, also im „Demokratischen Sektor“.

Wir kamen jedoch mit dem Zug am Anhalter Bahnhof an, also im Westsektor. Als wir uns in Bewegung setzten und am Hebbel-Theater vorbeikamen, machte uns Flörchinger auf einen Herrn aufmerksam, der vorm Theater mit jemand anderem ins Gespräch vertieft war. „Das ist“, so Flörchinger ehrfurchtsvoll, „der berühmte Ernst Deutsch. Von dem könntet ihr was lernen!“

Berlin ist schön, aber teuer, notierte ich. *In den westlichen Sektoren weht eine andere Luft.* Da gab es auch keine auf Plakatwänden prangenden Losungen wie „Ami go home!“ Scherzbolde hatten diese Ostsektorlosung ergänzt und an Wände gekritzelt: „Ami go home – un nimm de Sachsn mit!“

Probierte gute Zigaretten, Bananen, Schokolade, Apfelsinen u. Kaugummi. Angenehm wirkt die Berliner Jemütlichkeit. Bei der Aufzählung der Lebens- und Genußmittel darf man nicht vergessen, daß das ja wirklich alles Raritäten für uns DDR-Bürger waren: bei der Zigarette, der „Amilulle“, angefangen bis zu den begehrten Südfrüchten.

Natürlich wechselte ich per S- oder U-Bahn öfter die Seiten, was damals überhaupt kein Problem war. So wollte ich zum Beispiel meinen Cousin Horst Krause in Gesundbrunnen besuchen. Ich habe ihn ebensowenig angetroffen wie einen inzwischen „abgehauenen“ ehemaligen Klassenlehrer und Mathepauker – beide waren einfach nicht da.

Apropos „Seitenwechsel“: Manfred fragt mich in einem Brief, ob ich noch wüßte, wer der Schulfreund gewesen sei, „dessen Vater bei der DSF war und uns immer Freifahrscheine nach Berlin besorgte, damit wir im Zug gegen den Westen agitieren sollten“. Es war mein Sellerhäuser Schulfreund Gottfried Schmidt. Manfred schließt: „Wir fuhren gerne, agitierten nicht, besuchten dann aber den Westen und gingen ins Kino.“ Das war also noch vor dem Abitur.

Im Oktober 1952 notierte ich: *Manfred weilt zur Zeit in Berlin – aus bestimmten Gründen.* Wie ich mich noch recht gut erinnere, hatte er die kühne Absicht, dem legendären Friedrich Luft ein selbstgeschriebenes Theaterstück zur Begutachtung zu bringen. Das ging natürlich aus wie das Hornberger Schießen, aber mutig und selbstbewußt war es schon.

Zurück zu meinem Zwischenprüfungsaufenthalt. In der Staatsoper habe ich mir das Ballett „Dornröschen" angesehen. Zum Vorsprechen im Ministerium (unter Vorsitz des bekannten Theaterjournalisten Fritz Erpenbeck) hatte ich mir den Monolog des Küchenjungen Leon aus Grillparzers Lustspiel „Weh dem, der lügt" rausgesucht. In zäher, wochenlanger Arbeit war er zuvor bei Flörchinger einstudiert worden. *Wir bestanden alle durch die Bank weg. Auf der Bahnrückfahrt erzählte uns unser Lehrmeister gesalzene Witze und schwärmte von seiner Bekanntschaft mit dem Maler und Grafiker Max Schwimmer.*

Einen Witz hab ich mir bis heute gemerkt: Zwei Knattermimen alter Schule sind auf Wohnungssuche. Klopft der eine im zweiten Stock eines Hauses an die Tür und fragt die ihm öffnende Dame mit Pathos: „Guten Tag, wie ich hörte, haben Sie ein möbliertes Zimmer zu vermieten?" Darauf die Dame: „Was sind Sie d´n von Beruf?" Er: „Kennen Sie mich nicht? Ich bin Schauspieler!" Sie: „Ach, Schauspieler sind Sie? Tut mir leid, an Schauspieler vermiet ich nich." Und knallt die Türe zu. Der Mime geht nach unten und wartet im Parterre. Geht der andere nach oben. Das gleiche Spiel: „Guten Tag, wie ich hörte, haben Sie ein möbliertes Zimmer zu vermieten?" – „Was sind Sie d´n von Beruf?" – „Was, Sie kennen mich nicht? Ich bin Schauspieler!" – „Ach, ooch Schauspieler? Tut mir leid, an Schauspieler vermiet ich nich." Darauf der Mime: „Nun, dann können Sie mich mal kräftig am Arsche lecken!" Ruft sein Kollege aus dem Parterre: „Darum möchte ich auch noch höflichst gebeten haben!"

Neben drei anderen gehörte auch ich der Delegation an, die man Anfang August 1951 als Vertreter der Schauspielklasse für eine Fahrt nach (Ost-)Berlin auserkoren hatte. Unser Betreuer war der Dozent für Literatur Rolf Recknagel, der sich später als Traven-Forscher und Biograph von Oskar Maria Graf verdient machte. Von den Musikstudenten waren ein später in Gera als Baß gefeierter Opernsänger (Siegfried Hotho) und der langjährige Musikkritiker der LVZ Werner Wolf mit von der Partie. Den Anlaß dazu gaben die „III. Weltfestspiele der Jugend und Studenten". *Und es war alles andere als ein Luxus.* Sowohl die Hin- als auch die Rückfahrt erfolgte nicht in der Ersten Klasse, sondern in schlichten, luftigen, mit Stroh ausgelegten Güterwagen. Die Fahrtdauer betrug jeweils cirka zehn Stündchen; Übertreiber sprechen von zwölfen.

Die Reise begann und endete auf einem Verladebahnhof zwischen Schönefeld und Heiterblick. *Die Verpflegung war zwar einfach, aber reichlich und gehaltvoll. Wir lagen im Riesenzeltlager am Müggelsee,* hatten also auch willkommene Gelegenheit, um im Wasser zu plantschen und uns von der Sonne bräunen zu lassen. Während wir unsere tägliche Fruchtmilch schlürften, dröhnte aus Lautsprechern ein Jugendkampflied von im August blühenden Rosen, dessen Refrainzeile „Klatscht zum Spaniertanz Kim aus Korea ..." mir noch heute im Kopf rumgeht.

Das Geld wurde – obwohl wir x Vergünstigungen hatten – natürlich wieder alle, Berlin ist und bleibt eben teuer, zumal man ab und zu einen Abstecher nach den „undemokratischen" Sektoren macht. Unterwegs traf ich Fritz Decho, den ich von Schüleraufführungen her kannte. Weil wir mangels Eintrittskarten partout nicht in eine im Friedrichstadtpalast stattfindende Weltfestspielveranstaltung kamen, setzten wir uns in Richtung Bahnhof Zoo ab. An der Kasse der „Filmbühne Wien" am Kudamm zeigten wir unsere Ost-Ausweise vor (FDJ-Blauhemden hatten wir nicht an, ich besaß gar keins!). Das bewirkte, daß wir uns den Film „Dr. Holl" *(mit altem Ufa-Klischee, aber gut gespielt)* kostenlos ansehen konnten.

Nicht ganz ohne Geld, aber zumindest verbilligt konnte ich abends auch das Steglitzer Schloßparktheater betreten. Dort saß ich dann mit Herzklopfen in einer ganz ausgezeichneten Aufführung von „Des Teufels General", *dieses unvergänglichen Zuckmayerschen Stückes mit seinem herrlichen Dialog.*

In Leipzig hatte es 1946/47 auf der Spielplanvorschau gestanden: „Für die in Aussicht gestellte Uraufführung brauchen wir notwendig deutsche Fliegeruniformen ...", bat man das Publikum um Mithilfe. Die wurde nicht versagt. An gespendeten Uniformen bestand kein Mangel. Bloß aus der Umsetzung des Stückes auf die Bühne ist nichts geworden.

„Ein Fliegergeneral und Freund Görings wendet sich zwar", schrieb dazu ein namhafter ehemaliger Leipziger Dramaturg und Regisseur, „gegen das Naziregime, aber hat so lange und so wirksam ‚mitgemacht', daß es zu spät ist, umzukehren." Der Mann fuhr fort: „Mit diesem untauglichen Versuch einer Abrechnung wurde eine problematische Legendenbildung angeregt – etwa in der Richtung: Eigentlich waren nur Hitler, Himmler, Göring, Goebbels und ein paar ihrer Paladine an dem Unglück schuld." Und er verficht die Nichtaufnahme des Stückes in Leipzig mit der Begründung, unser Publikum sei noch nicht reif gewesen, um sich „die Schieflage dieser Legende – eigentlich des Mannes Udet – begreiflich zu machen". Es habe – auch unter den Kollegen – zu der Begreiflichmachung erst „vieler langer Gespräche" bedurft. Solche Unmündigkeitserklärung „unserer Menschen" (die laut Politbüro immer im Mittelpunkt standen!) war eines der Merkmale, die vierzig Jahre eine Republik geprägt hat, welche sich als demokratisch ausgab. Außer der beeindruckenden Aufführung von „Des Teufels General" hatte ich in Berlin noch ein *Erlebnis besonderer Art.* Ich sah in der Filmbühne Berlin

„Der dritte Mann“, jenen preisgekrönten Film, dessen Drehbuch Graham Greene verfaßte und in dem englische und deutsche Schauspieler gemeinsam unter englischer Regie auftraten.

Die Handlung spielt nach dem Kriege im viergeteilten Wien u. handelt von der Klärung eines Penicillin-Schiebungs-Verbrechens; dieser Film unvergeßlich, starke Szenen in jeder Hinsicht, ein Film der Filme. Unvergeßlich die ein- und durchgängige Zithermelodie von Anton Karas, die ständig wachsenden Schatten, der zynische Monolog des angeblich überfahrenen Harry Lime im Prater-Riesenrad (Orson Welles), das Labyrith der Abwasserkanäle – grandios. *Im Ostsektor erlebte ich nur großes Gedränge und Tausende junger Blauhemden.*

7. Januar 1952. Nachdem ich bei Rebers froh ins neue Jahr gerutscht bin und mich am Neujahrstag erholt hatte, trat ich meine erste Reise im neuen Jahr an: ich fuhr ins zweigeteilte Berlin. Das heißt, eigentlich war es ja eine viergeteilte Stadt, aber die drei „Westsektoren“ waren so gut wie eins. Die bewachte, aber nicht „gesicherte“ (n o c h nicht gesicherte!) Grenze verlief nur entlang dem Ostsektor und den sich an Westberlin anschließenden Gebieten der DDR.

Mutti hatte von ihrer Freundin Trudchen 5 Dollar bekommen, und die tauschte ich, bzw. Cousin Horst um. In D-Mark (West), versteht sich. Horst studierte an der Freien Universität, bevor er es in Lübeck bis zum Oberstudiendirektor brachte. Jetzt wohnte er bei Witwe Hacker in der Lortzingstraße zur Untermiete.

Um ein paar Märker, oder besser: Dollar, nebenbei zu verdienen, war er einmal im Auftrag eines amerikanischen Officers nach Dessau gereist, um einen dort ansässigen, vormals in Peenemünde mit der Entwicklung von Hitlers „Vergeltungswaffen“ beschäftigten Wissenschaftler zur Flucht nach Westberlin und in die Obhut der Amis zu bewegen, „bevor ihn sich die Russen geholt hätten“. Der Coup gelang.

Horst ging in Gesundbrunnen mit mir ins Kino, wo wir einen Film mit dem berühmten Tänzer, Sänger und Schauspieler Fred Astaire sahen. Im Theater am Kurfürstendamm erlebten wir Shakespeares „Wintermärchen“.

In der Charlottenburger Bleibtreustraße besuchte ich die Witwe des „Struwwelpeter“-Verlegers Sell. Sie, Gertrud Sell, und ihre Schwester Erna (richtig, die oft benannte „Kränzchentante“) bereiteten mir einen netten Empfang mit (bei uns im Osten) raren Leckereien.

Einmal *mußte ich bei Schneeregen wegen Mangel an Westgeld vom Potsdamer Platz bis zum Bahnhof Zoo laufen. Helga Kaulfuß traf ich ebenfalls nicht an, da ich ihr Quartier gar nicht ausfindig machen konnte.* Kein Wunder, denn zu dem Zeitpunkt wußte ich noch nicht, daß die Familie einen anderen Namen angenommen hatte. *In Niederschöneweide begegnete ich auf der Schauspielschule, die noch nicht ganz ausgebaut war, lauter bekannten Gesichtern. Die Leutchen dort sind zum Teil recht nett*

Ankunft am Verladebahnhof Schönefeld nach den Weltfestspielen in Berlin, 1951

Klasse Martin Flörchingers, feuchtfröhlich 1951

Am Müggelsee mit Rolf Recknagel (vorn links), 1951

Max und Ilske Schwimmer mit Martin Flörchinger (Mitte), 1952

Auf dem Freiberger Marktplatz, 1951

Am Elbestrand bei Rathen, 1951

... auch eine Ferienbeschäftigung in Freiberg, 1951

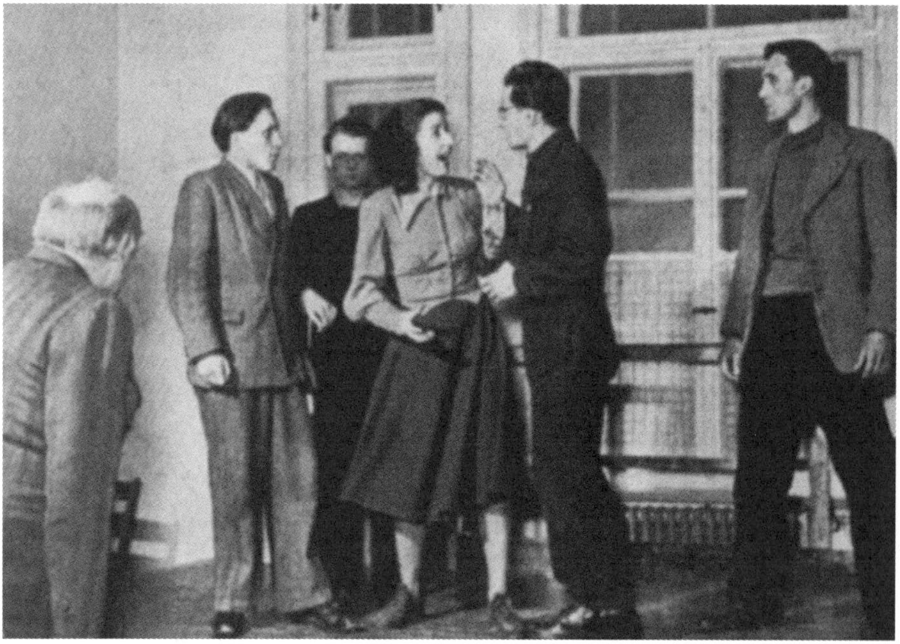

Szenenstudium bei August Momber (vorn links), 1952

und umgänglich. Die Schule trug später den Namen des Schauspielers und Sängers Ernst Busch.

Das aufregendste Abenteuer aber erlebte ich in diesen Tagen, als ich mich mit meinem ehemaligen Lehrer Henning Böhme traf. Inzwischen standen wir auf du und du. Schon lange hatte er die Absicht, die DDR zu verlassen, weil er mit den Vertretern der Macht auf mittlerer Ebene, also den SED-Funktionären, nicht mehr klarkam, obwohl er anfangs selbst Mitglied dieser Partei und später der LDP gewesen ist. In der Silvesternacht von 1951 zu 1952 hatte Henning mit Freunden seine Polstersachen über die Sektorengrenze geschmuggelt, aber noch stand einiges Kleingut in Ostberlin: Regale, ein Spiegel, Koffer, Schränkchen, ein Wäschekorb und dergleichen. Henning, seine Verlobte Renate, ich und noch zwei, drei Freunde schleppten das Zeug zur S-Bahn-Station Unter den Linden. Wir luden es in den nächsten haltenden Zug ein, zitterten ein wenig am Grenzübergang Nordbahnhof, kamen aber unbeschadet in Gesundbrunnen an. Dort deponierten wir es in einem von Henning ausgekundschafteten Lagerraum. *Des Lehrers Hab und Gut,* schrieb ich, *wanderte auf der Nord-Süd-Linie von Ost nach West. Paradox? Was war in dieser Stadt nicht paradox.*

Die Nacht nach dem Möbeltransport verbrachte ich in der Nähe des Tiergartens in einer mehr als engen Studentenbude. Ich war gezwungen, mir mit Henning ein klappriges altes Eisenbett zu teilen. Auf dem Sofa vis-à-vis schnarchte der Mieter dieser Bude. Es wurde eine der ungemütlichsten Nächte, die ich je erlebt habe.

Am Morgen des 5. Januar flog Henning nach Bremen, *wo er eine Stellung als Lehrer bekommen hat. Als ich am gleichen Morgen von Potsdam wieder abfuhr, machte ich einen Umweg über Brandenburg.* Hier besuchte ich Hannelore Puffert. Ihr Vater war der gefragteste Kleindarsteller an den Leipziger Kammerspielen (der späteren „Neuen Szene“ und heutigen „Skala“), die Mutter Garderobenfrau im Schauspielhaus. Sie selbst, von den Kollegen „Jenny“ genannt, bewährte sich in den achtziger Jahren bis zu ihrem frühen Tod als Inspizientin am Theater der Jungen Welt.

Ich ging mit ihr und Gerda Gutbier in „Karl III. und Anna von Österreich“, eine nette, wenn auch nicht so ausgefeilte Aufführung wie sie Leipzig bot. Das voller Witz und Humor strotzende Zweipersonenstück galt einst als Vorlage für den Film „Wir machen Musik“ und wurde in Leipzig gespielt von Sonja Theobald und Edwin Dorner. Der Titel ist eine literarische Bosheit, denn wer denkt dabei nicht an Leonhard Franks hochdramatische Sozialstudie „Karl und Anna“? *Nach einer langen, aufenthaltsreichen und anstrengenden Rückfahrt kam ich wieder hier an und erlebte abends etwas sehr, sehr schönes: nämlich meine Lieblingsoper „Bohéme“ in neuer, phantastisch lockerer und spritziger Inszenierung – eine solche, die man sich öfter wünscht. Der Regisseur war Erich Geiger.*

STUDIUM DER SCHAUSPIELEREI
Studienbeginn

Zur Aufnahmeprüfung an der Hochschule für Musik bin ich Mitte Juni 1950, also zwischen schriftlichem und mündlichem Abitur, bestellt worden. Freund EGeBo hatte mich uneigennützig ein bissel präpariert. Er ist jede Rolle, die ich vorsprechen wollte, systematisch mit mir durchgegangen. Ob ich allerdings bestanden hatte, das wußte ich noch lange nicht. Man ließ uns Kandidaten des Studiums der Schauspielerei ganz schön zappeln! Es sollte darüber fast Ende September werden.

Als ich noch im Vorraum nervös bibbernd wartete, aufgerufen zu werden, tröstete mich einer, der gerade seinen Abschluß gemacht hatte, der Schauspieler Manfred Zetzsche: „Nur Mut, das haben wir alle mal durch!"

Ich stellte mich, wie schon erwähnt, mit dem alten Tschubukow aus Tschechows „Heiratsantrag" vor. Danach beabsichtigte ich, der hauptsächlich aus namhaften Schauspielern bestehenden Kommission den Rebellen Franz Rasch aus Friedrich Wolfs „Matrosen von Cattaro" vorsprechen. Zu diesem Zweck bat ich die Herren, sich vorzustellen, daß sich der Franz Rasch auf dem Schiff befindet, daß die ihn umgebenden Matrosen links stünden und die Offiziere rechts. Da unterbrach mich der von mir hochverehrte Albert Garbe etwas unwirsch und röhrte im tiefsten Baß, leicht angesächselt: „Fang´n Se nur an, junger Mann, wir kenn´n das Stück!" Mir sank der Herz in die Hose, aber ich glaube, ich habe den Franz Rasch trotzdem ganz gut hingekriegt. Obwohl ich am Theater mit so einer Rolle genau so wenig besetzt worden wäre wie mit irgendeinem anderen Helden – ausgenommen Schneewittchens Märchenprinz und des Gestiefelten Katers Müllerbursch.

Zu dieser Zeit gab es keine separate Schule, sondern nur zwei der Musikhochschule (dem ehemaligen Konservatorium) angegliederte Schauspielklassen. In die „obere", also die Absolventenklasse, gingen zusammen neben drei anderen Ingeborg Krabbe (Ibo) und Helmut Looß, die 1954 die „Leipziger Pfeffermühle" mit aus der Taufe hoben. Der „unteren" gehörten meine Mitstudenten Ostara Körner, Peter Hackenberger (Pitt), Franz John (Franzl), Manfred Thiele (Freddy) und ich an.

In den wöchentlichen gesellschaftswissenschaftlichen Pflichtvorlesungen (Gewi) wurde uns zum einen Dialektischer Materialismus (DiaMat), zum anderen Politische Ökonomie (PolÖk) eingetrichtert. Sie fanden zusammen mit den Musikstudenten im Großen Saal der Hochschule statt. Dozent war ein Genosse Saar. Aber hatte der nicht in PolÖk so ganz nebenbei fallenlassen, daß er wenig von der blinden Übernahme all dessen hielt, was vom Vorbild Sowjetunion kam? Ließ er nicht ganz leise Zweifel aufkommen an der technischen und zivilisatorischen Überlegenheit der östlichen Siegermacht? Wer solche Zweifel offenbarte, und sei es noch so leise, der durfte sich nicht wundern, daß er eines Tages wegen Abweichlertum suspendiert und zu mehrjähriger Haftstrafe verurteilt wurde, wie zum Beispiel der Genosse Saar.

Oft begegneten wir dem in der Hochschule lehrenden und seit 1949 amtierenden Gewandhauskapellmeister Franz Konwitschny, der immer freundlich unseren Gruß erwiderte. Vom „niederen Volk" wurde er respektlos „Konwhisky" genannt.

Die fast tägliche Gymnastik gab Susi Meyer-Wiemann in ihrem Studio in der Karl-Heine-Straße. Es befand sich gleich links ein Stück hinter dem Haus der Eltern von Max Klinger, nahe der Neuapostolischen Kirche, an deren Stelle vor der Bombardierung Klingers Atelier gestanden hatte.

Dort, in Meyer-Wiemanns Studio, erteilte sie mir auch privat Klavierunterricht. Den gab ich allerdings bald auf. Noch fehlte es an dem bei uns zu Hause „untergestellten" Klavier. So mußte ich zum Üben immer in die Hochschule wetzen. Das kostete mich pro Stunde fünf Mark, und zusammen mit dem Honorar für die Meyer-Wiemann war es Mutter und mir einfach zu teuer.

Der eigentliche Schauspielunterricht, bei dem wir uns zunächst mit Improvisation begnügen mußten, wurde in der Villa Grassi-, Ecke Wächterstraße (damals Dimitroffstraße) erteilt. Unser strenger, aber als Schauspieler erfahrener Lehrer war Martin Flörchinger. Wolfgang Langhoff wird ihn ans Deutsche Theater holen und dann Brecht ans BE, wo er neben reger Film- und Fernsehtätigkeit 20 Jahre engagiert ist.

Nach seiner Berliner Zeit, mit Erreichung der Altersgrenze und nach dem Tod seiner 94jährigen Mutter entschließt er sich 1974, in deren Haus in seiner niederbayrischen Heimat überzusiedeln. Noch im hohen Alter überträgt ihm Intendant Dieter Dorn wunderbare Aufgaben an den Münchner Kammerspielen. 2004 ist Flörchinger 95-jährig verstorben. „Ich kann mich noch gut an Sie erinnern", hatte er mir aus Geisenhausen geschrieben. „Ein stämmiger, stiller Bursche, eigentlich nicht gerade ‚komödiantisch gelöst', aber ehrlich und ohne ‚Mache'."

Nun war ich wahrhaftig das Gegenteil von stämmig, aber mit dem anderen hatte er wohl recht. Flörchinger lancierte uns gleich nach Studienbeginn als Statisten in die laufende Inszenierung des Stückes „Der große Verrat" des Österreichers Ernst Fischer. Der Autor wird sich nach dem Einmarsch der Truppen des Warschauer Paktes in die Tschechoslowakei von der kommunistischen Ideologie sowjetischer Prägung und damit von seinem eigenen Stück distanzieren. Es ging darin um die von den Sowjets angefeindete pro-amerikanische Politik Marschall Titos, der aber durch diese Politik und entsprechende Kredite einen erheblichen Aufschwung des Vielvölkerstaates Jugoslawien erreichte. Im Sprechgesang protestierten wir als „des Volkes Stimme" gegen den zwiespältigen Machthaber Tito und seine US-imperialistischen Freunde:

„Das Unrecht herrscht in der Welt, hundert Meilen weit, hundert Meilen weit.
Es hat einen Strohhut und hat weiße Hosen, das Herrenkleid.
Verflucht soll deine Schönheit sein,
des Armen Herzeleid ..."

Unter den „Protestierenden" befand sich eine gewisse Ilse Ranft, Tochter eines beliebten Kinderarztes. Ich begegne ihr in den sechziger Jahren am Landestheater Eisenach wieder, wo sie als Schauspielerin engagiert ist. Aber nicht lange. Eines Tages quetscht sie sich in den Kofferraum eines PKW und will sich, aller Gefahr zum Trotz, über die nahe Grenze in die Welt schleusen lassen, in der das Unrecht mit Strohhut und weißen Hosen herrschte, das des Armen Herzeleid war. Die uniformierten Wächter des Rechtsstaates DDR bewahren sie davor. Sie b e -wahren die Ilse nicht nur, sie v e r -wahren sie auch, und zwar für zwei Jahre in Bautzen, ehe sie zwangsweise dahin abgeschoben wird, wohin sie freiwillig viel eher gewollt hatte. Ein Mitstatist und ich hatten im „Großen Verrat" als Bedienstete stumm am Eingang eines Empfangs zu stehen, während die Agierenden an uns vorbeidefilierten. Dabei geschah es, daß der Schauspieler Max Bernhardt sich vor uns hinstellte, den Pursch zum Aplikum (wie Flörchinger „Arsch zum Publikum" verballhornte), und uns gräßlich schielend anguckte, um uns zum Lachen zu bringen. Noch schlimmer trieb es Walter Stickan, der uns seinen Rücken zukehrte und einen fahren ließ. Es fiel bei derlei „Gags" der gestandenen Mimen schwer, keine Miene zu verziehen und so zu tun, als sei überhaupt nichts vorgefallen. Immer wenn Pause war, umringten wir Statisten draußen auf dem Hof Rolf Hartmann und Harald Meister. Die beiden boten uns mittels Kamm und ihrer saxophon- und baßimitierenden Stimmbänder eine „Jam Session". Die Lautstärke blieb gedämpft, denn Jazz war zu dieser Zeit (wie alles, was aus den USA kam) seitens der staatlichen Kulturinstitutionen verpönt.

Nach einer Vorstellung des „Großen Verrats" ging ich noch mit Ibo Krabbe (die auch in dem Stück beschäftigt war) *zu unserem Klassenabend in die Wohnung der Familie Knauer* in der Ferdinand-Lassalle-Straße, die bis Juli 1945 noch „Bismarckstraße" hieß. Die Wohnung war ihnen nach Aufgabe des Mölkauer Wohnsitzes und der Enteignung ihrer Fabrik zugewiesen worden. „Wir hatten mal", erinnert sich auch Manfred Patzschke per Brief, „bei Armin zu Hause eine Klassenfete. Die fand in einem Riesensaal mit antiken Säulen statt." Daß Ibo noch 2007 zu beneidenswertem Ruhm kommen und im Musical „Ich war noch niemals in New York" mit Udo-Jürgens-Hits die Seniorin Maria spielen, ja sogar den Titelsong singen wird, hätte sie sich in diesem Nachkriegsjahrzehnt auch nicht träumen lassen.

Zu unseren Ausbildern gehörte anno 1950/51 neben Flörchinger und der Meyer-Wiemann auch Marita Göttgen, eine ehemalige Sängerin. Bei ihr erhielten wir Sprecherziehung. Da ich beim Rezitieren oder Rollen-Vortragen relativ reines Hochdeutsch sprach, aber im täglichen Umgang nachlässig sächselte, quälte mich die Göttgen immer damit, daß ich Geschichten und Erlebnisse aus dem Alltag erzählen sollte. Nur – sie unterbrach mich bei jedem zweiten Wort und korrigierte meine „Sachsismen". Ich habe sie nie ganz weggekriegt, aber mich damit getröstet, daß selbst bei Berühmtheiten wie Erich Ponto, Hans Leibelt und Gert Fröbe immer wieder der Sachse durchkam.

Kunstgeschichte gab Professor Hermann Heyer, der mir seit dem Skandal mit der „Nachtschwalbe" ein Begriff war. Er war ein kluger Kopf, ein Mann, der die Welt bereist und neben anderen Kapazitäten sogar George Bernard Shaw höchstpersönlich kennengelernt hatte. Er machte uns auch vertraut mit der vor allem durch Sartre und Camus aufgekommenen literarisch-weltanschaulichen, aber auch philosophischen Bewegung des Existentialismus. Sein Manko war, daß er bei schnellerem Reden – und dazu kam er immer – anfing, entsetzlich zu stottern.

Wir versuchten, unseren Gesichtskreis auch außerhalb der Schauspielschule zu erweitern. So besuchen Pitt und ich eine Vorlesung im Hörsaal der Gerichtsmedizin bei Professor Krefft. Krefft machte seine Studenten gerade auf Unterschiede aufmerksam zwischen Mord und Selbstmord durch Körperverletzungen bei Anwendung von Hieb-, Stich- und Schußwaffen. Er zeigte praktische Beispiele anhand von Lichtbildern. Als er in Formalin schwimmende abgehackte Gliedmaßen in Retortengläsern herumgehen ließ, wurde uns doch ein wenig mulmig – aber das war ja der Sinn der Übung.

Im legendären Hörsaal 40 der Uni gasthörte ich zu der Zeit auch eine Vorlesung von Prof. Korff über Goethes „Faust" und bei Hans Mayer eine über Heinrich Manns „Untertan". Bereits im Juli 1950 (also kurz nach dem Abitur) hatte ich als Schulprämie Mayers gerade erschienenes Buch „Thomas Mann – Werk und Entwicklung" von Silberwölkchen geschenkt bekommen. Heute erst weiß ich seinen Wert zu schätzen.

Da Martin Flörchinger den Dauphin in Fritz Wendels Inszenierung der „Heiligen Johanna" von Shaw spielte, sorgte er dafür, daß wir auch in diesem Stück Beschäftigung fanden. *Ich halte es für ein recht interessantes Stück, dessen Quintessenz etwa ist: „Von Idealen erfüllte Heldin, wir gedenken Deiner in Ehrfurcht – aber bleib in Deinem Himmel und komm nicht wieder auf die Erde herab!"* Ich mimte einen (stummen!) Pagen des Dauphin. Gisela Morgen war die Johanna. Den Klosterbruder Martin spielte Axel Delmare. Delmare hatte sich schon als Truffaldino (neben seiner temperamentvollen Partnerin Sonja Theobald als Blandina) in Goldonis „Diener zweier Herren" bewährt. Die Komödie lief in den Kammerspielen und auf der Parkbühne des Gohliser Schlösschens.

Ein gewisser Wolfgang Böttcher hatte eine moderne Fassung mit aktuell-politischen Bezügen und eingebauten Songs hergestellt. Als Regisseur fungierte auch hier Fritz Wendel. Eine rasantere Aufführung des Lustspiels habe ich nur in Halle gelegentlich eines Gastspiels von Giorgio Strehlers Teatro Piccolo in italienischer Sprache erlebt.

Wolfgang Böttcher hatte sich bereits 1947 in Westberlin (wo er auch ansässig war) als Bühnen- und Kostümbildner der Kabarettrevue „Schwarzer Jahrmarkt" im Kabarett „Ulenspiegel" unter der Regie von Carl-Heinz Schroth hervorgetan. 1954/55 und 1959 wird er in der „Leipziger Pfeffermühle" Regie führen und Textbeiträge liefern. Sein großer Wurf aber war das damals an etlichen Bühnen aufgeführte Dreipersonenstück „Ehe eine Ehe eine Ehe wird" mit der Musik von Benno Lipinski (Pseudonym von Joachim-Dietrich Link). 1956 darf ich in Eisleben die männliche Hauptrolle spielen. Übrigens gab es zu dieser Zeit noch einen Künstler, der unter Pseudonym auftrat: Er nannte sich Charles Geert, und ich hörte ihn im Radio Operettenmelodien und Schlager singen. Eigentlich war er Mediziner, hieß Gert Lutze und sang unter diesem, seinem richtigen Namen schon 1946 den Evangelisten in der Matthäuspassion. 2007 verstarb er 90jährig in der Nähe von Stuttgart.

Unvergeßlich ist mir aus dem Leipziger Goldoni, wie Truffaldino von seinem einen Herrn zum anderen lief und beiden immer wieder mit der einen Hand Speisen auftrug, von der linken Bühnenseite nach der rechten, und von der rechten nach der linken, während er in der anderen Hand ein Tablett jonglierte. Auf dem Tablett war ein riesiger Pudding (er sagte immer „Puddeling" zu dem Ding!), von dem er sich immer wieder ein Stückchen abzubeißen schien, der folgerecht nach und nach immer kleiner wurde und schließlich ganz verschwand.

Der Trick dabei war, daß es sich bei dem Pudding um eine mit Schlagschaum überzogene luftballonähnliche Gummiblase handelte, deren Luft durch Öffnen eines Ventils unterhalb des Tabletts (also für den Zuschauer unsichtbar) allmählich entwich. So entstand der Eindruck, der „Puddeling" sei tatsächlich aufgegessen worden. In Wirklichkeit hatte Truffaldino nur den Schaum abgeleckt! Sein Interpret wird als Fred Delmare bekannt. Er spielt in zahllosen Filmen und TV-Produktionen meist den „kleinen Mann", der immer der „Große" sein wollte. Seinen 85. Geburtstag verlebt er 2007, seit langem an Alzheimer erkrankt, in einem Altenheim.

Alsbald wurden wir auch in der neuen „Faust"-Inszenierung beschäftigt. Zur Musik des eben genannten Joachim-Dietrich Link (Nikolaischul-Abiturient 1941) sangen wir im Hintergrund „Christ ist erstanden" und „Dies irae" sowie im Osterspaziergang auf der Bühne das Lied der Dorfjugend („Der Schäfer putzte sich zum Tanz, / Mit bunter Jacke, Band und Kranz: / Schmuck war er angezogen ..."). Stolz war ich, Partner Manfred Zetzsches zu sein, der das Studium (wie ich bereits sagte) schon absolviert hatte und jetzt einen Handwerksburschen spielte; viel später erntete er als Mephisto Lorbeeren – und den Nationalpreis.

In der Walpurgisnacht sollten sich laut Regie Teufel und Hexen paaren, was die Statistenteufel und die Balletthexen mit brünstigen Körperumschlingungen auf der Bühnenschräge so echt wie möglich spielten. Im Vordergrund palaverten währenddessen Faust Johannes Arpe mit Mephisto Ludwig Anschütz.

Da zwischen Osterspaziergang und Walpurgisnacht gut anderthalb Stunden lagen, habe ich es einmal fertiggebracht, in der Zwischenzeit nach Lindenau zur Oper zu sprinten, in Lortzings „Waffenschmied" als „Volk" über die Bühne zu laufen, mit der Straßenbahn von Haltestelle Angerbrücke zurückzufahren und gerade noch rechtzeitig in der Gottschedstraße einzutreffen, um mich als Höllenbrut auf dem Blocksberg herumzusielen.

Noch in einem anderen Schauspiel sollten wir als Komparsen mitwirken. Es hieß „Arche Noah". Es kam (aus welchen Gründen auch immer) gar nicht zur Aufführung, aber geprobt haben wir heftig daran. Regie führte der schon als „Rampe"-Mann mehrfach genannte Johannes Curth. Er hatte eine nasale Aussprache und ein durch Kriegseinwirkungen „zerknautschtes" Gesicht. Zudem hatte er eine Numeriermacke. „Bobby", sagte er zum Beispiel zu Fred-Artur Geppert, „du gehst jetzt mal durch Tür vier links zum Fenster zwei rechts, setzt dich auf Stuhl sechs, ohne die Jo an Tisch fünf zu beachten."

Mit Jo war die Synchronregisseurin Johanna Simeth gemeint. „Bobby, fall mir bitte nicht in die Versenkung A römisch eins! Und hallo, meine Herren Statisten: Ihr kommt bitteschön aus Gasse sieben, aber schön leise wie die Mäuschen!"

Um alle möglichen Figuren dichterisch wie schauspielerisch echt darstellen zu können, berichtete ich am 13. Dezember, *will ich sie dem Leben absehen. So suchte ich heute einen typischen Gastwirt, fand aber keinen. Ich kam jedoch mit meinem Begleiter Pitt in ein eigenartiges Restaurant in der Klostergasse, wo „Zur Blume" dranstand und das äußerlich nicht gerade verlockend aussah; denn es war keine Türe, sondern ein düsteres Haustor da. Links ging es dann „Zur Gaststube". Erster Eindruck: Qualm, Muff, ein Schild „Schwarzhandel verboten", ein plebejisch-sumpfiges Stimmengewirr. Weitere Beobachtungen: eine dicke Wirtin, die sich mit einigen „Gästen" unterhält; ein paar Betrunkene; ein Besoffener mit seinem Schatz, der über die Kommunisten schimpft; ein eintretender Mann mit Koffer und Rucksack, den die Anwesenden kennen. Dann ein paar ausgediente „Mädchen", die alle Pelzmäntel haben und deren eine – (verhältnismäßig!) – jung und angetrunken ist und Lust an tiefem (Bei)-Schlaf hat; der Kellner, der zwar nicht „Wirt" – wie ihn Pitt nannte – aber oft ver-wirrt ist und auf der Bank sitzt und gähnt; schließlich zwei junge Männer, die es bald „hinausgewedelt" hat.*

Auch eine gastronomische Einrichtung, in der, wie es hieß, vorwiegend Homosexuelle verkehrten, wollten wir mal aufsuchen. Wir standen vor der zwischen abgetragenen Trümmerhäusern etwas abgelegenen Kaschemme, trauten uns dann aber doch nicht hinein. Das Lokal hieß „Tante Anna" und befand sich am Georgiring, da, wo heute die DDR-Plattenbauten stehen.

Mit Schauspielschülerei hat die letzte Aufzeichnung des Jahres 1950 im Tagebuch nichts zu tun, trotzdem will ich sie nicht vorenthalten. Es ist die ... *Anekdote vom seltsamen Heimweg: Kränzchentante Erna hatte neulich Mutti besucht. Als sie heim wollte (sie wohnt in Gohlis), war es schon spät. Sie bekam eine 17 und fuhr für 20 Pfg. nach dem Hauptbahnhof. Hier wollte sie nicht warten, weil ihre Bahn – Linie 20 – erst in 20 Minuten kam; drum ging sie auf den Bahnhof, sah, daß ein Zug, der in Gohlis hielt, in 5 Min. fuhr, holte sich für 30 Pfg. eine Fahrkarte u. ging zum Bahnsteig. Kein Zug da. Sie fragte einen Beamten, wo der Zug sei. Der führe heute nicht, sagte der Beamte. Aber sie solle nach Bahnsteig Soundso gehen, d e r Zug führe auch über Gohlis. Sie ging zum Bahnsteig Soundso. Der Zug fuhr jedoch erst in 15 Min., na schön.*

Als Erna in Gohlis aussteigen will, hält der Zug nicht. Erna voll Wut. Aber Notbremse ziehen kostet etwas zu viel. Der Zug hält in Leutzsch. Erna steigt aus und schimpft. Sie knallt ihre Karte dem Beamten in die Hand und denkt dann plötzlich: was nun?

Der Leutzscher Wald ist groß und tief und dunkel. Den anderen Weg, der nach Gohlis führt, läuft man Stunden. Aber Erna hatte wie immer Glück: Linie 17 fuhr, nachdem sie eingestiegen war, in Richtung Stadt ab.

Halb ein Uhr morgens war Erna am Leipziger Hauptbahnhof, stieg um auf Linie 20 u. dachte lächelnd, daß sie vor einer Stunde schon mal hier gewesen war. Eine Bekannte traf sie noch, und der erzählte sie, wie man für 90 Pfg. rund um Leipzig kommt.

Im Januar 1951 teilte ich mit: *Wir haben fünf Neue in unsere Klasse bekommen, zwei Jungs und drei Mädchen. Unter diesen ist die im wahrsten Sinne des Wortes „schönste" Christine Schwarze, nach den Worten ihrer Mutter „moralisch einwandfrei, jedoch sehr in sich geschlossen." Eine eigenartige Träumerin.*

Ebendiese Christine war samt allen anderen dabei, als es geschah. Einer kippte den Stuhl nach hinten, als ich daraufsaß und Klavier spielte. Ich lag mit geschlossenen Augen auf dem Boden, im guten Mantel auf dem schmutzigen geölten Boden. Der Mantel wurde mir ausgezogen, ich wurde hin und her geschleift. Dann überkam mich eine ungeheure Wut, ich sprang wie ein Rasender aus dem Zimmer, rannte zum Dachgeschoß unserer Villa in der Grassistraße – aber da war alles verschlossen. Ich rannte hinunter in den Garten. Freddy redete auf mich ein, ich hörte auf nichts, sprach Worte von Eichendorff, setzte mich auf die kalte Steinmauer und zog meine Jacke aus, sprang wieder herab, ohne Christines Hilfe anzunehmen, rannte wieder zum Dachgeschoß, wieder hinunter in unser Zimmer, zerriß einen Zettel, hob die Schnitzelchen auf, warf mich wieder auf den Boden, ohrfeigte mich mit aller Gewalt, wurde kurz darauf wieder normal und entschuldigte mich über diesen „gespielten" Anfall. Ob ich zum Arzt gehe und mich mal untersuchen lasse?

Das geschah im Januar. Anfang Oktober werde ich notieren: *Habe, als ich in Weimar war, Christine Schwarze besucht, die jetzt bei der Schauspielabteilung in Belvedere ist; es gefällt ihr sehr gut, was bei dieser Umgebung u. Wohnung (im Schloß) auch zu verstehen ist.* Die andere „Neue" hieß Christa Pasemann; sie wurde alsbald am Theater der Jungen Welt engagiert. Die dritte war die strafversetzte Brigitte K., und einer der beiden „Jungs" Dieter Wien. Er und ich ließen im Tonstudio Richter am Thomaskirchhof 13/14 die erste Schallplatte unseres Lebens pressen: Wir sprachen darauf unter anderem eine Passage aus Gogols „Revisor".

Semesterferien

Wir hatten unser erstes Jahr im Erlernen kreativer Bühnentätigkeit mit viel Ach und wenig Krach überstanden und die an anderer Stelle beschriebene Zwischenprüfung in Berlin mehr oder weniger bravourös hinter uns gebracht. Jetzt hieß es, erstmal auszuspannen. *Am 3. Juli (1951) wollten wir zu fünft nach Freiberg fahren. Der Zug fuhr 6.01, Pitt hatte noch keine Karten, endlich hat er sie – da fährt der Zug weg. So fing die Reise also an. Mit Verspätung langten wir in Freiberg an. Ostara u. ich bekamen bei Pitts Eltern Unterkunft. Noch jetzt denke ich gern an die Gastfreundschaft, die einem völlig ein zu Hause ersetzen konnte. Ich schlief mit Pitts Bruder Achim; ich vertrug mich sehr gut mit ihm. Satt wurde ich bei Hackenbergers stets, geraucht habe ich wie ein Schlot, oder besser: wie die anderen. Pitts Eltern sind wirklich rührend, in jeder Hinsicht.*

Am Mittwoch, dem Tage nach unserer Ankunft, gingen wir nachmittags allesamt im Walde spazieren, und abends besuchten wir das Freiberger Theater. Dieses Theater wurde 1623 erbaut, sieht von außen sehr verfallen u. unscheinbar aus, ist aber innen ganz niedlich u. reizend. Wir sahen eine ziemlich billige Komödie von Roger Ferdinand („Drei Jungen – ein Mädel"), die auch noch schlecht gespielt wurde. Mein Kabarett-Kollege Manfred Stephan („Steps"), den ich zu der Zeit noch gar nicht persönlich kannte, spielte auch mit. Er wird sich zeitlebens darüber mokieren, daß ich popliger Schauspielschüler es gewagt hatte, eine kritische Einschätzung dieser Aufführung von mir zu geben.

Im Februar 1948 hatte ich im Weißen Saal in einer Aufführung der „Deutschen Volksbühne Leipzig" Carl Zuckmayers „Seiltänzerstück Katharina Knie" mit dem großartigen Schauspieler Joseph Krahé gesehen. Leipzigs gefragter Opernregisseur Carl Haug hatte Regie geführt. Da trat Steps in einer kleinen Rolle auch schon auf.

Am Donnerstag haben wir Freibergs Kirchen besichtigt, u.a. auch den Dom, in dem die berühmte „Goldene Pforte" (ein großartiges Bauwerk des Mittelalters, vor dessen Vollendung u. Pracht wir staunend stehn) u. die Tulpenkanzel (von der einmal ein Pfarrer, vom Schlag getroffen, stürzte u. die seitdem nicht betreten wird) zu sehen sind. Warum ich die ebenso berühmte Bergmannskanzel von 1638 nicht erwähnt habe, ist mir schleierhaft. *Anschließend erlebten wir eine Abendmusik im Dom. Nach dieser besuchten wir noch Rüdigers, d. h. Pitts Freundin Anne u. ihre Mutter. Auch hier bestaunenswerte Gastfreundschaft; man bot uns Bohnenkaffee u. gute Zigaretten.*

Am Freitag brachten wir zu viert 50 Zentner Braunkohle unter. Abends waren wir zu einem Abschlußtanzabend der Freiberger Oberschule, der recht nett wurde. Ich trank 4 Glas Likör u. war ganz gut in Stimmung. In eine noch schönere Stimmung allerdings versetzte mich Anne, mit der ich am meisten tanzte. Der Sonnabend verging durch Einkaufen u. Sonnenbad. Abends ging ich mit Anne ins Kino.

Pitt war inzwischen noch einmal kurz nach Leipzig gefahren. Er hatte durch Vermittlung von Herrn Flörchinger das Privileg, nicht nur in Shaws „Heiliger Johanna" eine kleine Sprechrolle als Bursche des Dunois spielen zu dürfen, sondern auch am „Theater der Jungen Welt" in dem Stück „Schneeball" (es ging um Rassendiskriminierung von Negerkindern). Dieses Stück ging jetzt zum letzten Male über die Bühne.

Freddy fühlte sich für Pitt verantwortlich und paßte auf, daß ich mit Anne nicht mehr als Händchen hielt. Aber als Pitt wieder da war, *hätte er sich beinahe mit ihm überworfen. Es paßte ihm nämlich nicht, daß Achim mit nach Rathen zum Zelten fahren wollte. Fast stand schon fest, daß alles ins Wasser fiel, als ich die Initiative ergriff und die Fahrt sicherte. Am 11. fuhren wir ab Freiberg, gingen durch das völlig zerstörte Dresden zum Hafen und schlugen mittags in Rathen direkt am Elbufer unsere zwei Zelte auf. Herrliches Wetter, erste Bräunung der Häute.*

Der Donnerstag verging durch eifriges Krakseln, ein lebensgefährliches Unternehmen von Achim und mir. Bergauf gings ja noch, und die Heidelbeeren auf dem entlegenen Gipfel schmeckten auch wunderbar. Aber beim Abstieg durch schmale, steile Pässe und zwischen glitschigen, schroffen Felswänden zitterten manchmal ein wenig die Knie. Gottlob kamen wir heil unten an. An einem anderen Tage machte ich leichtsinnigerweise ein derartiges Unternehmen allein. Da war die Angst groß. Überall, wo ich hinunterschaute, steile, unendlich tiefe Schluchten. Da es schon anfing zu dämmern wurde mir immer bänger zumute. In letzter Minute fand ich mich auf einem Weg, der mich wohlbehalten in Zeltnähe zurückführte.

Mit Achim, Brigitte und Ostara beguckten wir uns den Amselsee, den Amselfall mit der Wolfsschlucht, wo C. M. v. Weber zu seinem „Freischütz" angeregt wurde, und die Bastei.

Am Morgen entstand erneuter Zwist, diesmal durch Brigitte. Sie war plötzlich nachts verschwunden. Wie sich herausstellte auch ein gewisser Herr Brux, den Brigitte kannte u. der in der Nähe zeltete.

Durch Ibo haben wir kürzlich erfahren, was mit Brigitte wirklich los war. Daß sie allein mit 42 Größen von Hochschule, Partei, Theater und Funk geschlafen hat, gegen

Bezahlung – und minderjährig, u. daß alles nur deswegen niedergeschlagen wurde, weil so viele Persönlichkeiten in der Sache hingen u. ein Riesenskandal stattgefunden hätte. Das Wissen um diese Angelegenheit verpflichtet uns natürlich, da nicht Brigittes Ruf, sondern der der ganzen Schauspielabteilung auf dem Spiel steht. So ist der Krach, den es gab, als Brigitte von ihrem nächtlichen Ausflug wiederkehrte, wohl verständlich.

Am Sonnabend ging ich – wiedermal auf Freikarte! – in die Felsenbühne, wo ich mir den „Zigeunerbaron" ansah. Es spielte das Bautzener Theater. In der zweiten Pause ruft plötzlich jemand „Hans!", und wer steht hinter mir? Anita! Mein Cousinchen ist 14 Tage lang in Königstein zur Erholung.

Am Sonntag bin ich mit Pitt auf Anitas Einladung hin nach Königstein gepilgert. Wir aßen im Gasthof zu Mittag u. wanderten dann nach dem Pfaffenstein. Wir sahen uns die Barbarina u. den Jäger an u. gingen dann wieder heimwärts. Dabei kamen wir in strömenden Regen u. fuhren per Zug zurück. Als wir zu unserem Zeltplatz kamen, waren keine Zelte mehr da. Unsere Leute hatten, da schon alles naß wurde, als letzte Rettung kleine Gräben um die Zelte gezogen – was jedoch verboten ist. Der Lagerleiter sah es u. verwies sie vom Platz. So mußten wir Hals über Kopf abreisen u. kamen nachts ½ 1 in Freiberg an. Am kommenden Vormittag traten wir dann unsere Heimreise an u. landeten heute Nachmittag in unserem alten, lieben Leipzig!

Nach den wohlverdienten Ferien sollte alles anders werden. Neue Lehrkräfte traten ihr Amt an. Unsere alte Klasse wurde total auseinandergerissen. Es war ein absoluter Neuanfang.

Verstaatlicht

Da wir nach der Sommerpause nicht mehr der Musikhochschule angehörten, war die bestandene Aufnahmeprüfung zum Gesangsunterricht bei Professor Hans Lißmann für die Katz. Wer weiß, vielleicht wäre da alles ganz anders verlaufen, und man hätte mir an berühmten Opernhäusern als Baßbariton Kränze gewunden.

Nein, im Ernst: Gesungen hab ich immer mit Lust und Laune, mal die berühmte Falstaff-Arie vom Büblein-klein an der Mutterbrust, mal die Sarastro-Arie von den Heil'gen Hallen, mal die Arie mit der Stierkämpferparole „Auf in den Kampf, Torero" des Herrn Escamillo aus Bizets „Carmen". Mein Lieblingsvortrag aber blieb nach wie vor Heines beiden Grenadieren vorbehalten, die schwer verletzt von Napoleons verlorenem Rußlandfeldzug ins deutsche Quartier kamen. *Der Vormittag,* notierte ich zum Beispiel bei einem meiner Besuche in Weimar, *diente meiner „Gesangskunst", Tante Hilde begleitete mich.*

Da es an der neu gegründeten „Staatlichen Schauspielschule Leipzig – Fachschule für Schauspielkunst" keinen Gesangsunterricht gab, wurstelte ich mich liedlos durch die Lehrjahre. Dieser Schulgründung war die Auflösung anderer Schulen in Chemnitz, Erfurt und Halle vorausgegangen. Wir sollten zwar ein eigenes Haus beziehen, aber wie üblich in der DDR stand das nur im Plan. Der Plan war aus Papier, Papier war geduldig, und die Realität sah etwas anders aus. Wir wurden also provisorisch in kleineren Sälen und Dachgeschoßzimmern des Kongreßhallenkomplexes am Zoo unterrichtet.

Unser Schauspiellehrer ist August Momber aus Weimar, großartig in menschlicher und pädagogischer Hinsicht. Ein anderer Zeitgenosse (Wolfgang Fleischmann) sagte, Momber habe den gestischen Umgang mit Kunstsprache gelehrt. „Das war ein ganz enormer Mann, der Max Reinhardt noch gekannt hatte ... Er wurde auch gefürchtet, weil er sehr fordernd war."

Mich betreffend steht im Tagebuch: *Was ich nie vermutet hatte: er will mich zum jugendlichen Helden bringen.* Und genau das war eine totale Fehlentscheidung, an der ich in nächster Zeit psychisch außerordentlich zu knabbern hatte. Liebhaber waren nicht meine Kragenweite, wie sich schon bei der Einstudierung von Goethes „Geschwistern" erwiesen hatte, Helden erst recht nicht. Wenngleich die folgenden Sätze dem zu widersprechen scheinen: *Als erstes werde ich jetzt den Brackenburg aus dem „Egmont" studieren. Ich freue mich gewaltig. Meine Partnerin Ingrid Koenner, das Klärchen, ist auch sehr nett, wie die anderen Kollegen ebenfalls sind. Es besteht kein Grund zur Klage.*

Es ist schon seltsam, daß ich „Kollegen" sage und „Fachschüler" meine. Wir waren ja jetzt eine Fachschule. Noch. Zwei Jahre später (also nach meinem Abgang) wird die Fachschule Hochschule. Ab da war man „Student". So wie ich einer gewesen bin, als ich an der Hochschule für Musik studiert hatte.

Aber als Fachschüler konnte ich (trotz der zwei Semester Hochschulstudium!) nur einen Fachschulabschluß machen. Alle, die nach mir abgingen, legten statt dessen ihr Diplom ab und durften sich fortan „Diplomschauspieler" nennen. *Angeregt durch Manfreds Idee, die bedrückende Enge unserer Zeit und Zone in fließenden Rhythmen zu gestalten ..., entstand am 27. 9. 51 folgendes Gedicht,* steht im Tagebuch. Es ist darin von „liegen" die Rede. Dies muß ich darauf zurückführen, daß ich mit einer Weimaranerin, die auf den Namen Luba hörte, am Waldesrande von Tiefurt auf einer Wiese gelegen und mit der Dame heiße Diskussionen über die Politik hierzulande geführt habe.

Und wir liegen.
Wir lügen.
Unser Glücklichsein
ist giftiger Nattern goldner Glanz,

nur Schein.
Der Blätter Tanz
im Wind, der Bäume sanftes Biegen
mag mich und dich in Träume wiegen,
und wie die Wolken oben weiterziehn,
so scheinen wir dem Boden zu entfliehn.
Scheinen!
Ach, weinen
müßten wir und nicht, der Täuschung und des Truges wissend,
des wahren Erdenglückes missend
hier liegen ...

Sparen wir uns den Rest. Ja, wir sind liegengeblieben. Bestenfalls sind wir aufgestanden. Aber nur, um mitzulaufen. Nicht etwa, um uns gegen das Mitlaufen zu wehren. Wie blauäugig muß ich gewesen sein, so etwas (und es kommt noch dicker!) ins Tagebuch zu schreiben!

„... ein Tagebuch", gesteht Peter Bohley, Wissenschaftler, einer von sieben Brüdern und Schwager der Menschenrechtlerin Bärbel Bohley, „habe ich zu DDR-Zeiten nicht zu führen gewagt. Das war nicht nur Feigheit, es war eben auch die notwendige Vorsicht. Ich war schließlich hinreichend gewarnt durch die bitteren Erfahrungen,die viele machen mußten, wenn aus ihren bei Haussuchungen gefundenen Tagebüchern Straftatbestände gegen die DDR-Gesetze abgeleitet oder auch nur konstruiert worden waren ..."

Ich kannte zwar niemand, der solch bittere Erfahrungen machen mußte, aber unserer Familie hätte ja durchaus jemand auf die Sprünge kommen können. Ich habe sogar das Exemplar meiner Eltern von Hitlers „Mein Kampf" (unauffällig versteckt) zu Hause aufgehoben. Wenn mich jemand darauf angesprochen hätte, hätte ich gesagt, ich will unter Verwendung von Originalzitaten eine Satire darauf schreiben. Was ich tatsächlich mal gemacht habe.

In politischer Hinsicht, so konstatierte ich, gäbe es einige wenige Dummköpfe und – wie konnte es anders sein – auch Spitzel: Im Vorjahr bereits war das Ministerium für Staatssicherheit gegründet worden. Ich schlug mich auf die Seite der „Widerständler": *Sieben junge Menschen fanden sich gestern abend zusammen, eine gemeinsame Gruppe zur Erhaltung der Menschlichkeit und des freien Denkens. Kämpfer gegen Tyrannei und bespitzelnde Masken.*

Klingt furchtbar pathetisch. Eine der Fragen, die wir uns stellten, war aber ganz und gar nicht pathetisch und lautete schlicht und einfach: Eine Partei, die behauptet, sie habe immer Recht (was ja in dem allerorts gesungenen Lied von Louis Fürnberg bestätigt wird), und in ihrer Überheblichkeit nicht merkt, daß auch ihr Falscheinschätzungen und Fehler unterlaufen – macht die sich nicht selbst zur Irrlehre?

Die „Zusammenrottung", wie eben jene Partei es genannt hätte, wären wir aufgespürt worden, veranlaßte mich, Anfang Oktober 1951 ein Gedicht ins Tagebuch zu schreiben, dessen Fazit lautete:

Es ist ein Maskenfest,
und niemand ist dabei,
der seine Maske fallen läßt,
der sein Gesicht ganz frei
und offen
zeigt. Ich fühle mich betroffen
von diesem Tanz der toten Augen, hohlen Wangen.
Mit Bangen
fühl ich, wie sich die maskierte Menge
an mir, der unverkleidet, weidet ...
und zu spät erkenn ich voller Klarheit,
daß die Maske grad durch ihre Starrheit
Falsches bergen, Schlechtes nur verschönern kann.

Dem fügte ich nach drei Wochen verzweifelt hinzu: *Verirrte Seelen! In die geistige Leere gezerrte Jugend, fanatisch schwärmend für Wahrheit und Freiheit und Recht, doch schon angemodert vom Morast der Welt, die sie umgibt! Von den sieben jungen Kämpfern gegen Tyrannei fielen zwei schon ab. Ein dritter ist homosexuell, der vierte (oder besser die vierte) lesbisch, und der fünfte entpuppt sich ganz offen beim Hören von Ravels „Bolero" als Onanist (oder hat er nur so getan als ob?).*

21. November. Ich war eben im Kino. Ich sah zwei russische Filme nach Erzählungen von A. Tschechow, „Die Maske" und „Die Hochzeit". Beide sprühten von Satire und derbem Humor, beide zeigten herrliche Typen und beide enthielten jene nicht dick aufgetragene, verblüffende Gesellschaftskritik. Die Leute, die mit mir aus dem Kino kamen, als die Vorstellung aus war, schimpften: „So ä Mist! Wärglich schade um sei Geld! So ä Mist!" Nun, man predigt in unserer „Republik" so sehr von Volksbildung, von Hebung des geistigen Niveaus, von „die Kunst dem Volke!" und von Erziehung der Massen.

Gut. Man mag noch so viel Schulungen und Schlagworte erteilen, man mag auch auf vernünftigere Weise eine „Erziehung" durchführen wollen – man wird nie erreichen, daß ein gewisser Prozentsatz Menschen, denen die Natur die Anlagen dazu versagte, auf ein höheres Niveau gebracht wird. Vor allem dann nicht, wenn man nur Arbeiter, Aktivisten, Bürger, Kapitalisten, Nationalpreisträger etc. kennt und nicht sieht: alles sind Menschen, die einen verdienen, gefördert zu werden, die anderen sind es nicht wert. Wer wäre reicher, ein Fanatiker, der Herrn Kriegshetzer Adenauer stürzt und dafür den Friedenspreis bekommt, oder ein junger Mensch, der weiter nichts als einen klaren Kopf und ein großes Herz hat? Ein Mensch, den keine Zeitung beachtet, kein Radio nennt, dessen Name nie in die Öffentlichkeit dringt? Ein Marxist würde mich auf das „Schiefliegen" des Beispiels hinweisen und „Selbstkritik" fordern; einer, den man nicht unter einen Menschen mit Verstand rechnen kann, würde sagen: „So ä Mist!"; ein wirklicher Mensch dagegen sagte gar nichts, sondern – er verstünde mich ganz einfach.

P. S. Von den übriggebliebenen fünf der sieben jungen Kämpfer gegen Tyrannei, wie ich sie vordem nannte, sind zwei von der Schule verwiesen: Hans Rippert, der Homo, und seine Käthe Straßburger. Grund: reaktionär-bürgerliches Verhalten, Undiszipliniertheit, mangelndes Pflichtgefühl, Spiritismus. Martin Trautwein u. Freddy aus ähnlichen Gründen verwarnt. Nach drei Tagen ergänze ich, daß Freddy und Franzl verschwunden sind, sprich „DDR-flüchtig". *Anlaß sei, so wird gemunkelt, Ripperts und Straßburgers Rausschmiß.* Obwohl ich im Grunde auf Seiten der „Reaktionäre" stehe, verurteile ich doch *derartig blöde, unbeherrschte Freiheitsdrangsucht.*

Anfang Dezember nahm Rolf Recknagel nicht nur seine Gattin Ellen, sondern auch eine Schauspielschülerin und zwei -schüler mit zum Schloß Siebeneichen bei Meißen. Einer der Schüler war ich, der andere Martin Trautwein. Recknagel referierte für die dort ansässige Landesvolkshochschule über Lessing, Büchner, Goethe und Heine. Wir anderen rezitierten zur Auflockerung vor zukünftigen Gewi-Dozenten und Kulturfunktionären. Untergebracht waren wir *zuerst in einer nackten, weißen Zelle mit einem winzigen Fenster,* das an ein Gefängnis erinnerte. *Später ziehen wir dann in ein größeres Vierbettzimmer. Das Essen war tadellos, und unser Vortrag erregte Aufsehen in positivem Sinne.*

Damals hatte Meißen noch ein Theater mit eigenem Ensemble. Wir sahen uns Günther Weisenborns Schauspiel „Die Neuberin" an, *was jedoch keinen besonderen Eindruck hinterließ.* Dem Dramatiker war mit dem Anti-Nazi-Stück „Die Illegalen" Jahre zuvor ein großer Wurf gelungen.

Auf einem abendlichen Spaziergang mit Martin entlang dem Elbufer erfaßte uns eine Art tiefe Ehrfurcht vor der uns umgebenden Natur. Wir kamen ins „Dichten" ...

Ich steh am Elbestrand
und schaue unverwandt
in den Strom.
Der Dom
der Welt

steht als Sternenzelt
überm Strom.
Hab erhoben
Blick nach oben.
Mir ist's, ich sähe,
wie die Ferne
dieser Sterne
wird zur Nähe ...

Ausführlich beschrieb ich den Abschlußabend mit Budenzauber, an dem ich mich mit einer kleinen, jungenhaften „Überzeugten" einließ, deren Freund in Leipzig Slawistik studierte. Befremdlich, heute zu lesen, daß mich dieses zierliche Mädchen so weit beeinflußte, *momentan an einen Sieg des Marxismus, an eine glückliche Zukunft der n e u e n Welt* zu glauben. In Leipzig bin ich ihr noch ein paar Mal begegnet, unter anderem zum Slawistenball. Ich erwähne es deshalb, weil dieser Ball im Kellergeschoß des Messehauses „Dresdner Hof" stattfand, dem heutigen academixer-Keller, wo mir schon damals die Jugendstil-Mosaiksäulen ins Auge fielen.

Und noch etwas „Befremdliches": *Zu einer Stalinfeier der Schauspielschule war ich vom Referat eines Mitschülers (auch einem ‚Überzeugten') zu Ehren Stalins so beeindruckt und mitgerissen, daß mir kurz der Gedanke kam: man müßte eigentlich doch der Partei beitreten.*

Ich schämte mich beinahe, an die Verhohnepiepelung von Weinerts Poem vom Kreml, in dem noch Licht für den nimmermüden Josef Wissarionowitsch brannte, zu denken: „Im Kreml brennt noch Licht. / Die Kremltippsen / hab'n 's vergessen auszuknipsen."

„Einer der Dozenten an der jur. Fak.", teilt mir Freund Manfred 2007 mit, „verkündete, er habe zu Stalins Merksätzen zur Nationalen Frage einen zusätzlichen entdeckt. Er erklärte das mit großem Enthusiasmus. Als ich schon bei den Germanisten war, hörte ich, daß er schlimme Stunden und ein Parteiverfahren am Hals hatte." Manfred schlußfolgert: „So war das: ein Stalinist korrigiert Stalin und schon war er ein Feind."

Als der unübertreffliche Generalissimus zwei Jahre später starb und ich früh die Schule betrat, stand jener Mitschüler, der mich so beeindruckt hatte, an der Büste des Heroen Ehrenwache. Keine Miene verzog er. Reagierte auch nicht, als ich freundlich „Guten Morgen!" sagte. Genauso verhielt sich sein Co-Wachhabender, was ich erst recht nicht begriff, denn so eine Zurschaustellung sah Günter Schwarz gar nicht ähnlich.

Hielt der bedauernswerte Stalinverehrer bis dato die Augen geschlossen, so begann die nachstalinsche Ära, sie ihm zu öffnen. Oder half das mit ihm verbandelte Früchtchen

Brigitte K., sie ihm zu öffnen? In den siebziger Jahren jedenfalls wird ihn der wache Hörer mit selbstverfaßten Glossen über die DDR im RIAS vernehmen können.

Am zweiten Weihnachtsfeiertag des ausklingenden Jahres 1951 war ich bei Recknagels zu Gast. Ich hatte ja schon in Meißen mit beiden Brüderschaft getrunken, und jetzt fühl ich mich bei ihnen wie zu Hause. Wieder ein zu Hause mehr!

Rolf, der große Literaturkenner, konnte ein Werk über Ernest Hemingway nicht zu Ende bringen, als er Anfang April 2006, hochbetagt und lange von Alter und Unfall gebeugt, verstarb. Wenige Wochen nach seinem Tod folgte ihm Ellen Mitte Mai 2006.

Vor die Tür gesetzt

Im Januar 1952 bezog die Schauspielschule das neue Gebäude in der Dimitroffstraße 15. Es war die für Unterrichts- und Verwaltungszwecke umgestaltete, 1894 vom Leipziger Bankier und Geheimen „Commerzienrath" Sieskind errichtete Villa.

Da aber unendlich viele Mängel in finanzieller, ökonomischer und fachlicher Hinsicht vorhanden sind, gibt es erhitzte Gemüter, und es riecht fast nach Revolution.

Ein Beobachter machte sich Gedanken. Wird es besser, oder gehen wir nur im Kreise? Wird einmal der Tag kommen? Werden Deutsche einig sein?

Der Beobachter wird verwirrt. Sein Fehler ist Mangel an Selbstbewußtsein. Ihm fehlt ein rasches Reaktionsvermögen. Sein Geist ist träge. Jedoch erkennt der Beobachter eine verblüffend praktische Wahrheit.

Der Tag wird kommen,
an dem ihr frei,
an dem ihr offen auch sagen könnt,
was heimlich ihr jetzt wagt.
Der Tag wird kommen,
wo alle, die niedrig,
wo alle, die falsch und doppelzüngig
vertraten ihr Wort,
abtreten müssen vom Podest der rohen Gewalt,
des Zwanges, der ewigen Tyrannei.
Der Tag wird kommen,
ja – und die Nacht wird folgen,
wieder und wieder ..."

Um an dieser Stelle vorzugreifen: Erst Anfang April 1952, *nachdem sämtliche Räume in Ordnung gebracht sind, wird die Schule feierlich eröffnet.* Es wird sogar eine Einladung ins Neue Rathaus zu einer „Teestunde“ erfolgen, als die man die kulinarische Einweihungsfete verbrämte.

Außerschulischer Treffpunkt und eine Art Magnet für Künstler aller Art (oder solche, die es werden wollten), war damals die Kneipe in den Kammerspielen. Bedient wurde man von der bayernden Kellnerin Zensi. Stargast war der stets skatkloppende Max Schwimmer. „Wir bevölkerten ja täglich die Kammerspielklause – irgendwer sammelte immer die Bierdeckel ein, die Schwimmer bekritzelt hatte – ich leider nicht“, schreibt mir Ellen Tiedtke rückblickend.

Typen, allen voran Boris Penndorf („Zar Boris“), ein stadtbekannter, „verrückter“, aber genialer Musiker, verkehrte dort. Eines Tages enterte er, von der Kleinmesse kommend, die Klause mit einer Meute von zehn „Grazien“. Denen stand das älteste Gewerbe ins Gesicht geschrieben. Boris rief der Kellnerin zu: „Zensi! Zehn Limonaden und een Bier!“ Schwimmer erwähnte das verkommene Genie in einer Tagebuchnotiz vom 7. März 1952: „Boris und ein Studierender von Bloch und eine Tänzerin in der Künstlerecke. Boris lockt uns auf die Probebühne und spielt uns Debussy, Ravel, Chopin und R. Schumann in seiner verrückten Weise vor.“

Manchmal frequentierten wir das „RC-Casino“ an der Heiligen Brücke, wo noch der Klarinettist Rolf Kühn in der Kapelle mitspielte. Ein weiterer Treffpunkt war „Baarmanns Restaurant“, die vormalige Weinstube Wilde in der Mozartstraße gegenüber den Ruinen des alten Gewandhauses. Dort saß ich in meinem letzten Studienjahr manchmal mit dem immer gut aufgelegten Schauspielschulneuling Gerhard Rutsch beim Glas Bier. Rutsch besaß einen herrlichen Mutterwitz, wird 1954 ein Pfeffermüller der zweiten Stunde und schreibt bis in die neunziger Jahre unzählige Texte für Kabarett und Funk, insbesondere speziell für Ur-Pfeffermüller und Dialekt-Komiker Manfred Uhlig. Im März 2007 wird er nach langem Leiden und unwürdigem Herumgereiche von Krankenhaus zu Krankenhaus erlöst.

2. Februar (2 Uhr morgens). Tolle Ereignisse geschehen, menschliche Komödie wird gespielt. Am 31. 1. 52 sieben Mann des ersten Jahrganges plötzlich entlassen. Große Aufregung. Auch drei von unserem, dem 2. Jahrgang, darunter Brigitte K., die seit November krank ist. Kein Wunder, weder die Krankheit, noch die Entlassung. Niemand weiß, wer der dritte ist. Bei Momber Unterricht. In der Pause erfahre ich dann, daß ich der dritte bin. Ja, ich. 60 Schüler stehen Kopf. „Untalentiert.“

Momber wußte angeblich von nichts. Ich vermutete, er wollte mir eins auswischen. Er war nämlich stinksauer, weil ich in der Klasse des Schauspielers Arthur Jopp als Wirt in Goethes „Mitschuldigen“ ausgeholfen hatte – ohne ihn darum zu bitten! Und daß ich mich, statt mich aufs Rollenstudium zu konzentrieren, im Studio des Studentenfunks nebenher als Sprecher und Redakteur betätigte.

Das Studio befand sich in den Räumen über der Mensa im „Dresdner Hof", dem ehemaligen „Naumannbräu" und späteren Club „Kalinin". Dort oder in der anderen Mensa im Peterssteinweg, dem ehemaligen Amtsgericht, haben wir auch unser Mittagsmahl eingenommen.

Gefielen uns die zwei zur Wahl gestellten Gerichte nicht, gingen wir ein paar Schritt weiter in Marie Pohles „Ponydiele". Die befand sich in Erdgeschoß und Kelleretage des Eckhauses, an dem die Münzgasse vom Peterssteinweg nach rechts abbiegt. Dort nämlich gab es (ohne Markenabgabe!) für preiswerte 1,15 DM Pferdegoulasch oder zwei Riesenbeefsteaks vom gleichen Tier mit pikanter Soße zu verzehren, plus einer Semmel, mit der wir die Soße „aufdischten".

Am anderen Ende der Münzgasse wird 1952/53 eine schauspielschuleigene Mensa eingerichtet. In der Naumannbräu-Mensa erhielt man auch abends erschwingliches Studentenessen. Einmal habe ich daselbst einen schmackhaften Nutriabraten verzehrt, eine Spezialität des Hauses.

Zurück zu meinem Rausschmiß: *Alle sind sprachlos. Die Unverschämtheit ist die, einen Menschen vor vollendete Tatsachen zu stellen, ohne ihn vorher zu warnen, ohne ihm zu helfen. Professor Modes, der „Chef", genannt „Pluto", erklärt mir, ich besäße schauspielerisch wenig Talent, hätte aber andere Werte. Ich darf noch einen Monat an der Schule bleiben – Gnadenfrist. Irgendwas stimmt nicht. Was? Ich werde es erfahren.*

Ich erfuhr es nicht. Ich machte beim Funk in der Springerstraße eine Mikrofonprobe bei Oberspielleiter Werner Schmidt-Wieland. Er meinte, überragend sei die Stimme nicht, auch fehle mir Intensität und „kämpferische Einstellung". Ich bekäme schriftlich Bescheid, ob ich als volontierender Sprecher angenommen sei oder nicht. Dabei drückte er mich heftig an sich. Ich ließ es mir gefallen, statt ihn abzuschütteln. Mir fehlte halt die kämpferische Einstellung.

Zwei Jahre später werde ich abermals eine Mikroprobe beim Funk machen, diesmal in Berlin, und diesmal nicht, weil ich gefeuert werden soll, sondern weil ich von mir aus einen Stellungswechsel erwäge. Davon an anderer Stelle. Im Februar 1952 jedenfalls brauchte ich (inzwischen von Flörchingers Fürsprache tatkräftig unterstützt!) nicht auf den Funk-Bescheid zu warten. Die Sache erledigte sich von selber.

Nach knapp einem Monat war ich nebst zwei anderen Kollegen entschädigenderweise zu Mombers eingeladen (in seine Souterrain-Wohnung eines herrschaftlichen Prachthauses der nach dem Botaniker Schwägrichen benannten Straße). *Es gab Abendessen in vier Gängen, viel Likör und war recht nett. Momber gab mir sein Drama „Michelangelo" zu lesen mit. – Im Unterricht studiere ich bei Momber jetzt den Puck – er scheint zufrieden.*

Kurz darauf erfuhr ich, daß die Leitung der Schule – kommentarlos – einen Rückzieher gemacht hatte. *Man hat mich – inoffiziell und „probeweise" – auf der Schule behalten.*

Nichts schriftliches, nur mündlicher Bescheid. Nebenbeibemerkt ist auch Brigitte K. wieder in der Schule aufgenommen worden, ebenso drei weitere von den entlassenen Schülerinnen. Humor ist, wenn man trotzdem lacht. Bald schon wartete man mit einer neuen Schikane auf: *Am 26. März erhielt ich nebst vielen anderen jungen Leuten von der geliebten Schauspielschule den Bescheid, daß nach neuen Verordnungen mein Monatsstipendium von 125 DM in eine halbjährliche Beihilfe von 100 DM umgewandelt wird. Grund: Vati zählt nicht als Arbeiter!*

In der Nazizeit war man angehalten, einen Ariernachweis zu erbringen. „Als ich mal angefangen hatte, Ahnenforschung zu betreiben", schrieb mir mein Freund Manfred, „und auf eine Rebecca Morgenstern stieß, sagte mein Vater, ich solle mit dem ‚Forschen' aufhören – das wäre sicherlich nicht ‚arisch' genug."

Jetzt war es von Vorteil, Nachkomme von Prolet-ariern zu sein. Leider konnte ich damit nicht dienen. Wenigstens hatte ich einen Handwerker als Vorfahr, nämlich meinen Urur-urur-urur-Großvater Johannes H., seines Zeichens Seiler zu Meiningen. Alle Nachkommenden waren tiefste Bourgeoisie: Der 1666 geborene Johann Albertus, „ein zänkischer und unruhiger Kopf", herrschte als Pfarrer zu Gumpelstadt. Sein Sohn Johann Christian bekam von „seiner lieben Eheconsortin" Johanna Bernhardina Friederike, geborene Tellymann, 9 Kinder und verfaßte die Schrift „Nichts von ohngefähr" (erschienen zuerst in Frankfurt/Main, schließlich in 9. Auflage 1775 in Leipzig). Er wirkte als Informator in Franckes Waisenhaus zu Halle (gemeint sind die Franckeschen Stiftungen) sowie als Pfarrer und Gerichts-Unterassessor zu Schweina in Thüringen. Johann Christians Sohn Johann Ludwig Christian verehelichte sich 1805 in Harsleben bei Halberstadt mit Luise Nickel, „verdarb" laut Kirchenregister „als Kaufmann und wurde dann Schreiber", während Johann Ludwig Christians Sohn Friedrich Ludwig Wilhelm in Saarlouis die Anna Maria Robért freite und daselbst vom Wachtmeister zum Rechnungsrat avancierte. Dessen Sohn wiederum, Urgroßvater Carl Anton August, brachte es nur bis zum Hilfslehrer. Er ließ Urgroßmutter Sophie Wilhelmine den Max Karl Otto zur Welt bringen.

Großvater Max Karl Otto also stieg zum Mineralwasserfabrikanten auf, fernmündlich erreichbar unter 60485, und zeugte mit Großmutter Marie Louise meinen Vater Kurt Max, der wie schon erwähnt als Maschinenschlosser in Paunsdorf ausgebildet wurde, sich dann aber im Dienste des Fabrikanten als Flaschenfüller und Kraftfahrer verdingte.

Außer seinem Sohn beschäftigte Opa Max noch andere Familienmitglieder oder Freunde stundenweise für ein Taschengeld, aber nie mehr als drei zur gleichen Zeit! Zum Aufkleben der Etiketts auf die Flaschen per Hand wurden Cousine Anita und ich wie seinerzeit Trudchen Kienitz herangezogen. Vater mußte die Ware (also Selterwasserkästen, aber auch Afri-Cola und Sinalco, mitunter sogar für die Firma Dr. Struve) an Lokale und Ausflugsgaststätten im Umkreis Leipzigs ausliefern. So auch zu Ortschaften, die es heute gar nicht mehr gibt, weil sie der Braunkohle weichen mußten: Eine hieß Gruna, eine andere Tanzberg. Der Name des dortigen Gasthofes imponierte mir gewaltig. Er hieß „Schießgraben", und in der Ankündigung stand: „Größter Saal der Umgegend / Großer schattiger, mückenfreier Garten / Zu erreichen vom Bahnhof Probstdeuben durch prächtige Waldungen und Wiesen in 40 Minuten". Da- und anderswohin durfte ich als „Beifahrer" mitfahren.

Nun meinte die Stipendienkommission der Schauspielschule, mein Großvater sei ja als Fabrikbesitzer Kapitalist gewesen. In der Tat stand auf den Flaschenaufklebern „Lipsia-Tafel-Wasser, hergestellt aus chemischreinen filtrierten Wasser, Salzen und Kohlensäure" von einem „Mitglied des Reichsverbandes deutscher Mineralwasserhersteller". Der Sohn dieses Kapitalisten sei deshalb nicht als sein Arbeiter, sondern als sein Angestellter einzuordnen. Wir seien aber kein Angestelltenstaat, sondern ein Arbeiter- und Bauernstaat. Folglich könnten Vergünstigungen wie Stipendien nur Arbeiter- und Bauernsöhne und -töchter beanspruchen, nicht aber Söhne und Töchter von Angestellten. Kommentarlose Notiz vom 15. April 1952, also drei Wochen nach der Schikane: *Ich erhalte wieder Stipendium.*

Manfred erlebte Ähnliches. Als sein Vater vom Kutscher zum Pächter mit Gewerbeschein avancierte, verlor er als „Unternehmersohn" auch sein Stipendium. „Mein Vater", teilte mir Manfred mit, „ist dann mit einer Aschefuhre vor dem Prorektorat vorgefahren, hat beim Prorektor im Büro mächtige Aschetapsen hinterlassen, seine Mütze auf dessen Schreibtisch entstaubt und ihn gefragt, ob er sich so einen Unternehmer vorstellt." Manfred hat dann sein Stip wieder bekommen, „allerdings ein wenig gekürzt".

Meine Mitschüler Ostara und Pitt aus der Flörchinger-Klasse hatte man inzwischen an die Ostberliner Schule delegiert, an der Elisabeth aus dem Hause Lösch bereits eine ganze Weile studierte. Sie wurde jedoch „wegen unzureichenden Talents" aus dem dritten in den zweiten Jahrgang zurückversetzt, obwohl sie schon als Recha mit August Momber als Nathan auf der Bühne des Nationaltheaters Weimar gestanden hatte. Pitt, Flörchingers Protegé, wurde mit der gleichen Begründung ganz von der Schule verwiesen.

So wie ich anläßlich meiner Dispensierung und dann anläßlich der Streichung des Stipendiums beim Hohen Konsortium (bestehend aus Direktor, BGL-Vorsitzendem, SED- und FDJ-Sekretär) antreten mußte, so mußte ich jetzt Anfang Juni vor denselben Figuren antreten, nur daß diesmal noch ein uniformierter Genosse dabeisaß.

Man wollte mich zu einem Offizierslehrgang der kasernierten Volkspolizei werben; ich mußte die Notwendigkeit dieser Maßnahmen erkennen, aber ich lehnte ab, die Notwendigkeit der Zerstörung meines seelischen Zustandes einzusehen ... Meine definitive Begründung lautete: „Ich habe meiner Oma geschworen, nie eine Waffe in die Hand zu nehmen!"

Was die Waffe betrifft, so nahm ich tatsächlich nie eine in die Hand – außer Attrappen auf der Bühne. Vor dreierlei K hegte ich immer Riesenschiß und Abscheu: vor Kaserne, Knast und Krankenhaus. Um die beiden ersteren bin ich herumgekommen: Um mich hinter Gitter zu bringen, hatte ich zu wenig ausgefressen, und daß ich nicht kaserniert wurde, war reine Glückssache. Ich gehörte zu den wenigen Jahrgängen, die im Krieg noch zu jung und nach Wiedereinführung des Wehrdienstes schon zu alt fürs Dienen waren. Der Dichter Günter Kunert sah die Sache nicht so verkniffen. Er gab den jungen Menschen „Drei Merksprüche" mit auf den Weg:

„Die dir dein Gewehr gegeben, sie bitten dich, hab darauf acht.
Es ist mehr als nur ein Stück Metall, es ist ein Stück von unserer Macht.
Die dir deine Kaserne gebaut, sie wünschen, daß darin Ordnung ist.
An der Ordnung, die du schaffst, erkennt man, wer du bist.
Die dir deine Uniform genäht, sie bitten dich: halte sie rein.
Der Anzug des Volkssoldaten soll sauber wie die Sache sein."

Neben den Schikanen und Drangsaliererereien gab es aber auch erfreuliche Sachen. Viele Schüler aus anderen Klassen durften im Drama „Robespierre" nach Romain Rolland durch Vermittlung des Regisseurs Arthur Jopp mitmimen.

Ich zwar nicht, aber dafür hatte ich das Glück, in einer zauberhaften Inszenierung von Marcel Pagnols Lustspiel „Zum goldenen Anker" ein Müßiggänger im Straßencafé sein zu dürfen. Harald Föhr-Waldeck und Harald Halgard wechselten sich als fernsüchtiger Marius ab, seine Geliebte (Fanny) spielte Sonja Theobald. Bertl Haller mimte eine Marktfrau, und Rolf Hartmann in einer kleinen Rolle als Araber wollte uns seine Perserteppiche andrehen: „Ssöne Teppiss, ssöne Teppiss!"

Während es für Statisten meist nur zwei, drei Proben gab, bin ich bei den Proben zu diesem Lustspiel auf die Höchstzahl von dreiundzwanzig gekommen – und das nur als Komparse in einer einzigen Szene! Allerdings mit Gesang zu einem von Joachim-Dietrich Link vertonten und von Boris Penndorf einstudierten Seemannslied.

Eine unerhebliche, ganz persönliche Kleinigkeit möchte ich nachtragen, was man mir nicht nachtragen möge. Unter dem 9. Februar lese ich: *Gestern abend brachte ich Sternchen nach Hause. Sternchen ist eine Schauspielschülerin aus Chemnitz, süß, ein bißchen zapplig, neunzehn Jahre alt, Halbjüdin. Der Witz ist, daß sie aus Taura stammt ...* Der Witz war, daß es sich um jenes Mädchen handelte, das zur Köthensdorfer „Mastkur" im August 1946 zwischen Fleischermeisterfrau Klose und mir im Tauraer Kino saß.

Vor Weihnachten, schloss mein Eintrag, *hatten wir uns im Scherz ausgemacht, uns nächstes Weihnachten zu verloben.* Dem kam ein Schauspieler namens Horst Mendelsohn zuvor, mit dem „Sternchen" den heiligen Bund der Ehe schloß.

Pfingstmontag, 2. Juni 1952. Viel Schweres, viel Freudiges trug sich zu in letzter Zeit. Die politische Lage verschärfte sich zusehends: Adenauer unterschrieb den Generalvertrag mit Amerika – was (gleich ob absichtlich oder indirekt) erhöhte Kriegsgefahr bedeutet. Beweis für die Verschärfung dürfte auch dieser Ausriß aus der LVZ sein: „Leipzig. ‚Wir versichern den Abgeordneten der Volkskammer sowie dem ganzen deutschen Volk, daß wir bereit sind, die demokratischen Errungenschaften unserer Republik zu verteidigen, wenn es sein muß, mit der Waffe in der Hand', erklärten die Angehörigen der Schauspielschule in einer Protestresolution nach Bekanntwerden der Essener Bluttat."

Also da mußte eine Verwechslung vorliegen: So eine Erklärung hätten die wenigsten von uns abgegeben, mit der Waffe in der Hand schon gar nicht.

Mit der Bluttat war der Tod des Münchner Funktionärs der (seit dem 24. April 1951 verbotenen) West-FDJ Philipp Müller gemeint, nach dem in Leipzig während der DDR-Zeit die heutige Zschochersche Straße benannt wurde.

Das für den 11. Mai 1952 vorgesehene, als überparteilich vorgetäuschte „Westdeutsche Treffen der jungen Generation" war amtlicherseits untersagt worden. 30 000 Teilnehmer hatten die Organisatoren erwartet. Ein Großteil reiste auf Anraten eines mitverantwortlichen Theologiestudenten wieder ab. Der harte Kern (etwa 2 000 Personen) blieb. Nach mehrmaliger Aufforderung durch Lautsprecherwagen, sich zu zerstreuen, und drei Warnschüssen schoß die Polizei scharf in Kniehöhe. Müller wurde beim Bücken (nach einem Pflasterstein?) getroffen und starb.

Volkskammerpräsident Johannes Dieckmann forderte fünf Tage später auf einer Massenkundgebung auf dem Berliner Marx-Engels-Platz „eine gewaltige Bewegung unseres Volkes, die ... die Bonner Volksfeinde hinwegfegen" müsse. Und FDJ-Vorsitzender Erich Honecker erklärte, die FDJ werde „nicht eher ruhen und rasten ... bis der Mord durch den Sturz der verräterischen Adenauerclique gesühnt ist."

Zum IV. Parlament der Jugend Ende Mai in Leipzig vertrat die Witwe Philipp Müllers als Ehrengast die „friedliebende Jugend Westdeutschlands", und FDJ-Zentralbüroleiter Jupp Angenfort plädierte für bewaffnete Streitkräfte der DDR. Mit der „Bluttat" hatte man endlich den lange gesuchten Anlaß!

An jenem Pfingstmontag gibt es noch einen längeren Tagebuch-Eintrag unter der Überschrift: *Kabarett.* Dem und den Folgen werde ich ein eigenes Kapitel widmen.

29. Juni: Ich stehe mitten in der Zwischenprüfung. Da kam Manfreds Geburtstag gerade zurecht – wie eine Atempause ... Wir feierten „auf dem Olymp" in antiken „Kostümen", ich als Bacchus mit Herrn Patzschkes altem Hut, Schnurrbärtchen, Großmutterröckchen mit Kissenbauch drunter und in Söckchen ... Brüderschaft mit Pummel und dann mit René, die bei unserem „Heiratsantrag" vor 2 Jahren soufflierte. Dann folgten Gesellschaftsspiele. Und dann – dann folgte das große Elend, d. h. der Zustand, daß es mir zum

Kotzen zumute war, ich jedoch völlig klar denken konnte und meiner Sinne mächtig war ...

Den sehr kindhaften Ehrgeiz, jede vollzogene Brüderschaft und auch andere mit einem Kuß verbundene Gelegenheiten voller Stolz einzutragen, würde noch eine ganze Weile anhalten.

5. July (ich hatte die Macke, Juli mit y zu schreiben!). *Nachdem ich die Zwischenprüfung mit Durchschnitt „Gut" bestanden habe, fuhr ich gestern mit unserer Schule nach Naunhof, wo wir den ganzen Tag über blieben, badeten, Essen gratis bekamen und uns von der Sonne bräunen ließen. Abends wurde wiedermal gesoffen.*

Im Zug bei der Heimfahrt improvisierte ich mit Charly Brunn eine Brüderschaft ohne Glas und Inhalt... In Leipzig angekommen zogen wir noch zum Burgkeller und feierten hier noch nach. Meine „große" Kollegin Gisela Bettermann hatte einen netten Schwips, und da sie im Sitzen kleiner ist als ich im Stehen, nützte ich unsere Stellage natürlich aus, denn wenn wir beide stehen, muß ich eine Fußbank nehmen um hochzukommen.

Die Bettermann ist bei Momber im Unterricht meine Leidensgenossin gewesen. Wie mich beim Erarbeiten der damals beliebten Rolle des Jakob in Max Halbes Schauspiel „Der Strom", so hat er sie zusammengeschissen und zum Heulen gebracht, wenn sie Medea oder Penthesilea mimen sollte! Theaterspielen ist nicht ihr Ding gewesen. Eine kurze Zeit wird sie in Annaberg unter Intendant Siebenschuh agieren. In den folgenden Jahren heißt sie Winn, leitet Amateur-Kabarettgruppen und sitzt im „Kabinett für Kulturarbeit", zuständig für volkskünstlerische Zirkelarbeit. Sie ist eine der stärksten Raucherinnen gewesen, die ich je erlebt habe. Anfang der neunziger Jahre verstirbt sie.

14. August. „Erholung".

Vor ungefähr einer Woche fuhr ich mit Karla nach Weimar. Die „Erholung", die ich dort erhoffte, sah folgendermaßen aus: ... Freitag abend setzte ich mich mit Zwilling Christas Verlobtem und Lösch-Sohn Heinz zum Skat bereit, mit viel Bier und Zigaretten. Wir hielten durch bis morgens ½ 6 Uhr. Anschließend mistete ich mit Heinz Hühner- u. Ziegenstall aus. Danach fuhr ich per Rad nach Belvedere und legte mich ungefähr zwei Stunden im Park schlafen. Am Abend ging ich ins Schwanseebad, wo ein Strandfest war, mit Vorführungen und Tanz ... Am Montag abends wurde wieder Skat gespielt, wieder bis 6 Uhr morgens. Und auch der Dienstagabend zeigte sich für das bewährte Kartenspiel günstig, diesmal gab es statt Bier nur Himbeerwasser; deshalb war auch schon 4 Uhr Schluß. Nach drei Stunden Schlaf brach ich mit Karla auf nach Leipzig.

Am 16. September heißt es: *Gestern abend sprachen wir (Martin Trautwein und ich) auf der Straße zwei Mädchen an, von denen die eine in unserer Nähe wohnte und die ich nach Hause brachte: Erika Kolster.* Ich brachte sie nämlich in die Hermann-Liebmann-Straße. Wie sich der Name der Südstraße über Adolf-Hitler-Straße zu Karl-

Liebknecht-Straße verwandelt hatte (deshalb im Volksmund „Adolf-Südknecht-Straße" genannt), so verwandelte sich der Name von Kirchstraße über Alfred-Kindler-Straße zu Hermann-Liebmann-Straße.

Die Erika wohnte dort zur Untermiete. *Ein nettes, nicht hervorragend gebildetes Mädel von 20 Jahren …* Sie sprach Shakespeare wie „Schakeschpähr" aus und sang im Advent bei Kerzenlicht „Süßer die Glocken nie klingen …" Mir war's, wie in der dritten Zeile: als ob Engelein singen …

7. Oktober, Tag der Gründung der DDR. – Mein jetziger Schauspiellehrer ist Herr Menschel, 31 Jahre alt, sehr auf Draht, lebendig, menschlich einwandfrei und theatralisch enthusiasmiert. Ich arbeite unter seiner Leitung mit Renate Müller an einer Szene aus dem Stück „Sylva". Ich verkörpere einen 21-jährigen Schiffsjungen, der Sylva, die Tochter des Kapitäns, während sie besinnungslos war, vergewaltigte. Später beschuldigte er – weil er ihn beleidigte – ihren Vater der Tat. Muß „La Paloma" auf dem Schifferklavier lernen.

15. Oktober. Die Sylva-Szene macht merkliche Fortschritte. Alle sind begeistert. In mir und aus mir sei eine Wandlung vorgegangen …

18. Oktober. Vorbei die Szene mit Sylva, vorbei die Freude an Arbeit, vorbei. Herr Menschel ist fristlos entlassen. Niemand hatte etwas gegen sein fachliches Können einzuwenden. Aber dagegen, daß er mehr trank, abends, als nötig, und nicht so auftrat gegen seine Schüler und Schülerinnen, wie es sich für einen (braven) Dozenten geziemte. Weil sich ein gärendes junges Ding moralisch verletzt fühlte. Alma Wildes wegen müssen sechs junge Menschen einen Lehrer verlieren, bei dem es eine Freude war zu lernen. Und sie hatten gelernt!

3. November. Morgens 2 Uhr. Bei Hagers war Kindtaufe. Ich war vorher zur Premiere von „Scheherezade". Tänzerisch wunderbar! Boris Penndorf war auch da. Dann zu Hagers gefahren in die Charlotte 14. Viele Leute, wunderbar. Mehrere gegangen, noch wunderbarer. Mit Helene Hager Bruderschaft getrunken. Um ½7 muß ich wieder aufstehen. Scheiße. Trude hat unanständig getanzt. Klaus hat gesagt, ich soll keine Arien singen. Aber zaubern kann ich.

6. November. Ich sah den schwedischen Film „Sie tanzte nur einen Sommer". Das ist die Liebe zweier junger Menschen, so von Natur erfüllt – man m u ß überwältigt sein. Das ist die Anklage gegen die alleinseligmachende Kirche, die in allem Entblößten nur Schmutz und in einem selbst verschuldeten Unglück stets ein Gottesgericht sieht. Ein vollendeter Film. Warum dreht Deutschland keinen solchen? Im Westen Nervenkitzelei, im Osten Plakatismus. – Mein neuer Lehrer, Herr Kramer aus Brandenburg, ist kein mitreißender, aber auch kein schlechter „Seelenregulator".

25. November. 2 Tage in Berlin gewesen, kostenlos, mit anderen Kollegen zum Fechtturnier, wo wir den Meisterschaftskämpfen zusahen. Im Westsektor waren alle außer Genossen Paul (Edler), der aufpassen sollte, daß keiner hinüberging – und tatsächlich nichts sah. Näm-

lich als Mensch, und das ist er. Und wir waren's auch, und es tat uns weh, daß Deutsche nicht zu Deutschen können, nur, weil zwei verschiedene Weltanschauungen sie trennen. Franzl John haben wir getroffen, dem es bei 80 DM West Stipendium an der Hilde-Körber-Schule ganz gut geht. Wir erlebten im Deutschen Theater eine sehr schöne Aufführung von „Don Carlos". Unsere Einquartierung zur Nacht war scheußlich, das Essen teuer.

Das Jahr endete mit einer Geburtstagsfete zu meinem Einundzwanzigsten, an der lauter junge Menschen beteiligt waren, die mir nahestanden und zu denen ich Vertrauen hatte. Es waren dies Sonja, die Tochter des in Sellerhausen uns gegenüber wohnenden Malermeisters Renz (mit der ich dereinst „Vater-Mutter-Kind" spielen mußte!), die Schauspielschüler/-innen Christel Burgert, Roselotte Schmidt, Paul Edler und Günter Schwarz sowie Klaus Fehmel und Manfred Patzschke mit „Pummel" - Freunde.

Sonja wird nach dem Westen gehen und eines fernen Tages auf Teneriffa Urlaub machen. Aus dem Urlaub wird eine Heirat und aus der Heirat ein Verbleib auf Lebenszeit. Nach der Wende schenkt ihr jemand ein Leipziger Telefonbuch, sie blättert, sucht, findet meinen Namen und meldet sich, als lägen nicht vierzig Jahren dazwischen: „Rate mal, wer hier ist ..."

Kunstausstellung

Ich begann das neue Jahr 1953 mit der Niederschrift des Achtzeilers:

Wenn Gedanken bläulich kreisen
beim Genusse hellen Biers,
kann zuweilen sich erweisen,
wie ums Herze mir's.
Traulich löst sich meine Zunge,
plaudert gern zur Kurzweil dir;
Luft wird endlich meiner Lunge –
Ja, ja, ja: das Bier ...

Motiviert hat mich außer dem Biergenuß die Lektüre von Hermann Hesses Roman „Narziß und Goldmund", und sehr nachdenklich machte mich Goldmunds Satz, *„daß der größte Schmerz und die höchste Wollust einen ganz ähnlichen Ausdruck hat."*

Im Februar erlebte ich den ersten Faschingsball meines Lebens – mit Einundzwanzig! Er fand in der RiWa statt. Ich ging als „Dichter". Für den 5. März um 21.50 Uhr notierte ich den Tod Stalins, für den 21. März den meiner Oma Ernestine. Sie war eine sehr gütige Frau.

Auch ihre Bestattung war die erste meines Lebens. Als der Pfarrer uns allen die Hand schüttelte und sein Beileid aussprach, dachte ich, er stelle sich uns namentlich vor, und statt mich zu bedanken, nannte ich meinen Vor- und Zunamen.

Mit der Großmutter väterlicherseits, Oma Louise, hatte ich nie so engen Kontakt. Ihr mußte ein Bein abgenommen werden. Seitdem war sie bettlägerig. Ich weiß nur noch, daß sie meiner Cousine und mir wahnsinnig fettige, süße „Plinsen" zu essen gab („Roller-Roller") – das muß in Friedenszeiten gewesen sein. Sie war Weihnachten 1952 verstorben. Ihren Mann, Opa Max, verlor sie schon im Kriegsjahr 1941. Als mein Vater 1943 fiel, gab es einen großen Erbstreit, wie der Erlös aus dem Verkauf der Mineralwasserbude aufgeteilt werden sollte. Meine Mutter muß vom Schwager Krause ganz schön übers Ohr gehauen worden sein.

27. April. Ich hatte das Glück, billig mit der Schule eine Fahrt nach Dresden machen zu können. Vorgestern früh fuhren wir los, kamen in Dresden an und besichtigten zuerst die III. Deutsche Kunstausstellung.

Von der Ersten Kunstausstellung 1949 hatte es noch geheißen, sie zeige und fördere die Werke von Künstlern aus ganz Deutschland. 1953 mußte es die DDR sein mit ihren stählernen Helden, ihren bewaffneten Kämpfern für den Aufbau des Sozialismus und die Erhaltung des Friedens, ihren wächsernen Gesichtern, denen jedes Fältchen eines herzlichen, menschlichen Lachens schon im Pinselansatz des Malers erfroren war.

Es wurde Augen und Beinen zuviel. Entweder man sah Bilder mit gegenwartsnaher Thematik (Thälmann-Pioniere, Aufbau der Stalinallee etc.), die wie Plakate, bzw. wie Postkarten aussahen, oder sie wirkten farbig blaß und kompositorisch danebengelungen. Obwohl natürlich der abstrakte, vom realen Boden weichende „Formalismus" der I. und II. Kunstausstellung überwunden ist, besteht jetzt die Gefahr des verflachenden Plakatismus; denn zur Malerei gehört nicht nur die Parteinahme des Künstlers für das Progressive – sondern vor allem ein Können, das auf dem Schaffen der alten Meister beruht und von ihnen lernt. Eines der ein- und ausdrucksvollsten Bilder ist ohne Zweifel der „Mädchenkopf" von Oskar Hagemann. Nach der Ausstellung begann eine Besichtigung der Katakomben in der Hofkirche, wo in riesigen Zinksärgen die Könige und Fürsten des Wettiner Geschlechts balsamiert liegen.

Dann gab's Mittagbrot im „Italienischen Dörfchen". D. h. es gab noch keins; denn der Ober rannte eine halbe Stunde an unserem Tisch vorbei, ehe er überhaupt erst fragte, was wir haben möchten. Bei einem zufälligen Rückwärtsblick an den Nachbartisch entdeckte ich – unfaßlich! – Carla! Carla Valerius, meine alte Kollegin aus der Schultheatergruppe ... Wohl über drei Jahre hatten wir uns nicht gesehen. Bei einer Flasche bulgarischem Rotwein, der wie Öl durch die Kehle glitt, freuten wir uns des Wiedersehens.

Carla wirkte als profilierte Charakterdarstellerin außer hier in Dresden auch an den Städtischen Bühnen in Erfurt sowie viele Jahre (bis zu ihrem ehrenvollen Ausstieg altershalber) am Theater der Jungen Welt in Leipzig.

Abends erlebte ich die neue polnische Oper „Die Scholaren von Krakau". Im ganzen gesehen: gut, Art Boris Godunow. Darstellung, Gesang und Bild nicht überragend für eine Staatsoper, der Tenor Miltschinoff mit toller Höhe, aber Knödel. –

Als Übernachtung eröffnete sich uns eine kasernenähnliche Behausung mit Doppelbetten (übernander), die sich wohl „Studentenheim der techn. Hochschule" schimpfte. Naja, man schlief. Nächsten Morgens trieb uns der Weg nach Pillnitz. So zerstört das Innere Dresdens ist – wirklich furchtbar! – so schön und malerisch ist seine nähere Umgebung. Herrlich! Ich wünschte ich wäre öfter dort! Im Pillnitzer Schloß besichtigten wir die Neueren Meister in der Gemäldegalerie.

Ja, das war Kunst – im Gegensatz zu dem Gesehenen des vorigen Tages! Feuerbach, Richter, Klinger, Spitzweg – das sind F a r b e n , wenn auch das Romantisch-Idyllische nicht ‚progressiv' und weltabgewandt ist. Max Slevogt, das immense Bildnis einer Tänzerin – ja, das l e b t , packt und strengt weder Augen noch Beine an, wenn auch keine Parteinahme für das Neue existiert. Das zu sehen, war ein Genuß. Das Mittagessen war kein Genuß – denn es kam wieder nicht. Es gab überhaupt keine Bedienung für unseren Tisch. Da lob ich mir mein Leipzig! Welches ich abends wiedersah und die Freude hatte, im „Rosenkavalier" neben zwei Sängern als Statiste stehen zu dürfen, die ich noch vor 24 Stunden in Dresden (gastierend) vom Zuschauerraum aus bewundert hatte. C'est la vie!

Regisseur Erich Geiger hatte einigen von uns Statisten eine heikle Aufgabe zugeteilt: Wir mußten uns als Bedienstete maskiert verstecken: der eine unters Bett der Marschallin, der andere unter die Ottomane, der dritte in die Standuhr, der vierte in den Kleiderschrank. Ab einer gewissen Stelle in der vom Orchester intonierten Musik sollten wir die Takte mitzählen, bei einem dieser Takte abwechselnd hervorlugen und wieder verschwinden. Die Dame sollte wohl auf diese Weise geneckt werden. Zwei Jahre machte ich den Spuk mit und wurde im Taktzählen und Kopfrecken immer routinierter.

Volksaufstand

Keiner weiß heute noch, wer Franz Franik war. Dabei war er zeitgleich mit dem bekannteren Adolf Hennecke 1948 einer der ersten „Aktivisten" (Hennecke in Oelsnitz, Franik in Zwickau) und 1952 Begründer der „Franik-Bewegung". Und er war der, der eigentlich den Aufstand am 17. Juni 1953 ausgelöst hat. Franik verpflichtete sich nämlich zu Ehren des 60. Geburtstages von Walter Ulbricht, einen Plan zur Produktionssteigerung um 10 % auszuarbeiten. „Zehnprozentnormerhöhungsverpflichtungen" griffen wie auf Bestellung um sich. Und das waren sie auch: bestellt.

Dabei hörte man im Radio schon am 10. Juni, daß das Politbüro der SED am Vortag einem „Neuen Kurs" zugestimmt hätte. Und dem Ministerrat, der am 11. tagte, so erfuhren wir am 12., habe das Politbüro „eine entscheidende Verbesserung der Lebenshaltung aller Teile der Bevölkerung sowie eine beträchtliche Stärkung der Rechtssicherheit in der DDR" empfohlen.

In der Zeitung las man dann, was das im einzelnen hieß: Zurückführung der Preise auf den Stand von April, Zurückgabe von Betrieben an Kleingewerbetreibende und Landwirte, Wiedereinführung von Fahrpreisermäßigungen bei Arbeiterrückfahrkarten, Haftentlassungen, Interzonenpässe für Künstler und Wissenschaftler, Erleichterungen im innerdeutschen Reiseverkehr und so weiter und so fort. Und man gab zu, ernste Fehler begangen zu haben. Nur von den Normen las man nichts. Weder an jenem 12. Juni, noch an den Tagen danach. In meinem Tagebuch stand nicht mal was von den Versprechungen. Da beschäftigte ich mich seitenweise wieder mal nur mit mir selbst: *12. Juni. Ich habe meine neue Komödie vorgelesen. Leider waren von den rund 100 Leuten der Schauspielschule nur sechs anwesend. Das war vielleicht ganz gut. So konnte ich wenigstens nur von sechs Seiten contra bekommen ...*

Eine Komödie? Eher eine *ungehemmte Sicherheit, mit der ich die gesamte Literatur(geschichte), manchmal wörtlich, durchkreuze.* Anders gesagt: überall ein bißchen geklaut habe. Aber was draußen vor sich ging, schien mich nicht berührt zu haben. Erst am 17. Juni nahm ich Notiz davon: *Revolution,* steht da im Tagebuch, *streikende Arbeiter, verbrannte und zertrümmerte Einrichtungen und Schilder der FDJ, der SED u. s. w. ... Alles in Aufregung. Über Berlin Ausnahmezustand verhängt.*

Auslöser soll der Betriebsausflug von Arbeitern und Angestellten einer Berliner Krankenhaus-Baustelle am 13. Juni gewesen sein. In einer Gaststätte am Müggelsee habe sich der harmlose Ausflug in eine hochpolitische Streikversammlung verwandelt. Der 13. Juni war ein Samstag. Am Montag verbreitete sich die Nachricht wie ein Lauffeuer. Als Volkspolizisten am 16. Juni das Krankenhaus umstellten, legten auch die Bauarbeiter der Stalinallee die Arbeit nieder. Das griff erst auf andere Betriebe, dann auf andere Städte und schließlich auf die ganze DDR über. Und was diese vermaledeiten Werktätigen (an die 30 000 sollen es allein in Leipzig gewesen sein!) lauthals forderten: zum Beispiel freie und geheime Wahlen! Dabei hatte man uns doch gelehrt, daß das Zettelfalten die einzig wirkliche freie Wahl war, frei von bürgerlicher Geheimniskrämerei!

In der Petersstraße begegnete ich Leuten, die hielten selbstgemalte Transparente hoch, auf denen stand: „Spitzbart, Bauch und Brille – sind nicht des Volkes Wille!" Mit „Spitzbart" war der Erste Sekretär Walter Ulbricht gemeint, mit „Bauch" Präsident Wilhelm Pieck und mit „Brille“ der zweite Mann an der Spitze, Otto Grotewohl. „Dein Name, für immer im Herzen des Volks, hat sich tief eingeschrieben“, bedichtete Staatspoet Johannes R. Becher den sich leutselig gebenden Pieck. Er hatte recht. Sein Name hat sich tatsächlich tief eingeschrieben: noch 2007 zum Beispiel auf einem Straßenschild in Bad Lausick.

17. Juni 1953: In der Schillerstraße fuhren die 11 und die 28 nicht weiter. Fahrer und Schaffner lümmelten vor ihren Wagenzügen und feixten. In der Ritterstraße flogen zentnerweise Möbelteile, Aktenordner und Papierstöße aus einem Haus. Es war das Haus der FDJ-Bezirksleitung.

Am Markt, da, wo später DDR-Neubauten errichtet werden, befand sich ein Flachbau, der „Pavillon der Nationalen Front“. Er stand in Flammen. Menschenmassen füllten den Platz vorm ehemaligen Reichsgericht, die jetzt beide den Namen Dimitroffs trugen. Sie forderten die Freilassung politischer Gefangener. Am Kreisgericht in der Harkortstraße klirrten Fensterscheiben.

„Zar Boris“, der verrückt-geniale Musiker, war beim Zerschlagen angeschwärzt und festgenommen worden. Ein Zeuge kolportierte, Boris habe sich beim Verhör mit den Worten verteidigt: „Herr Richter, ich hab doch nur e ganz gleines Stöckchn gehabbt, e Taktstöckchn gewissermaßn!“

Mitten im ständig wachsenden Menschenauflauf passierte es dann: *Schüsse in die geballten Massen, abgefeuert von Polizei.* Da stiebten viele auseinander.

Auch ich verdünnisierte mich und setzte meinen Weg fort in Richtung Schauspielschule. Wir hatten Unterricht im Fach Gesellschaftswissenschaft. Unser Gewi-Lehrer, Genosse Engel, hatte sein Parteiabzeichen abgemacht und war sehr blaß. War das ein Parteiauftrag oder Eigeninitiative? Ich meine die Abzeichendemontage, nicht die Blässe.

Ansonsten verlief eigentlich alles wie gewohnt, als ob draußen nichts los sei. Engel drosch die üblichen Phrasen wie etwa „Kapitalismus ist die Ausbeutung des Menschen durch den Menschen“. Den Witz „Bei uns ist es genau umgekehrt“ ließ man lieber weg. Den kannte eh schon jeder. Nach dem Unterricht durften wir wieder abzischen.

Auf dem Heimweg sah ich dann die inzwischen angerückte *Besatzungsmacht mit Panzern auf Straßen und Plätzen.* Das bedeutete das rasche Ende der Aufregung. Im Radio hörten wir zu Hause, daß die Forderung nach Zurücknahme der Normerhöhung bereits befolgt sei. Noch mehr Zugeständnisse aber gab es nicht. Und von ernsten Fehlern seitens der Machthaber und der Partei war auch nicht mehr die Rede.

Im Gegenteil: Uns wurde eingeredet, die Unruhen seien „ein faschistischer Putschversuch im Auftrag monopolkapitalistischer Drahtzieher“ gewesen, „angezettelt von Geheimdienst-Agenten und bezahlten Provokateuren aus dem Westen“. Die Züge seien proppevoll gewesen.

Das stimmte sogar. Allerdings Züge mit Leuten, die in die umgekehrte Richtung fuhren. Die Niederschlagung nannte sich fortan „Sieg über die Konterrevolution" und „Niederschlagung der Machenschaften der Kriegsbrandstifter".

Ich mußte etwas sehr Merkwüdiges erfahren. Der mit mir befreundete, wie ich als Opernstatist mimende, über Jahrzehnte bekannt und beliebt gewesene und viel zu früh verstorbene Schauspieler Eberhard Esche – damals Schüler einer der jüngeren Jahrgänge – wird das nämlich alles ganz ähnlich, aber doch ganz anders beschreiben. Noch merkwürdiger ist, daß die Bilder, die er in Erinnerung hatte, bei ihm „eine Bewußtseinsveränderung veranlaßten."

Am merkwürdigsten jedoch ist die Konsequenz, die er daraus zieht: „Ein Jahr später", so schließt er seine Gedanken zum 17. Juni 1953, „stellte ich den Aufnahmeantrag in die Sozialistische Einheitspartei Deutschlands."

Auf einer Dozentenbesprechung vom März 1954 wird Professor Otto Lang äußern: „In diesem Szenenstudium (‚Minna von Barnhelm') ist er ein ganzes Stück vorwärts gekommen." Daraufhin August Momber: „Seine Sturheit kann sich eines Tages zu einer Persönlichkeit entwickeln." Dozent Schmidt-Wieland wirft ein: „Bei unserer letzten Besprechung wurde festgelegt, daß Esche scharf ausprobiert werden soll." Dozent Piens gesteht: „Esche ist ein kluger Kopf, aber ich halte ihn für etwas undiszipliniert." Und Dozentin Glaser resümmiert: „Etwas Menschliches ist an ihm dran." Da hatte sie recht, denn Esche selbst gesteht über seine Schauspielschulzeit: „... was mich wahrhaftig umwarf, waren die vielen schönen Mädchen."

Die allgemeine Lage in Ost-Berlin und der DDR nach dem „nationalen Gedenktag des deutschen Volkes" (wie er nach der Wende offiziell heißt) beruhigte sich nach ein paar Tagen. Wie sehr Partei und Regierung aber um ihre zurückzugewinnende Souveränität zitterten, zeigt sich allein darin, daß der sogenannte „Ausnahmezustand" erst am 11. Juli aufgehoben wurde. Noch zu Manfreds Geburtstag am 28. Juni durften wir demzufolge nach zehn nicht auf die Straße und mußten die ganze Nacht bei ihm verbringen. Ich verbrachte sie ja nicht das erste Mal dort – allerdings freiwillig.

Ich hatte Ingrid H. aus der Bülowstraße mitgebracht, *die älteste von drei hübschen Töchtern. Mutti hatte mich gewarnt und gesagt, ob es nicht besser sei, Ingrid nicht mitzunehmen.* Sie stammte nämlich „aus besserem Hause".

Wir waren eine Zeitlang jeden Morgen in der gleichen Straßenbahn gefahren – sie zur Arbeit in die Klinik Härtelstraße, ich zum Unterricht in die Schauspielschule. Eines Tages sprach sie mich an, und von da an „gingen wir zuammen". Anwesende Geburtstagsgäste bei Manfred waren außer Ingrid und mir die Schwestern Püzchen und Pummel aus Seelingstädt, Manfreds Cousin, Pianist Klaus Fehmel und Rudolf Thomas. Letzterer wird als Dramaturg und Autor für die Dresdner „Herkuleskeule" und an der Puppenbühne arbeiten. *Es war an und für sich recht nett, anfangs. Wir tranken Erdbeerbowle. Ich spielte die Platte „Nur weil ich so schüchtern bin, hab kein Glück ich in der Liebe", immer wieder nur die eine Stelle. Und dann kam Püzchen und tat dasselbe. Eine Kinderei. Und dann? Ingrid gefiel es nicht so recht.* Dafür gefiel ich Püzchen. Peinlich, daß ich abends mit Ingrid kam und am frühen Morgen mit Püzchen abzog. Klaus hat sich gnädigerweise Ingrids erbarmt und sie nach Hause gebracht. *Ich habe unfair gegenüber Ingrid gehandelt,* gestand ich. *Es wird aus sein.* Es war aus.

Am 25. Juli „dichtete" ich – offenbar noch unter dem Eindruck des mit Panzern der Sowjetarmee niedergewalzten Aufstandes – in freien Rhythmen ein „Poem". Ich muß ein richtiger kleiner Revoluzzer gewesen sein! Am Ende der besagten Dichtung hieß es:

Vorbei ...
Erneutes Schweigen.
Werden die Tyrannen
einer halben Welt
die Peitsche ihrer Macht
mit der Gewalt von ehedem
zu heben wagen?

Ausgelernt

Daß es bereits in den fünfziger Jahren in der DDR nicht leicht war, eine einigermaßen wunschgemäße Arbeitsstelle zu bekommen, ist kaum vorstellbar. Aber es war so.

Schon im November 1952 war die erste Absage meiner Bewerbung um die Stelle als „Schauspieler nach Individualität" aus Magdeburg gekommen. Die zweite Anfang Dezember vom Theater der Jungen Garde in Halle. Die dritte kam nach persönlichem Vorsprechen aus Greifswald, nachdem wir, meine Mitschülerin Ingrid Koenner und ich, hin- und rückzu durch verpaßte Anschlüsse in Berlin je 17 Stunden unterwegs waren. Ingrid brüstete sich damit, die „feste" Freundin des heute berühmten Schauspielers Rolf Hoppe zu sein. Sie hat sich schon in jungen Jahren das Leben genommen.

Die vierte Absage kam aus Altenburg, die fünfte aus Zeitz und die sechste aus Crimmitschau, aus Städten, die damals noch eigene Theater hatten.

Am liebsten sprach ich den Anfangsmonolog des Sosias, Hasenherz, Pantoffelheld und Diener des Feldherrn Amphitryon aus Kleists gleichnamigem Lustspiel vor. Aber auch die Hexe aus „Faust" und den Puck aus dem „Sommernachtstraum".

All die Bewerbungsängste und die vergeblichen Fahrten zum „Vorsprechen" an Theater der DDR wären gar nicht nötig gewesen, wenn wir gewußt hätten, daß einige Intendanten und Spielleiter im neuen Jahr 1953 nach Leipzig kommen würden, um sich hier anzusehen, wen sie als Nachwuchskraft gebrauchen konnten und wen nicht.

Ich wurde dorthin engagiert, woher ich schon eine Absage bekommen hatte, nämlich nach Halle an besagtes Jugendtheater. Der Oberspielleiter war jetzt ein anderer, und der hatte gar nichts von der Absage gewußt.

Heute, am 13. Februar, einem Freitag auch noch, fuhr ich nach Halle und unterschrieb einen Vertrag als Schauspieler für die nächste Spielzeit ... Herr Schlegel hatte mich ja festgenagelt und mir damit den Weg eröffnet für wiederum einen neuen Lebensabschnitt – toi toi toi!

Leider entpuppte sich Hans-Dieter Schlegel im Weiteren als ausgesprochener Fiesling und Meister im Intrigenschmieden. Er war einer, der, wenn er mit jemandem sprach, dem nicht in die Augen sah, sondern genau drüber weg. Vorausblickend ist zu sagen, daß er in einer Vollversammlung vom gesamten Ensemble des Halleschen Jugendtheaters noch vor Beendigung der laufenden Spielzeit 1953/54 einstimmig verurteilt wird, was zur sofortigen Beurlaubung führen sollte.

Obwohl noch lange nach dem 17. Juni überall Ausnahmezustand geherrscht hatte, konnten unsere Abschlußprüfungen in der Schule ungehindert ihren Fortgang nehmen. Den Anfang machte eine Klausurarbeit: Aufsatz in Deutsch, Thema: „Alle menschlichen Gebrechen sühnet reine Menschlichkeit".

Deutschlehrer war der Vater des Filmregisseurs Klaus Schleif. Ich dichtete „ein Märchen von einem jungen Mann, der ein Reh zugunsten der Fee des Waldes" opfert. Schleif gab mir eine 3+ und schrieb drunter: „Ganz hübsch, aber am Thema vorbei!"

Dann wurde uns mündlich auf den Zahn gefühlt: der unvermeidliche Marxismus-Leninismus! Der Genosse Prüfer trug dabei sein Abzeichen wieder. Dann mußten wir zeigen, was wir bewegungstechnisch im Fach „Gesellschaftstanz" gelernt hatten. Der Tanzlehrer war der Solotänzer Lutz Forsch, der eigentlich Morsch hieß wie seine Mutter.

Diese übte an der Schule den Posten der Verwaltungsleiterin aus und stand im Unbeliebtheitsgrad ganz oben auf der Skala. Eingedenk der Stipendienquerelen hieß es in einem Gedicht, das unsere Schule mit einem „hochgepäppelten Kleinkind" verglich:

„Leider hat die ‚morsche Mutter'
nicht genügend hochgepäppelt:
Wie die Götter Tantalussen
hat sie uns mit Geld veräppelt ..."

Nach der Tanzprüfung wurden wir noch in Gymnastik, Fechten, Sprechtechnik, Theatergeschichte und Musik an die Kandare genommen. Der Fechtlehrer hieß Weidlich;

er hatte aus seiner Studentenzeit einen echten „Schmiß" davongetragen. In Schminken wurden wir nicht geprüft; diese Kunst hatte uns der Chefmaskenbildner des Schauspielhauses, Kurt Schumann, gelehrt – ein wahrer Meister seines Fachs.

Theatergeschichte war überhaupt kein Problem, Lehrer Ferdinand May half jedem weiter. Er kam in seinem Unterricht (wie ich es schon von der Volkshochschule her kannte) ins Schwatzen, hat immer die neuesten und interessantesten Dinge aus der Welt des Theaters erzählt. Fünf Minuten vor Unterrichtsschluß guckte er auf die Uhr und stellte erschrocken fest: „Wie die Zeit vergeht! Jetzt aber zum eigentlichen Thema."

Na, und was Musik betrifft: Unsere Musikpädagogin war eine (schon einmal genannte) junge und aufgeschlossene Oratoriensängerin. „... da haben wir ja in der Vergangenheit allerhand gemeinsam erlebt", schreibt mir die Frau Professor Gerda Schriever-Drechsel Mitte der Neunziger. „Ich habe meinen Unterricht in keiner guten Erinnerung, es war nicht mein Metier – ich war damit überfordert und habe viele Federn gelassen. Deshalb gab ich auch bald wieder die Arbeit auf." Eine allzu bescheidene Selbsteinschätzung.

Schließlich startete die Prüfung im Szenenstudium vor der Kommission und den Schülern der unteren Klassen. Nach dem Einzelvorspiel stieg zum Schluß das „Kunstwerk" – eine „Uraufführung".

Schon am 7. April hatte ich notiert: *Heute schrieb ich den bereits 1951 bei Flörchinger einmal akut gewesenen Einakter „Ein Kunstwerk" nach Tschechow vollkommen neu, extra zubereitet für unsere Schauspielschulklasse. Die erste, die es zu hören bekam, war Betti Kalka, ein Ballettmädel, ganz wenig jünger als ich, mit der ich mich zu einem Opernbetriebsfest näher befreundete. Ihr gefiel mein Stückchen, und sie ... gefiel mir auch.*

Unsere Klasse bestand zuletzt aus fünf Schülern, zwei weiblichen (Ingrid Koenner und Renate Müller), und drei männlichen (Arnold Fronzek, Benno Schramm und ich). Bei Tschechow treten aber nur vier Personen in Erscheinung, und alle männlichen Geschlechts. So hatte ich aus dem Tschechowschen Schauspieler eine Tänzerin gemacht und eine fünfte (weibliche) Person hineinmanövriert. Sie mußte den Prolog sprechen und ein armes Mädchen spielen, das den dringend benötigten Arzt für ihre Mutter nicht bezahlen konnte. Damit hatten wir das „soziale Element" integriert.

Was soll ich sagen? Es war ein glatter Erfolg. Schon hinterm Vorhang begannen wir (in Anlehnung an die reale Lage) mit einer spritzigen Ansage: „Der Ausnahmezustand über das Lachverbot wird ab sofort aufgehoben!" u. ä. m. ... Dann kam Renate Müllers Prolog, und dann begann das Spiel mit angedeuteten Kostümen und Requisiten.

Es ging um einen Kitschleuchter, den eine Studentin der Hochschule für Graphik und Buchkunst (HGB) unter Begutachtung des derzeitigen Assistenten Wolfgang Mattheuer für uns angefertigt hatte: zwei Nackedeis in ordinären Posen hielten über ihren ausgestreckten Armen eine Kupferschale.

Naivling Smirnow hält dies im Tschechow-Einakter für wertvolle Kunst. Er schenkt den Leuchter aus Dankbarkeit für seine Heilung dem behandelnden Arzt Dr. Koscheljkow. Er beteuert, sobald er das fehlende Pendant dazu aufgetrieben habe, auch dieses seinem Wohltäter zu vermachen. Der Arzt – bestrebt, die Obszönität wieder loszuwerden – verschenkt den Leuchter scheinheilig dem befreundeten Rechtsanwalt Uchow weiter. Uchow seinerseits verschenkt ihn bei nächstbester Gelegenheit dem Komiker Schaschkin. Dieser wiederum verscherbelt ihn in einer Antiquitätenhandlung. Dorthin verschlägt es Smirnow, der im Leuchter das gesuchte vermeintliche Zweitstück erkennt und es stehenden Fußes kauft. Überglücklich eilt er damit zu Dr. Koscheljkow, betritt stürmisch und strahlend dessen Praxis und verkündet ganz außer Atem: „Herr Doktor! Stellen Sie sich meine Freude vor! Zum Glück für Sie ist es uns gelungen, ein Pendant zu Ihrem Leuchter zu erwerben! Mama ist so glücklich darüber! Ich bin der einzige Sohn meiner Mutter ... Sie haben mir das Leben gerettet ..."

Jeder zeigte sein bestes, jeder hatte entsprechende Lacher und ein sehr dankbares Publikum. Und bestanden haben wir alle.

Herr Flörchinger stellt 1988 in einem Brief die Frage: „Warum haben Sie damals nach dem Erfolg mit der ‚Tschechow-Novelle' nicht in der Richtung weitergemacht?"

Gute Frage. Ich habe es vor mir selbst etwa wie folgt zu beantworten versucht: „Ein Kunstwerk" wird nach nochmaliger Bearbeitung 1962 vom Deutschen Fernsehfunk in Adlershof zwar angenommen, aber so arg zurechtgestutzt, daß ich es bei der Sendung 1963 kaum wiedererkenne. Das hat mir das Weitermachen „in der Richtung" vermiest.

Flörchinger dagegen hatten „Zensur, schlechte Zeitungen, viele dumme Funktionäre, Anmaßung der Oberen" so manches vermiest, obwohl er „keinen Augenblick im Osten missen möchte" und „politischen Druck persönlich nie verspürt" habe.

Anfang Juli feierte ich in der Oper Abschied. Zum letzten Mal war ich „nur" Statist, und zwar im Ballettabend „Die Kirmes von Delft". Mir gefiel dieses Ballett.

Dem hiesigen Choreographen wurden in der LVZ-Kritik jedoch „Verhöhnung unseres Volkstanzes, freche Surrogate, Geistlosigkeit, inhaltlose gymnastische Abstrampelei" und eine „Verunglimpfung des Tänzerberufes" vorgeworfen, wogegen „energisch protestiert werden" müsse. Dem Protest wurde stattgegeben: die Sommerspielpause begann. Und nach dieser hätte man das Ballett sowieso nicht wieder im Spielplan aufgenommen.

Noch einen Abschied galt es – mit mörderlich viel Alkohol – zu feiern, nämlich den von der Schauspielschule. *Zu Beginn des Kulturprogramms sang ich den selbstverfassten Schlager:*

Ich bin der treuste Mann,
von dem man sagen kann,
der schaut die Frauen an
als wär'n sie Baldrian.
Nur meine eigne nicht,
der schau ich ins Gesicht
voll treuer Liebespflicht,
weil sie mich sonst – verhaut ...

– komponiert von Klaus Fehmel. Renate Müller, Eberhard Esche von den noch Studierenden und ich zogen Lehrer, Schüler und Verwaltung in einem „Wunschkonzert" (Klaus am Klavier) durch den Kakaoersatz (sprich: Vitalade). Anschließend war Tanz. Ein netter Abend! Lilli, die Amerikanerin und Freundin unserer Schule war da, einige Koreaner, vier Neger und viele fremde Gäste. Damit wäre die vielgepriesene Schulzeit endgültig vorüber. Es gab viel Ärger und Unrecht, aber der Schluß glänzte – durch unsere eigene Initiative natürlich. Gegen 4 Uhr des 5. 7. ging ich nach Hause und habe nun bis 1/2 2 mittags herrlich gepennt.

Zum 31. August 1953 wird die Schule von der Staatlichen Kommission für Kunstangelegenheiten aufgelöst. Ab 1. Oktober sollte sie statt dessen unter Hinzuzug des (wie man heute sagen würde „abgewickelten") Theater-Institutes Weimar-Belvedere als „Deutsche Hochschule für Theater Konrad Ekhof" eröffnet werden, obwohl die Unterbringung noch gar nicht abgesichert war. So verschiebt sich der Termin auf den 5. November. Der künftige Rektor Otto Lang beginnt seine Eröffnungsrede mit den Worten: „Das Deutsche Theaterinstitut hat aufgehört zu existieren. Die Leipziger Schauspielschule hat ihre Arbeit eingestellt. Aus beiden Eltern soll die Deutsche Theaterhochschule erwachsen. Noch zaghaft, nicht ganz ausgewachsen, aber mit blanken Augen und mit kräftigem Optimismus erblickt dieses jüngste Kind unter unsern Kunsthochschulen das Licht der Deutschen Demokratischen Republik ..."

Den Namen Konrad Ekhof führt die Schule jedoch nur wenige Monate. Sie heißt dann einfach Theaterhochschule Leipzig, und erst ab 1967 trägt sie den Namen „Hans Otto". 1992 wird sie aufgelöst. Die Fachbereiche Schauspiel und Choreographie werden in die neu gegründete „Hochschule für Musik und Theater ‚Felix Mendelssohn Bartholdy' Leipzig" eingegliedert. Hatten wir eine „Eingliederung" bis 1951 nicht schon mal in ähnlicher Form?

Ab 1994 bilden die Fachrichtungen Schauspiel, Dramaturgie und Popularmusik die Fachrichtung III der Hochschule. 2002 erfolgt der Umzug in die neuen Räume der ehemaligen Dresdner Bank (des zeitweiligen „Hauses der Deutsch-Sowjetischen Freundschaft") am Dittrichring 21. Soviel zum Fortgang der Lehreinrichtung.

Gestern, am 8. July, habe ich nun – nach nur zwei Proben – das erstemal als Schauspieler auf der Bühne gestanden, das gerade erworbene Abschlußzeugnis stolz in der Hand. *Ich mußte nämlich eine Rolle aus „Timur und sein Trupp" übernehmen, für fünf Vorstellungen, noch gastweise. Die Kollegen sind nett, und ich fand mich ganz gut rein.*

Unter diesen Kollegen waren Dieter Wien, die später in Artistenkreisen bestens bekannte conférierende Quasselstrippe Günther Krause („Günthi") und der gerade ausscheidende, nach steiler Karriere berühmte Mime Rolf Hoppe.

Am 28. Juli notierte ich unter der Überschrift „Ferien": *Vom Sonntag, dem 12., bis Montag, dem 27. July, also innerhalb von 14 trüben Tagen sieben Filme gesehen, 10 Bockwürste gegessen und rund 40 Glas helles Bier getrunken. Die verzehrten Eierliköre, Gläser Wein, Äpfel, Fischkonserven, neue saure Gurken, Gose etc. gar nicht der Aufzählung wert! Das einzige, was Leipzig zu bieten hat außer Großstadtdunst und hübschen Mädchen (solange sie nicht reden!). Trostlos! 100 Mark verpraßt – und was hat man nun davon?*

Stichwort „Gose": Gose zählt zu den obergärigen Bieren wie Berliner Weiße und Kölsch. Dieses (nicht bei jedermann!) beliebte Gesöff nahm ich einmal in Abenteuerlaune im einstigen „Hotel Fröhlich" in der Wintergartenstraße zu mir.

Es wurde in dickbauchigen, langhalsigen Flaschen vom Ober serviert, der die Gose kunstgerecht herausgleiten ließ, ohne zu schwäppern und ohne daß der „Verschluß" (nämlich ein Hefepfropfen) mit ins Glas gelangte. Er schenkte den edlen Saft auf Wunsch unter Hinzufügung eines Schusses Himbeersaft oder Kümmellikör („Allasch") in ein hohes Glas (eine „Stange"). Für gute, gerüchteweise zu gute Verdauung war damit gesorgt.

Als Ferienabschluß schrieb ich Ende Juli 1953 den folgenden Vers in mein Tagebuch:

Wenn alle Menschen einen intus haben,
dann hängt der Himmel voller Geigen.
Zufrieden kann sich jeder himmlisch laben
an Alkohol und Kuß, an Tanz und Reigen.
Wo Weib, Gesang und Wein beisammen wohnen,
da werden alle Menschen Brüder.
Ein jeder fühlt als kleinen Gott sich thronen –
den Gott schlägt früh ein Kater nieder.

„STICHLINGE"

Kehren wir noch einmal in das Jahr 1952 zurück. *Als Beitrag zum IV. Parlament der Jugend in Leipzig Ende Mai arbeitete unsere Schule in Verbindung mit der Musikhochschule und der HGB an einem Kabarett. Wir nennen unser Kabarettprogramm „Die freche Drehorgel". Ich trug einen vom „Hofbräuhaus-Lied" adaptierten Song vor, der begann: „In Nürnberg steht das Dürerhaus, eins, zwei, gsuffa, / da schaut zur Zeit ein Ami raus, eins, zwei, gsuffa ..."*

Mit dabei waren zu diesem besonderen Anlaß Gert Haensch, Harry Heinze, Klaus Ziller und die schon genannte Ellen Tiedtke, später Kabarettistin bei „Pfeffermühle" und „Distel". Musikalisch begleitete uns Christa Wistuba. Regie führte der ebenfalls mitspielende Martin Trautwein.

Gestern, am Pfingstsonntag, stieg das „Fest junger Künstler" in der Musikhochschule, an dem unser Kabarett zweimal geboten wurde. Ich hatte außer dem Vortrag des Songs den besoffenen Brander im „AdenAuer(bach)s Keller" zu spielen.

Brander stimmte den Rundgesang an:

„Es war eine Ratt zu Bonn am Rhein,
lebt fett von Steuergeldern,
wollt Herrscher über Deutschland sein
und träumt von Leichenfeldern ...
Das Volk hat Fallen ihr gestellt.
Da wards so eng ihr in der Welt,
ach, könnt sie nach Westen entkommen!"

Worauf der Chorus einstimmte:

„Ach, könnt sie nach Westen entkommen!"
„Sie fuhr im Käfig wild herum,
wollt nichts ihr Quietschen nützen.
Sie tat noch einen Ängstesprung,
dann tät ihr Geist entflitzen.
Da freut das böse Volk sich noch:
Ha! Pfeift sie auf dem letzten Loch –
Jetzt lass mer se baden im Rheine."
„Jetzt lass mer se baden im Rheine."

Als dann Faust und Mephisto auftraten, bemerkte Letzterer:

„Ich muß dich nun vor allen Dingen
in lustige Gesellschaft bringen,
damit du siehst, wie leicht sich´s leben lässt.

Den Bonner Herrn wird jeder Tag zum Fest.
Gewissenlos und für Bezahlung
ersinnen sie den Totentanz
und renoviern zu neuem Glanz
die alte blut´ge Kriegsbemalung."

Siebel, sie bemerkend:

„Die kommen sicherlich vom Osten
und wolln Schumachers Schaumwein kosten,
vielleicht auch Adenauers braunes Bier."

Darauf Frosch:

„Wahrhaftig, du hast recht! Mein Bonn das lob ich mir!
Es ein Klein-New-York und bildet seine Meute!"

Den sehr „linken" Text hatte (wie auch den Anti-Ami-Song vom Dürerhaus) Hermann Raum verfaßt. Raum war ein aus Bayern übergesiedelter Kunststudent, der zum Vizepräsidenten des Verbandes Bildender Künstler der DDR aufsteigt und nach der Wende als „IM Hausmann" enttarnt werden sollte. Raum nimmt Schauspielschülerin Renate Müller zur Frau, aber offenbar nicht für lange. Als ich nach etlicher Zeit auf einer Tournee in Rostock bei Raums anrufe und nach Renate frage, keift eine erboste Frauenstimme, eine Renate gäbe es hier nicht.

Wir hatten beschlossen, das nur fürs Jugend-Parlament vorgesehene Spektakel mit neuer Besetzung weiterzuführen. Das Gros der Mitwirkenden bestand aus ehemaligen Hallensern. Zu ihnen gehörten die eben genannte Renate Müller, weiter Paul Edler, Heinz Heinrichs, Hermann Henning, Martin Trautwein, Martin Trettau und der auch schon genannte Mitbegründer der Magdeburger „Kugelblitze", Klaus Ziller. Die Leipziger wurden vertreten durch Harald Meister, Günter Schwarz und mich. (Jo-)Hanna Clas kam aus Erfurt.

Günter hatte den begabten Mann am Klavier Klaus Fehmel mitgebracht. Die beiden kannten sich schon als Kinder von der Volksschule her. Klaus war nebenher Schüler der angesehenen Privatmusikschule Schmidt-Elsey. Wer etwas auf sich hielt, schickte seinen Nachwuchs dorthin. Ebenso, wie man ihn zu Martel Schmidt schickte, die ihre Zöglinge Märchen im „Capitol" aufführen ließ. Oder zur Tanzschule Regehr, wo man neben Tanzen auch gutes Benehmen lernte. Falls es bezahlbar war.

Höhepunkte des Kabaretts waren die beiden „Selbstkritiker": der Phlegmatiker, der dem Spruch „Nur die Ruhe putzt die Schuhe" zugetan ist, und der Choleriker. Selbiger kommt im Schlafanzug herein; Tisch, Telefon, Regenschirm. Telefon klingelt, er hebt ab: „Hier Direktor Dr. Cholerik. Aha, der BGL-Vorsitzende, soso. Was gibt´s denn so Wichtiges, daß Sie mich am hellen Mittag aus dem Bett klingeln? Was?

Wandzeitung? Was erlauben sich diese ungewaschenen Herren Arbeiter, diese Bummelanten und Ignoranten, mich, m i c h zu kritisieren? So, Knauer heißt das Individuum? Na, dem werde ich zeigen, wer hier immer noch der Herr im Hause ist. Wie? Noch 85 Unterschriften aus drei Abteilungen? Das ist ja eine Verschwörung wider den Staat, den ich vertrete! Was sagen Sie? Ich, ich sei arrogant? Zu tolerant bin ich! Jedenfalls genügt das für die fristlose Entlassung dieser Leute, das wollten Sie doch auch gerade sagen, nicht wahr? Aha, selbst angemeckert worden, mein lieber Krause ... So, so, ‚am Rockschoß der Direktion hängend'. Na, wo sollten Sie sich denn sonst hinhängen? Vielleicht an die Wandzeitung, haha? Was sagen Sie? Halte die Arbeiter von der Qualifizierung ab? Lasse niemand zum Studium? Gott sei Dank, darauf bin ich stolz, jawohl! Ich allein bewahre den Betrieb, ja die ganze Volkswirtschaft vor dem völligen Ruin! Wo kämen wir hin, wenn ständig alles nach oben strebt? Was? Jetzt laust mich aber der Affe! Selbstkritik soll ich üben? Mich mit diesen Leuten an einen Tisch setzen? Ganz im Gegenteil! Ich werde mich aus dem aufreibenden Dienst an der Allgemeinheit zurückziehen. Sollen die doch ihren verdammten Fünfjahrplan allein machen! Hallo Krause, hören Sie? Eingehängt. Ganz durchgedreht, das arme Würstchen." Wirft den Hörer auf die Gabel, wählt hastig, hebt ab: „Hallo, schicken Sie sofort zwei Mannschaftswagen zur Zahnstocherfabrik, ein Nest von Saboteuren ausheben. Hier Direktor Dr. Cholerik. Nein, nicht zu mir die Wagen. Wer ist dort? Nervenheilanstalt? Was erlauben Sie sich?" Schnappt nach Luft, läßt den Hörer fallen, packt den Regenschirm, schreit im Hinausstürmen: „Nun denn, wohlan, dann werde ich die Herren Kritiker eben persönlich zerschmettern!" Wir ergänzten im Lauf der Zeit die Typen mit dem Melancholiker, der sich aufhängen will, und dem Sanguiniker, *der sich freut und im schlimmsten Funktionärsjargon spricht und selbst mitklatscht, wenn geklatscht wird.*

Ich hatte mich (wie zuvor Hermann Raum) an der zeitbezogenen Umwandlung einiger Texte aus dem „Faust" versucht.

Einer von mir „gedichteten" Walpurgisnacht-Parodie bescheinigte die LVZ, sie sei „eine starke Waffe gegen die Lächerlichkeit, aber auch die Gefährlichkeit der amerikanischen Affenkultur." Ich war baß erstaunt, was man alles in solch harmlosen Text wie diesen hineindeuten konnte:

„Die Hexen zu dem Kudamm ziehn,
die Schminke dick, die Kleidung dünn.
Dort sammelt sich der große Hauf,
ein Sambajüngling obenauf!"

Am 7. Juni spielten wir zum dritten Mal unser Kabarett. Diesmal im Hotel Elstertal vor 700 westdeutschen Jugendlichen. Wir nannten uns ab jetzt „Die Stichlinge".

Die Ansage (heute „Moderation") hatte der geniale Egon Herwig übernommen. Der Text zu unserem Auftritt ist erhalten geblieben: „Zum Abschluß sehen Sie jetzt das politisch-literarische Kabarett der staatlichen Schauspielschule zu Leipzig ‚Die Stichlinge', die Sie mit einigen Streiflichtern aus ihrem anläßlich des 4. Parlamentes der Jugend gestarteten Programm unterhalten wollen. Glauben Sie nun ja nicht, daß Sie etwa nichts zu lachen hätten, im Gegenteil ...: Lachende Einkehr wünschen wir denen, die sich getroffen fühlen, lachende Abkehr denen, die sich nicht getroffen zu fühlen brauchen. Und sagen Sie selbst: Was kann es besseres geben, als unsere eigenen Dummheiten durch das Lachen um die sonst unausbleiblichen Wirkungen zu bringen? ‚Die Zeiten sind zu ernst', sagen welche – nein! Die Menschen sind zu ernst. ‚Da hört der Humor auf', sagen andere. Vielleicht hat er bei denen noch gar nicht angefangen. Wir wissen: Humor ist die Geduld, die man aufbringt, wenn einen etwas aufbringt. Wir meinen: Wer den nötigen Takt, Geist und Verantwortungsgefühl nicht hat und dennoch den Drang verspürt, auf die Bretter und anderen Menschen aufs Dach zu steigen, der soll sich schleunigst auf den Bau begeben. Es werden noch Dachdecker gebraucht. – Doch nun ‚Bassin' frei für unsere ‚Stichlinge'! Wenn auch ihre Mittel mäßig sind, so sind doch ihre Leistungen nicht mittelmäßig. Der Zweck heiligt die Mittel: Die Freude derer, die es darstellen, und das Vergnügen derer, die es dergestalt dargestellt sehen."

Anfangs war es miserabel: niemand reagierte im Saal, dauernd war Lärm und keiner von uns hatte noch Lust zu spielen. Erst in der zweiten Hälfte, als die Zuschauer in die Mitte des Saales gerückt waren (erst saßen sie seitlich an Tischen), erst da gingen sie mit. Anschließend Tanz, Essen und Saufen. Tumultuarische Faschingsstimmung ohnegleichen und für uns „Östliche" sehr derb und ungewohnt. Gratis erhielten wir durchschnittlich: ein Glas Wein, 3 Glas Bier und 3 Bockwürste. Feine Sache!

Anfang Juli notierte ich: ... *und am 12. fährt unsere Kabarettgruppe auf Gastspielreise nach Berlin!* Und nach nur einer Woche: *Denkste! Gestern waren Vertreter des Deutschen Veranstaltungsdienstes (DVD) da, um unser Kabarett abzunehmen. Ihr Zweitöberster war derselbe, den ich schon in Berlin kennen lernte, als ich mein „Faust-Kabarett" losschlagen wollte: Herr Jochmann, fett, in den 40ern, unsympathische Erscheinung. Wir wurden abgelehnt und nicht mal zu Ende angesehen. Man lachte nicht ein einziges Mal. Es folgte eine völlig sinnlose Diskussion. Unser Kabarett sei zu politisch!!! Fürchtete man eine Konkurrenz für das Kabarett des DVD „Die laufende Masche"? Aber „Die Stichlinge" geben den Kampf nicht auf.*

„Die laufende Masche" wurde als „Kabarettrevue" angekündigt. Es ging in ihrem Programm um den letzten Schrei jener Tage, nämlich um nahtlose Nylonstrümpfe. Man sang und vertanzte bekannte Schlager und zeigte (für damalige Verhältnisse!)

sehr viel Fleisch. Regisseur war der genannte Hans Heinz Jochmann. Ich erlebte die u. a. in Leipzig gastierende Revue im Weißen Saal.

Was uns „Stichlinge" betrifft, so feilten wir noch ein bissel am Programm und *starteten eine öffentliche Generalprobe in der Wollkämmerei vor Fabrikarbeitern und von uns eingeladenen Sachverständigen der SED-Kreisleitung, der Volkszeitung und des Schriftstellerverbandes.*

Diesen vertrat ein Kollege Greulich, der schon 1949 für das letzte „Rampe"-Programm unter dem Pseudonym Erge einen Beitrag geliefert hatte.

Sie alle sagten uns einhellig ihre Unterstützung zu. Daraufhin ließ Paul Edler seine guten Beziehungen zur Volksbühnenzentrale spielen und organisierte eine Tournee.

Bei einem Spaziergang mit Trude und Karla bekam ich zufällig eine Eilkarte in die Hand, auf der mir mitgeteilt wurde, daß wir Sonntag mit dem Kabarett für mehrere Tage nach Haldensleben kommen sollen – welche Freude!

Abends erlebte ich noch mit Schauspielschülerin Gabi Löser den italienischen Film „Es gibt keinen Frieden unter den Oliven", der uns beide sehr beeindruckt. Die Gabi wird in Eisleben Theater spielen, aber bald einsehen, daß sie nie zu den ganz Großen gehören wird – und Mittelmaß war nie ihr Ding. Sie sattelt kurzerhand um, setzt sich noch einmal auf die Schulbank, perfektioniert ihre Russischkenntnisse und versucht denen, die zu dieser Zeit zum Theater wollen und an der Hochschule studieren, an der sie studiert hatte und zum Theater wollte, im Pflichtfach Russisch etwas beizubringen.

Altmark-Tournee

Nachdem wir am 19. im Kulturhaus Profen gespielt hatten, fuhren wir am 20. Juli 1952 in die Altmark. Wir erhielten an unserem Stammsitz in Haldensleben gute Quartiere und gutes Essen. Es gab fast täglich Fleischgerichte – o h n e Abgabe von Lebensmittelmarken!

Erst nach Monaten klärten uns Paulchen und Mitorganisator Günter Schwarz auf, daß es sich um Pferdefleisch handelte. Sie hatten es verheimlicht, weil es einige gab, die es nicht gegessen hätten, hätten sie das gewußt.

Die täglichen Fahrten auf einem Lastkraftwagen zu unseren Auftrittsorten gingen allerdings mächtig auf den Senkel. Gleich am ersten Tag erwartete uns ein total *verstimmtes Klavier.* Außerdem waren *die Tasten völlig abgetastet,* und der Holzdeckel ein Bild befleckter Empfängnis von abgestellten Biergläsern. Am nächsten Tag traten wir in Weferlingen *vor Grenzbewohnern und -polizei* auf, denn der Ort lag direkt an der Grenze. Man nannte sie damals noch „Demarkationslinie". Es gab zwar keinen Vorhang, hinter dem man sich verstecken konnte, aber wir brauchten uns gar nicht zu verstekken, weil wir einen *Bombenerfolg* ernteten und *mit Blumen überschüttet* wurden. Dafür guckten wir am dritten Tag dumm aus der Wäsche, weil in Eilsleben nur ein paar alte Muttchen dasaßen. Die Bauern waren halt noch auf den Feldern, um die Ernte einzufahren.

Noch dümmer wurde es, als in Nordgermersleben *während der Vorstellung* der Strom ausfiel. Die Leute blieben aber stur sitzen. Da faßte sich unser Mime Harald Meister ein Herz und erzählte im Dunkeln Hans Reimanns Geschichte von Oswin, dem Hering, der das Schwimmen verlernte, beim Spazierengehen von einer Brücke fiel und in der Pleiße ertrank. Als der Strom weiterhin wegblieb, ahmte Harald den berühmten schlesischen Komiker Werner Kroll nach. Immer wieder rief er: „Himmelsakra, es werde Licht!" *Das Publikum johlte vor Vergnügen* – und siehe da, es ward Licht!

Nächstes Gastspiel in Sommerschenburg. Wieder Grenzgebiet. Diesmal war das Klavier nicht nur verstimmt, es war überhaupt keins da. Jemand besorgte bei strömendem Regen auf die Schnelle ein Schifferklavier. Die Quetschkommode (oder auch Zerrwanst genannt) klang zwar „gemeene", aber Pianist Klaus Fehmel rettete damit die Vorstellung. Mitspielerin Johanna Clas machte sich vor unterdrücktem Lachen in die Hose. Nach Vorstellungsschluß regnete es immer noch. Eine Grenzstreife, die gerade ihren Dienst antrat, zog an uns vorüber.

„Daß kein Feind ins Land eindringt,
Daß die Züge sicher fahren,
Daß kein Attentat gelingt,
Daß die Werke noch nach Jahren

Unzerstört und herrlich stehn,
Schützen wir des Volkes Sache.
Wenn wir durch den Regen gehn,
Zieht das Volk mit uns auf Wache."

Diese Worte legte der seinerzeit bekannte DDR-Lyriker Günther Deicke unseren wackeren Grenzschützern in den Mund.

In Haldensleben sitzen fast nur SED-Mitglieder in der Vorstellung. Und die klatschen sogar! Oder waren's gar keine Mitglieder? Jedenfalls hatten sie alle so'n Bonbon am Jakkett. Martin Trautwein hatte zwei Oberschülerinnen aufgegabelt, mit denen wir im Wald spazieren gingen. Nach der Vorstellung abends wurden sie von den Eltern abgeholt. Zum Teufel mit allen überbesorgten Müttern und Vätern!

Die von Martin hieß Doris Kracht. Martin setzte alles daran, damit Doris in ihren Ferien nach Leipzig kam, quartierte sie in unsere Wohnung ein – und ließ sie sitzen. Zwischen ihr und mir entspann sich daraufhin ein reger Briefverkehr. So bat sie mich zum Beispiel: „... denke oft an mich und vergiß mich nie." Ich tat ihr den Gefallen. „In mir ist alles so hell geworden, weil Du zu mir hältst." Offenbar sah sie in mir eine Art Seelenbeleuchter. „Ich brauche viele starke Worte von Dir, damit ich vielleicht doch noch gesund werde." Nun, die starken Worte haben nicht geholfen, aber dafür ein Landarzt, den sie geheiratet und sich mit ihm fernab in der Börde niedergelassen hat.

Was die Tournee betrifft – sie wurde für einen Tag unterbrochen, weil wir zwischendurch in Böhlen auftreten mußten. Dann ging's in Miesterhorst weiter. Das war eine richtige „Kuhbläke", wie wir Sachsen sagen. *Hier gab es zum ersten Mal böse Zwischenrufe und vereinzelte Pfiffe.* Hatte Herr Jochmann doch recht, und wir waren zu politisch? Ich denke, höchstens zu anti-westlich! Wir übernachteten alle privat bei Bauern. Neben meinem Bett stand ein Riesenteller mit geschmierten Bemmen.

Vom 29. Juli an traten wir nur noch im Grenzgebiet auf. Am Dorfrand von Steimke stand auf einem Pappschild, daß das Weitergehen in die 500-m-Sperrzone verboten sei. Jenseits dieses halben Kilometers sahen wir schon das nächste Dorf – für uns unerreichbar. *Man könnte heulen. Nach der Vorstellung werden Unmengen von Brotpaketen an uns verteilt, die die Bauern mitgebracht hatten. Die Nacht verbringen wir im Heim einer Maschinenausleihstation.*

Die Herren mußten auf dem mit Polstern ausgelegten Fußboden pennen, die Damen durften sich's in zusammengestellten Sesseln bequem machen. *Durch 2 Flaschen Starkbier aber herrscht frohe Stimmung; ab 1/2 2 war dann tiefste Ruhe.*

Das Städtchen Oebisfelde empfing uns mit seinen *bogenförmigen Straßen, netten alten Häuschen und einer Burg, an die man nicht herankommt, weil der Zutritt von Grenzgebietsschranken verbarrikadiert ist (mitten im Ort, das muß man sich mal vorstellen!). Wir wohnen in einem Hotel, etwa 600 m von Westdeutschland entfernt und benötigen eine polizeiliche Aufenthaltsgenehmigung; in der Vorstellung abends fällt eine Kulisse auf offener Szene um, ansonsten Erfolg.*

Die letzte Vorstellung fand in Rätzlingen statt. *Wir müssen wieder privat übernachten, diesmal komme ich zu einer Schusterfamilie, die sehr nett ist, viel erzählt und gute Speisen verteilt.* Unter der dicken Federbettdecke kam ich vor lauter Schwitzen kaum zum Schlafen. Unser Paulchen kam noch viel weniger dazu. Die 17jährige Wirtstochter schlich sich im Dunkeln in sein Zimmer und zu ihm ins Bett. Er stellte sich zuerst schlafend. Da kitzelte sie ihn so lange, bis ihm das Unvermeidliche nicht erspart blieb. Es soll die ganze Nacht durch gegangen sein. *Am Morgen kehren wir wieder nach Leipzig zurück.*

Anfang August *fährt unser Kabarett nach Bad Lausick, um dort – vorläufig zum letzten Male – zu spielen.*

Mitte August fuhr ich nach Halle, um dort ein paar Tage bei meinem Freund Heinz Heinrichs zu wohnen. „Stichling" Heinrichs wohnte bei seiner älteren Schwester und deren Mann. Sie war eine der vielen, mehrfach von Rotarmisten vergewaltigten Frauen. *Ich schlief in Heinz' Zimmer und wurde aufs verbindlichste und offenherzigste bewirtet. Ansonsten sah ich mir Halle an und erlebte dort das seit 1928 traditionelle Laternenfest. 5 Stunden saßen wir am Sonnabend an der Saale, dicht an dicht, froren an den Po und warteten, warteten, warteten. Dann kam das Prachtvolle: hunderte von kleinen Lampions, die auf der Saale schwammen, ein farbvolles Wasserfeuerwerk, dann kam der große Vorbeizug der Schiffe und Boote, die alle festlich geschmückt waren – natürlich zum großen Teil mit politischen Leitsprüchen und Leuchtreklamen für den „Kampf um den Sozialismus" – und zuletzt das Höhenfeuerwerk und der Feuerwerkswasserfall von der Giebichensteinbrücke herab. Und am Sonntag erlebte ich die große Demonstration der 40 000 Friedenskämpfer, deren meiste im Vorjahr zu den Weltfestspielen Westberlin stürmen wollten und zurückgeschlagen oder niedergeknüppelt wurden.*

In meinem Tagebuchbericht vom August 1951 wurde dieses Vorkommnis mit keinem Wort erwähnt, und ich war schließlich vor Ort in Westberlin – allerdings ohne es stürmen zu wollen. Und obwohl ich einerseits beeindruckt von der „Demonstration der Friedenskämpfer" in Halle zu sein schien, verzapfte ich andererseits unmittelbar anschließend daran ein Gedicht wie das folgende:

Trapp, und trapp, und trapp trapp trapp,
marschiere deutscher Automat,
marschiere früh marschiere spat,
die Augen ausdruckslos an Pflaster,
ein Linksschwenktmarsch und Marschtrittzaster.

Das ist die Jugend Deutschlands,
die man da marschieren sieht!
Wie 1939:
zackig, stur, in Reih und Glied.

Trapp, und trapp, und trapp trapp trapp,
marschiere deutsches Herdenvieh,
marschiere spat marschiere früh,
ein Lied und stets dasselbe auf der Zunge,
brüll dich begeistert heiser, deutscher Junge.

Wie 1939:
sie marschiern, verbohrt, verhetzt.
Nur mit dem Unterschiede:
sozialistisch ist das jetzt.
(Auch national –
natürlich nicht zusammengesetzt!)

21. August. Im Nachmittagsschlaf weckten mich Günter Schwarz und Klaus Fehmel. Sie brachten mir das restliche Kabarett-Geld. Dann gingen wir zusammen ins Kino u. sahen

„Falstaffs Abenteuer", einen netten Film mit dem noch im guten alten Pathos redenden Leo Slezak. Dann „kneipten" wir bis nach Mitternacht. Unter anderem taten wir uns gütlich an einem Gesöff, das sich „Alkolat" nannte und alles machte, nur nicht besoffen.

2. September. Günter und ich trafen auf der Kleinmesse zwei Schwestern, eine so reizlos wie die andere. Der „Messebummel" regte mich zu einem Gedicht an:

Rummel
Buntes Gewimmel,
drehende Schwingen,
lautes Gebimmel,
kreischendes Singen.

Staubige Lüfte,
enges Gedränge,
knusprige Düfte,
leiernde Klänge.

Kindliches Lärmen,
kindisches Johlen,
billiges Schwärmen,
Lassen und Holen.

Wir „Stichlinge" waren in Bad Lausick so gut angekommen, daß wir am 11. September noch mal dort auftreten mußten, nachdem wir am Tag zuvor im „Klubhaus der SAG-Betriebe" in der Karl-Heine-Straße gastiert hatten (SAG = Sowjetische Aktiengesellschaft). Es folgten im Oktober weitere Auftritte in Naunhof beim Patenbetrieb (der Kammgarnspinnerei), im „Felsenkeller" und im „Eiskeller".

Im November spielten wir in der zum Kino „Gloria" umgebauten Turnhalle in der Turnerstraße. Das alte „Gloria" war beim Bombenangriff am 4. Dezember 1943 ausgebrannt.

Bei einem dieser Auftritte (dem 22.) Ende Oktober führten wir einen (von uns ein bissel bearbeiteten) Text Hansgeorg Stengels auf, den er im „Frischen Wind" (dem Vorläufer des „Eulenspiegel") veröffentlicht hatte: „Wie wir erfahren, ist in St. Egidien, im Westsächsischen, zur Zeit ein Sängerkrieg im Gange. Veranstalter sind die Initiatoren des metallurgischen Wettbewerbs. Das Programm enthält u. a. folgende Darbietungen: Kollegen vom Ministerium für Hüttenwesen und Erzbergbau und eine Handvoll Journalisten singen das schöne Lied ‚Schlösser, die im Monde liegen', als feinsinnige Anspielung auf die Tatsache, daß die Nickelhütte am 1. Oktober 1952 einen Hoch-

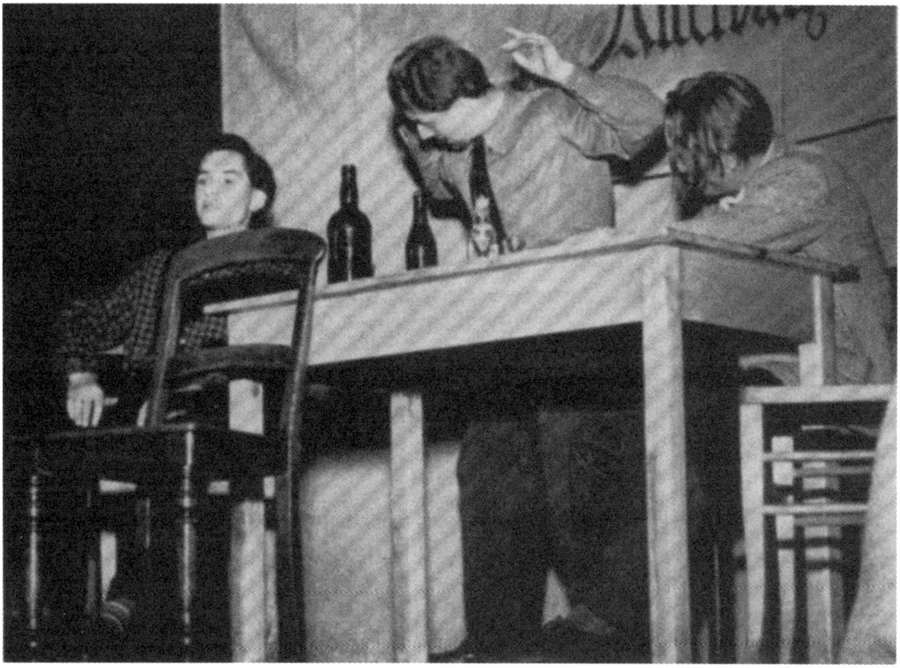

Aus dem Kabarettprogramm „Die freche Drehorgel“, 1952

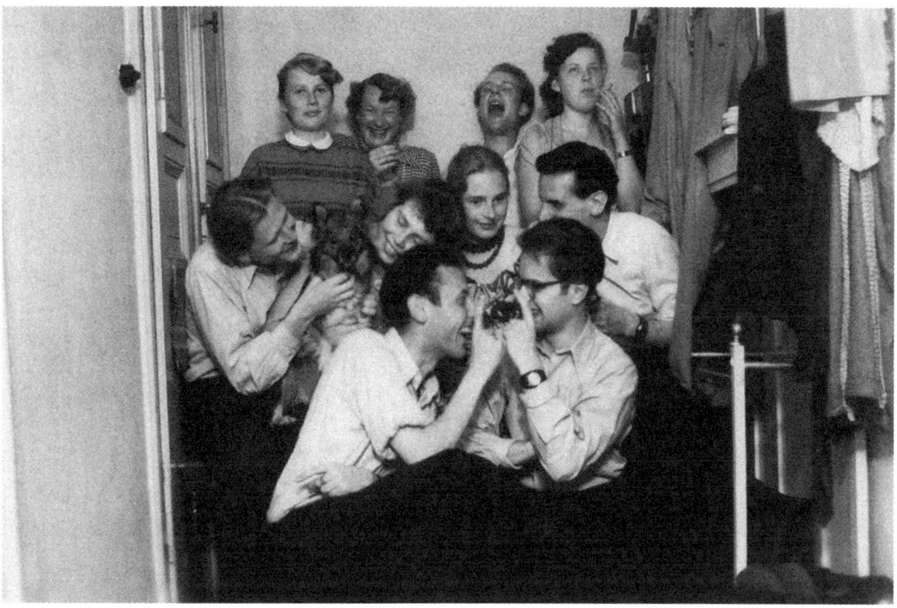

Geburtstagsfete zur Sperrstunde nach dem 17. Juni 1953

Nach dem Belvederer Sportfest am Bahnhof Weimar, vorn links stehend Günter Schwarz, rechts neben ihm sitzend Eberhard Esche, 1953

Szene aus „Die Mutprobe“, Halle 1953

Szene aus „Emil und die Detektive“, Halle 1954

Herrenpartie zu Himmelfahrt (stehend links Dieter Wien), Halle 1954

Das Lied vom Hauptbahnhof (Ensemble Pfeffermühle 1954)

Entree „In Teufels Küche“, Halle 1954

ofen haben sollte, dessen Existenz noch immer in den Sternen geschrieben steht. Für diese ungenügende Unterstützung bedanken sich die immer noch mit Ausschachtungsarbeiten beschäftigten Kollegen. Sie singen die Weise: ‚Übers Jahr, wenn die Kornblumen blühen'. Darauf antworten die Vertreter des Ministeriums ‚Hab' ich nur deine Liebe', um anzudeuten, daß sie außerdem nichts haben, nicht einmal Bagger und Schienenmaterial. Der Sängerkrieg wird fortgesetzt mit dem melancholischen Choral ‚Liebe kleine Schaffnerin, sag', wo fährt dein Wagen hin?', dargeboten von einem Quartett Werksangehöriger aus der Nickelhütte, als Protest auf die unzureichende Waggongestellung durch die Reichsbahn ... Nun sind die Kollegen vom Ministerium wieder an der Reihe, die die Verzögerungen beim Aufbau der Nickelhütte mit dem Versprechen ‚Wenn der weiße Flieder wieder blüht' kommentieren ..."

Das gekürzte „Stichling"-Programm wurde am 13. Februar 1953 im Haus Antifa (d. i. das spätere „Haus Leipzig" in der Elsterstraße) vor FDJ und Volkspolizei dargeboten. *Anschließend war Tanz. Dabei machte ich eine neue Bekanntschaft. Ich mußte innerlich lachen. Ich dachte nämlich plötzlich an mein den Heimatvertriebenen gewidmetes Gedicht, dessen Schluß lautete:*

Aus Danzig, aus Krakau, aus Breslau, aus Prag:
Da hat man die Deutschen vertrieben.
Wer schuldig – vergeßt, denn ein besserer Tag
Befiehlt uns einander zu lieben.

Das Gedicht ist vom 19. Oktober 1949 datiert. Es war der letzte Satz, über den ich innerlich lachen mußte. Beide, sowohl Ingrid Herzog, meine schlesische Freundin, als auch Helga Naujoks von gestern abend, eine Ostpreußin, sind ja solch „Vertriebene" – Nun gut, ich werde dem besseren Tag folgen, der uns ‚einander zu lieben' befiehlt! Helga will übrigens im Juni ihre Aufnahmeprüfung an der Berliner Schauspielschule machen. Wider Erwarten eine eventuell zukünftige Kollegin also! Ich war angenehm überrascht. Auch Bettina Kalka, die mich immer durch Speise und Trank verwöhnt (ein Genuß: geschlagenes Eiweiß mit Vanillezucker!) – ist Schlesierin u. stammt aus Oppeln! Im regulären (Ost-)Sprachgebrauch hießen die Vertriebenen „Umsiedler".

P.S.: Ich las ein Buch von Sartre. Es war toll. Es zeigt, wie zwei Tote, die wieder zum Leben kommen, um sich ihrer Liebe zu widmen, an ihrem zweiten Leben scheitern, weil sie noch ans erste gebunden sind und nicht metaphysisch zu existieren vermögen. Das Buch hieß: „Das Spiel ist aus".

Am letzten Tag des April waren die „Stichlinge" in der VP-Kaserne Mockau gefragt und am 1. Mai in der Schauspielschule. So kamen wir immerhin auf die ganz erkleckliche Anzahl von 26 Vorstellungen!

„Stichling“ Paul Edler, bis ans Ende seiner Tage Schauspieler am „Theater der Jungen Welt“, wird Mitbegründer der „Leipziger Pfeffermühle“, ebenso Johanna Clas.

Günter Schwarz wechselt nach Beendigung seiner Bühnenlaufbahn an Theatern in Halle, Zeitz und Schwerin zunächst zum Kabarett der Nationalen Volksarmee (NVA) „Kneifzange“, dann zur „Pfeffermühle“ und zur Leipziger „Funzel“. Anfang Januar 2007 verstirbt er nach langer schwerer Krankheit.

Anfang Mai 1953 trainierten die Sportler unserer Schule Leichtathletik für das Sportfest der 3 Schauspielschulen (Berlin – Leipzig – Weimar) in Belvedere. Aus Spaß und weil ich gern Kurzstrecken laufe machte ich da mit. Ich schnitt dabei als einer der Besten ab – und mußte trotz Widerstreben nächsten Tages mitfahren. Das Essen auf dem einstigen Schloß war ganz ausgezeichnet, die Atmosphäre nett und sehr kameradschaftlich – das Wetter scheußlich. Es schneite sogar! Ein märchenhafter Anblick: blauer Flieder, Wiesen voll Grün, blühende Bäume in Weiß getaucht. Natürlich auch Matsch. Und wie! Donnerstag abend sah ich im Nationaltheater Gogols „Heirat“ – sehr nett. Kurz zuvor hatte ich daselbst Karl Kaysers „Wallenstein“-Inszenierung gesehen, *alle drei Teile in 5 1/2 Std. – aber nicht schlecht. Freitag sah ich beim Fechten zu. Abends Szenenvorführungen. Sonnabend war ich fällig mit Wettkämpfen. Im Gesamtergebnis schnitt unsere Schule leider am schlechtesten ab.*

Und zu dem Abschlußfest am Sonntag (10. 5.) mußten wir tatsächlich noch einmal unser Kabarett ausgraben, proben und umbesetzen – zum Piepen!

Vom alten Programm und der Ur-Besetzung war nicht viel übriggeblieben, und man kann diesen Auftritt nur bedingt den „Stichlingen“ zuordnen. Sogar der Pianist war ein anderer: Hier saß Eberhard Esche am Klavier! Zudem wurde wüst improvisiert. Aus lauter Jux und Dollerei haben wir sogar den zu dieser Zeit gängigen, blasphemischen „Goethe-Song“ mit eingebaut:

„In die Fürstengruft zu Weimar
stieg ein Schlagzeugmusikant,
und er hielt ganz unverzeihbar
Schlagzeugstöcke in der Hand.
Hallo, Herr Geheimrat, es klopft an Ihre Gruft.
Hallo, Herr Geheimrat, wenn die Dschäss-mu-sik Sie ru-uft!“

Am gleichen Tage, dem 10. Mai, wurde Chemnitz in „Karl-Marx-Stadt“ umbenannt. Nahezu vier Jahrzehnte dauert es bis zur Rückbenennung.

Zu Belvedere muß ich noch etwas sagen. Im dortigen Schloß befand sich seit 1947 das Deutsche Theaterinstitut Weimar, bestehend aus Schauspiel- und Theaterwissenschaftlicher Abteilung (TWA). Man nannte es aufgrund der verordneten Etüdenspielerei das „Stanislawski-Kloster“. Einmal gab es ein Gastspiel des zum Institut gehörigen

„Jungen Ensembles“ im Leipziger Schauspielhaus mit dem Stück „Das grüne Signal“. Das war so furchtbar, daß wir in der Pause gegangen sind; wir waren bei weitem nicht die einzigen. Zwei Monate nach dem Sportfest wurde das Institut (wie schon an anderer Stelle erwähnt) aufgelöst.

HARZREISE ’53

Habe ich mich in den ersten Tagebüchern vorwiegend auf Merksätze und Aufzählungen beschränkt und nur hin und wieder kleine Berichte eingeflochten, so wuchsen sich diese in den folgenden Diarien zu ausführlichen Schilderungen aus. Der literarische Charakter wurde von Gedichten unterstrichen. Nun sind wir bei einer kompletten Reisebeschreibung angelangt. Einige Passagen habe ich in einem 1995er Harzreisebericht als Remininiszenz eingeflochten. 1953 machte ich mir die Mühe und schrieb die damalige Tagebuchfassung in einem anderen Heft noch einmal ab. Hier also die (unwesentlich gekürzte) Abschrift der Abschrift.

Wenn ich in Begleitung von drei liebenswerten Gefährten (Manfred, Pummel und Püzchen) einige herrliche Augusttage dazu benützte, eine Reise quer durch den Harz zu veranstalten, wenn diese Reise voll echter, aus reinem Herzen dringender Romantik erfüllt war und ich diese Reise nun, wieder im trauten Heime angelangt, in Worten festzuhalten suche, so soll das keineswegs eine Nachahmung des Dichters Heinrich Heine sein. Eine Vermessenheit ohnegleichen wäre es, zu seiner ‚Harzreise‘ ein Pendant erschaffen zu wollen. Wenn Heine vor ungefähr hundert und zwanzig Jahren den Oberen Harz besang, so will ich mit meinen Worten heute den Unteren Harz und ein wenig darunter und darüber schildern zu dem Zwecke, meinen Landsleuten und Freunden zu zeigen, daß es noch immer, nach hundert und zwanzig Jahren, lohnt, Deutschland in seinem Innersten kennenzulernen.

Sangerhausen – dahin dampfte uns der Zug zuerst. Mit viel Humor, den Rücken der grauen, immer noch an Kriegsschäden leidenden Großstadt, aus der wir kamen, zugekehrt, drangen wir ins Innere dieses Städtchens südöstlich des Harzes ein. Der Weg führte uns zu einem Schilde, worauf man recht deutlich und ohne Augenzwinkern nach den öffentlichen Bedürfnisanstalten verwiesen wurde. Das Schild stand in unmittelbarer Nähe einer Kirche. Da wir jedoch weder psychische noch physische Bedürfnisse besaßen, gingen wir weiter zum Markte. Ein Denkmal war daselbst errichtet, eine Art Pyramide, zum Gedenken an die Opfer zweier schrecklicher Kriege. Weiter ging’s, vorbei an der Rathausgasse und anheimelnden Restaurants – wenigstens sahen sie außen anheimelnd aus. Wir betrachteten uns die Ulrichkirche – die dritte, an der wir vorüberkamen – doch die bemerkenswerteste. Nämlich eine Basilika.

Gegenüber der alten Ulrichkirche entdeckten wir das Haus des stadtbekannten Kaspar Trille. Ein merkwürdiges Haus, im Renaissancestil erbaut, mit einem stufenartig gezackten Erker und einem Wappen über dem Tor. Schließlich gelangten wir zum Rosarium, das neben den Rosen auch andere sehenswerte Pflanzen aufzuweisen hat. Diese Rosen sind verzauberte Mädchen, dachte ich mir, man müßte sie küssen. Da aber „das Berühren der Figüren mit den Pfoten war verboten", zog ich mich mit meiner Gefährtin auf eine grünumrankte Bank zurück, und Frau Sonnes Strahlenkinder wissen zu plaudern, daß hier zwar keine Rose, aber ein Rosenmund dem Räuber zum Opfer fiel. Wir gingen durch die Stadt zurück. Die „Schiefe Ecke", letztes Gasthaus am Ortsausgang, winkte uns noch eine Weile hinterher. Es galt nun, einige Stunden Landstraße zu pilgern. Geduldig und schweißtriefend trugen wir unsere Schuld und die Rucksäcke. Bis wir in dem Dorfe Wallhausen anlangten und uns um ein Quartier kümmerten. Man wies uns in eine Schule. Nach Ablegung unserer Sachen machten wir uns auf den Weg zu einer kleinen Wanderung. Zwischen leider noch unreife Früchte tragenden Obstbäumen hindurch stiegen wir einem Walde zu. Ich fand nach Verrichtung menschlichster Pflicht einen sehr guten Pilz, den ich später zerteilte und trocknen ließ. Wir erreichten eine lichte Höhe, von der wir ganz unten lauter kleine rote Fleckchen inmitten gelber und grüner Felder sehen konnten.

So kamen wir, bergab laufend, nach Großleinungen und später zu unserem Wanderziel, dem Ort Morungen. Hier trank man lechzend das erste Bier im „Waldhof". Die Kirche sah verfallen und unbenutzbar aus: zersprungene Fenster, Spinnweben und Staub.

Wir versuchten, die Burg Morungen zu Gesicht zu bekommen. Vergebliche Mühe! Wir bekamen sie weder zu Gesicht noch zu anderem Körperteile. Aber da in der Bibel steht: „Suchet, so werdet ihr finden!" (Matthäus, Kap. 7, Vers 7, Zeile 2), entdeckten wir schließlich als Ersatz für die ignorante Burg eine Höhle.

Vielleicht verrichten hier die Morunger ihren Gottesdienst, mit Aussicht nach dem Himmel, hinter dem der Herr sie gewiß gnädigen Auges betrachten würde.

Nach einem angenehmen Heimweg, gesegnetem Abendbrot und einer guten Nacht brachen wir nächsten Tages früh auf, um den 470 m hohen Kyffhäuser in Augenschein zu nehmen.

Die Burg Kyffhausen war eine der größten dieser Gegend. Auf dem südlichen Zipfel des Kyffhäuser ragen zwischen Bäumen und wild wuchernden Pflanzen die Mauern der unteren Burg hervor. Von dort aus geht man weiter, vorbei an Steinen, die laut Tafeln 350 Millionen Jahre alte Bäume sein sollen, und kommt zu dem Terrain der mittleren Burg, die völlig verlorenging. Statt dessen hebt sich hier ein gewaltiges Denkmal empor, an dessen Fuß in Stein gehauen Kaiser Barbarossa schlafend sitzt. Sich mitten auf seinem Gesicht fläzend oder auf seinem Arm stehend photographieren zu lassen, gilt als besonders geistvoll.

Über dem Kaiser sitzt auf stolzem Roß ganz in Metall gegossen Wilhelm I. nebst seinem germanischen Schutzgott Wotan und dessen ohne luthersche Formeln angetrauten

Eheweibe. Ganz oben auf dem Denkmal ist die Kaiserkrone, und das ganze Ding samt schlummerndem Steinkaiser, reitendem Metallwilhelm plus Germanengott und -göttin wirkt pompös. Deutschprotziger Glanz, bezahlt von Geldern eines gewonnenen Feldzuges gegen Frankreich und den Blutstropfen gefallener Soldaten. Ich möchte sie nicht zählen.

Gleich in der Nähe des Denkmaleingangs ist ein kleines Museum eingerichtet. Es berichtet von der Entstehung des Harzes, vom Kyffhäusergebirge und von Barbarossa. Übrigens ist die Aussicht vom Denkmal eine prächtige. Vor einem liegt tief unten die Güldene Aue. Dahinter erhebt sich, langsam ansteigend, der Südharz. Ganz hinten in nordwestlicher Richtung sieht man verschwommen als dunkelgraue Silhouette den Brocken.

Doch weiter den Weg zur Oberburg. Da steht noch eine ganze Menge, sogar noch ein Turm, und es ist der Teil, den Friedrich Rotbart Lobesam dereinst renoviert haben soll, denn die Burg war noch älter als er.

Leider konnten wir in Ermangelung an Zeit nicht zu der im Norden gelegenen Rothenburg kraxseln. Ebenso mußten wir auf einen Besuch der laut Lexikon 350 m langen Barbarossa- oder Gipshöhle verzichten und konnten also nicht einer alten Volkssage auf den Grund gehen. Andere meinen, die Sage sei entstanden aus der Sehnsucht des Volkes nach einem einheitlichen Reich unter einem Herrscher. Welche Sage kündet heute diese Sehnsucht?

Am dritten Tag unserer Reise mußten wir wiederum unser Ränzel schnüren und weiter marschieren. Wir durchquerten die Ortschaft Questenberg und bemerkten auf einem Felsen ein seltsames Etwas und inmitten des Dorfes einen bunten, hölzernen Mann unter einer Art Baldachin. „Wer ist denn das?“ fragten wir ein kleines rothaariges Mädchen. „Na, der Roland“, piepste es. „Und was ist das dort oben auf dem Berg?“ „Die Queste.“ „Queste? Warum heißt das denn so?“ „Na, weil hier Questenberg ist.“

So wird man vom Kindermund belehrt. Etwas mehr wußte ein etwa zwölfjähriger Junge zu sagen. „Jedes Jahr ist Pfingsten hier ein Volksfest. Da wird auf dem Berg der Kranz, der an dem Baumstamm hängt, gewechselt. Und aller sieben Jahre wird auch ein neuer Stamm eingesetzt.“ Auch ranke sich die Sage um eine Prinzessin, die sich verirrt habe, und um die Bestrafung der Leute aus dem Nachbardorf Rotha, die sich nicht an der Suche nach der Prinzessin beteiligt hätten.

Die Hitze wurde größer, die Rucksäcke schwerer, die Beine matter – und bald konnte meine Weggefährtin nicht mehr weiter. Ich mußte mit ihr auf einen Kohlenwagen steigen. Man setzte uns in Roßla aus – entgegengesetzt dem Ziel, das wir erreichen wollten.

Wir fuhren von dort mit der schnaufenden Eisenbahn weiter bis Stolberg. Hier erwarteten uns schon unsere Freunde und brachten uns zum neuen Nachtquartier, einer Herberge. Mein Magen verschlang, vor Hunger förmlich brüllend statt knurrend, vier Teller ausgezeichneter Bohnensuppe. Gesättigt unternahmen wir noch einen kleinen Spaziergang. Schmale Straßen, bunte Fachwerkhäuschen, Treppengäßchen, das Geburtshaus Thomas Müntzers, ein ganz altes Stadttor, das Schloß, die gotische Kirche, das Rathaus mit seinem riesenhohen, vor Alter verbogenen Giebeldach – das alles wob sich um mein Herz wie ein Zauber.

Unser vierter Reisetag brach an, und wir begaben uns auf den Weg Richtung Harzgerode. Wir mußten zunächst auf den Auerberg steigen, woselbst wir auf dessen Gipfel, genannt Josephshöhe, rasteten. Da steht ein eigenartiger Turm, ein Stahlgerüst in Form eines riesigen Kreuzes. Für 30 Pfennige durften wir das Monstrum besteigen. Oben eine wunderbare Aussicht – der Brocken schon näher, der Kyffhäuser dagegen ein Stück weggerückt.

Hinab gings wieder und dann weiter durch das grenzenlose Grün des Waldes. Grenzenlos? Leider gibt es woanders Grenzen, und die sind fest verrammelt mit Stacheldraht, Profitgier und Weltanschauung.

Wir erreichten Straßberg. Ich konnte es mir nie merken, ich dachte immer an Straußberg oder an Straßburg. Überrascht war man von der hiesigen Eisenbahn. Man fühlt sich unwillkürlich um 80 oder mehr Jahre zurückversetzt. Trotzdem fuhr sich's so altertümlich ganz großartig. Ein bißchen ruckweise, aber das ordnete den Mageninhalt. Dabei komponierten wir den „Bimmelbahnboogie", der nur aus rhythmischen Artikulationen bestand.

Wieder vollkommen normalisiert empfing uns Harzgerode. Ein ödes Nest, das jeglicher Schönheit entbehrt. Zudem wollte uns niemand für die Nacht aufnehmen, da spinale Kinderlähmung aufgetaucht war. Dank der Güte des Herbergsvaters konnten wir uns wenigstens in Zelten bergen, um am folgenden Tage Harzgerode eilends zu verlassen.

Was nun? Die Zugverbindungen waren zu dämlich. Zunächst wanderten wir noch ein Stück, vorbei an der Verlobungsurne, vorbei an dem Kurort Alexisbad, an dem Alexisbrunnen, dessen Wasser wir gierig schlürften, bis wir endlich nach Mägdesprung gelangten. Ein stilles schönes Fleckchen, aber von springenden Mägden nicht die leiseste Spur. Von hier ging es mit der Bahn über Gernrode nach Quedlinburg. Wer diese Stadt erlebt und sie nicht liebend ins Herz schließt, ist ein Tor. Sie bietet ebensolch alte, bunte Bauten wie Stolberg, nur gibt es deren hier noch mehr, noch unterschiedlicher und noch verwinkelter. Gleich nach unserer Ankunft traf ich gleich drei Bekannte aus Leipzig. Man darf nicht mit dem Zufall rechnen, dann tritt er ein. Quartier war diesmal ein Hotel, oder besser: ein Hotelchen. Inmitten solch alter, märchenhaft-verzuckerter, windschiefer Häuschen, quer und krumm, aber innen äußerst geschmackvoll und sauber eingerichtet, so stand es da und nannte sich „Zum Finkenherd". Gleich ein paar Schritt weiter befindet sich das „Finkenhäusel", vor dem im Jahre 919 Heinrich I., genannt „der Vogler", beim Vogelfang überrascht und zum König gekrönt worden sein soll – fama est. Und gar nicht weit davon steht auch das Geburtshaus Johann Gottlieb Klopstocks. Von diesem aus sieht man gegenüber auf Felsen gebaut die Stiftskirche und das sich anschließende alte Schloß. Die Kirche ist eine Basilika, und zwar eine ganz echte – ohne Kirchenbänke und ohne Kanzel; denn die katholische Gemeinde mußte ja früher die Messe stehend anhören. Jetzt hat man behelfsmäßig Stühle hingestellt.

Seltsamerweise ist der Chorraum (wahrscheinlich später überbaut) völlig in gotischer Bauart. Noch krasseres, d. h. geradezu ein Wirrwarr an Stilmischmasch herrscht in dem als Museum eingerichteten Schloß.

Zum Abendessen gingen wir in den Ratskeller. Uns überraschte eine mustergültige Bedienung. Der Mann scheint unter der Quedlinburger Bürgerschaft ebenso bekannt und beliebt wie die Zensi aus der Kammerspielklause unter der Leipziger Künstlerschaft.

Die Nacht im „Finkenherd" werd ich nicht vergessen und den strahlenden Morgen danach auch nicht. Bald verließen wir Quedlinburg und fuhren gen Thale.

Da Sonntag war, wimmelte die Menschheit allerorts. Wir besichtigten die Walpurgishalle oben auf dem Berge in der Nähe der Freilichtbühne. Das Heimatmuseum, das es jetzt sein soll, hat die, wie eine Tafel kündet, „überwundene Märchenstimmung", die man doch eigentlich erwartet, abgelegt. Arme Menschen. Eure Kindheit ist vorüber. Ihr seid erwachsen. – Natürlich gibt es auch recht interessante Dinge in der Halle. Im rechten Raum ist eine Bergtheaterausstellung. Da wird man belehrt, was schon alles gespielt wurde und wer schon alles spielte. Der Begründer ist Ernst Wachler. Ein Felsen trägt seinen Namen.

Unser neues Quartier war wieder einmal eine Jugendherberge. Aber was für eine! Der Herbergsvater erzählt mindestens seit 1924, daß er seit 1924 Herbergsvater ist. Seine Herberge kostet die Person 50 Pfennige und ist eine Scheune, besser: ein Pferdestall mit Stroh und kahlen Wänden.

Drei Nächte schliefen wir dort und starben nicht, dank Thales herrlicher Umgebung. In der zweiten Nacht lagen wir wie die Bücklinge in Kisten. Ich hatte einen Druck auf der Brust, als würde mir ein Pneu eingesetzt. Es war aber nur mein Freund, der auf mir lag. Man mußte sich nach stummem Kommando von einer Seite auf die andere legen, und wehe dem, der den Schichtwechsel nicht mitmachte! Dessen ungeachtet brachten die Tage sehr Erfreuliches mit sich. Der strahlende Himmel verließ uns nicht. Ja, wenn Engel reisen! Die „Engel" zogen durch's Bodetal …

Stundenlang könnt ich so sitzen
Hier am steilen Hang.
Seh tief unten Wasser blitzen,
Hör es rauschen, lang.
Dort, die grünen Waldesriesen
Stehn im Sonnenlicht.
Drüben auf dem Felsen sprießen
Kleine Bäumchen, dicht.
Dunkel sind die wilden Steine.
Hier herrscht Schatten nur.

Gruß dir, schöne, göttlich-reine,
Friedliche Natur!

Dies Lied, entstanden auf einem Felsen im Bodetalkessel an unserem 7. Reisetage, widmete ich der Bode und ihren Brüdern, den Bergen.

Der letzte Tag in Thale führte uns über Stecklenburg zur Lauenburg, einer 900 Jahre alten, wildromantischen Ruine, der größten des Nordharzes neben der Harzburg. Unbeschreiblich, wie da ein mächtiger Baum mitten zwischen zwei Mauern gewachsen ist und wie seine kräftigen Wurzeln die Steine umschlingen. Am Nachmittag erlebten wir im Bergtheater eine Aufführung von Lortzings „Waffenschmied". Eine für den Durchschnitt gute Aufführung. Ein paar billige Gags, pathetische Bewegungen und schlechte Stimmeinsätze wie „H-du, h-ich h-liebe h-dich!" oder „E-du, ich e-liebe e-dich!" hätte man sich zwar sparen können – aber, na ja, mit der Zeit kommt auch der Rat und hoffentlich die Tat. Was uns am meisten begeisterte, war die Felsenbühne selbst. Ein herrliches Naturtheater! Allein der Blick in die Landschaft ist schon Goldes wert.

Am kommenden Tage brachen wir also von Thale auf und erreichten mittags Elbingerode. Leider versäumten wir, die Rübeländer Höhlen zu besuchen. Nach einem zweistündigen Fußmarsch in glühender Hitze sahen wir uns in Wernigerode.

Was ich an Eindrücken behielt war ein überfülltes, aber immerhin nasses Freibad, ein schönes Rathaus und das Hotel „Gothisches Haus".

Am nächsten Tage brachen wir auf, um nach Leipzig zurückzukehren. Warum? Weil wir ganz in der Nähe des Brockens waren. Und nicht hinaufkonnten. Das heißt, wir hätten schon gekonnt. Zwei Bekannte, die ich traf, beschrieben mir sogar einen Schleichweg. Aber wir benutzen keine Schleichwege auf deutschem Boden. Unsere Enkel werden die ganze Geschichte nicht verstehen können. Darum will ich es hier aussprechen: Der Brocken liegt in dem Gebiet, das fünf Kilometer von dem durch eine Grenze getrennten, westlichen Teile Deutschlands entfernt ist. Und dieses Gebiet ohne Genehmigung zu betreten ist verboten.

Den Antrag dazu hätten wir in Leipzig stellen müssen. Das hatte uns keiner gesagt. Deshalb ist der Ausklang unserer Reise so nüchtern; denn das Schönste blieb uns versagt.

Ob Brockenbesteigung und Gipfelbesichtigung wirklich „das Schönste" gewesen wären, wage ich heute, 2008 (nach inzwischen gemachten Erfahrungen), stark zu bezweifeln! Daß allerdings unsere Enkel heute ohne belehrende Erklärung nicht verstehen können, wieso man den Brocken einst nicht auf offiziellen Wegen besteigen konnte, daran gibt es keine Zweifel.

FROHE ZUKUNFT ?

Nach dem Bericht über die Harzreise endete meine von Ruinen begleitete Jugendzeit. Das Erwachsensein hatte begonnen. Ich gestatte mir dennoch einen Abriß dessen, was ich bis zum Sommer 1954 als Übergangsperiode in einen neuen Lebensabschnitt bezeichnen möchte. Damit endet auch gleichzeitig das fünfte Tagebuch. Den Bleistift hatte ich inzwischen durch einen Füller mit grüner Tinte ersetzt.

A priori ist zu sagen, daß ich mich in der Saalestadt eigentlich recht wohl fühlte. Die Umgebung machte die Stadtverdreckung wieder wett: Galgenbergschlucht, Burg Giebichenstein, Raben- und Peißnitzinsel hatten es mir angetan. Beweis dafür ist auch diese Tagebuchnotiz: *Vergangenen Sonntag war ich zusammen mit meinem Kollegen Franz Hauser in der Dölauer Heide, einem im Nordwesten von Halle gelegenen, herrlichen Mischwaldgebiet. Stundenlang kann man durch die farbenfrohe Herbstnatur bergauf-bergab wandern, schöner konnte es bald im Harz auch nicht sein.*

Eine der Straßenbahnendstationen in Halle hieß „Frohe Zukunft“. Ob Halle für mein Anfängerjahr nach dem Schauspielschulabschluß eine frohe Zukunft werden würde, wußte ich noch nicht. Ich wußte nicht einmal, ob die Stadt überhaupt eine Zukunft für mich haben würde.

Aus einem Eintrag, datiert vom 8. September: *Ämterlaufen! Kennst Du das? Erst auf die Bank. „Ich möchte ein Konto eröffnen.“ – „Da müssen Sie auf die Sparkasse gehen.“ Dann also auf die Sparkasse. Man muß warten. Kommt endlich dran. Von der Sparkasse auf die SVK. Hat geschlossen. Nur da und da geöffnet. Schön, also andermal. Von der SVK auf den Rat des Bezirkes. Dort gibt es allerhand. Erst eine Lohnsteuerkarte. Dann die Ermäßigung. Die gibt es nicht – das betreffende Zimmer, wo so was ausgestellt wird, ist geschlossen. Da und da geöffnet. Gut. Von der Steuerstelle zum Ernährungsamt. Warten, wiedermal. „Nein, bevor Sie sich hier anmelden können, müssen Sie sich erst in Leipzig abgemeldet haben.“ Also zum Bahnhof. Warten. Für den nächsten Tag eine Fahrkarte nach Leipzig. „Eine Mark siebzig, bitte.“ Das schöne Geld! Weiter. Vom Bahnhof zum Photographen. (Muß sein, die Dramaturgie braucht ein Bild!) Warten. Gewohnheit macht alles. Vom Photographen zum – ? Gott sei Dank, endlich essen! Nein!!! Erst noch zum Theater. Proben? Iwo, Beruf ist Nebensache, das wird sozusagen binnen fünf Minuten aus dem Ärmel geschüttelt zwischen Sparkasse und Begräbnis – wollte sagen: Ernährungsamt. Im Theater: Urlaubsschein, damit man nach Leipzig fahren kann, um sich vom Ernährungsamt dort abmelden zu können. (Schwerer Seufzer.) Urlaubsschein ausfüllen, zum Spielleiter, unterschreiben lassen, zum Intendanten, unterschreiben lassen. So. Und nun – endlich! endlich!!! – essen dürfen. Halt! Auch nichts vergessen? Polizeilich schon ab- und angemeldet? Wohnungsamt? Standesamt? Kirchenamt? Amt, Amt, Amt? Habe ich schon? War ich schon? Sitzt eigentlich mein Kopf noch auf dem Hals oder hängt er mir aus demselben raus oder liegt er als quasi Paßbildersatz zwischen Papieren begraben? Nein! Hallelujah! Er ist noch da! Gelobt sei Jesus Christus – er kannte keine Formulare!*

Halle, 22./23. September. Mein Körper fand sich in diesem Großstädtchen ein – mein Geist auch, aber mein Herz blieb in Leipzig. Und Püzchen auch. Das heißt, die blieb in Waldsteinberg, wo ich sie mitunter besucht hatte. Sie leitete dort einen Kindergarten. Immerhin regte mich dieses weibliche Wesen an, dichterische Ergüsse abzusondern, was sich im folgenden Tagebuch-Opus bestätigt:

Mich in Dich versenken
und nichts denken
als Dich.
Ein bebendes Schweigen
und traumvolles Neigen,
nur sich.
Und alles vergessen,
und Glück, unermessen,
ganz Dein.
Wie Tausilbertropfen
zwei Herzen klopfen –
allein ...

Im September, *also sieben Monate nach Vertragsabschluß – begab sich an Halles Theater der Jungen Garde die Uraufführung der „Mutprobe", einem mittelmäßigen Jugendstück, das aber mit Erfolg bestand. Nun proben wir an dem Märchenspiel von des Kaisers Nachtigall, nebenher beschäftige ich mich in der Dramaturgie mit Zeitungsartikel-Ausschneiden u. ä. m. Die Gegend, in der ich wohne, ist unschön, das ist nicht zu leugnen (unweit des Güterbahnhofs). Die Wirtsleute, ein Eisenbahner-Ehepaar, nun, ich kann mit Theurichs zufrieden sein, und mit dem Zimmer gleichfalls (möbliert 35 Mark im Monat). Nur eben sehr einsam fühlte ich mich zunächst. Ich besuchte meinen alten Schulfreund Armin Knauer, der hier studiert.*

29. September. War gestern und vorgestern in Weimar. Das übliche im Hause Lösch. Sehe „Amphitryon". Las von John Steinbeck „Die Straße der Ölsardinen" in einem Rowohlt-Zeitungsdruck. Der erste moderne amerikanische Schriftsteller, der mir begegnete. Die Lektüre hinterließ einen tiefgreifenden Eindruck. Und Manfred teilt mit: „Im Hause der Löschs bin ich auch gewesen, mit Engelhardt. Warum ich da mit war, weiß ich nicht mehr. Wieso wir zu Deiner Tante kamen, weiß ich auch nicht mehr. Ich kann nur sagen, daß sie zu uns allen ganz reizend war, einen Biber (oder Nutria) schlachtete und uns alle zu einem Festessen einlud. Die Töchter habe ich nicht kennengelernt (oder nicht wahrgenommen). Die Tante war die ‚Dominierende'."

19. Oktober. Einen reizenden Abend verlebte ich in Halle im trauten Kreise von vier Kollegen und Dieter Perlwitz' Eltern. Neun Runden Bier waren fällig im Lokal von Maxe Plüschke bei unserm Theater um die Ecke, und drei Flaschen Likör in der Wohnung von Dr. Perlwitz (Lehrer, klein, Platte, Brille, Spitzbubengesicht, kurz „Ali" genannt).

Dabei lernte ich Frau Perlwitz auch kennen, die Mutti, eine charmante Fünfundvierzigerin und ihren picobello Kartoffelsalat mit Öööl! (Viel Öl soll eine gute Grundlage für's Saufen sein.) Auch der irische Setter namens Mucki imponierte durch Kunststückchen wie „Schuheputzen" (Vorderpfoten auf Knie des Herrchen, Hinterleib rieb die Schuhe ab in drollig-peinlicher Bewegung).

Am 24. Oktober 1953 hat „Des Kaisers Nachtigall" nach Hans Christian Andersen Premiere. Autor der Bühnenfassung war Hans Dell. Dahinter verbarg sich der richtige Autorenname Hans-Peter Schmiedel. Das ist insofern interessant, als dieser 1921 der Namensgeber und Mitbegründer des ersten Leipziger Kabaretts „Retorte" gewesen ist. 1946 hat er unter Intendant Richard Füchsel das „Theater der Jungen Welt" als Regisseur von „Emil und die Detektive" mit aus der Taufe gehoben – jener Inszenierung, die wir unreifen Halbwüchsigen ausgepfiffen hatten. *Ich bin im Stück* (also in „Des Kaisers Nachtigall") *ein japanischer Herold. Kleine Rolle, dolle Maske (selbstgeschminkt). Das Publikum findet Stück u. Regie Kacke. Musik wie Operette, Kostüme großartig, auch Bühnenbild. Wenn zeitlich irgend möglich, bin ich bei Mutter in Leipzig gern gesehener Gast.* Einmal, im Oktober, erlebte ich ein gewaltiges Feuerwerk am Völkerschlachtdenkmal *anläßlich des 140-Jahr-Befreiungskampf-Rummels.*

Im Oktober schrieb ich auch ein Gedicht, das ich in der Folgezeit der jeweils aktuellen Freundin widmete:

Da, wo die Worte schweigen
und nichts ein Alles schildern kann –
da warst du.
Tiefe Ruh',
nur unser beider Atem sang
von einer großen Seligkeit.
Und doch klang
Leid
in dir und mir.
Und dieses Leid
und diese Seligkeit –

kein Mund vermag's zu sagen –
beginnen dort, wo alle Worte schweigen ...

Das Gedicht wurde von Klaus Fehmel vertont, von dessen späterer Frau Maria Tamme gesungen, Anfang Dezember anläßlich einer „Literarischen Feierstunde" im Freundeskreis uraufgeführt und auf Schallplatte aufgenommen. Die Platte existiert nicht mehr. Aber es gibt einen Umschnitt auf Tonkassette.

1954 war Klaus (wie Edler, die Clas und die Krabbe) Mitbegründer der „Leipziger Pfeffermühle" und zugleich ihr erster Musikchef. Wie oft hatten wir uns im Bayrischen Hof (einer Kneipe nahe dem Lichtschauspielhaus in der Ernst-Thälmann-Straße) auf ein Bierchen getroffen. Wie oft hatten wir noch bis tief in die Nacht an der Kreuzung Thälmann-/Torgauerstraße gestanden und zigarettenqualmend über Gott und die Welt gequatscht, bevor er sich nach Hause über den Kohlweg zur Schmidt-Rühl-Straße auf die Socken machte, wo ich fast ebensooft zu Besuch war wie seinerzeit bei Manfred in der Unteren Münster. Wir wollten zusammen eine Oper nach Hauffs Märchen vom Affen in Grünwiesel („Der junge Engländer") verfassen – er die Musik, ich das Libretto.

Schon am 6. Juli 1950 hatte ich notiert: *Die Idee, ein Stück daraus zu machen, ist da.* Und am 30. Juni 1951 steht im Tagebuch: *Habe endlich die „Affenkomödie" geschrieben, und zwar in drei Tagen; Prof. Heyer liest sie zur Zeit.* Geworden ist schließlich nichts draus. Außerdem wird wohl die Fabel bei Hans Werner Henze in seiner Oper „Der junge Lord" besser aufgehoben sein.

Was den Klaus und mich betrifft, so wird 1962 unser Fernsehmusical „Zimmerkomödie" im DDR-Fernsehen gesendet. Klaus schrieb die Musik, ich das Drehbuch.

Zunächst ist Klaus Repetitor im Dreilindenhaus. Später macht er sich einen Namen als Komponist des DEFA-Streifens „Nichts als Sünde", eine Adaption von Shakespeares „Was ihr wollt". Er verstirbt schon 1980 mit achtundvierzig Jahren und ist bis dahin musikalischer Leiter des Berliner „Theaters der Freundschaft".

Vier Tage nach der Premiere von „Des Kaisers Nachtigall" brachen wir auf zur *Ersten Harztournee mit M. Nawraths „Mutprobe" vom 28. Oktober bis 8. November.*

Hettstedt: lahm, schönes Kulturhaus mit herrlichem Schwimmhallenbad. Quedlinburg: die Eindrücke von der Harzreise im August entzaubert, betätige mich als Fremdenführer, lerne das 2-m-breite Häuschen unterhalb der Stiftskirche von innen kennen durch die alte Bewohnerin, eine richtige Oma, wie sie im Märchenbuch steht; das Haus verwinkelt, niedlich und zugleich sauber.

Ab 2. November bewohne ich mit Dieter Perlwitz das „Fürstenzimmer" des Hotels „Quedlinburger Hof": ein riesiger Raum, drei Fenster, Balkon, Bad, grün-tapezierte Wände, roter

Teppich, Kautsch, Doppelbetten, Stehlampe – doll, pompös! Am Morgen nach einer Sauferei stellt sich heraus, daß Schlegels goldene Uhr im Hotel gestohlen wurde. Ferner kommt Monika Schmutzler zu spät zur Vorstellung. Der große Krach. Zwei Vorstellungen hintereinander, es ist Sonntag und es stinkt im Karton. Bildung eines Kollektivs, das jedem helfen soll. Wir merken: wir Jungen sind fast alle einig, wir bilden gewissermaßen einen Makarenko-Kern, zum Zwecke der rein menschlichen Erziehung aller Angehörigen unseres Theaters. Nebenher schließe ich die Bekanntschaft mit Tänzerin Thea Steindel (ein liebes Mädel) und einem Kauz, der das Zungen-R rrrollte wie kein Zweiter. Gemeint damit war der begehrte Synchronsprecher Walter Wickenhauser; beide werden ein Paar.

Am freien Tag: Ausflug nach Thale und in den Harz. Mit Franzl Hauser und Horst Papke bis Blankenburg gefahren, daselbst die wundersame, in Fels gehauene Burg Regenstein besichtigt, auf der Teufelsmauer (inmitten spitziger Felsen, voller Romantik) bis Thale gewandert, und über Hexentanzplatz durchs Bodetal gepilgert.

Die alte Bode ist immer noch jung, nur rauscht sie jetzt herbstlichen Abschied uns Menschen zu. Auch die Bäume und Felsen winken bunt hinter uns drein.

Halberstadt: öde, zerbombt, ungemütlich. Kein Wunder. Nur einen Monat vor Kriegsende, nämlich am 8. April 1945, wurde die bis dahin relativ heil gebliebene Stadt in Schutt und Asche gebombt. Die Trümmer der zu 82 % zerstörten Stadt waren noch lange nicht restlos beseitigt, Neubaublocks hingegen nur wenige errichtet worden. Ich würde es noch 1954 bis 1956 als Zugereister mit Arbeitsvertrag zu spüren bekommen.

Noch einmal besuche ich (mit Franz Hauser) Quedlinburg und Thea (mit ihrer Freundin). Wir erleben die Operette „Treffpunkt Herz". Um zurechtzukommen u. auch den Zug zu erwischen, verkürzten wir die „Mutprobe" in Halberstadt um 10 Minuten. Ein Taxi fuhr uns zum Bahnhof. In Quedlinburg zuerst prima Essen im „Bunten Lamm". Dann die Operette. Dadurch wurde der letzte Zug verpaßt. Was nun? Zunächst Spaziergang. Dann verlassen uns die Mädchen. Ich gehe mit Franzl dem Bahnhof zu. Alles finster. Drei Stunden lagen vor uns und die kalte, schwarze Nacht in einer Kleinstadt. Wir wanderten, wanderten, wanderten, aber es machte uns keinen Spaß, im Gegenteil.

Freitag, der 13. November – Unglückstag! Versäumte eine Probe, war statt da zur Stelle – im Kino ... Purer Leichtsinn! Folge: Urlaubssperre und Verwarnung. Jedoch bald vergessen.

Bemerkenswert ist vielleicht noch, daß ich seit geraumer Zeit in Abständen am Kiosk eine in Düsseldorf erscheinende Satirezeitschrift erstand. Die gab es schon seit 1949, da hieß sie einfach „Michel", ab 1954 „Der Neue Michel" und dann „Der deutsche Michel".

Besonders reizvoll fand ich Beiträge von Jo Hanns Rösler. Der Name kam mir irgendwie bekannt vor. Hatte ich nicht vor längerer Zeit schon mal was von dem gelesen? Ich blätterte in Trudes Zeitschriftenschatz. Richtig, da stand´s, im „Magazin“ vom März 1932, überschrieben: „Abenteuer in Mailand“!

Therese Angeloff schrieb für den „Michel“, Irmgard Keun und Dirks Paulun, der junge Kay Lorentz (ab 1947 Chef des „Kom(m)ödchens“), Klaus Peter Schreiner (ab 1956 Texter der „Münchner Lach- und Schießgesellschaft“), Thierry (seit 1949 bei den „Stachelschweinen“), Hans Reimann und viele damals bekannte Leute mehr. In der Dezemberausgabe von 1953 entdeckte ich den Abdruck des aktualisierten Protekanduetts aus dem Vogelhändler („We are from USA / Frisch aus Amerika / In Euer Land gesandt, / Weil man uns clever fand ...“), das dem Programm des Münchner Kabaretts „Kleine Fische“ entstammte. Bemerkenswert war auch, daß man die Zeitschrift – zwar links-orientiert, aber immerhin „westlich“ – so einfach in der DDR kaufen konnte – gegen Ostgeld (Preis 60 Pfennig)!

„FORM IM RAUM oder Möbel von morgen“ von Klaus Peter Schreiner, in „Michel“, Düsseldorf, Dezember 1953: Stellen Sie sich vor: hat mir da doch gestern in so einem modernen Möbelgeschäft einer einen Aschenbecher als Kronleuchter verkauft! / Jrün? / Ja. / Aus Holz? / Ja. / So hoch? / Ja. / Fuffzehn Mark? / Ja. / Sehnse, detselbe ha´ck vorjestern als Kleiderständer bekomm. Aba rejen Se sich man nicht uff deswejen, Se ham immer noch´n jutet Jeschäft jemacht. In Wirklichkeet is det nämlich ne Doppelbettcouch.

Aus „Wiegenlied“ von Hans Reimann, in „Der neue Michel“, April 1954:

Ja, lärme, lärme, kleiner Wicht!
Wer lärmt, den überhört man nicht.
Sei laut und ruppig, frech und dreist!
Den Preis erringt, wer selbst sich preist.

Die Welt ist ein Produkt aus Dreck
und Menschenwürde Handgepäck.
Der Schelm gibt sie am Schalter auf.
Da stört sie nicht beim Dauerlauf,

beim Dauerlauf um Brot und Geld.
Um Brot und Geld dreht sich die Welt,
die Welt mitsamt dem Publikum –
widewidewiddbumbum.

9. Dezember. Am 5. mit „Des Kaisers Nachtigall“ zweimal in Bad Lauchstädt gastiert. Ich wußte bis dahin noch nicht, daß dort einst Goethe seine „Iphigenie“ inszenierte ..., daß seine von der „besseren Gesellschaft“ am Weimarer Hof geächtete Langzeitgeliebte

Christiane Vulpius (die er erst nach 18 Jahren heiratete) während ihrer häufigen Badeaufenthalte zwischen 1802 und 1810 in Lauchstädt aufblühte und daß die hölzerne Schiebekulissenbühne des Theaters seit Goethes Zeit unverändert funktionierte.

17. Dezember. Ring frei zur ersten Runde! Zur Alltäglichkeit geworden ist heute der durch den Rundfunk bekannte Rätsel- und Denksport. So wurde auch ich von dieser Alltäglichkeit gefangen genommen und quasi als Conferencier zu einem Fest der Agr. Fac. der Uni in Halle geholt, um hier „Per Draht" zu fragen, d.h. mit einem anderen Saal zu korrespondieren und Leuten aus dem Publikum Fragen zu stellen, die bei richtiger Antwort fürstlich belohnt werden sollten.

Man hörte jedoch nicht auf mich, als ich sagte: nicht so spät damit anfangen! – es wurde getankt, es wurde gekübelt, und als wir mit unserer Sendung begannen, erhob sich Protest, so daß wir – als auch die Mikro-Technik noch versagte – sehr rasch abbrechen mußten. Blamiert und gepleitet empfing ich meinen Lohn von 100 DM, ließ mich trösten und trank erstmalig in meinem Leben Sekt – ein herrliches Gesöff!

24 Stunden später befand ich mich dann in Nauendorf. Hier mußte ich vor Bauern bestehen – und ich bestand, trotz Blödheit der Denksportler, die z. B. als Gegensatz von „schön" „warm" nannten (oder wollten die mich verarschen?). Die versprochenen 75 DM erhielt ich nicht, ich soll nur 30 DM bekommen, da das Vereinbarte nicht mit meiner Leistung zu vereinbaren sei. Momentan fühle ich mich am Boden zerstört.

21. Dezember. Gestern stieg meine dritte Ring-frei-Sache, sie funktionierte auch ganz gut, nur daß der Lärm besoffner Bleichgesichter an der Theke störte. Es waren auch Sowjetsoldaten anwesend. Die aber waren von Anstand und – wie Menschen. Wir Deutschen müßten uns schämen. Und dies festzustellen in einem Kulturhaus Buna, bei einer FDJ-Veranstaltung!

Da ich mich im Folgejahr verändern wollte, sprach ich *bei Intendant Hans Pabst am Volkstheater Halberstadt auf vorzügliche Empfehlung meines Chefs Heinz Thiel vor: er ist stark an mir interessiert.* (Pabst ist interessiert, nicht Thiel.)

Weihnachten und der Rutsch ins neue Jahr

Den Heiligabend verlebte ich in Leipzig bei Mutti. Ach, es verspürte meine Seele nichts von dem Hochheiligen, was mich einst als Kind beherrschte. Der Duft guter Zigaretten, Apfelsinen und Gänsebraten sind einzige Freude des armen Erwachsenen.

Am ersten Feiertag erlebte ich „Aida" in der Drei-Linden-Oper. Warum tat man das? Diese Prunkoper mit e i n e m Bühnenbild versehen – den Triumphmarsch durch falschen Bläser und Statisten vermiest ... Ich sah „Aida" nun das vierte Mal (Dessau, Weimar, Halle, Leipzig) – aber so unter der Kanone erlebte ich's noch nicht.

Am zweiten Feiertag war ich bei Schmidts eingeladen. Es ist von der Familie jenes Richard Franz Schmidt die Rede, der uns „Evakuierte" 1944 in Schwarzenberg als „Kinderland-Verschickungs"-Lagerleiter unter seine Fittiche nehmen mußte. Es ist der,

der uns Nachkriegsnikolaitaner im Gebäude der Ostwaldschule im Fach Musik unterrichtete und den Unterricht damit würzte, daß er sich ans Klavier setzte und klassische Lieder vortrug.

Seiner Tochter Ilse, die mit im KLV-Lager gewesen ist, war ich in Halle als Arbeitskollegin einer mit mir befreundeten Sigrid wiederbegegnet. Über sie wurde der längst verlorengegangene Kontakt zu Schmidts wieder hergestellt. *So verlebte ich ein paar nette Stunden im Kreise meines alten Musiklehrers, jetzigen Professors an der Musikhochschule, seiner Frau und seiner Töchter. Ich gab den Monolog des „Sosias" zum Besten, er sang „Archibald Douglas". Es war – nun, eben schön.*

Am dritten Feiertag – wieder in Halle – bekam ich Antwort vom Funk aus Berlin, die scheinbar Interesse an mir haben, und ferner ein Angebot aus Halberstadt für die nächste Spielzeit.

Zu meinem vierten Feiertag am 28. Dezember waren wir in Bernburg mit der „Nachtigall". Mit Jutta Trautzsch und Herbert Beier dezente Feier bei Krebsfleisch und Kirschwein im Hotelzimmer. Mit dem Krebsfleisch war der delikate Kamtschatkakrebs gemeint. Nachdem man das Fleisch aus einer pergamentartigen Umhüllung gelöst und die Chitinleisten herausgepult hatte, wurde es mit Majonnaise und etwas Zitronensaft angerichtet. Die Dose, von den meisten (weil unbekannt) verschmäht, kostete damals nur lächerliche 2,16 DM. Im Winter 1953/54 durften wir auch erstmalig in der DDR eine exotische Frucht kosten, die es bis dato noch in keinem Laden gegeben hatte, nämlich die Pampelmuse.

Am 29. Dezember in Bernburg Humperdincks „Hänsel und Gretel" gesehen: eine recht angenehme Aufführung.

Am 30. Ausfall der Vorstellung, da unser halbes Ensemble an Grippe erkrankt ist.

Am 31. sah ich mir den neuen DEFA-Film vom „Kleinen Muck" an – sehr schön! Immer mehr erkenne ich, wie dankbar Hauffs Stoffe sind, sowohl zur Verfilmung als auch zur Dramatisierung und Komposition. 1950 gab es schon „Das kalte Herz" mit Lutz Moik (Kohlenmunkpeter) und Erwin Geschonnek (Holländermichel).

Machte Mikroprobe beim Studio. – Der Rutsch erfolgte an Bord der „Mimen-Ar(s)che" bei Perlwitzens, ich erschien wiedermal als Dichter, war jedoch ein glatter Versager und dampfte bereits etwa 3 Uhr morgens ungesehen ab, nüchtern und doch besoffen: der Jähzorn saß hinter meinen Stirnfalten ...

B e r n b u r g (2.–10. Januar 1954)

Wenn man bei einem Theater beschäftigt ist, das viel Abstecher- und Tourneebetrieb hat, lernt man die Welt kennen. So dachte ich in Bernburg. Ein hübsches, wenn auch kein außergewöhnliches Städtchen des Salzlandes. Ein besonderer Genuß (für die Füße) ist ein Spaziergang durch den Tiergarten (im Winter bei Schnee und -10° Kälte), weil man, nachdem man per Boot über die eisverschollte Saale fuhr, nicht mehr stehen kann, sondern nur laufen muß (da außer einigen verfrorenen Vögeln, zwei Wölfen, einem Fuchs und einem Storch aus Gußeisen kaum ein Tier zu sehen ist). – Bemerkenswert das Schloß, der Bärenzwinger, eine Renaissancekirche. – Wenn ich nicht selbst Theater spielte, sah ich Theater, und zwar das Staßfurter Ensemble. Die zeigen einem, wie man es nicht machen soll. Denn Klamotte kann gut sein, aber die die zeigten war es nicht. Am Sonnabend „soff" ich seit langem wieder einmal, und zwar – nur! – sechs Glas Bier. Anläßlich erwähnter geleerter Biergläser entstand der zweite Bierhymnus:

Bier muß schmecken
wie kastrierter Ringelnatz.
Es muß würzig sein
und kein Apfelsaftersatz.
Herb muß dir's zumute werden,
Männlichkeit umschwell die Brust.
Weg mit schalen Kopfbeschwerden –
Bier bring in das Leben neue Lust!

Berliner Strapaze.

Ab Bernburg: 10. 1. 54 um 18.00 / An Halle: um 19.00 / Gegen 1.00 gehe ich zum Bahnhof, wo bereits Dieter Perlwitz auf mich wartet / Ab Halle: 1.51 / An Berlin: gegen 6.00 / Trenne mich von Dieter in der Friedrichstraße / Begebe mich zum Staatl. Rundfunkkomitee / Ich muß noch einen Tag in Berlin bleiben, bekomme die Bahnfahrt bezahlt.

Besuche die Schauspielschule, freundlicher Empfang aller, die mich kennen / Besuche Gertrud Sell und „Kränzchen-Erna", die von Leipzig wegzog und jetzt bei ihrer Schwester in der Bleibtreustraße wohnt, und gehe mit ihnen in den Kästner-Film „Pünktchen und Anton" (sehr nett!) / Gehe auf Zimmersuche, finde aber nirgends eins / Was tun? / Begebe mich in die Hajo-Bar, trink Bier und sehe mir eine mittelmäßig-dekadente Musik-, Wort-, Zauber- und Fleisch-(sprich Tanz-)kleinkunst an. Gegen 24.00 trifft Dieter ein, er hat auch kein Nachtquartier / Viel Qualm vertreibt uns in ein anderes Nachtlokal, „Clou" / Dieter gibt eine ganze Menge aus, ich trinke mit / An der Bar lacht sich Dieter die Ausschenkdame an; ich reime:

Schlafen tät dem Corpus besser,
als Neon, Qualm und Schnapsgewässer.

Gegen 5.00 pilgre ich zum Bahnhof Friedrichstraße, esse Beefsteak und Kartoffeln, fahre zum Ostkreuz und von da für 20 Pf. mit der Vollringbahn 2 1/2 Std. rund um Berlin / Später schlafe ich noch etwas in einem Wartesaal / Mittags Mikroprobe beim Funk / Nerven auf 90 / Trotzdem Probevertragangebot für 3 Monate mit je 530 DM, in Halle kriege ich nur 350 DM / Ab Berlin: 16.56 / An Halle: 20.40 / Ab Halle: 21.12 / An Leipzig: 22.14 Uhr. Gott sei Dank!

19. Januar: Auf allseitiges Anraten werde ich dem Staatlichen Rundfunkkomitee nach Berlin eine Absage schicken. Soeben habe ich den Jahresvertrag nach Halberstadt unterschrieben.

Die erste Inszenierung des Jahres 1954 war Erich Kästners Theaterstück für Kinder „Emil und die Detektive", mit dem vor acht Jahren in Leipzig das „Theater der Jungen Welt" eröffnet wurde. Gastregisseur war der langjährige Direktor des Friedrichstadtpalastes Wolfgang E. Struck. Ich spielte einen von Emils Bande, Krummbiegel. Zum aufregendsten Erlebnis für das junge Publikum wurde die Jagd durch den Zuschauerraum nach dem bösen „Herrn mit der Melone" (Werner Schall). Im letzten Akt lenkten Krummbiegel und Mittenzwey (Dieter Perlwitz) durch übertrieben dargestelltes Füttern von imaginären Kaninchen im Bühnenbildstall die Aufmerksamkeit einmal so auf sich, daß die Kaffeerunde von Oma Heimbold, an der die ganze übrige Bande mit Wachtmeister Lurje teilnahm, überhaupt nicht mehr wahrgenommen wurde. Was den beiden Herren Anfängern eine saftige Verwarnung einbrachte.

Ich hatte mich – wie schon gesagt – mit einer Sigrid eingelassen, die unter den Kollegen allgemein „die Grüne" genannt wurde, weil sie immer nur einen solchfarbigen Fummel anhatte: *Ein leichtes Mädel – Vorsicht!* Der Struck spannte sie mir aus. Beziehungsweise: Sie spannte den Struck ein. *Tröstung fand ich bei der nächtlichen Sendung „Die Wundertüte" mit dem wunderbaren Sprecher Hermann Matt – und einer wunderbaren Schwester an meiner Seite.* Einer Krankenschwester. Friedel, 17, aus Weißenfels. Die leider über all dem Wunderbaren eingeschlafen ist ...

Ich hatte die Angewohnheit, wenn ich was Gedichtähnliches verbrochen hatte, es im Schaukasten auszuhängen – früher an der Schauspielschule, jetzt im Theater, so auch dieses:

„Das große und das kleine Glück"
Ein Jahr verdreht die DEFA sich an diesem Streifen.
Inzwischen hat der alte Kurs sich neu gewandelt.
Und so wird plangemäß – man kann es kaum begreifen –
In x-ter Fassung auch laut neuem Kurs gehandelt.

Der Drehbuchautor trägt voll Stolz den Goethepreis,
Der Filmheld drückt Gefühl mit Backenmuskeln aus,
Ein Happy-End, ein froher Jugendlebenkreis
Und s i e b e n Küsse mit Brigadekampfapplaus ...

März. Faschingszeit 1954. Auf einer Thüringentournee unseres Theaters erlebte ich die Städte Weißenfels, Naumburg und Zeitz. Treuherzig schrieb ich auf, daß ich mir trotz des niedrigen Gehalts in Weißenfals ein Paar herrliche Wildleder-Kreppsohlen-Schuhe für die Kleinigkeit von 159 DM leistete. Die „Kleinigkeit" war natürlich ironisch gemeint.

Ein Samtpullover und ein winziges Radio mit zwei Wellenbereichen für 98 DM gehörten ebenfalls zu meinen ersten Anschaffungen. Die nächste würde eine Reiseschreibmaschine namens „Kolibri" sein, die mir über drei Jahrzehnte treue Dienste leistete.

In Naumburg ließ ich mir natürlich nicht eine Dombesichtigung entgehen, die mich mit den anonym geschaffenen Meisterfiguren vertraut machte, und ich mußte unwillkürlich an Manfred Patzschkes Worte denken ...

„Zu Nauemburg im Dome,
da traf die Ute ich,
mit ihrem holden Lächeln
bezauberte sie mich ..."

In Zeitz mußte ich für den erkrankten Horst Papke dessen Rolle im „Weg ins Leben" übernehmen, und man war allseits zufrieden mit dem weinenden Jungen, der da seine Eltern verloren hat und ganz allein in der Welt steht – Halle brachte schöne Erlebnisse mit sich – zum Beispiel eine Fastnacht bzw. eine Nacht zu Aschermittwoch inmitten angeheiterter Kollegen (inklusive unseres Chefs!), lautem Hallodri, Tanzmusik, Papierschlangen und Lampions.

Halle – Stadt Händels, Stadt mit dem fabrikartigen Dom, der wuchtigen Moritzburg, den hübschen Krankenschwestern, dem herrlichen Saaletal, der Kaufmannsfrau Augusta Stadler und deren lustigem, lieben Gesicht – gepriesen sei, hoch leb' mal drei!

9. März.

Medizinisch-poetisches Frühlingslied.
Der Frühling sprießt auf allen Wegen.
Und auf Gesichtern, jung und zart,
sprießt frühlinghaft ein Pickelsegen
und mahnt, daß man sich paart.

Die Sonne schickt uns ihre Strahlen,
die dunkle Nacht ihr Sternenzelt.
Sie dulden keine kalte Qualen.
Drum öffne dich, o Welt!

Und Menschen, schält euch aus den Mänteln,
und Mädchen, bergt nicht eure Haut.

Der Frühling reizt nun mal zum Tändeln,
drum in den Tag geschaut!

Und wenn der Tag in Nacht sich wandelt,
die Sonne mit den Sternen tauscht,
dann wißt ihr doch, worum sich's handelt?
Der Herrgott lächelnd lauscht.

Nicht bange sein vor süßen Stunden,
und Kampf den Pickeln im Gesicht.
Wer sich verliert, hat sich gefunden,
ihm grünt des Frühlings Licht!

14. März.

Aus meinem Kackstühlchen
Geistesblitze schießt mal jeder,
Mancher schießt auch anderwärts.
Dieser heute, jener später,
Aus Gewehr, Darm, Tür und Herz.
Und auch ich schieß manchmal Blitze,
Kleide sie in Hosen, Jacken,
Lasse sie als Menschenwitze
Tintenhaft auf Zettel kacken.

27. März. Da ich ohne eingereichten Urlaub zum Kabarett des „Theaters der Jungen Welt" nach Leipzig fuhr (ein eindrucksvolles Erlebnis, lachte Tränen!), verpaßte man mir (schon wieder) eine Urlaubssperre.

Außerdem hatte ich noch die Frechheit besessen, einen provokanten Artikel im Schaukasten des Theaters auszuhängen, den ich nach einer Vorladung vor Verwaltungsdirektor, Ensemble-Senior, BGL-Vorsitzendem und Werner Schall widerrufen mußte. Hier die gekürzte Fassung: „Da habe ich mir nun ein undiszipliniertes Verhalten zugute kommen lassen, mich vorm Beifall gedrückt, und bin vollkommen unselbstkritisch an Herrn Petters vorbeigerannt – aber ich habe mittels Hilfe von 6 DM und einer Taxe den Leipziger Zug noch erreicht (zu dem theatereigenen Auto, das mich eigentlich befördern sollte, fehlte Herrn Verwaltungsdirektor sicher wieder der E-Sprit!). Trotzdem habe ich Sünder n i c h t s bereut; denn ... Obwohl das Leipziger politisch-satirische Kabarett ‚Die Pfeffermühle' teilweise Probleme behandelte, die schon öfter behandelt worden sind oder andererseits nicht im unmittelbaren Brennpunkt des Tages stehen, auch manchmal zu viel schauspielerische Breite anstatt kabarettistische Kürze aufwiesen, wurde es doch ein riesiger Erfolg. Ja, ich möchte behaupten, das Ensemble des ‚Theaters der Jungen Welt' (Laien in punkto Kabarett!) ist mit seinem Programm der ‚Distel' (Berufskabarettisten!) w e i t überlegen. Preußischer Militarismus, Adenauers Staat, die Zeitungskritik, die DEFA, die Vereinsmeierei, dekadente Kunst, das Wohnungsamt, Grünanlagensünder, Mangel an Wechselgeld am Morgen und spezielle Leipziger Mängel – alles mahlte die Pfeffermühle mit erstaunlicher Exaktheit, technisch sauber, auch mit dem nötigen Sex-Appeal und vor allem mit musikalischen Glanzleistungen. Hat das ‚Theater der Jungen Welt' den Vogel abgeschossen, den unser Theater nicht hat? Mein Bericht sollte ein Ansporn sein, endlich auch bei uns Humor einzuplanen – und besser als woanders. Hochachtungsvoll – Euer Kollege Hanskarl."

Schon Wochen vorher hatte mir Klaus Fehmel bei einem meiner Leipzig-Besuche das „Lied vom Hauptbahnhof" vorgespielt und -gesungen („Unser Hauptbahnhof hat 32 Schalter, leider ist davon die Hälfte nur beweibt ..."). Es wurde als Nr. 16 des Programms einer der Knüller des Abends, und es gibt ein Photo, auf dem es das Ensemble, mit Koffern bewaffnet, Mann an Mann schön aufgereiht, vorträgt. „Verflacht die Pointen nicht", rieten die „Sächsischen Neuesten Nachrichten", „indem nicht zur rechten Zeit Schluß gemacht wird wie beim sonst so guten ‚Lied vom Hauptbahnhof' ..."

2. April. Premiere: Der kristallene Schuh

Ein deutsches Märchen, nach der französischen Fassung von einem Russen dramatisiert, wieder ins Deutsche übertragen. Vom Text her etwas hölzern, trocken und ungelenk. Jedoch machte es der Regisseur Günter Rüger zu einer bezaubernden Aufführung, die voll Zartheit und schwebendem Humor über die Bühne geht, voll leisem Saitenspiel und traumhaftem Farb- und Lichtwechsel. Vielleicht die schönste Inszenierung bisher. Um so betrübter war der Nachklang ... Zu einer Feier kam es nicht, kein Zusammenhalt des Ensembles, allgemeine Müdigkeit und Trägheit. Trotzdem folgte in den nächsten Tagen und Wochen das, was ich durch meinen bösen Aushang eigentlich erreichen wollte, nämlich das Ins-Leben-Rufen eines Kabaretts. „In Teufels Küche" sollte es heißen. Natürlich hatten die Parteiorgane ein Wörtchen mitzureden, aber sie redeten wenigstens nicht rein.

8. April. Soeben über NWDR Hörspiel „Hexenjagd" gehört, nach Arthur Millers Drama. Großartiges Thema: eine Hure wird, um Rache an ihren Feinden, die sie beschimpften oder beleidigten, und an der Gattin ihres Geliebten zu nehmen, zur Heiligen, die aussagt, die anderen Frauen seien Hexen und hätten ihr den Bösen eingejagt. Das gottgläubig-fanatische Gericht verurteilt die Frauen, die hartnäckig (und ehrlich) bei der Wahrheit bleiben, zum Tode. Es begnadigt die, die fälschlich zugeben, Hexen gewesen zu sein und nun behaupten, Gottes Stimme erhört zu haben; auch der Geliebte der Hure selbst muß fallen, da er nach langem Ringen bei der Wahrheit, nämlich Ehebruch begangen zu haben, bleibt und nicht lügt, indem er aussagt, gleich seiner Frau behext gewesen zu sein. Ergreifend!

Magdeburg (20.–29. April)

Eine schöne Zeit. Der Frühling hält Einzug. Spaziergänge durch die sehr zerstörte, aber inzwischen völlig enttrümmerte Stadt, entlang dem Hafenviertel, entlang dem Glacise, an der Elbe und in dem riesigen, paradiesisch-schönen Stadtpark. Besuch der Nachtbar, guter Empfang durch Roselotte Schmidt und durch Tante Anna, die mich in die Geschichte meiner Vorfahren einweiht. Gute Unterkunft in Pension Eitel, ein wirkliches Zu-Hause, ebenso im Maxim-Gorki-Theater, wo wir spielen und bei allen Magdeburger Kollegen herzliche Aufnahme finden.

Am freien Sonntag Fahrt nach Thale, Spaziergang nach Treseburg und zurück, Besuch Quedlinburgs – nur Mutter Natur begleitete mich. Im Theater sechs Stücke gesehen.

Wie war das doch zu Himmelfahrt 1949? *Da marschierte der männliche Teil unserer Theatergruppe, Spazierstock mit Klingel, baskenbemützt und kurzbehost im Gänsemarsch bis zum Hauptbahnhof. Von dort ging's mit dem Zug nach Kleinsteinberg zu Fleischermeister Rebers Waldgrundstück.* „An der Bordkante hinkend", erinnert sich Manfred, „und eins, und zwei, und drei, und vor, zurück, zur Seite, ran – möglichst laut."

Auch 1954 galt Himmelfahrt in der DDR noch als Feiertag, bevor er von den Genossen als solcher abgeschafft wurde. Die männliche Belegschaft der Jungen Garde hatte, ein Faß Bier in der Mitte, verrückt kostümiert und mit Intendant Heinz Thiel an der Spitze, eine Kremserfahrt ins Grüne organisiert.

20. Juni. In Teufels Küche

Ein kabarettistisches Kunterbunt in der Jungen Garde (Premiere: 15. Juni)

In meinem lieben Zimmer in der Krondorferstraße 12 liegt ein herrlicher Duft – weiße und rote Rosen stehen da am Fenster. Und dort vorn vorm Radio lachen mir weiße und rote Pfingstrosen zu, und da auf dem Tisch die ersten Erdbeeren und die ersten Kirschen.

Ja, all diese Blumen und Früchte lachen, fast wie richtige Menschen, sie lachen mit mir zusammen – und ich darf mir dies Lachen tatsächlich ohne Gewissensbisse erlauben.

Denn nun war es endlich soweit – unser Kabarett bestand seine Premiere. Es war kein Erfolg wie bei der Leipziger „Pfeffermühle" mit Klaus am Klavier und Paul Edler, Hanna Clas, Ibo und den anderen Leipzigern auf der Bühne, aber es war ein Erfolg.

Werner Schall hatte die Texte geschrieben und das ganze in Szene gesetzt, und ihm kam nun wie uns allen viel Lob zu. (Vergessen war offensichtlich die Verdammung wegen des provokanten Aushangs; der trug im Gegenteil nun seine Früchte!) *Rolf Thieme, unser Dramaturg, und der Chef Heinz Thiel sprachen mir persönlich ihre ehrliche Anerkennung über meine Leistungen aus. Viel andere natürlich auch. Und da sollte ich nicht lachen dürfen?*

Eins ist mir unvergeßlich geblieben. Nämlich der Nachmittag vor der fünften Vorstellung am 4. Juli. Da waren die Straßen in Halle wie leergefegt. Obwohl ich kein großer Fußballfanatiker war, verfolgte auch ich an meinem Radioapparat das Endspiel der deutschen Nationalmannschaft gegen Ungarn, hörte mit Begeisterung, wie Deutschland Weltmeister wurde.

Sogar das Zentralorgan der SED rühmte den „Sieg der Deutschen", obwohl wir als Deutsche Demokratische Republik eigentlich gar keinen Grund hatten, diesen Sieg zu feiern. Der Slogan vom „Alleinvertretungsanspruch der BRD" war in jenen Tagen noch nicht allgegenwärtig. In meinem Tagebuch wird das Wunder von Bern mit keinem Wort erwähnt. Da ging es nur um „Teufels Küche".

Regisseur, Hauptautor und Mitspieler Werner Schall ist alsbald zur Berliner „Distel" gewechselt, Bühnenbildner Herbert Löchner zur Dresdner „Herkuleskeule". Auch die anderen mitwirkenden Kollegen haben sich nach Spielzeitende in alle Winde zerstreut.

Während es im Entreelied des ersten „Pfeffermühlen"-Programmes zur Musik von Klaus Fehmel hieß:

„Eins, zwei, drei, vier, fünf, sechs, sieben –
hier wird Pfeffer kleingerieben,
aber niemals kleingeschrieben,
nur gemahlen zu dem Zwecke,
daß er die Gemüter wecke;
denn – daß man erfrischt sich fühle,
sorgen wir, die Pfeffermühle"

– sangen wir in Halle zur Melodie von Kurt Kallausch:

„In Teufels Küche herrscht hier heute Riesenhochbetrieb,
die Köche rennen fluchend her und hin.
Was oben auf der Erde alles faule Sachen trieb,
das ist im Satansbraten drin. – Es gibt:
Kraftmeierbrühe mit Wildwestmark,
Angsthasenrücken mit Apfelmus,
Spießernieren nach Hallenser Art,
Gabelfrühstück mit ´nem Pferdefuß;
gespickt mit Ironie, gewürzt mit Phantasie,
dazu ein bißchen Mut – ein Schuß Humor.
Aus Satans Küche gibt´s heut Abend großes Festdiner,
das ganze Teufelsvolk hat sich bemüht.
Die Hölle selbst hält, wie ihr wißt, auf gutes Renommee,
drum wünschen wir euch guten Appetit!"

Es folgt ein Ausschnitt aus der Tageszeitung „Freiheit“, dem „Organ der Bezirksleitung der Sozialistischen Einheitspartei Deutschlands für den Bezirk Halle“, vom 18. Juni 1954, verfaßt vom späteren Intendanten des Elbe-Elster-Theaters Wittenberg, Helmut Bläss: „Einundzwanzig Szenen rollten am Mittwochabend im ersten halleschen Kabarettprogramm über die Bühne des Theaters der Jungen Garde. Eine 22. Szene möchten wir heute in Vorschlag bringen: Sie soll in vernichtendem Gedenken denen gewidmet sein, die privat oder dienstlich im Zuschauerraum saßen und die nicht mit in das befreiende Lachen und den spontanen Beifall der Ammendorfer Waggonbauer einstimmten, die Gäste dieses Premierenabends waren. Gibt es doch noch Zeitgenossen, die den Humor noch nicht ‚eingeplant‘ haben und die mit Bittermiene warnend den moralischen Zeigefinger erheben und sagen: ‚Dies ist nicht ‚typisch‘, und das können wir nicht verantworten!‘

Diese Feststellungen sind der beste Beweis für die Notwendigkeit eines politisch-satirischen Kabaretts in unserer Bezirkshauptstadt. Für des ‚Teufels Küche‘ gibt es hier noch allerhand fette Braten! Hinein mit ihnen in das höllische Feuer, auf daß diese geistigen Blindgänger, die Bremsklötze beim Aufbau unserer neuen Gesellschaft sind, entlarvt und durch die Teufelsküche geläutert werden.“

Was dem einen recht ...

Ich bin vom vielen Suchen müde.
Ich suchte Wahrheit – und ich fand sie nicht.
Da fand ich eine leere Tüte,
der stand die Wahrheit mitten im Gesicht.

Ich hielt Herrn Doktor für korrekt.
Er war es nicht, wie jemand mir erklärte.
Man sah's aus anderem Aspekt.
Weil man Herrn Doktor nicht wie ich verehrte.

Ein alter Ochse rezitierte
im Stall ein liebeslyrisches Gedicht.
Und weil kein Ochse es kapierte,
gefiel es allen Ochsen nicht.

Ein Liebespaar hat sich verkracht,
er sei nicht treu, und sie sei schrecklich prüde.
Sie weint und geht, er geht und lacht ...
Ich bin vom vielen Suchen müde. *(20. Juni)*

15. July. ***Der große Regen***

Die Menschen brauchen keine Kriege. Die Natur gibt ihnen genug Beschäftigung kriegerischer Art. Im vorigen Jahr war es in einigen Städten die spinale Kinderlähmung. Jetzt ist es in ganz Deutschland der große Regen. Die Donau, die Isar, die Elbe, die Oder, Mulde, Elster – sämtlich über die Ufer getreten. Die schwersten Tage werden die vom 10. bis 14. July gewesen sein. Die Ernte ist vernichtet. Passau ist völlig unter Wasser, Wien, Regensburg, Linz, Zwickau, Zeitz, Dessau und viele andere Städte schwer gefährdet. Und es gibt kein Entrinnen. Das Wasser schreitet vor wie der Zeiger einer Uhr, unaufhörlich, Schritt für Schritt ... Inmitten dieses Regenwetters passierte es mir, daß ich in Leipzig, um nach Halle zu kommen, in einen Sonderzug des 6. Deutschen Evangelischen Kirchentages stieg (Motto der Großveranstaltung: „Seid fröhlich in Hoffnung“). Der Zug fuhr zwar nach Eisleben über Halle, ohne jedoch – was ich genau so wenig wußte wie ein Beamter, den ich fragte – den Bahnhof in Halle zu berühren. So mußte ich in Angersdorf aussteigen – 10 km von Halle weg. Kein Zug mehr dahin zurück. Nächster Zug morgens 1/2 5 Uhr. O hätte ich den normalen Zug in Leipzig, der 38 Minuten später fuhr, genommen!

Jetzt komme ich 240 Minuten später in Halle an – und wie! Draußen Regen, Regen, Regen. Laufen? Irrsinn. Womöglich gerate ich noch in die übergelaufene Saale unterwegs. Denn im Finstern ist es dunkel, und Regennässe läßt sich kaum von Flußnässe unterscheiden. Wie gesagt: draußen Regen. Und drinnen? Eine Wartehalle, ohne Ausschank, menschenleer, kalt, mit einigen harten Holzbänken drin und einem Spruch an der Wand, der zur kollektiven Arbeit auffordert. Jetzt ist es 1 Uhr. Jetzt wäre ich in Halle. Wenn nicht – evangelischer Kirchentag gewesen wäre. 3 1/2 Stunden lagen vor mir und neben mir auf dieser dämlichen Bank, und sie grinsen mich an, diese Stunden, und sagen lachend: „Schlafen kannst du nicht, frieren mußt du, Grippe wird todsicher folgen, und warten mußt du, auf uns – bis wir um sind, und wir dauern lange –!“ Als eine vorbei war, kamen nur noch zwei, nach zweien war mir leichter, nach fünfen schlief ich in meinem Bett.

27. July. 24 Stunden und etliche schöne Tage ... Ich fuhr nach Weimar, erlebte nette und ruhige Stunden, traf Kollegen vom Theater, besuchte das schöne Erfurt mit dem herrlichen Dom und der Severikirche – Beide Kirchen sind katholisch. Der Dom mit wunderschönen Butzenscheiben, immensgroßer Glocke und einem sich gut in die Gotik fügenden barocken Altar im Chor. Ich besuchte die Gaststätten „Würzburger Hof“ und „Winzerkeller“, die sehr zu empfehlen sind, ich streifte durch den Wald, suchte Natur und fand sie schöner als je. Ich kehrte nach Weimar zurück und sah eine recht anständige Aufführung von Shakespeares „Macbeth“, ich sah einen unbeschreiblich entsetzlichen tschechischen Film „Mond über dem Fluß“ ohne jede Landschaft mit nur für die Bühne geeigneten Dialogen, schrecklichen Farben und dem völlig danebengelungenen ethischen Ziel, echte Sentimentalität zu zeigen ...

11. August. Und so wird dieses Tagebuch beschlossen ... Die Ferien gehen zu Ende, ein neues Arbeitsjahr steht vor der Tür, klopft an dieselbe und man weiß noch nicht, wie der Klopfer aussieht, ob er freundlich oder feindlich gesinnt – man wartet ab, aber man muß ihm öffnen und ihn kennenlernen.

Nachdem ich mir eine Woche in Leipzig die Zeit vertrieben hatte mit Tischtennisspiel, Weintrinken, Biertrinken, Tanzen, ging ich in Halle noch einmal mit Brahmanns „vornehm" aus, sah mir ebenda das Berliner Kabarett „Die Distel" an, was auch nicht besser als die „Pfeffermühle" und unsere „Teufels Küche" war, und unterhielt mich noch die halbe Nacht mit Heinz (Heinrichs), der gerade von Berlin kam und viel zu erzählen wußte.

Das Programm der „Distel" hieß „Mensch, fahr richtig!". Es war das zweite nach „Hurra, Humor ist eingeplant!" seit ihrer Gründung im Oktober 1953. Gina Presgott sang darin zweckoptimistisch in einem Text des ersten Distel-Chefs Erich Brehm:

„So leb ick, so spiel ick
als Kind von Berlin,
und immerzu seh´ ick
die vielen Ruin´.
Aber Mutter sagt: ‚Jammern,
det hat keenen Zweck,
und et komm´ keene neuen,
und die alten komm´ weg!'"

Nächsten Morgen half ich Jutta Trautzsch ihre restlichen Sachen verpacken und fuhr mittags mit ihr nach Zwickau. Dort trafen wir mit ihrem Mann zusammen, los gings per Taxi nach Reinsdorf, wo man vor den Eltern sehr zu zittern anfing, da denselben ein Jahr lang die Heirat Juttas verschwiegen worden war – aber es wurde sich damit abgefunden.

Ich selbst fühlte mich in Reinsdorf sauwohl. Ich wühlte in Obst, genoß halbnackt ein paar herrliche Tage und sammelte wie ein alter Waldkenner Pilze. Herr Trautzsch weihte mich in sein schwieriges Amt im Rat des Dorfes ein, trank mit mir etliche Biere und Kognaks.

In Zwickau, das noch die schrecklichen Spuren der Hochwasserkatastrophe aufwies, sah ich den großartigen englischen Farbfilm „Moulin rouge", das Schicksal eines körperlich verkrüppelten französischen Malers (Toulouse-Lautrec).

Dann tauchte ich in Weimar auf. Im Hause Lösch hatte sich etwas getan: Die älteste Tochter Regina war heimgekehrt – nach acht schlimmen Jahren! Sie wurde 1946 aufgrund einer Denunziation ins Frauengefängnis Schloß Hoheneck in Stollberg/Erzgebirge verbracht. Ihr „Verbrechen" hatte darin bestanden, sich als siebzehnjährige BDM-Ringführerin im Schulungshaus der Reichsjugendführung in Bad Berka eine Zeitlang erziehen zu lassen. Führer dieser „Erziehungsstätte“ war ein hundertfünfzigprozentiger Nationalsozialist: Hauptbannführer Dr. Studentkowski.

... am Abend im Schloßhofkonzert mit Regina. Sie tat mir so leid. O welchen Verbrechens haben sich die Verantwortlichen, bzw. Unverantwortlichen schuldig gemacht, die diesen Menschen eines Nichts wegen acht Jahre vom Leben, von der schönsten Zeit des Lebens, der Jugend, trennten, ihm die Freiheit stahlen!

Das Konzert hinterließ einen unvergeßlichen Eindruck, das herrliche Renaissanceschloß im Schein der untergehenden Sonne, vorüberfliegende Schwalben, die zarte Musik von Webers Oberon, das romantische Siegfried-Idyll Wagners, und die herrliche fünfte Symphonie Dvoraks, mit ihren ganz leisen, volksliedhaften Weisen und dem stolzen, gewaltigen letzten Satz, der wie ein Fanal über allem stand. Schon brannten die Lichter, alte Laternen, um den Kreis der Kapelle und des Dirigenten, die ersten Sterne leuchteten am blauen Himmel, brausender Beifall setzte ein, und mein Herz war so froh ---

Die erste Eintragung in meinem sechsten Tagebuch habe ich in Halberstadt, der zweiten Wirkungsstätte als „Schauspieler nach Individualität“, im August 1954 niedergeschrieben. Darin kommt der Satz vor: *... ich habe ein Zimmer, in dem ich mich wohlfühle ...*

Dieses für dreißig Mark Miete im Monat untergemietete Zimmer befand sich im etwas außerhalb des Zentrums gelegenen Zweifamilienhaus der Familie Ungnad. Die Umgebung war traumhaft: Zum Schwimmbad war es nur ein Katzensprung, und eine schattenspendende Allee führte zu den nahen Spiegelsbergen.

Die Straße, zu der das Haus der Ungnads gehörte, war nach einem Anwesen benannt, das dort einmal gestanden hatte. Für mich verbarg sich hinter dem Namen eine Institution, der ich am liebsten angehört hätte. Eines fernen Tages würde dieser Wunsch in Erfüllung gehen. Die Straße hieß: AN DER PFEFFERMÜHLE.

Abbildungsverzeichnis

Original-Abbildung des Ladens von Oswin Gentzsch im Besitz von Max Laube. Foto mit Max und Ilske Schwimmer sowie Martin Flörchinger aus dem Max-Schwimmer-Nachlaß. Alle anderen Fotos und Dokumente aus dem Archiv des Autors.

Hanskarl Hoerning

Aufgewachsen in Ruinen
Kindheit und Jugend eines Leipziger Pfeffermüllers

Redaktion: Dr. Thomas Nabert
Satz und Gestaltung: Peter Schiefner
Druck: PB Tisk
ISBN: 978-3-936508-38-3

Nach dem Anfängerjahr in Halle machte der Autor nicht nur das Volkstheater in Halberstadt als Schauspieler, sondern auch die ganze Umgebung als „Halberstädter-Würstchen"-Kabarettist unsicher, bevor er sich nach Eisleben ans dortige Theater holen ließ. Hier spielte er außer diversen Rollen abermals eine unter Kabarettbegeisterten, die sich „Die Namenlosen" nannten. Das blieben sie dann auch. Danach warf der Sender Leipzig ein Ohr auf ihn. Er sprach vor und verdingte sich beim Funkbrettl „Tandaradei". Da das (erstaunlicherweise nicht seinetwegen!) Pleite ging, und der Brettl-Chef Chef der „Pfeffermühle" wurde, nahm dieser seinen Hanswurst, pardon, Hanskarl gleich mit, ohne zu ahnen, daß er ihn nicht wieder loswerden sollte. Auch die Nachfolgechefs konnten sich seiner nicht entledigen. Dazu verbrach er von Programm zu Programm immer wieder Gereimtes und vor allem Ungereimtes. Bis zum Einstieg ins Rentenalter.

Mit Beginn des neuen Jahrtausends wagte sich H. H. noch einmal auf die Bretter, um den sächsischen Poeten Edwin Bormann zu ehren, desgleichen anno 2005 mit all seinen alten Kollegen, zum Gedenken an die „RAMPE", Leipzigs erstes Nachkriegskabarett. Nun füttert er nur noch seinen PC mit Erinnerungen, und ab und zu das Schweizer Satiremagazin „Nebelspalter" mit aktuellen Glossen.